U0943964

本书为教育部哲学社会科学重大课题
攻关项目“世界历史进程中多元文明互动与共生研究”
（项目批准号08JZD0037，合同号08JZDH037）
的成果之一

全球史评论

Global History Review Vol.6

第六辑

本辑主题

大历史与全球史

刘新成◎主编

中国社会科学出版社

图书在版编目(CIP)数据

全球史评论．第六辑 /刘新成主编．—北京：中国社会科学出版社，2013.12

ISBN 978－7－5161－3813－7

Ⅰ.①全… Ⅱ.①刘… Ⅲ.①世界史—研究 Ⅳ.①K107

中国版本图书馆 CIP 数据核字(2013)第 310201 号

出 版 人　赵剑英
选题策划　郭沂纹
责任编辑　郭沂纹
特约编辑　丁玉灵
责任校对　李　莉
责任印制　张汉林

出　　版　中国社会科学出版社
社　　址　北京鼓楼西大街甲 158 号（邮编 100720）
网　　址　http://www.csspw.cn
　　　　　中文域名:中国社科网　　010－64070619
发 行 部　010－84083685
门 市 部　010－84029450
经　　销　新华书店及其他书店

印　　刷　北京市大兴区新魏印刷厂
装　　订　廊坊市广阳区广增装订厂
版　　次　2013 年 12 月第 1 版
印　　次　2013 年 12 月第 1 次印刷

开　　本　710×1000　1/16
印　　张　30.5
插　　页　2
字　　数　501 千字
定　　价　82.00 元

凡购买中国社会科学出版社图书,如有质量问题请与本社联系调换
电话:010－64009791

目　录

大历史理论与反思

小大历史研究

大历史教学

书评

学术信息

附录

Table of Contents

Big History Theory and Reflections

A Little Big History

Big History Teaching

Book Reviews

Scholarly Information

Appendix

大历史理论与反思

普世史的回归

[澳]大卫·克里斯蒂安 著　任喆琦 译*

摘　要　本文旨在为如下的预言辩护,即在未来50年内,人们会看到古老的"普世史"传统的回归。不过,即将回归的将是一种新型的普世史,其视野涵盖全球,在旨趣和方法论上凸显科学精神。直至19世纪末,人们还能在大多数历史研究的传统中看到某种普世史的身影。然而当历史学家们对宏大的历史描述彻底失去信心后,当他们转而投入故纸堆中开始仅关注细枝末节时,普世史便销声匿迹了。如今,由于(至少部分是由于)20世纪在多个不同领域展开的细致的实证研究以及摆脱现存文字记录束缚的绝对测年法的发明,人们业已看到了普世史回归的诸多征兆。接着,作者对这种全新的、科学的普世史的回归对历史研究可能产生的影响给予探讨,比如历史研究与诸多凸显时间维度的自然科学学科——包括宇宙学、地质学和生物学——将发生更加紧密的联系。最后,本文提出一种可能性,即普世史终将进入高中课堂并为整合人文与自然科学知识提供一种强有力的方法。

关键词　普世史、世界史、大历史、历史编纂学、创世神话

历史学家的本分是通晓过去,而不是预知未来;一旦历史学家声称能够预先确定未来将要发生的事,我们就可以非常确切地断言:他们在根本的历

---

* 作者简介:大卫·克里斯蒂安(David Christian),麦考瑞大学历史系教授。译者简介:任喆琦,首都师范大学外国语学院研究生(孙岳校订)。本文原载于 David Christian,"The Return of Universal History," *History and Theory*, Theme Issue 49 (Dec. ,2010), pp. 6 – 27. 中文译本已经作者授权。

史概念方面出了问题。

——柯林伍德:《历史的观念》①

一　导言与预测

今后50年的史学研究和教学将会如何发展呢?就在我写下这一问题的同时,我好像已经听到柯林伍德(R. G. Collingwood)的幽灵在廊下发出嘘声了。而在我完成本文之际,我想还会有更多的人,比如G. R. 埃尔顿(G. R. Elton),或者是让—弗朗索瓦·利奥塔(Jean - Franois Lyotard)加入窃笑的人群之中,竟成嘘声一片。所以,我要首先感谢《历史与理论》(*History and Theory*)编委的鼓励,以打破这一特有的史学成规。

从某种意义上说,本文就像是一封写给圣诞老人的信,同时对未来之事做一真诚的预测。我的希望/预测是:在今后的50年内,历史研究和教学中将出现人们所谓的"普世史"回归;但这将是一种新型的普世史,其范围涵盖全球,在主旨和方法论上凸显科学精神。

一个预言:普世史的回归

本文将普世史定义为一种用所有可能的尺度去探求的历史,最大可至整个宇宙,并同时关注历史的偶然性、特殊性和大的历史格局,后者的功用在帮助读者厘清细节的轮廓。②

本文预测,在未来的50年内,所有的历史学家都会明白,通过多个尺度探讨历史是可行且有效的,这些尺度要远远超越布罗代尔长时段理论的尺度,甚至一直可追溯到我们人类、地球和宇宙的起源。新型的普世史将会打

---

① R. G. Collingwood, *The Idea of History*, rev. ed. , ed. Jan Van der Dussen (Oxford and New York: Oxford University Press, 1994), 54. 柯林伍德认为,试图预测未来的历史学家陷入了自然科学决定论并因此对人的能动性视而不见。

② 马尼·休斯·沃灵顿(Marnie Hughes Warrington)为"普世史"列举了四种可能的定义:"一种全面的有关已知世界或宇宙的大致统一的历史;阐明那些被认为是属于全世界的真理、理念或原则的历史;一统于由某种心智展开的世界史;一种有着不曾间断的线索的世界史。"参阅 *Berkshire Encyclopedia of World History*, ed. W. H. McNeill (Great Barrington, MA: Berkshire Publishing Group, 2005), V, 2096. 我采用的措辞主要来自这四个定义中的第一条。

破现有的学科边界，形成一种强有力的知性协同效应并帮助人们借鉴多个学科的方法和见解。人类史将被视为历史科学大家庭的一员，其他成员包括生物学、地球科学、天文学和宇宙学。这样自然会模糊历史学与自然科学的边界（柯林伍德十分重视这条边界），但历史学家会因此重新找回对更深层次、类似定律般的历史演变格局（deep，even law-like patterns of change）的兴趣。①

这种拓宽了视野的历史会有力冲击到公众对历史的认识，因为它会起到类似于古老的创世神话作用，它渴求绘制一幅整个过去的地图。这幅地图会让全世界所有的个人和集体发现，他们参与了整个宇宙的进化史，正如他们曾经把自身的命运镶嵌在不同宗教传统的宇宙观之中，从澳大利亚土著传说中的黄金时代（dreamtime）到中世纪基督教的托勒密（ptolemaic）宇宙图谱。在新的普世史中，人类将明确被视作一个整体，因为在普世史的地图上能够清晰洞见整个人类事实上共享一段颇为独特的历史。理解这段共享的历史会让教育家们在自己的工作中倡导一种地球公民的意识，正如民族主义史学曾在不同的民族国家制造团结一致的意识一样。

我对这个预测颇具信心，因为虽然形式和名称有所不同，这一学术思想早已萌生，只不过目前还处于专业史学家群体的边缘。经过一个多世纪的来自多个史学领域的详尽的实证研究，现如今从一个非常宏大的尺度上建构历史已经变得可行，并且其精度和严密性都是19世纪后期的研究难以媲美的。显而易见，新普世史或许会产生振奋人心且意义深远的研究成果，以至于改变我们对整个历史的认识。

---

① 柯林伍德认为历史研究的对象是有意识的行为，因此是一个充满了偶然性且无法预知的世界。因此，历史学家的任务不是寻找普遍规律，而是“洞察”那些推动历史的思想。这就是为何历史学家与自然科学家似乎分属两个完全不同的认识论世界的缘故（Collingwood，*The Idea of History*，214）。但这种主张已经不再站得住脚了，详情可参见美国史学家 Dipesh Chakrabarty 的专论，“The Climate of History：Four Theses，” *Critical Inquiry* 35（Winter，2009），197—222，201ff.；感谢首尔梨花女子大学（Ewha University）世界史及全球史学院的 Kim Yong-Woo 博士提示我注意到这篇文章。

二 普世史简史

当今时代普世史的缺失

“我真希望你不要这么突然出现又突然消失,这让我头都晕了。”“好吧。”猫答应了。于是这一次它消失的十分缓慢,从尾巴尖儿开始,最后是那个笑容,这个笑容在身体的其他部分消失后,还停留了好一会儿。——《爱丽丝梦游仙境》,第6章①

如今,普世史在历史专业中的存在就如同柴郡猫的笑容一样。1979年,法国后现代理论家让—弗朗索瓦·利奥塔(Jean-Franois Lyotard)说了

① 来自古腾堡计划(Gutenberg Project),*Alice in Wonderland*:http://www.cs.cmu.edu/ – rgs/alicetable.html.(accessed July 12,2010)。插画为约翰·坦尼尔爵士(Sir John Tenniel)于1866年所创。

一句非常有名的话,即“宏大叙事已经失去了可信度”[①]。就在 2005 年,芭芭拉·韦因斯坦(Barbara Weinstein)还曾提到“有强烈理论偏好的历史学家们彻底放弃了宏大叙事……”[②]在多数史学家看来,普世史是不谙世事、陈腐过时的想法。19 世纪以来,历史学科逐渐发展成熟,成为一门现代的、专业的学术分支,普世史就此和编年史一并被淘汰了。普世史的幽魂偶尔还会闪现一下,可能在大学本科生的历史课中,但是很快就会消逝,就像一阵风吹过,只留下些许对又一个汤因比式或斯宾格勒式失败的嘲笑。修·特维罗伯(Hugh Trevor-Roper)对汤因比《历史研究》的评论完美地诠释了这种态度:“[这本书]赚足了钱……可能仅次于威士忌酒的销售收入。”[③]

普世史从专业历史学研究领域彻底消失的迹象可以从费尔南·布罗代尔的“长时段”理论中看到。我很清楚地记得第一次读到他的著作《地中海》时的感受,其思想之广博宏大让我至今难以忘怀。布罗代尔常被认为是大尺度历史学研究的代表人物,这么说是因为就人类史的时间尺度而言,布罗代尔的“长时段”并不算特别“长”,才短短几个世纪而已,要知道人类的历史可以追溯到少则 6 万年,多则 20 万年前。[④] 威廉·麦克尼尔开创的世界史著作《西方的兴起》之所以引发如此热潮,部分原因正是在于其研究尺度要长于布罗代尔。

---

① Jean-Fran ois Lyotard, *The Postmodern Condition: A Report on Knowledge*, transl. Geoff Bennington and Brian Massumi (Minneapolis: University of Minnesota Press, 1984), xxiii, xxiv,摘自 Kerwin Lee Klein, “In Search of Narrative Mastery: Postmodernism and the People without History,” *History and Theory* 34, no. 4 (1995), 275 – 298, 283;感谢 Andrew Dunstall 提示我注意到这篇重要的文章。

② Barbara Weinstein, “History without a Cause? Grand Narratives, World History, and the Postcolonial Dilemma,” *International Review of Social History* 50 (2005), 71.

③ 摘自 Gilbert Allardyce, “Toward World History: American Historians and the Coming of the World History Course” [1990], in *The New World History*, ed. Ross Dunn (Boston and New York: Bedford/St. Martin's, 2000), 30.

④ 有关我们人类的起源时期(即人类历史起始时期)还有另外的说法,详见 Richard Klein with Blake Edgar, *The Dawn of Human Culture* (New York: John Wiley and Sons, 2002),以及 Sally McBrearty and Alison Brooks, “The Revolution That Wasn't: A New Interpretation of the Origin of Modern Human Behavior,” *Journal of Human Evolution* 39 (2000), 453 – 563; 有关争论的概要可参见 Paul Pettit, “The Rise of Modern Humans,” in *The Human Past: World Prehistory and the Development of Human Societies*, ed. Chris Scarre (London: Thames and Hudson, 2005), chap. 4。

即使是蓬勃发展世界史，其重点仍局限在近现代时期，几乎没有人愿意相信世界史也许可以囊括整个历史。[①] 在一份近期的调查中，帕特里克·曼宁强调指出："世界史还远不是全部的历史。"[②]我想大多数世界史学家都有曼宁的想法，但同时又希望在世界史中遵从详尽史料的治史方法，因为后者在现代史学中居于主导地位。

为何普世史的消失是离奇的？

> 刽子手的理由是，想要砍掉头，必须得有一个和头连在一起的身子，光有头怎么行？他从来没有做过这样的事，这辈子也不打算做这样的事。国王的理由是，只要有头，就能砍，你别说那么多废话。——《爱丽丝梦游仙境》，第 8 章

普世史消失得太彻底了，历史学家们甚至都没有注意到它退出了舞台。然而，如果我们认真审视大尺度历史学思想的演变过程，普世史的消失就会显得格外离奇。为什么这么说？因为在 19 世纪末，普世史的思想（我所定义的那种）曾风靡一时，随处可见，而它被放逐于主流思想之外的原因却鲜为人知，这真是超乎寻常。

在尚没有文字的社会里，普世史往往以我们居高临下地称之为"创世神话"的形式出现，而这种"创世神话"恰是时人运用当时已有的最可靠的知识，努力在一个极为广阔的背景（通常是宇宙）下为人类社会找到自己的

---

① 美国《世界史杂志》的主编本特利称，1990 年到 2006 年，杂志上共发表了 195 篇文章，其中只有 17 篇与 15 世纪之前的历史有关。他还补充说，这种情况"并不奇怪……这段时期的文献资料留存较多，所以大多数专业史学家专攻这段历史"。2006 年 11 月，在帕特里克·曼宁组织的一次有关世界历史研究的会议上，出席的 36 位学者中只有 4 人探讨有关 15 世纪之前的历史。详见 *Global Practice in World History: Advances Worldwide*, ed. Patrick Manning (Princeton: Markus Wiener, 2008), 20 and 133 – 134。

② Patrick Manning, *Navigating World History: Historians Create a Global Past* (New York and Basingstoke, UK: Palgrave Macmillan, 2003), 3.

位置。[①] 在所有有文字记载的文化传统中,同样能见到普世史的身影,而且往往与某些特定群体、区域或时代的历史叙事存在一定程度的紧张关系(威廉·麦克尼尔提到过,这种紧张关系可从希罗多德与修昔底德二人截然不同的视角中略见一斑)。[②] 穆斯林世界有自己的普世史,比如泰伯利(Tabari)、拉施德丁(Rashid al-Din)和伊本·赫勒敦(Ibn Khaldun)的作品;

---

① 一个世纪以前,涂尔干(Durkheim)曾提出:"信仰系统,包括原始宗教,都属于宇宙论的范畴。"Steven Lukes, *Emile Durkheim: His Life and Work, a Historical and Critical Study* (Stanford: Stanford University Press, 1985), 449. 更近一些,利奥塔在一篇评论文章中主张,创世神话,比如在南美洲的喀什纳瓦族人(Cashinahua)当中流传的故事,是一种"小故事",而克莱因则认为这点只有从今天的全球化视角去看才是正确的:"只要我们继续关注喀什纳瓦族,那么'喀什纳瓦史'和'人类史'就是两个可以互换的概念,没有分别,都属于'普世史'"。利奥塔认定这些故事为"小故事"是一种"刚性指示"(rigid designator),反映了一种反思的、富有讽刺意味的干涉(喀什纳瓦人也相信自己的种族是唯一真实存在的人类,但是我们现代人知道人类这个范畴事实上要大得多)。参阅 Klein, "In Search of Narrative Mastery," 285。

② William McNeill, "The Changing Shape of World History," *History and Theory*, *Theme Issue* 34, *World Historians and Their Critics* (May 1995), 8 – 26.

中国官修的百科全书式的史学传统或中美洲的编年史中也透露出普世史的追求。[①] 在穆斯林世界,朝代兴替的历史记载往往最终被归并入一种神圣的普世史。比如19世纪希瓦(Khiva)弘吉剌(Qonghirat)王朝的历史,这个王朝被称为 Firdaus ul-Iqbal,即"幸福的天堂"[②]。这段历史记载了弘吉剌王朝的军事和统治,但是开篇部分描写的是古老的穆斯林创世传说和人类始祖亚当和夏娃,然后追溯至诺亚之子雅弗(Japheth)和雅弗的长子突厥(Turk),之后再到乌古斯汗(Oghuz Khan)统治的时期,乌古斯汗虔信真主并在中亚地区重新恢复了伊斯兰信仰。乌古斯汗的后代之一就是弘吉剌,19世纪一统希瓦王朝的建立者,另一个后代应该就是成吉思汗(Genghis Khan)的祖先。这种历史叙事的目的是为了把希瓦和中亚大部分地区置于同一个始终虔信伊斯兰教的世界,而且不时会因为伟大而虔诚的统治者的英勇行为再次回到正确的道路上。更确切地说,通过向上追溯到远早于弘吉剌的成吉思汗(Chingissids),1804年伊尔土则尔汗(Eltüzer Khan)篡夺希瓦政权的行为得以合法化,因为伊尔土则尔汗自称为成吉思汗的后代。[③] 这种历史把现在和过去连为一体,让当时的人们理解了他们所处的世界。

拉乌尔·莫特利(Raoul Mortley)曾追溯过地中海世界普世史的起源,认为早在亚历山大大帝的征服之后不久,自发性的普世史便出现了。[④] 基督教史学就是一种奥古斯丁时期创制的典型的普世史,并从此主导欧洲的史学思想直到启蒙运动爆发,而且直到今日仍构成基督教原教旨主义的思维框架。柯林伍德曾说过:"历史在原则上等同于世界历史的观念……早已成为

---

① Marnie Hughes-Warrington,"Writing World History," in *Berkshire Encyclopedia of World History*, ed. William McNeill (Great Barrington, MA: Berkshire Publishing Group, 2004), V, 2095—2103. 有关大历史的编纂,见 Marnie Hughes-Warrington, "Big History," in *Social Evolution and History* 4, no. 1 (Spring, 2005), ed. Graeme Donald Snooks, 7 - 21 (also available in *Historically Speaking* [November, 2002], 16 - 17, 20); 同样可参照 McNeill, "The Changing Shape of World History," particularly pp. 8 - 9, 文章认为,在世界上主要的史学编纂传统中,都不乏神的或哲学的历史,而这些都可被称作"世界史"。

② 出自"Islam in Central Asia," in Adeeb Khalid, *Islam after Communism* (Berkeley: University of California Press, 2009), 19 - 20。

③ Adeeb Khalid, "Nation into History: The Origins of National Historiography in Central Asia," in *Devout Societies vs. Impious States? Transmitting Islamic Learning in Russia, Central Asia and China, through the Twentieth century*, ed. Stéphane A. Dudoignon (Berlin: Klaus Schwarz Verlag, 2004), 131.

④ Raoul Mortley, *The Idea of Universal History from Hellenistic Philosophy to Early Christian Historiography* (Lewiston, NY: Edwin Mellen Press, 1996).

一种常识。这种普遍主义的象征是对一切历史事件都采用一种单一的编年结构。这种单一的普遍编年史是由塞维利亚学者伊西多尔(Isidore)在7世纪所创立的,到了8世纪,尊者比德(the Venerable Bede)将其普及,用于记录基督诞生前后每件事的年代,至今仍可表明普遍主义观念是从哪里来的。"①

布鲁斯·马兹利什(Bruce Mazlish)认为,博叙埃主教(Bossuet)于1681年出版的《论普世历史》,是普世史理念最后的一声"叹息"②。但世俗的普世史还要再活跃两个世纪,经历了启蒙运动时期并为19世纪伟大的体系构建者们所掌握,从黑格尔到马克思和斯宾塞。据弗雷德·斯皮尔(Fred Spier)考证,是亚历山大·冯·洪堡(Alexander von Humboldt)开启了"宏大的普世历史",但他却未能完成这项研究。1845年,洪堡出版了他的第一部著作,在引言中,他对自己的研究目的做了如下概述:"从太空的最深处和最遥远的星云,穿过满天星辰,来到太阳系,让我们降临在这颗被空气和海洋包围着的星球上。在这里,我们对一切都充满好奇,从星球的形态、温度、磁场,到遍布整个星球、在阳光下显得生机勃勃的生物。"③就连利奥波德·冯·兰克(Leopold Von Ranke)这个史料实证研究的先驱和代表,都认识到了普世史的重要性,在生命的最后时刻,他甚至尝试涉足于这个领域。他在其早年的学术研究中写道:"普世史是对整个人类过去的解读,它的意义并不在某些特定的关系和趋势,而在于它的丰富性和完整性。普世史不同于专门研究之处在于,它对个体的考察从不失对整体的观瞻,前者的进行须仰赖后者。"④

到了19世纪末,普世史已被专业的史学家们排除在学科之外了。从那时起,普世史渐趋没落并为专业史学家们所厌弃,只剩下一群特立独行的学者还在践行普世史的理念,比如H. G. 威尔斯(H. G. Wells)和亨德里克·房龙(Hendrik Willem van Loon),他们的文笔充满魅力,在商业上取得了巨大成

① Collingwood, *The Idea of History*, 51.

② Bruce Mazlish, "Terms," in *Palgrave Advances in World Histories*, ed. Marnie Hughes-Warrington (Basingstoke, UK: Palgrave Macmillan, 2005), 20-23. 有关17世纪和18世纪的普世史,参阅Tamara Griggs, "Universal History from Counter-Revolution to Enlightenment," *Modern Intellectual History* 4, no. 2 (2007), 219-247。

③ Fred Spier, *Big History and the Future of Humanity* (Malden, MA: Wiley-Blackwell, 2010), 10.

④ Leopold von Ranke, cited from *The Varieties of History: From Voltaire to the Present*, ed. Fritz Stern (Cleveland and New York: World Publishing Company, 1956), 61-62.

功，但是这些反而被用来证明他们史学水平的低劣。[①] 普世史被除名是历史学科想证明自身“科学性”的重要环节。吉尔伯特·阿勒代斯（Gilbert Allardyce）说：“新史学注重专门研究而摒弃那种旧式的仅凭个人兴趣出发的史学，所以对世界史充满疑虑，认为它早已过时，又常常夸大其词，有些元史学（metahistorical）的味道。”[②]20 世纪下半叶，其他宏观叙事学派遭受了同样的命运，甚至连科学都受到了质疑。[③] “批判如潮，宏大叙事或元叙事（metanarrative）被扔进了历史编纂学的——如果还称不上是历史的——垃圾堆……各式各样的后现代主义理论家均质疑历史叙述究竟能否逃离西方/自由主义宏大叙事（master narrative）的目的论旋涡。最近，又有一位后殖民主义理论家领袖公开否定一切形式的历史主义（historicism），因为概而言之，里面充斥着无可救药的欧洲中心主义。”[④]正如 R. I. 摩尔所言：“专业史学家们之所以对世界史充满抵触……是因为世界史想要解决的问题太大了，根本无法建立在对原始文献的批判性解读上，他们害怕这种做法会导致类似斯宾格勒和汤因比之类言辞浮夸、主观臆断的趋势再度重现。”[⑤]

普世史为何会消失？

从历史编纂学的大环境看来，普世史的消失显得十分古怪，令人疑惑。普世史消失的原因是什么呢？

我不是 19 世纪历史编纂学的专家，所以我接下来提出的几个观点并不一定准确。然而，细节的精确性并不会影响整体的论证。在我看来，将普世史吹散的三股狂风是：(1)对“科学”准确性的日益关注；(2)民族主义盛行；

---

① 房龙尤甚，他时常被指控对史实太漫不经心。

② 转引自 Allardyce, *Toward World History*, in Dunn, ed., *The New World History*, 30。有关英国史学传统中试图在“科学”和“文学”史之间划定边界的复杂争论和过程，可参见 Ian Hesketh, “Diagnosing Froude's Disease: Boundary Work and the Discipline of History in Late-Victorian Britain,” *History and Theory* 47 (October, 2008), 373 – 395。

③ 详见 Joyce Appleby, Lynn Hunt, and Margaret Jacob, *Telling the Truth about History* (New York: W. W. Norton & Co., 1994)。

④ Weinstein, “History without a Cause?”, 71；有关这段引文的最后一句话，可参见 Dipesh Chakrabarty, *Provincializing Europe: Postcolonial Thought and Historical Difference* (Princeton: Princeton University Press, 2000)。

⑤ R. I. Moore, “World History,” in *Companion to Historiography*, ed. Michael Bentley (London and New York: Routledge, 1997), 942 – 943.

(3)兰克史学方法论在教学科研领域被迅速体制化。[①]

在18和19世纪,那些涉足普世史的学者曾希望把历史学改造成一门科学,就像物理学或生物学一样有影响力、系统化且为某种定律所支配。然而到了世纪末,大部分史学家开始怀疑历史叙事中主观、推测的成分要大于其科学和精确的成分。诚如波普尔所言,历史叙事过多富于弹性的说辞,简直无法加以证伪。总之,作为一门科学,普世史失败了,并且这种失败波及了整个尚处于胚胎阶段的历史学。历史学家们开始把眼光放低,严格坚守史实优于空泛理论的治史原则。在1990年的国际史学大会上,亨利·何塞(Henri Houssaye)大声疾呼:"我们对那些似是而非的假想、一无是处的系统、花言巧语的理论和画蛇添足的道德已经忍无可忍。我们要的是事实!事实!事实!因为事实里面包含着所有启示与哲理。事实,全部事实,除了事实,什么都不需要。"[②]何塞这种幼稚的归纳因此成为了20世纪初历史学主流方法论的口号。为了展示他们的科学严密性,历史学家们不得不缩小视野,放低目标。1898年,朗格诺瓦(Langlois)和瑟诺博斯(Seignobos)在其合著的《历史研究导论》(*Introduction to the Study of History*)一书中写道:"历史学家应以文献资料为基础,这是古人的思想与活动留下的痕迹……没有文献,就没有历史。"[③]这种方法论上的苦行主义排除了普世史的可能性,而正如朗格诺瓦和瑟诺博斯所言:"由于文献资料的匮乏,人类社会之前那段无尽的历史注定永远不被人知晓。"[④]

我们完全可以把19世纪晚期的历史转向称之为"实证主义转向"(empirical turn),如同漫画那般滑稽可笑。但有一个重要的事实须记清:那就是同样的方法在自然科学领域取得了很好的效果。达尔文就是一位杰出的实

---

① 塔玛拉·格里戈斯(Tamara Griggs)认为罪魁祸首是18世纪兴起的欧洲中心主义:"我们今天的世界史已经不再把目光放在全世界了。最近,世界史失去了中心,而去中心化是对发端于18世纪50年代欧洲进步史学的一种反动。""Universal History from Counter-Revolution to Enlightenment," 246 – 247.

② 转引自 Peter Novick, *That Noble Dream: The "Objectivity Question" and the American Historical Profession* (Cambridge, UK: Cambridge University Press, 1988), 37 – 38.

③ 转引自 Daniel Smail, "In the Grip of Sacred History," *American Historical Review* 110, no. 5 (December, 2005), 1350 – 1351。

④ 同上。

证主义研究者,[①]但他探索统一范式的终极目标从来没有改变过。在他的自传中,他的确说过:“在观察和采集事实方面,我已经做得不能再好了”,但随后他又补充说:“我在非常年轻的时候,就有一个强烈的愿望,我想要理解并解释我观察到的一切,把所有的事实归并到一些普遍规律之下。正是这个理由让我有耐心年复一年地反思、考量一个又一个无法解析的问题。”[②]在达尔文经验的启示下,历史学想要通过长期积累准确信息来创造同样有力的范式理念,或许就显得不是那么天真幼稚了。

只可惜事实的发展却并非如此。历史学术将自己的研究视野缩小了,但却未能因此产生新的统一理念,更是将整门学科分割成了数个彼此孤立的知识块。在基本问题、研究取向和学科主题方面,历史学家们从此再也无法达成任何共识。格奥尔格·伊格尔斯(Georg Iggers)在近期一篇文献综述中,这样描述了当今的局面:“历史,如同人文社科其他领域的研究一样,已经钻进了日益专业化和专门化的铁笼,后者对富有创造力和想象力的知识探索简直处处设限。”[③]

民族主义鼓励缩小学术视野。它提供了“民族国家”这一研究客体,为历史研究划定了一条清晰、可控甚至迷人的边界。民族主义史学研究可以吸引到巨额的政府资助,因其在公共教育上作用巨大;同时也可以吸引到广泛的读者群,吸引那些对自己想象中的群体的历史感兴趣的人们;民族主义还为历史学科提供一种虚幻的整体感。

历史学向小尺度实证研究的转移迅速地体制化。“如今,历史学家不再是博学之士的称谓,而成了专门培养出来的职业人才。就业的格局已大致确立,而学术期刊也已不同于18世纪,而是更多地面向于专业读者群。”[④]专家期刊的出现,博士论文答辩中的繁文缛节,即主要看其是否采用了文献资料,学者们表现出的对精确性远甚于关联性的极大关注,所有这

---

① 见珍妮特·布朗(Janet Browne)所著的出色传记,*Charles Darwin*,2 vols.(London:Jonathan Cape,2002)。

② *The Works of Charles Darwin*, eds. Paul H. Barrett and R. B. Freeman, 29 vols. (New York: New York University Press, 1986 – 1989), XXIX, 159.

③ Georg Iggers, "Historiography in the Twentieth Century," review essay of Lutz Raphael, *Geschichtswissenschaft im Zeitalter der Extreme: Theorien; Methoden; Tendenzen von* 1900 *bis zur Gegenwart* (Munich: C. H. Beck, 2003), *History and Theory* 44, no. 3 (2005), 471.

④ 同上书,第470页。

些都使得普世史的宏大叙事学根本没有生存的余地。菲利普·波姆珀(Philip Pomper)在1995年的《历史与理论》中曾盘点世界史研究的现状,认为这种方法论上的革命是排挤普世史出局的主要祸首:"宏大叙事需要的是刺猬,是以赛亚·柏林(Isaiah Berlin)所谓的宏大系统构建者或整体论者;但历史专业化引来的却都是狐狸,柏林称之为注重细节和个性的思考者。"①

三 普世史的回归

> 她发现空中出现了一个怪东西,一开始她觉得奇怪极了,但是,等她看了一两分钟后,她看出这是一个笑容,于是她对自己说:"这是柴郡猫,现在我有人可以说话了。"才刚出现能说话的嘴,柴郡猫就问它:"你怎么样?"爱丽丝等到它的眼睛出现后,才点了点头。"现在跟它说话是没用的",她想,"要等它耳朵出来才行,起码得出来一只"。不一会儿,柴郡猫的整个头都出现了。爱丽丝放下火烈鸟,给它讲了比赛的事,她很高兴有人能听她说话。——《爱丽丝梦游仙境》,第8章

19世纪60年代初,阿诺德·汤因比在接受维德·梅塔(Ved Mehta)采访时坚持认为普世史的消失是一时的失常:

> 微观历史学家的好日子不多了,他这样自我安慰道。不管他们是否承认,微观史学家们的所为不过是舍弃整体而追逐细节和相对知识,结果只能得出人类历史乃一团无法解析的乱麻的结论。但从史学发展的整体视角看,微观史学家毕竟还是少数,而汤因比本人则与圣·奥古斯丁——他最青睐的志同道合者——波利比奥斯(Polybius)、罗杰·培根(Roger Bacon)、伊本·赫勒敦(Ibn Khaldun)等一道构成史学的多数派。②

---

① Philip Pomper, "World History and Its Critics," introduction to *History and Theory*, *Theme Issue* 34, *World Historians and Their Critics* (May 1995), pp. 1 - 2.

② Ved Mehta, *Fly and the Fly-Bottle*: *Encounters with British Intellectuals* (Boston: Little., Brown and Co., 1962), 143.

汤因比说的没错。普世史又重新出现了，就像柴郡猫一样，从简单的部分开始。近年来，宏大的叙事手法又回归世界史领域，或者说全球史、跨国史、大历史，随便我们怎么称呼。1995年，菲利普·波姆珀这样描述世界史："充满生机与创造性，但仍旧是历史的一个小小的分支。"[①]14年之后的2009年，世界史甚至开始显现出繁荣的景象，而且范围不局限在美国。[②]

在所有这些宏大的叙事中，雄心最大的普世史却仍处于学者们讨论的焦点之外。但无论如何，我们业已看到普世史转世后的大致形态了，或者说一个现代的、科学的普世史正在形成的过程之中。现在，在美国、澳大利亚、荷兰和俄罗斯等地，都开设了被人们称为"大历史"的课程，[③]而且有关大历史的文献——虽然目前还不是很多——也在渐成规模，这些作品探索的主题横跨了多个史学学科，从历史学到生物学，再到地质学和宇宙学。[④]

---

① Pomper,"World History and Its Critics," 1. 同年，迈克尔·盖尔（Michael Geyer）和查尔斯·布莱特（Charles Bright）在文章中写道："［世界史］仍属于游移不定、羽翼未丰的史学方法，常困足于旧式史学，对自身的学术地位也不甚明了，常在不经意间服务于旧有的知识体系，而不是创造新知识。但好在世界史确实已经起步……"引自其所著"World History in a Global Age," *American Historical Review* 100, no. 4 (October 1995), 1038。

② 最近有两个调查表明，宏观史学在世界很多地方复兴了，详见特刊 *sterreichische Zeitschrift für Geschichtswissenschaften* 20, no. 2, on "Global History," edited by Peer Vries (2009), and Manning, eds., *Global Practice in World History*。

③ 见 Barry Rodrique and Daniel Stasko, "A Big History Directory, 2009: An Introduction," in *World History Connected* 6, no. 9 (October, 2009): http://worldhistoryconnected. press. illinois. edu/6. 3/rodrigue. html (accessed July 12, 2010)。

④ 虽然我对这一标签仍有保留意见，我还是在1991年发表的一篇文章中使用了"大历史"的称谓（David Christian, "The Case for 'Big History'," *Journal of World History* 2, no. 2 [Fall 1991], 223-238）。有关大历史的情况，可参见 Fred Spier, *The Structure of Big History: From the Big Bang until Today* (Amsterdam: Amsterdam University Press, 1996); David Christian, *"Maps of Time": An Introduction to "Big History"* (Berkeley: University of California Press, 2004); Cynthia Stokes Brown, *Big History: From the Big Bang to the Present* (New York and London: The New Press, 2007); 以及 Eric Chaisson, *Epic of Evolution: Seven Ages of the Cosmos* (New York: Columbia University Press, 2006)；近期出版的一部论文集，收录有一次有关大历史研讨会上的文章，也可作为参考 *The Evolutionary Epic: Science's Story and Humanity's Response*, eds. Cheryl Genet, Brian Swimme, Russell Genet, and Linda Palmer (Santa Margarita, CA: Collins Foundation Press, 2009)。有关大历史发展近况的调查和一些大历史的核心概念，参阅 Fred Spier, "Big History: The Emergence of a Novel Interdisciplinary Approach," *Interdisciplinary Science Reviews* 33, no. 2 (2008), 1-12；斯皮尔的著作《大历史和人类的未来》（*Big History and the Future of Humanity*）中有关复杂性的增加和能量流的观点为大历史提供了一种强大的理论。

普世史为何能够回归？

从某种意义上说，普世史和柴郡猫一样，从未真正消失过，只不过是剑藏匣中，锋芒不露。1995 年，正当普世史似乎处于前所未有的低谷之际，《历史与理论》发表了一篇科尔文·李·克莱因（Kerwin Lee Klein）的文章，颇值得我们注意，作者指出：普世史从未真正死去。[①]“从列维—施特劳斯到利奥塔、从克利福德到福山，我们一直被历史困恼，即使我们迫切渴望彻底摆脱总体叙述的弊端，可我们还是一再回到宏大叙事上。”[②]即使是在最艰难的时候，普世史总能藏在我们试图驱逐的往事的阴影下幸存下来，然后，就像荣格心理学的影子一样，我们或许会发现，那些被排斥的思想——在历史学中被定义为“另类”的思想——和那些被接纳的思想一样强烈地影响着我们的思维。如果想要恢复历史学在学科上的完整，就必须再次把目光放回到那些一直以来被忽视、被压抑的影子上，放回到诸多“另类”的普世史上。

一个世纪以来，人们专注于历史学及其相邻学科的细节研究，这些研究扩充了史学家们借以参考的数据库，这是普世史重现的第二个原因。19 世纪末，欧洲的世界史学家——比如马克思等人——无法对亚洲和非洲的历史做出令人信服的概述，原因是没有足够的可靠信息。因为西方学术界信息量不足，马克思标榜的“亚细亚生产方式”（Asiatic Mode of Production）中所谓的“东方”毫无疑问是一个停滞的国度。而现在看来，19 世纪的史学不过是在一张几乎空白的画布上投射欧洲的影像，亚洲的一切都好像是欧洲或西方的倒影。今天，世界各地的史学家们有更多机会接触到传统的地域性史学，大量的现代知识使他们能够很容易地发现这种粗糙的带有文化偏见的投射具有很大的局限性并对此加以反击。[③] 无可否认，现代世界史学的一个重大成就就是对以欧洲印

① Klein，“In Search of Narrative Mastery.”

② 出处同上，第 276—277 页。

③ 维纳·拉尔（Vinay Lal）对近期世界史研究中的欧洲中心主义做了有力的批判（其中也包括我个人的作品），见“Much Ado about Something：The New Malaise of World History，” *Radical History Review*，no. 91（Winter，2005），124－130。但是拉尔自己的文章，以及在英语世界之外飞速发展的世界史研究，为我们带来了希望，那就是在更加国际化的学者群中，错误的暴露和改正都要比马克思的时代更容易做到。类似的对世界史的评论，可参见 Dominic Sachsenmaier，“World History as Ecumenical History?”，*Journal of World History* 18，no. 4（2007），pp. 465－489。

象模拟出来的静止的东方进行有力的批判。[①] 类似的变化还出现在考古学、史前史学等领域，而这些变化从根本上改造了我们的认知，让我们对文字记录出现前10万到20万年的人类历史有了新的理解。[②]

类似的变化还发生在很多颇具历史维度的自然科学上，其中最重要的是新的测年技术的发现，我曾在其他一些地方把这一技术称为“测时法革命”（Chronometric Revolution）[③]。“测时法”是用于测定历史事件绝对时间（absolute date）的技术，是历史学术研究的基础，正如M. L. 芬利（M. L. Finley）所说：“在物理研究中，精密测量是不可或缺的。同理，在历史研究中，时间和前后一致的时序框架也是不可或缺的。”[④]事实上，测时法实在太重要了，以至于史学家们对此早已习以为常，反倒视而不见了。然而正是（甚至鲜为专业史学家所注意的）测时法革命在过去的半个世纪中深刻地改变了许多具有历史维度的学科方向。人们总是忘记了这一点：在20世纪中期以前，文字记载几乎是测定历史事件绝对日期唯一可靠的方法。科林·伦弗鲁（Colin Renfrew）曾说过：“在二战前，对考古学来说，基本上只有基于史实的绝对日期才是可靠的，比如图坦卡门（Tutankhamun）的统治时期是公元前14世纪，恺撒入侵不列颠是在公元前55年。”[⑤]H. G. 威尔斯在其著作《世界史纲》的附录中试着为普世史开列了一个年代表，但他坦言：“直到第一次奥运会（公元前776年）和罗马的建立（公元前753年），年表上列举的历史事件的日期才是准确的。”[⑥]这种测年困难从根本上把实证历史研究局限在了只有几千年的小尺度上，而且研究对象只能是有文字记载的社会和其中的精英人物。

---

① Ken Pomeranz，Bin Wong，Andre Gunder Frank 和 Jack Goldstone 等学者证明，到1800年为止，中国经济和西方国家一样充满活力、商品化程度高且有技术创新，而造成19世纪、20世纪“西方”异军突起的种种变革事实上相当突然且很晚近。有关这场史学革命的概述，可参见 Robert Marks，*The Origins of the Modern World：A Global and Ecological Narrative from the Fifteenth to the Twenty-first Century*，2nd ed.（Lanham，MD：Rowman and Littlefield，2007）和 Jack Goldstone，*Why Europe？The Rise of the West in World History*，1500－1850（New York：McGraw-Hill，2008）。

② 有关近期人类史前史研究的详尽概述，参阅 Scarre，ed.，*The Human Past*。

③ 见 David Christian，“Historia，complejidad y revolución cronométrica”［“History，Complexity and the Chronometric Revolution”］，*Revista de Occidente*，no. 323（April，2008），pp. 27－57，以及“The Evolutionary Epic and the Chronometric Revolution，” in Genet *et al.*，eds.，*The Evolutionary Epic*，pp. 43－50。

④ 摘自 Mazlish，“Terms，” in Hughes-Warrington，ed.，*World Histories*，19。

⑤ Colin Renfrew and Paul Bahn，*Archaeology：Methods and Practice*（London：Thames and Hudson，1991），101.

⑥ H. G. Wells，*Outline of History*，3rd ed.［1920］（London：Macmillan，1921），1102.

虽然19世纪地质学家们确定了很多地质时代的“相对”日期，但是绝对日期还是无法确定。因此，19世纪50年代发现的放射性测年法绝对是一个革命性的发现。

放射性测年法的基本原理发现于20世纪初，虽然单独的放射性原子的衰变还无法预测，大量原子的衰变率是可以预测的，且十分准确。每个放射性同位素的半衰期都可以精确测量，比如碳—14的半衰期是5730年，铀—238衰变为铅的半衰期是45亿年。这种方法可以通过测量原放射性物质和衰变后物质的相对比例，判断出含有这种放射性元素的物质实体是在什么时候形成的。然而，实际操作上却有很大困难，所以这种方法在19世纪50年代以前还不能被当作常规使用，直到维拉德·利比(Willard Libby)发现可靠的方法，即通过测量碳—14的衰变来测定考古物品的年代。1953年，克莱尔·佩特森第一次测定了地球的年龄，约为45.6亿年，是通过半衰期更长的铀元素测定的。

伦弗鲁是最先将这种技术带来的革命性启发引入欧洲史前史研究的学者之一，他这样写道：

> 20世纪后半叶见证了史前史性质上的重大改变……放射性测年法的发展，包括放射性碳测年法，构建了世界每个角落的史前史年表。这种测年法不带任何有关文化发展和文化关系的前提假设，对有文字记载的社会和无文字记载的社会都同样适用。就年代意义而言，史前史不再意味着没有历史(ahistoric)，其直接结果就是为一种全新的世界史前史提供了可能性。这种方法可以独立测定世界上所有古代文明的年代……终于，我们可以测定那些记录着人类各个进化时期的化石和古器物的年代了。①

测时法革命的作用远不只改造了考古学。自20世纪50年代以来，人们依据可靠的绝对日期建立的时间轴，已经可以追溯至文字出现以前，直至地

① Colin Renfrew, *Prehistory: The Making of the Human Mind* (London: Weidenfeld and Nicolson, 2007), 41; 1973年，伦弗鲁发表了 *Before Civilisation: The Radiocarbon Revolution and Prehistoric Europe* (London: Jonathan Cape, 1973)。

球的初始、宇宙的起源。转眼间,史前史、古生物学、地质学甚至宇宙学都开始应用精确测年的研究技术,而不再局限于研究人类文明。

测时法革命同样促成了另外一项重大转变,即自然科学的历史化。古生物学家、地质学家和宇宙学家开始意识到他们和历史学家一样,曾一度困足于那些碰巧流传至今的蛛丝马迹中,想依靠这些偶然性极强的线索还原那段已经湮没在尘埃中的过去。[①] 突然间,他们看到,历史学不过是包括一大群分支学科的历史学术大家族中的一员,而他们自己也可以加入其中,通过精确的测年手段研究历史。历史学与其他学科的差别不在于它关注历史长河中的变迁,也不在它的历史断代更为精确,而在于它——与考古学和史前史一样——仅仅关注一个物种演进的历史,那就是人类本身。

四 普世史对历史学术的冲击

柴郡猫看到爱丽丝的时候笑了笑。它看上去脾气很好,她想,但是它的爪子可真长,牙齿也很多,所以还是应该对它放尊重一些。——《爱丽丝梦游仙境》,第 6 章

如果我们把回归的普世史视作一个全新的、科学的学科,那么它对历史学术会有怎样的影响呢?

看到历史发展的大格局

普世史的复兴对史学大环境的影响要远大于其对史学实践的影响,毕竟,包括自然科学在内,严格的实证研究是各领域学术研究的血肉。所以,我认为不管怎样,大部分历史学家还是会把“正常的”历史研究进行下去的。但历史研究的大环境肯定会发生重大变化。从一个更广阔的角度解读人类历史会改变历史学家们对研究的认识,他们提出的问题、合作的方式以及判断研究意义的标准都会有所不同。这是因为,历史学若学会把自己看作是视野更宏大、纯然跨学科的普世史大家族中的一员,肯定会造成类似库恩所

① W. H. McNeill, “History and the Scientific Worldview,” *History and Theory* 37, no. 1 (1998), 1 – 13.

谓的新的范式的某些特点，[1]而这肯定会有助于在学者中间形成有关历史发展的大的格局的认识，这种变革还将改变我们习以为常的看待历史问题的方式。

我这么说的第一个理由是因为普世史会促进历史学家与科学家之间的合作。渐渐地，历史学家们会更多地与关注历史发展的自然科学家接触，在后者看来，好的实证研究总与宏大的、类似范式的观念密不可分。其中，人类史和生物学之间的合作显得尤为重要。此间的一个重要问题是：类人猿既是我们生物学上的近亲，那么人类史与类人猿史究竟有何不同？毕竟个体类人猿的聪明程度与我们人类不相上下，可为什么我们人类经历了波澜壮阔的演变而它们却没有？要想真正解决这一问题，历史学家必须要穿越史学与类似生物学之类自然科学之间的边界，这一边界地带正是库恩范式萌生的场所。

第二个理由是普世史庞大的研究尺度会促使历史学家重新开始寻找宏大的、类似范式的人类历史发展格局。我将就此点做详细说明。

现代历史狭隘的视野掩盖了大的历史发展格局。在几年或几十年甚至几个世纪的尺度上，偶然因素在人类历史上的作用会显得十分突出，人类能动性的后果也鲜难预测。哪怕是在人口史或经济史的层面，偶然性因素的作用依旧十分明显，比如中国政府采取的计划生育政策。诚然，成吉思汗的出生是一个偶然现象，但却影响了整个欧洲好几个世纪的历史。[2]偶然性和能动性统治了历史学思想，甚至连布罗代尔的“长时段”也未能幸免。我想这就是为什么汤因比会说这些历史学家“舍弃整体而追逐细节和相对知识”，结果只能得出“人类历史乃一团无法解析的乱麻的结论”[3]。考古学也是如此。伦弗鲁认为，对许多考古学家来说，“世界……是由无数个体人的个体行为组成。考古学是一本不断被擦去又重写的笔记，虽见证了人类的

---

① Thomas S. Kuhn, *The Structure of Scientific Revolutions*, 2nd ed. (Chicago: University of Chicago Press, 1970). 库恩提出过一个著名的论点，即现代科学的特点是存在一种范式，即有关万事万物如何运行的基本模式和相关的研究方法。他认为范式实际上“提供了一幅地图，其细节要由成熟的科学研究去填充。因为大自然太复杂多变了，不加组织的随意探索定然行不通，所以这样的一幅地图对科学的持续发展来说至关重要，其作用至少与观察和实验等量齐观”(109)。

② 有关的详细讨论，参阅 Michal Biran, *Chinggis Khan* (Oxford: One World Publishers, 2007)。

③ Mehta, *Fly and the Fly-Bottle*, 143.

创造性,但在收集和校对区域性素材之外,我们似乎不该有更多的期待"[①]。然而,如同其他很多历史学家和考古学家一样,伦弗鲁觉得"人类历史并无深层的格局可言"的观点令人极度失望。在前述引用文字之后,他补充说:"但是,对那些视科学研究为寻找大的格局和解释的人来说,这般错综复杂、枝繁叶茂的结构还不够完美……难道就没有一种简明的认知视角,能够在承认个体能动性和创造性的同时,揭示出某些深层的秩序吗?"[②]

回归到普世史,我们会发现确实存在这样一种"简明的认知视角",能够借以阐明人类历史的深层秩序。不过,要想找到这种大的格局,就必须通盘审视人类历史,其时间尺度至少要以数千年计,甚至回溯到整个人类历史的更大的尺度。这种朝向更大尺度的转变与物理学家们的经历颇为相近,后者曾经历过从量子层面向生活层面的转变:在量子层面,放射性元素的衰变是不可预知的,而在日常生活层面,物理学家显然可以利用这种衰变过程开发出强大的、有规律性的模型,比如放射性测年法。两个世纪以前,康德已经认识到历史学和自然科学一样,可以通过偶然的过程推出有规律性的模型:"单独看来复杂混乱的现象,从整个人类的角度看去便是明晰的:人类历史的演讲稳定而缓慢,由其原初的禀赋逐步向前发展。"[③]为证明自己的观点,康德举例说明数百万家庭随意的生育选择是如何导致高度可预测的人口格局的。从大尺度看来,我们可以通过无数人类个体的行为找到一些清晰的格局,而意识到这些格局必定会改变我们对小尺度历史的看法。有时候,偶然性事件的影响力即便在非常大的尺度上依旧会显得蔚为可观(比如说小行星碰撞造成地球上恐龙的灭绝,而后者又为人类的进化开辟了道路),所以柯林伍德说历史本质上是个体的随意行动,但这不是全部真相。[④]

从整体上看,人类历史呈现出三个大的相互关联的格局。第一是整个人类对生物圈资源的掌控逐渐增强(且有加速发展的趋势)。在当今这个被很

---

① Renfrew, *Prehistory*, 74 – 75.

② 同上。

③ Immanuel Kant, "Idea for a Universal History from a Cosmopolitan Point of View," in *Kant on History*, ed. Lewis White Beck (New York: Macmillan, 1963), 11 – 12.

④ 有关这一故事的精湛演绎,参阅 Walter Alvarez, *T. Rex and the Crater of Doom* (London: Vintage, 1998)。

多地质学家称为“人类世”(Anthropocene)的时代,其结果是显而易见的,[①]但这种趋势的最初显现却要追溯到旧石器时代,自那时起,我们的祖先便学会了如何开发利用各种不同的环境,从热带雨林到北极苔原,直到最终他们占领了地球上的每一块大陆。在近40亿年的地球史上,没有任何一个物种能像人类一样有如此长久的适应性。在第一种格局基础上建立起的第二种格局,是最初缓慢后来不断加速提升的人口数量。而第三种格局的形成与前两种格局密切相关,那就是人类社会复杂性、多样性和相关性的最终大幅提升,此时的人口增长不再采取移民的形式,而是建立起规模更大、密集程度更高的社区。正是一万年前开启的农业生产方式为上述的根本变革创造了条件。上述大的历史发展格局当然无一被历史当事人所觉察,哪怕常规的历史也无缘得见。在小尺度的历史研究中,人们只会见到些许的波动,因为只有在大尺度的研究和追溯中才能洞见这些长久的发展趋势。就像黑格尔说的,“密涅瓦的猫头鹰只有当夜幕降临时才会飞翔”[②]。

上述发展趋势与人之为人的本性密切相关,这一特点通过考察彼此不想交往的社会的历史可以清晰得见。[③] 其中最为突出的例证恐怕要算是农业社会在世界各地大致同时发展起来的神奇事实了。在大部分可耕种地区(巴布亚新几内亚是个有趣的例外,那里的块根农作物不利于长时间储藏),农业的传播在各自独立地引导着大型群居社会的形成,也就是农耕文明。[④]这种文明形式包括城市、邦国、军队、交流和朝贡网络、文字、天文学以及……金字塔。金字塔、城池或天文台的设计在不同“文化”或“文明”中各有不同,这很可能是各地区在某个时刻的偶然决断导致的结果。用经济学术语来说,这些特点或许是某种“路径依赖性”所致。但所有农耕文明都建有金字塔、城池和天文台,这就不是一般意义的路径依赖了。这一事实反映出某种更深层次的东西。罗伯特·亚当斯(Robert Adams)在1966年曾就此

① 见 Will Steffen, Paul J. Crutzen, and John R. McNeill, “The Anthropocene: Are Humans Now Overwhelming the Great Forces of Nature?,” *Ambio* 36, no. 8 (December, 2007), 614 - 621。

② Hegel, Preface to the *Philosophy of Right*, cited from Hegel, *Philosophy of Right*, transl. S. W. Dyde (Kitchener, ON: Batoche Books, 2001), 20.

③ 提出“物种”历史的概念是否犯了本质主义错误?倒也未必,参阅 Dipesh Chakrabarty, “The Climate of History,” 214 - 215。

④ 关于热带作物不利于存储的原因,参阅 J. R. McNeill and William H. McNeill, *The Human Web: A Bird's Eye View of World History* (New York and London: W. W. Norton & Co., 2003), 34 - 35。

问题发表过一部经典著作,即《城市社会的演变:早期美索不达米亚和西班牙统治之前的墨西哥》(*The Evolution of Urban Society: Early Mesopotamia and Prehispanic Mexico*),在书中他得出结论说:"题目中的两种社会可被理解为一种过程性模式的两个变体。"①

令人惊异的是,人类历史呈现出的上述趋势还与更大的趋势存在密切联系。埃里克·蔡森20年来一直讲授普世史,他认为大历史的主旋律之一是复杂性的递增。② 我们可以把复杂的事物想象成由多个元素按一定计划组合而来的实体(entity),如此说来,恒星、行星、生物体和人类社会同样都是复杂实体。复杂实体同样表现出一系列"涌现出的特性"(emergent properties),仅靠研究实体的组成部分很难(也许根本不可能)预测这种特性的涌现规律,因为特性之所以涌现并不是其组成部分本身,而是其严格的组成排列格局所致。③ 比如说,水的性质是无法从氢原子和氧原子的性质中推断出来的,原子的组合方式不同,生成的物质的性质也就不同。涌现出的特性看上去很是神奇,因为人们无法从任何复杂事物的组成部分推断出会有什么特性涌现,似乎在各部分按一定规律组合后的一瞬间,涌现出的特性就这么凭空产生了。在佛教经典《弥兰陀王问经》(*Questions of Milinda*)中有一段对此概念的阐述。大夏王弥兰陀会佛教贤者那先比丘,问那先何为非我。那先问弥兰陀以何赴会,答曰车。那先复问何为车。把车轮取下,仍为车否?把车辕取下,仍为车否?把造车之木聚于一处,仍为车否?若不把其各部分按规则组合起来,则车非车也(或我非我),星辰也是这样。只有这样,"车"或"我"或"星辰"才会存在。每一种复杂的实体都会有自己独特的涌现出的特性。

我们绝对有理由相信,在137亿年的宇宙历史上,高层次的复杂性一直在缓慢提升着。早期的宇宙很简单,其中飘浮着巨大的氢原子云和氦原子云,各种能量在不停流动着(我忽略了暗能量和暗物质,虽然宇宙中有大约95%的物质是由它们组成的。因为它们并不像原子一样有形成复杂实体的

---

① 这句话是伦弗鲁的转述,参阅 Renfrew, *Prehistory*, 71。

② Chaisson, *Epic of Evolution.*

③ 弗朗西斯·克里克在其著作中曾试图解释意识涌现出的特性。他认为我们永远不能——至少在原则上——排除这样一种可能性,即事物涌现出的特性可以从"其组成部分的性质和表现形式再加上所有部分相互作用的结果"加以理解。参阅 Francis Crick, *The Astonishing Hypothesis: The Scientific Search for the Soul* (New York: Simon and Schuster, 1994)。

倾向)。随着时间的流逝,更多的复杂实体出现了,包括恒星、新的化学元素(是在恒星濒临死亡时诞生的)、行星和生物体,比如人类。每一种实体都表现出了涌现出的特质,从而为各类科学提供了研究课题,从天文学到地球科学,从生物学到人类史。蔡森指出每一种复杂实体都取决于能量的流动,这给我们提供了一种可能性,我们或许可以通过计算不同复杂实体中的能量流的"密度"来估计其复杂性的等级。[①] 蔡森的这种粗略的计算方式说明生物体的复杂程度要远大于无生命的实体(一只蟑螂远远比一颗恒星复杂)。今天,全球化的人类社会是我们所知道的最为复杂的一种实体。毫无疑问,这个结论会让最实证主义的历史学家虚心求教。

了解了上述大的格局自然会给历史研究带来很大影响,帮助研究者提出新问题、确定新课题。从这些大的格局看来,我又该如何对这种过程做出解释呢?过程本身是格局的组成部分吗?还是代表了某种反向的格局?还是说过程与格局根本没有一点关系呢?

人类历史大格局的解析

现在需要更进一步考察这些大格局的本质。对于这种格局我们该如何做出解释呢?比如,像我们人类这样多变、任性又难以捉摸的物种是怎样形成这样时间长、势头强劲的历史趋势的呢?还有,在更大的复杂性递增的过程中,人类历史该如何找到自己的位置呢?

关于这些问题,我们已经有了一些有趣的候选答案了。我们看到的这些趋势所反映的是一个物种如何不断地适应新环境,其目的在不断增强对生物圈资源的掌控力。当然,所有的物种都在"适应",以保证大多数个体能够从环境中获取生存和繁衍所需的资源而不断进化。达尔文最伟大的成就在于他解释了在自然选择的环境下,各物种是如何做到这一点的。但是人类历史的格局却不是这样的。人类不仅在适应,而且在持续地适应,其适应的速度仅靠自然选择学说是无法解释的。持续的适应让这个物种能够获取比单纯维持人口恒定所需的更多的资源。这一点本已不同寻常。人类与其他物种在适应方面存在差异,而正是这种差异决定了人类不同于

---

① 见 Eric Chaisson, *Cosmic Evolution: The Rise of Complexity in Nature* (Cambridge, MA: Harvard University Press, 2001), particularly chap. 3 and the table on p. 139。

地球上任何其他的物种，对此，学者们已经达成某种共识。最近，埃里克·霍布斯鲍姆（Eric Hobsbawm）在一次讲座中曾倡导“人类的进化史”概念，他这样讲道：

> 在过去的一万年间，且不说在过去的十代人中间，人类生活——包括群体和个人——的变化实在太大了，仅用达尔文的基因进化理论根本无法对此做出解释。这种变化是由文化的加速累积和传承带来的，而不是由基因遗传机制造成的。我想这是拉马克通过人类史对达尔文的回敬。①

事实上，即使是霍布斯鲍姆的尺度也还是太小了。旧石器时代的移民史告诉我们，这种进化机制早在我们人类出现的时候，大约在10万年前，就开始起作用了。

人类有一种经久不衰且不断加速增强的适应能力，或可称之为我们这一物种独有的涌现出的特性，且构成人类不断变迁的主要驱力，既然如此，那我们该如何解释这种非凡的能力呢？我在其他地方曾指出，造成这种非凡能力的关键是语言，人类的语言有着卓越的精确性，可以流畅地交流，所以只有人类能够准确地、尽可能完整地共享已发现的知识，从而为整个种群的记忆库积累信息。② 人类的语言把人们联结成了一张高效的信息网，通过这张网络，每个个人的知识都会被分享，日积月累，代代相传。缓慢地基因遗传机制被更快的知识传递机制所取代，换句话说，造成人类与众不同的长期发展趋势乃一种新的、更快速的适应机制，我们称之为“集体知识”

① Eric Hobsbawm, “Asking the Big Why Questions: History, A New Age of Reason,” *Le Monde diplomatique* (December, 2004), http://mondediplo.com/2004/12 (accessed July 14, 2010)；感谢韩国首尔梨花女子大学（Ewha University）世界史及全球史学院的 Kim Yong-Woo 博士让我注意到这篇文章。

② 丹尼尔·丹尼特（Daniel Dennett）认为语言交流无与伦比的稳定性来自词汇的数码特征，即使词汇在发音、拼写或理解上产生错误，通常可以仍然保留原意。他说：“在人类文化的积累上，词汇的一个特征起到了关键性的作用：词汇是数码化的。也就是说，词汇的发音标准具有自发性的（甚至是无意识的）校对功能，从而避免积累传输误差，就像可以实现基因复制的分子机器的做法一样。”参阅“The Cultural Evolution of Words and Other Thinking Tools,” *Cold Spring Harbor Symposia on Quantitative Biology*, published online August 17, 2009 at http://ase.tufts.edu/cogstud/papers/coldspring.pdf, from p. 4 (accessed July 12, 2010)。

(collective learning)。[①] 作为一个物种,我们人类必然要通过交换以获得知识的累积。这就是为什么我们人类拥有如此出众的可塑性以及不同个体、不同社会表现出如此惊人的多样行为的缘由,正因如此,我们很难说存在一种单一的"人类本性"。不过在上述多样性的背后却有一个常项,即我们人类有一种彼此分享见解的倾向,这种分享的倾向造就了群体持续适应能力的增强。正是这种彼此分享、交流的倾向驱动了文化上具有根本差异、环境方面也迥然不同的社会群体走上大同小异的发展道路,并最终实现人类对资源更高程度的掌控、更多的人口和更复杂的社会。

但因此说诸如此类的观点实际上已经开启库恩所谓的人类历史研究新范式是不是显得过于乐观呢?哪怕确实是这样,有一点还是肯定的,那就是普世史回归的结果必然要打破一直横亘在人文科学和自然科学之间的藩篱。如果蔡森有关现代人类社会极端复杂性的想法是正确的,我们也就知道了为何给人类历史创造一个范式概念是多么的困难,因为历史学家面临的复杂性要比物理学解释的那些更加复杂。

这样一道"柏林墙"的倒塌在体制上又有哪些意义呢?我们是不是会看到新的"历史科学系"的诞生,看到历史学家和宇宙学家共享一间办公室、共同参加学术研讨吗?历史变迁的本质会不会从此成为众多学科的学者共同探讨的一个根本课题呢?对此,我们还一概都不清楚。但我们清楚的是,普世史的回归会在体制上和思想上产生深刻影响,因为它将打破现行体制赖以为基的学术分裂状态。

五　普世史对教育的冲击

普世史的回归会给历史教育带来极大冲击,主要集中在以下三个方面。

首先,如果普世史像我说的那样进入学校课表的话,学生们会凭此找到潜藏在现代知识之下的完整性。今天的教育不管是在思想上还是在体制上都不能帮助学生把学校学到的各种知识化零为整。比起教给学生们更多知

① 此观点来自 Christian, *Maps of Time*。集体知识概念是为了尝试性地概括威廉·麦克尼尔作品的中心思想。麦克尼尔在 1995 年发表的一篇论文中写道:"当我开始动笔写《西方的兴起》时,我很确定改变历史的推动力在很大程度上就是陌生人之间的会面,然后受对方拥有的新玩意儿吸引开始彼此借用(有时是拒绝或抵制)。"McNeill, "The Changing Shape of World History," 15.

识，我们更应该帮助他们在书本或网络的信息海洋中自如地徜徉，让他们看到现代知识之间的内部联系。从我个人的教学中我发现，学生们无比渴望看到一个不再支离破碎的现实世界。在大学课程中，（“大”）历史课会帮助他们达成愿望，会给他们一幅地图，指引他们在无尽的现代知识海洋中航行。这样的课程已经进入了大学课堂，我希望在近几年内，通过网络授课的形式，可以让这类课程进入高中的课堂。这个提议所面临的阻碍既来自思想上也来自体制上。如果可以克服这些障碍，我们就可以用另一种方法教历史，让学生们明白历史是与文学、生物、宇宙学联系在一起的，它们都试图用一种全球化的、跨学科的方法解释我们的世界。

其次，我这篇论文所说的从内部联系的观点看待历史会帮助各行各业的人们更好地理解我们人类和生物圈之间复杂的关系，作为一个种族，人类在生态学上和科技上的创造力强大得可怕，随着我们越发了解这种创造力带来的危险后果，这种理解就变得越发重要。理解人类群体为什么，以及怎样储备积累知识，会让我们在发挥这种创造力时更加慎重一些。

最后，只有在普世史的尺度上才能发现人类作为一个整体的完整性。我们已经知道，在兰克学派有限的时间尺度上无法观察到人类历史的整体发展轨迹。因此，普世史的重现会带给历史学家们一个挑战。早在 20 世纪初，部分历史学家已经认识到这个挑战了，那就是要建立起一部令人振奋的人类历史，就像 19 到 20 世纪的国别史一样。第一次世界大战后，很多人认为按照民族和国家这个概念教授历史只会在未来引发更多、更血腥的战争。约翰·托什（John Tosh）在著作中写道：“国际联盟正在为减少学校历史课程中有关战争与民族主义的笔墨而奔走。历史学家艾琳·鲍尔（Eileen Power）认为，如果历史教学能够扩大团结的概念，宣传‘每个人都是两个群体中的公民，即自己的国家和世界’，那么天下大同的日子就会更近了。”[①] H. G. 威尔斯在《世界史纲》中表达了类似的愿望。他认为和平需要“共同的历史观念，若是没有这种能让人们齐心协力合作的观念，只有狭隘的、自私的、彼此冲突的民族主义思想的话，种族之间、人与人之间注定走向争执和破坏的道路。这个在一百多年前被伟大的哲学家康德发现的真

① John Tosh, *Why History Matters* (Basingstoke, UK: PalgraveMacmillan, 2008), 125；其中引证 Maxine Berg, *A Woman in History: Eileen Power*, 1889 – 1940 (Cambridge, UK: Cambridge University Press, 1996), 223。

理，现在已为普通人们所熟知”①。

更晚近一些，美国著名世界史学家威廉·麦克尼尔说：

> 人类整体拥有一种共性，历史学家们希望能够牢牢把握住这种共性，就像他们对较小社会内部群体共性的把握程度一样。地域式的历史编纂不可避免地会加剧冲突，而理智的世界史应该希冀消除种族间的纷争与破坏，让人们看到整个人类的成就与苦难，从而产生新的身份认同感。这对我来说，是作为一名当代史学家的道德责任。我们需要建立世界范围的普遍史，但同时要为人类的多样性和复杂性留有足够的空间。②

我们热切地欢迎普世史的回归，还有一点原因是普世史会建立和描写历史发展的新框架，正如国别史曾建立起各个国家内部的团结一样，普世史会帮助人们建立一种人类大团结或世界公民的强大意识。杰里·本特利说：

① Wells, *Outline of History*, vi.

② “Mythistory, or Truth, Myth, History, and Historians,” *American Historical Review* 91, no. 1 (Feb., 1986), 7.

> 普世的世界史有可能呈现更明确的意识形态维度，它将与各式各样的运动联合起来，为争取全球公民、世界民主、跨文化对话及诸如此类的事业而奋斗。近几年来，政治学家、道德论者及其他专业的学者为了让这些思想更加清晰和完善而倾注了大量心血。①

通过应对这项挑战，历史研究和历史教育会在解决我们共同面临的全球问题上起到重要的作用，从而规避种族主义为这个存在核武器的世界带来的危险。

> "柴郡猫，"爱丽丝有点胆怯地说道，因为她不知道它喜不喜欢这个名字。可是，它的嘴咧得更开了。"好的，它挺高兴，"爱丽丝想，于是她继续说道："你能不能告诉我，离开这里该走哪条路？""这得看你想去哪儿，"柴郡猫说。"我不在乎去哪儿，"爱丽丝说。"那么你走哪条路都可以，"柴郡猫说。"只要能到某个地方，"爱丽丝补充道。"哦，这没问题，"柴郡猫说，"只要你走得足够远。"——《爱丽丝梦游仙境》，第6章

① Jerry Bentley, "Myths, Wagers and Some Moral Implications of World History," *Journal of World History* 16, no. 1 (2005), 78. 同页附有关于全球公民观念的简短书目。

宇宙演化的终极全球史

[美] 埃里克·J. 蔡森 著　孙　岳 译*

摘　要　大自然中有许多性质不同的复杂系统，比如物理的、生物的或文化的，这些复杂系统是周围日趋无序的大洋中的有序孤岛。能量是不断扩张的宇宙中此类复杂系统的复杂程度不断提高的主要驱力，正是能量流驱动了生物体和社会，就如同能量流驱动了恒星和星系一样。变化无时无处不在，事实上，时时处处都在发生的变化正呈加速之势，关于这一点有大量的来自物理、生物及文化系统的证据可以证明，伴随宇宙演化那庞大的、不可预知的路径，此类从属的复杂系统在同时演进，从最初的“大爆炸”到后来的人类社会都莫不如此。故此，宇宙演化可谓是扩大版的全球史、加筑了科学根基的大历史、跨越整个时空的自然史。从最宽泛的意义上说，演化业已成为贯穿当今一切科学知识的一个强大的联结性的概念，为新千年的人类提供了一个全面统一的世界观。有了这一概念和世界观，就可以进而描述本质上跨越各个学科的宇宙演化的划时代节点，无论是在深入的理论层面还是在更为表象的经验层面。有大量的数据表明，在物质宇宙诸多已知的且形态各异的复杂系统中，复杂性的涌现和演进只有一个基本的和简单的原理支撑，这一原理适用于所有的星系、恒星、行星、生命体和社会。

* 作者简介：埃里克·J. 蔡森（Eric J. Chaisson），博士，哈佛大学哈佛—史密森天体物理学中心副研究员，详细情况可登录 www. cfa. harvard. edu/-ejchaisson。译者简介：孙岳，博士，首都师范大学外国语学院副教授。

关键词 终极全球史、宇宙演化、复杂系统、能量流

导 言

多年以来，本人科研的一个主要目标，是如何将人类置于适当的宇宙大框架之中并量化分析人、人的大脑以及我们这个技术社会具体的复杂程度。本人对宇宙演化的研究既有广度，又不乏深度，且往往从现象入手：宇宙演化可谓是从大爆炸至人类社会跨越140亿年的自然史的整体变迁的科学研究。有学者（如 Christian，2004；Brown，2007；Spier，2010；Rodrigue et al.，2013）将其称为“大历史”，其实这一称谓是指一些较为局部的变迁，具体而言，只涵盖那些造就了我们人类自身的几个系统的变迁，如银河系、太阳系、地球和人类自身。不过，要考察整个宇宙，包括众多的星系、恒星以及可能的类似地球的行星、甚或智能生物体，我总喜欢使用另一个涵盖更宽的概念，即“宇宙演化”（Chaisson，1981，2001，2006；Dick 和 Lupisella，2009；Grinin *et al.*，2011）。

此外，我还发表过一些有关近期宇宙演化研究的专业论文（如 Chaisson，2009a，2009b，2011a，2011b，2013a），在大学的课堂上讲授这一学科已达数十年之久（Chaisson，2013b，2013c），出版过几部相关专著、发行过相关影片（Chaisson，2006，2007）。所有这些文献在西方学界广为流传，本文文后列举了网上比较容易找到的笔者的一些学术论文，当然，还有一部笔者近期出版的相关论著，且被译成了中文（Chaisson，2011c）。

我是一名实验物理学家，我的研究课题旨在对数十亿年的自然史给予解释，为此，我提出了能量在愈发复杂的系统中流动的概念。这当然不是批评其他学者的一些做法，比如有人用信息理论或熵增益说来概括复杂性和演化，但我还是觉得诸如此类的概念过于抽象、难以界定、更难以量化。宇宙好像并不是一部网线纵横缠绕、服从某种电脑程序的机器，而更像是一个可供演化蜿蜒曲折地发生的场所，其间既有必然性也有偶发性，在长时段的历史进程中呈现出某种有秩序的、有组织的复杂系统的谱系。演化中的变化是多端的、柔性的和灵活的，演化的结果就是我们在宇宙中见到的各个星系、恒星、行星和生命体。宇宙的演化至今仍在进行中，文

化演进发端于生物演进，而生物演进又是基于此前的物理演化，一切都是那样自然。此类演进或演化呈某种阶段性特征，但又共同构成宇宙演化的一个组成部分，宇宙的演化也同样非常自然且永远如此，时间上无可逆转，空间上不断膨胀。

宇宙演化本身即科学的世界观

经过几十年的科学研究，一个有关自然历史演进的统一图景渐趋浮现，其中就包括作为智能存在物的人类自身。这一新的世界观的核心即古已有之的“变”的观念，最早提出这一观念的很有可能是中国古典时期的道家学者，其出处即《易经》（可参照 Chaisson，1987）。2500 年前的赫拉克利特可能是对的，他根据当时对大自然的最佳观察得出结论说：“万物皆流动，无物常住。”（$\pi\alpha\nu\tau\alpha\ \rho\varepsilon\iota$）从恒星和星系到生命和人类，现在已有越来越多的学者认识到在人类的全部知识中存在着一种精妙的理解模式，那就是以跨学科的视角讲述宇宙的起源和演化，并以此视域审视丰富宇宙中的每一件已知的存在物。这一蕴含宽广的宇宙论——生命乃其中的一个有机组成部分——通常是按如下的方式表述的：宇宙演化研究整个宇宙史上多种形式的发展与世系变迁，其中最主要的是放射物、物质和生命体组合、构成的发展与世系变迁。[①] 这一思路的结果是把众多学科的知识结合到一起并因此造成了一种宏大的关乎整个宇宙演化的综合命题，举凡物理学、天文学、地质学、化学、生物学、人类学及多种社会科学和人文学科均囊括其中，恰似一部规模庞大的真正的史诗，从时间之初一直讲到现在，自然还要深入到整体的未来。

我们正处在这样一个知识综合的新时代，我们已确知所有已知的体系——包括原子和星系、细胞和大脑、人群与社会等——均是相互关联且不断变迁的并试图对其加以解析。我们对进化的认识早已超越传统的生物学；一般说来，进化的观念（在大多数词典中是这样界定的）现在

---

① 原文表述如下：“Cosmic evolution is the study of the many varied developmental and generational changes in the assembly and composition of radiation, matter, and life throughout the history of the Universe.”

是指“任何体系形成、增长和发展变化的上升过程”①，这一认识现已成为所有科学走向统一的强大要素。不过这一点之外还有很多问题存在，比如：我们寻求大自然的统一性究竟在多大程度上是现实可行的呢？统一或整合后的产物究竟是类科学还是类哲学？地球上以及地球之外形成的不同凡响的秩序是如何发端于混沌呢？建立在人类观察基础上的宇宙演化建构又如何与热力学的毁灭本质相协调呢？而更为突出的问题是，我们试图理解宇宙间的多种结构是如何涌现的，尤其是以诸如精妙、并发、多样或关联等特征所界定的系统相关组成部分②促成系统本身复杂程度提升的过程。

近年来，有大量学者在新的巨型数据库的指导下对多种复杂系统进行了经验研究，结果表明上述问题是可以找到答案的。诸如星系、恒星、行星、生命和社会等有序复杂系统的“孤岛”完全可以在这些系统之外渐趋无序的环境“大洋”中得到平衡。所有研究得出的数据均与现代热力学——尤其是前沿的非平衡态热力学——基本概念相吻合。大自然中所有有组织的结构，甚至包括生命本身，都完全遵从著名的热力学第二定律。序与熵完全可以同时增长，只不过前者（在系统中）是局部的，而后者（自周围的环境看）是关乎全局的。我们深知萦绕在折中主义者（例如Mandelbrot，1982；Wolfram，2002）脑际的如下问题，因此，我们愿意明确提出这一核心问题：宇宙中是否有某种柏拉图式的理念存在呢？也就是说，宇宙中是否存在某种基础原理、统一法则或某种异常简单的过程，而正是这种原理、法则和过程在创造、组织并维系着全部复杂系统的结构和功能呢？

图1标示的是经典的宇宙演化图景，即时间之矢。图示中的箭头代表整个历史上发生的事件序列，从简单到复杂，从无机到有机，从无序到有序。对这一序列的认知建立在自文艺复兴以来人类收集到的大量信息基础之上，该序列与演化必然有线索的观念非常吻合，即从原初的能量到基本粒子及后来的原子，从原子到星系和恒星，从恒星到后来重元素的形成，

① 原文表述如下：“any process of ascent with change in the formation, growth, and development of systems.”

② 原文表述如下：“intricacy, complication, variety, or involvement among the interconnected parts of a system.”

重元素再继续演化成生命构成质料的分子，分子又形成生命体，及至智能生命和我们生活于其中的有高度文化、高度技术的人类社会。现代学术虽细分成众多学科，但演化可谓贯穿所有学科。达尔文的生物进化论或称新达尔文主义最为人所熟知，虽然很重要，但它却只不过是更大的演化模式中的一个子集，后者的范围甚至不限于地球上全部生命的演化过程。总之一句话，达尔文的进化论适用于所有的动植物，而宇宙演化论则适用于宇宙间的全部存在。如果说达尔文的进化论标志着人类理解上的一场革命，即认识到人类与地球上其他所有的生命形式本质上并无差异，那么宇宙演化论则更进一步证明地球上的以及我们身体里的物质与恒星和星系中的物质本质上是相同的。

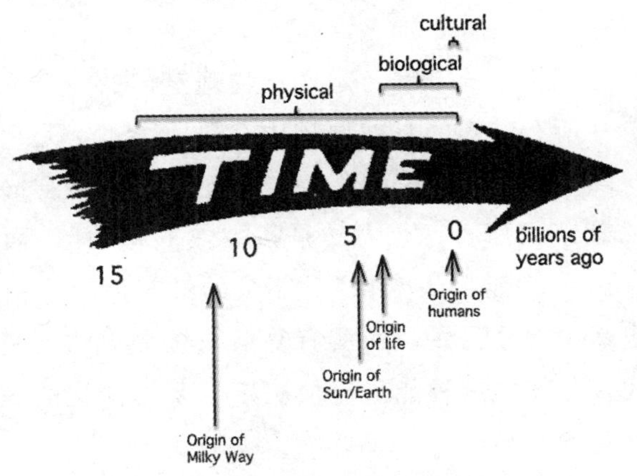

图 1　时间之矢从左端 140 亿年前的宇宙大爆炸一直指向右端的现在，象征性地涵盖了宇宙演化的宏大视野，上端标示了演化的三个阶段，即物理阶段、生物阶段和文化阶段。宇宙演化全面总结了星系、恒星、地球、生命、人类及人类文明演进的大历史（下端）。

图示中的时间之矢并非有意凸显人类中心主义，箭头所指仅是一般意义上的未来，而不是某个特定的归宿。虽说有所谓人择原理，但却没有任何符合逻辑的证据能够说明宇宙是为了创造人类而存在（Greene，2011）。人类不大可能是宇宙演化的顶点或终极所在，人类也不大可能是宇宙间唯一通晓技术的有机存在。因此，时间之矢原则上只是某种便于人理解的象征符号，因为它形象地表示出无时无处不在发生的变化，且伴随从旋涡状的星系到嶙峋起伏的地球再到会思维的人类，不同层次结构的复杂性渐趋增加。同时，时间之矢也没有生物演化从所谓“低级”向“高级”进化的意思，而只是标示从星系到恒星再到行星的物质过程。其真实的内涵是，伴随时间——往往是漫长时间——的推进，原先适合简单生物繁衍的环境向着适合更为复杂的生物存在的环境转变；原先适合星系形成的早期宇宙环境逐渐向适合恒星和行星形成的环境发生转变。外在环境的变化通常在系统内部变化之先，而变化的结果一般是朝向多样化和更加复杂，下文将以数据对此予以说明。

能量流与复杂性的提升

在当今人类的观念中，宇宙乃是遵从物理定律的一个演化过程，尤其是热力学定律。在所有已知的自然原理中，热力学可能是用来描述变化的最好的工具，虽然变化本身又是偶然性与确定性、机遇与必然等多种因素共同造就而成。就字面而言，热力学是指“热的移动”，而用更为一般的现代语言来说，就是“能量的变化”。能量的最初流动是由膨胀的宇宙所致，可谓是大自然中迄今已发现的所有复杂系统形成的关键动因，而不同的复杂系统如何优化使用这种能量流便决定了宇宙演化的规模，从物理的到生物的再到文化的不等。

能量在复杂系统归序和维持系统运转的过程中发挥重要作用，同时，能量还决定系统的起源、演化和最终归宿。至少在数十年前，人们对于这一点已有认识，但却只是简单的描述且大多仅在生物学领域（Lotka，1922；von Bertalanffy，1932；Schrdinger，1944）。如今，人们已更确切地认识到，能量不只是诸如动植物等生物系统维持自身组织特征所必须，而且为诸如恒星、星系等物理系统所不可或缺（Morrison，1964；Morowitz，1968；Dyson，1979；Odum，1988；Smil，1999；Lane and Martin，2010）。星体聚合若无能量流动便会塌陷，植物若不能通过光合作用获取能量一定会枯萎死亡，人若停止进食则必然寿终。人们还普遍认识到，能量甚至参与了文化系统的运行，比如城市需不断接受内向的食物和能

源流动并同时外向输出产品和废料。事实上，能量乃当今经济、技术和文明的核心要素。所有的复杂系统——无论是否具有生命特征——均是开放的、有组织的和处于非平衡态的结构，都需要获取、储存和利用能量。

因此，我们抓住了一个众多系统共有且极具物理直觉的概念——能量，这一概念的优势还在于它容易界定、容易理解并能够测量。不过，仅测度能量本身却还不够，因为显然星体的能量要大于花朵，星系的能量也自然要超过细胞。另一方面，生物系统肯定比无机物实体要复杂得多。因此，绝对能量并不像相对能量那样容易标志不同的复杂程度，因为后者取决于系统的体积、构成和效能。要客观地测量系统的复杂程度，即找到一个适用于所有有组织系统的完全一致的规范尺度，能量密度无疑是最佳的选择，为此，我们选定了能量在复杂系统中的自由流动，即“能流”，作为衡量任一系统中物质复杂程度的标尺（早有学者指出这一尺度在生态系统测量中的应用，参阅 Lotka，1922；Ulanowicz，1972）。因此就有了“能率密度”这一有用的尺度，标记为“Φ_m”值。能流密度的定义非常简单和明确，即单位时间单位物质系统中流过能量的总量。有了这一科学单位，我们就不必再借助任何非科学的概念来解释宇宙从夸克到类星体、从微生物到心智的各种复杂系统的演化过程了。

宇宙演化观倡导者的目的在于拓宽并加深人类对这样一个庞大主题的认识，因为它早已不限于传统生物进化的范畴。事实上，宇宙演化论者试图以能量概念去量化界说大历史或全球史。本文文后的参考文献列举了笔者多年以来就此问题撰写的学术论文和著述，其中包括大量实验数据和能率密度的计算过程，大多数数据亦散见于多种专业杂志。以下仅对笔者的研究发现做一小结：

· 就物理系统而言，恒星和星系的能率密度（约为 10^{-3} 至 1^{02} erg/s/g）是所有已知有组织结构中最低的。星系的 Φ_m 值明显呈上升趋势并有聚类分层表现，比如银河系在从原始矮星系向螺旋星云转化的过程中，其 Φ_m 值从 ~10^{-2} 升至 0.1 erg/s/g。恒星在同代或多代演化过程中同样经历了状态调整，且伴随内部热度及化学成分陡变分化 Φ_m 值呈升势，复杂程度提高，其中太阳在从原恒星到老化红巨星的转变过程中 Φ_m 值从 1 上升到 120 erg/s/g。

·在生物系统中，动植物的 Φ_m 值通常在 10^3—10^5 erg/s/g 之间。地球上植物的能率密度远高于普通恒星和星系，前者最具代表性的表现是进化出了进行光合作用的植物、被子植物和四碳植物，数亿年间其 Φ_m 值增加了近一级，达到约 10^4 erg/s/g。同理，动物在从鱼类进化到两栖类、爬行类、哺乳类和鸟类的过程中，Φ_m 值提升的幅度更大，从 $10^{3.5}$ erg/s/g 达到 10^5 erg/s/g。可以想见，在此诱发变迁的机制就是能量，能量倾向于选择更善于利用密集能量的系统，并同时引发其他系统的灭亡，其遵从的规律大致是广为人知的达尔文主义自然选择。生物大脑的 Φ_m 值稳居最高位，这一点丝毫不令人惊奇。

·演化至文化系统层面，技术的改进足堪与社会系统本身媲美，二者耗能均相当高，Φ_m 值常大于 10^5 erg/s/g，因此有可能是已知各个系统中最为复杂的。社会演化及人类的文化进步同样可以通过正常的能消耗加以考察，比如在人类早期的农业阶段，Φ_m 值约为 10^5 erg/s/g，而到了现代技术盛行的时代，Φ_m 值增至约 $10^{6.5}$ erg/s/g。驱动 20 世纪经济的机械——包括普通引擎至电子计算机——显现出同样的增长势头，从工业革命时期的约 10^5 erg/s/g 增至当今复杂喷气式飞机时代的约 $10^{7.5}$ erg/s/g。

特别值得指出的是，天体系统的绝对能量总量虽远高于人类自身的能量，而且恒星、行星、人体和大脑的密度也大同小异，但人类及现代人类社会的能率密度却要高出恒星和星系一百多万倍。原因就在于这里的单位是 Φ_m 值，即能率密度。因此，虽然太阳发出的光能在 4×10^{33} erg/s（约相当于一个 10 亿亿亿瓦的灯泡），且质量高达 2×10^{33} g，每秒每克物质流过的能量却只有 2 尔格；相比之下，光合作用中的植物叶子和思考时的大脑的能率密度都要高得多。

图 2 中的时间尺度与图 1 相同，形象地标示出物理、生物和文化演化如何把原始单一的宇宙改造成了愈发精密、能率密度也愈益提升的有组织的系统，而且这种改造的速度也在加快，所以愈到上方弧线就越陡。图示中代表性系统的典型 Φ_m 值与其在自然史上涌现的时段相对应。

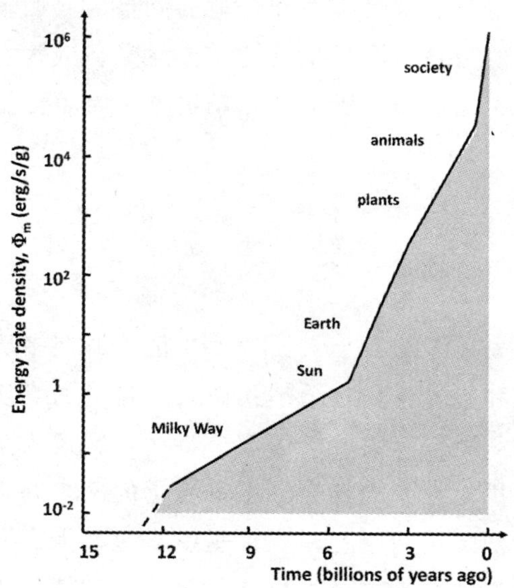

图 2　能率密度 Φ_m 值的测量适用于大自然中观察到的各类系统，结果显示在宇宙演化的 140 亿年历史中 Φ_m 值显然在持续增加。本图的时间尺度与图 1 完全相等，由此足见文化演化的 Φ_m 值幅度陡增（图示右上端），显然高于（中部较平缓曲线所示的）生物演化，而后者又高于（左下端坡度最平缓的）物理演化。图中阴影部分表示 Φ_m 值的累积总量，显示宇宙中不同类型的局部系统仍处于不断变化和渐趋复杂的过程之中，整个宇宙也因此变得更加无序。系统演化中具体的 Φ_m 值依据相应的历史年代而确认，较完整地展现出从星系经地球和简单生物并最终导致人类问世的演化过程。因此，本图对关注人类社会是如何从自然历史中演化出来的大历史学家和全球史学家而言可谓颇有价值。

消耗能量显然是所有复杂、有组织系统的共有特征，能量流也因此成为所有科学最具统一性的过程标志，足以令人信服地界说 20 个数量级以上的时空中所有系统的起源、演化和复杂性提升的原理和过程，尤其是个体系统及多世代系统涌现、步入成熟并最终消亡的过程。稳定运行的系统，无论是星体还是生命或文明，都有一个最佳能量流动的幅度，过高或过低都会导致整个系统的崩溃。就能量流动而言，最重要的一点是流量的适宜性，因为流量过少会造成供应不足从而无法运转，而流量过多也会因为超载而造成毁坏。当然，除此之外人们可能会找到许多用以测量物理、生物和文化演化的工具，但若要求得统一和普适的测量工具则非此莫属。我们绝不能低估这种统一的经验式测量工具的重要意义，因为它至少能够帮助我们在“同一页纸上”（如图 2 所示）勾勒出整个宇宙史上众多系统演化的轮廓。

结 语

宇宙演化是对从大爆炸至当今人类近 140 亿年的众多历史事件的科学综合，它极富广延性和包容性。它关乎我们人类自身的真实属性和历史缘由，因此自身便构成一种强有力的宏大叙事，而且它还为全球史和大历史的叙事提供了有益的量化方面的补充。宇宙演化的两个基本关注是系统变迁和复杂性提升，特别强调包括星系、恒星、行星、生命和人类社会等所有复杂系统都是密切相关的，主张演化乃一具有普适性的观念，实为全部现代科学的统一原理所在。

能量乃贯穿所有物理、生物和文化知识的最重要的一个因素。不断扩张中的宇宙中的能量是我们所能观察到的整个自然界中一切事物演化或变迁的根本性的普适驱动力，而能率密度为我们提供了一种明确的加权测度能量流的手段，使我们能够以此衡量所有复杂系统的复杂度，我们也因此能够了解到为何在整个自然史的演化过程中有些系统能够最大程度地获取并支配能量，而另外一些系统却不能并因此消失。

人类社会及其发明的机器是迄今为人们所知的消耗能量最大的系统，因此有可能是整个宇宙中迄今涌现的最为复杂的系统。借助文化创新并辅以可用 Φ_m 值提升度衡量能量的增量分配，21 世纪的人类便可以挑战日渐恶化的生存环境并进一步支配——实为逃离——这种环境。技术文明及其本质上必须消耗能量的事实可谓加速文化变迁的某种触媒，其原理正如宇宙演化本身一样，虽则不会停息，却也无缘关爱且殊难预测。

胸怀大局，接受变迁，合理使用能源，先适应，而后才有可能走向繁荣。

致谢

在此，笔者感谢哈佛大学的师生及史密森天体物理学中心的同仁，在过去几十年来里，他们就此话题与笔者进行了无数次非常好的讨论。

参考文献

Brown, C. S., *Big History*, The New Press, New York, 2007.

Chaisson, E., *Cosmic Dawn: The Origins of Matter and Life*, Atlantic, Little-Brown, Boston, 1981.

Chaisson, E., *The Life Era: Cosmic Selection and Conscious Evolution*, Atlantic Monthly Press, New York, 1987.

Chaisson, E. J., *Cosmic Evolution: The Rise of Complexity in Nature*, Harvard University Press, Cambridge, 2001.

Chaisson, E., *Epic of Evolution: Seven Ages of the Cosmos*, New York: Columbia University Press, New York, 2006.

Chaisson, E. and Berry, D., "The Arrow of Time," an educational movie, 2007, https://www.cfa.harvard.edu/ – ejchaisson/cosmic_evolution/docs/fr_1/fr_1_intro_movies.html.

Chaisson, E. J., in *Cosmos & Culture*, p. 3, S. Dick and M. Lupisella (eds.), NASA Press, Washington, 2009a.

Chaisson, E. J., in *Encyclopedia of Complexity & Systems Science*, p. 3267, R. Meyers (ed.), Springer, Berlin, 2009b.

Chaisson, E. J., *Complexity*, v. 16, p. 27, 2011a; DOI: 10.1002/cplx.20323.

Chaisson, E. J., *Complexity*, v. 17, p. 44, 2011b; DOI: 10.1002/cplx.20373.

Chaisson, E., *Epic of Evolution* (Chinese edition, translation by Jian Sen), Shanghai Scientific & Technological Literature Publishing House, (available via Amazon.com), 2011c.

Chaisson, E. J., in *Complexity and the Arrow of Time*, C. Lineweaver, P. Davies, M. Ruse (eds.), Cambridge University Press, Cambridge, 2013a.

Chaisson, E., *Cosmic Evolution: From Big Bang to Humankind*, Harvard University course, 2013b, https://www.cfa.harvard.edu/ – ejchaisson/cosmic_evolution/docs/splash.html.

Chaisson, E., *Cosmic Evolution*, Harvard University course syllabus, 2013c, https://www.cfa.harvard.edu/-ejchaisson/current_teaching.pdf.

Christian, D., *Maps of Time*, University of California Press, Berkeley, 2004.

Dick, S. J. and Lupisella, M. L., (eds.), *Cosmos & Culture: Cultural Evolution in a Cosmic Context*, NASA SP-2009 4802, Washington, 2009.

Dyson, F., *Reviews of Modern Physics*, v. 51, p. 447, 1979.

Greene, B., *The Hidden Reality*, Knopf, New York, 2011.

Grinin, L. E., Korotayev, A. V., Rodrigue, B. H. (eds.), *Evolution: A Big History Perspective*, Uchitel Publishing House, Volgograd, 2011.

Lane, N. and Martin, W., *Nature*, v. 467, p. 929, 2010.

Lotka, A. J., *Proc. Natl. Acad. Sci. USA*, v. 8, p. 147, 1922.

Mandelbrot, B., *Fractal Geometry of Nature*, W. H. Freeman, San Francisco, 1982.

Morowitz, H. J., *Energy Flow in Biology*, Academic Press, New York, 1968.

Morrison, P., *Reviews of Modern Physics*, v. 36, p. 517, 1964.

Odum, H., *Science*, v. 242, p. 1132, 1988.

Rodrigue, B., Grinnin, L., and Korotayev, A. (eds.), *From Big Bang to Global Civilization: A Big History Anthology*, University of California Press, 2013.

Schroedinger, E., *What is Life?*, Cambridge University Press, Cambridge, 1944.

Smil, V., *Energies*, MIT Press, Cambridge, 1999.

Spier, F., *Big History and the Future of Humanity*, Wiley, New York, 2010.

Ulanowicz, R. E., *Journal of Theoretical Biology*, v. 34, p. 239, 1972.

von Bertalanffy, L., *Theoretische Biologie*, Borntraeger, Berlin, 1932.

Wolfram, S., *A New Kind of Science*, Wolfram Media, Champaign, 2002.

大历史中的道德问题初探*

[荷] 弗雷德·斯皮尔著　孙　岳　译**

摘　要　本文首次从大历史（即自宇宙起源始的万物的历史）而非宗教的视角阐述道德是如何发生的。宇宙间存在的大多数物质属于无机物，但自从最初的生命诞生之后不久，就出现了合作行为的迹象。在整个进化过程中及整个人类历史上，合作行为的产生系人类应对生存斗争的结果，包括与其他物种的竞争，由此带来的结果是道德和竞争行为被写入了我们的基因。与此同时，由于人类独有的较大大脑新皮层的作用，道德和竞争行为又在很大程度上受制于后天习得的文化行为的塑造和影响。

关键词　道德行为、宗教、大历史、生物演化、生存斗争、竞争、基因、大脑发展、文化、集体知识

当人们抛弃经验而去追求想象产生的一些体系时，便会永远陷于错误。人是自然的产物，存在于自然之中，服从自然的法则，不能超越自然，就是在霍尔巴赫《自然的体系》③ 思维中也不能走出自然。

* 辛西娅·布朗(Cynthia Brown)和孙岳在本文的撰写过程中曾提出发人深思的建议,在此特表示感谢。

** 弗雷德·斯皮尔（Fred Spier），任职于阿姆斯特丹大学跨学科研究所，在荷兰多所大学讲授大历史，为大历史的首倡学者之一。孙岳，历史学博士，首都师范大学外国语学院副教授。

③ ［法］霍尔巴赫：《自然的体系》（上卷），管士滨译，商务印书馆 1964 年版，第 10 页。

导 言

在我们这个日益全球化、日趋拥挤的世界，人们有了更多的与自己持有不同世界观、不同宗教信仰和不同行为规范的人们交往的机会。尤其是伴随西欧社会及他方世界日渐深入的世俗化进程，人类正遭遇一系列深层次的棘手问题，其中最紧迫的问题之一是我们是否能够找到一个道德行为的共同基础问题，因为此时旧有的传统宗教信仰已无法提供可信的行为指南，因为后者的合法性来源于普通人根本无法企及的超验权威。

有人会问，为何要从大自然中推演道德规则呢？若果真可行，这种道德原理又会是什么样子呢？对此最早设问作答的是被称作 18 世纪激进启蒙主义者的哲学家，其中最有名的是德裔法国无神论哲学家霍尔巴赫（Paul-Henri Thiry Baron d'Holbach，1723 – 1789）在其《自然的体系》一书中的论述。

霍尔巴赫男爵的著作因其极端的反宗教立场而掀起了轩然大波并随之被查禁、焚毁或遭受其他方式的压制，所以他的观点从未被人在公开场合严肃地讨论过，虽然这些观点可能对人类历史产生过某种深刻的——主要却是隐蔽的——影响。比如，很有可能是霍尔巴赫男爵富于革命性的思想激发了美国的缔造者在 1776 年 7 月 4 日发布的《独立宣言》中写下“追求幸福”之类的名言。（Spier，2013）

对霍尔巴赫而言，以正确的方式追求幸福是实现道德行为的核心。他别具匠心的解决之道如下：由于所有的人都努力追求幸福，那么如果能做到让所有的人都以某种道德的方式不只追求自己的幸福而且努力实现他人的幸福，其结果必然造就一种和谐的社会。如此，基于宗教的道德准则将不再有必要。这一思路对美国的奠基者肯定有很大的诱惑力，所以要下决心建立一个没有国家宗教的共和国，也因此不再需要由国家裁定的宗教道德准则。

本文不拟详细阐发霍尔巴赫的解决之道，但却要遵循他的整体思路，即探讨一下人类的道德行为在何种程度上可以从大自然演化过程中推演而得来。自从霍尔巴赫 18 世纪 70 年代首度论此以来，我们对自然史的认识有了极大程度的提高。而今，我们对世间万物及其演化历史的洞见和认知的详细程度均史无前例。比如，18 世纪 70 年代还根本没有现代原子理论，热力学也还尚未问世，人类对地球、生命、太阳系和宇宙史的认识还非常有限。如今，我们拥有的新知足以让我们重新思考道德的自然起源问题并试图给出新的答案。

什么是道德行为?

在深入探讨问题之前，我们有必要明确一下道德行为的内涵。但回答这一问题却并非易事，因为我们关于道德行为的观念往往受自身成长的社会环境的深刻影响。因此，我们很容易不明智地把自身抱持的道德规范认定为一般意义上的道德规范。

我自然也不敢说自己完全摆脱了这一困境。我自己的解决方案如下：首先，从某种超脱的观点视之，我们可以把道德行为界定为某一时段某一人群中的成员希望共同遵守的行为规范，也就是说该人群的成员认定这种共同遵守的行为规范能够促成某种和谐社会。

如此界定之后，我们便会发现历史上众多不同的社会都曾有过各自不同的道德规范。其中最为突出的是不同社会在对待自身成员和对外人方面存在巨大差异，这种差异的深层原因就在于行为规范在很大程度上取决于不同社会彼此间的实力平衡和依存关系，以及这些不同社会在多年间积累起来的知识类型。鉴于这种状况，文化人类学家通常采取一种文化相对主义的立场，即每一种文化都须按照其自有的标准加以评判。不过这样就造成了一个新的问题：我们是否能够从学术的立场对不同的道德规范加以比较呢?

不过，某种深层的共性可能还是有的。如下文所述，在整个生物进化的历史上，确曾存在某种基本形式的道德规范。

若说人类社会和生物界都存在某种共同遵守的道德规范可能会引发争议，原因是：自从国家的组织形式问世以来，便曾有过为数众多的借助宗教界说的人类行为规范，虽则某些规范号称具有普世性，但历史事实表明，所谓普世的道德规范却有多种，至今亦然，所以说真正普世性的道德规范还从未存在过。

荷兰/美国生物学家弗兰斯·德瓦尔（Frans de Waal）在其最近的

(2009) 一部著作中指出，黑猩猩和倭黑猩猩的行为模式与人类的行为模式多有雷同，这种共有的行为模式或可被认作是道德行为，而且可以追溯到如下更为古老的根源，即“许多动物都有照顾弱小和互利合作的经历”。

另外，类似基督教和伊斯兰教倡导的道德规范不言或很少言及人与自然之间关系的准则。出现这一状况的原因在于世界上最主要的几种宗教都是发端于城市背景，相比更为久远的前国家的宗教传统，发端于城市的现代宗教主要关注人与人之间的关系，而这正是城里人天天遇到很多陌生人时必然要面对的大问题。城里人与城外的农民相比通常很少有与大自然直接接触的机会，所以前者的宗教便不大关注环境问题。还有一点，那就是在这些发端于宗教的道德规范问世之际，人们还认识不到或很少认识到我们生活于其上的地球资源是有限的，认识不到地球在宇宙中不过是一个悬空的实体，周围是漫无边际的虚空。

确切地说，道德行为规范是有关人类应然的行为规范，而不是日常的实然所为。事实上，这一差别正是道德指南存在的主要原因。毋庸赘言，人类行为的应然与实然都是本研究须考虑的因素。

笔者对本课题颇为关注是因为当今人类正处于一个史无前例的关键阶段，此问题的解决确实关乎整个人类的长久生存，而更好地理解人类行为的本质有助于这一问题的解决。如下文所述，大历史并非是为最终解决这一问题提供现成的答案，但大历史从自然演化的角度审视包括人类及其道德行为在内的整个历史，所以其洞见必然有助于该问题的解决。

故此，本文将从宇宙起源讲起并一直追溯到现在，试图从这种宏观趋势的梳理中寻找道德出现的依据。

当然，这里所能做的只是初步地梳理，这里提出的很多问题肯定还有待于进一步的深入研究。其中最困难的问题是，我们所能直接观察到的人类及动物道德行为只能是现在还在的，哪怕间接的有记载的描述也只能追溯到大约5000年前，而文字出现以前遗留下的化石和人类社会的其他遗迹只能提供有关史前道德行为的不那么确定的线索。

不过，尽管有上述诸多的困难，我还是要雄心勃勃地试图勾画出一幅完整的道德发展框架，以利于当下有关道德行为的讨论。当然，除此之外，肯定还有不少有关这一课题的类似研究，所以非常欢迎读者能够及时指证。

道德规则的合法化

不过在开始大历史探讨之前，我们还须关注一下道德规则是如何被合法化的问题。此前的传统宗教，尤其是犹太教、基督教和伊斯兰教，其道德规则都是在某种全方位的世界观中确立的，也就是说都要讲到人类、生命、世界和宇宙演化的过程。只不过在过去的500年间，诸如此类基于宗教的历史叙事均遭科学宇宙观、世界观、生物进化观和人生观强有力的挑战。

伴随早期宗教历史叙事的真理地位不断遭到侵蚀，人们便开始怀疑整个宗教权威本身，包括经宗教合法化的道德指南。显而易见，从现代的学术观点看，如果基于宗教的世界观都是错误的，那么人们为什么要接受基于此的一系列道德准则呢？换句话说，既然宗教的权威是基于上述宗教的历史叙事（迄今仍大致如此），那么这种观念本身遭质疑必然影响到宗教的权威及其设定的道德准则。因此，许多宗教界的人士感到愈发难以协调科学和宗教的世界观，而另外一些人则将此（怀疑论的盛行）归咎于传统道德规范的堕落。

后一种观点是否正确还有待商榷。宗教领袖们虽主张严格道德约束，但在现实中却不能一贯坚持。比如，历史上有许多——通常是异常残酷的——战争都是打着宗教和平的旗号进行的。同样，对农民的残酷剥削也通常是以基于城市、高扬同情怜悯的宗教名义实施的。不过，且不管宗教界人士在多大程度上践行其自身倡导的道德行为，没有道德规范可能会导致更大程度的道德缺失，也许这正是某些人极力倡导此类道德规范的原因。

大历史中竞争与合作的涌现

美国学者乔纳森·莱顿（Jonathan Leighton）在其著作《争夺同情：无情宇宙中的伦理》（2011）中称，在大历史中追问道德（他称之为伦理），其核心是要将道德规范置于基本上无生命、也因此漠不关心的整个宇宙之中，看道德规范是如何一步步出现的。但莱顿给出的答案是寻求同情，根本无法令我满意，所以尽管同情有加，我还是要在大历史中再独辟蹊径。

显然，在毫不知情的情况下，莱顿走上了两个多世纪前霍尔巴赫男爵走过的路，不过这也足以说明这种观点本身是道德演化过程中的重要组成部分。

依据现代科学的研究成果，宇宙是在138亿年前经大爆炸从虚无之中诞生的。随着时间的推移，数十亿的星系、恒星和行星渐趋形成。太阳系是在46.5亿年前由旋转的气云团在一质量极大、行将寿终的恒星爆炸力的作用下收缩形成的。

在大历史的这一漫长悠远的无生命时期，即自宇宙起源至地球上的生物约在38亿—34亿年间诞生，生命体根本没有任何作用。但这一时期却为后来的生命在地球上诞生创造了必要的条件，也就是说我们的这个星球恰好处于太阳系中的一个特别有利的位置，而太阳系又恰好处于银河系中的有利位置上。

当然有可能生命体在宇宙中的其他许多地方也有涌现，但对此我们尚一无所知，甚至不知道是否真有这样的生物存在。因此，有关大历史中的道德的讨论只能限定在生命诞生后的我们这个局促的绿洲上。

从生命诞生至今，所有生物体都必须持续不断地吸收物质和能量并同时排泄自身产生的废料，即熵。如此，生物体必须不断地寻求生命所需的资源，包括其他生物资源。

由于许多资源并不总是充裕，尤其是伴随生物体的大量繁殖，资源本身却并无增殖，此时在生物体之间便出现了竞争现象。而此后大自然的基本格局也大致铸定，即合作与竞争的并存。

人们通常把合作与竞争看作不同且彼此不相关的两个过程。在生物进化论中，人们往往强调竞争而忽视合作，其原因在于达尔文在《物种起源》（1985）一书中认定竞争乃新物种起源的核心要素。但达尔文同时认识到合作在动植物进化过程中的重要作用（见第122、135页），而这一点往往被其后继者忽视甚至否定了。

人们忽视合作而强调竞争可能受工业革命及其后日渐增强的个体间、组织间、民族间和全球范围的民族国家间的竞争影响。不过近来，随着共产主义在欧洲的衰落，人们在探讨生物学问题时又开始重新强调合作的意义和价值。

本文认为，竞争与合作不应被视作彼此独立的过程，二者其实共同构成美国天文学家汤姆·格雷尔斯（Tom Gehrels，1925—2011）所谓“以进

化求生存”（2007）的过程。其主要原因在于，竞争与合作确实密不可分，正是竞争导致了合作。有机体通常会认识到集中资源、并肩合作往往会使自己在生存竞争中占据有利地位。

因此，全部的行为准则，包括各种形式的道德行为，均是在生存斗争中涌现出来的，起初并没有多少竞争，这是因为最初并没有多少物种参与竞争。但伴随此后多个物种的出现，彼此间的资源竞争随即展开，竞争与合作的双重过程也旋即拉开序幕。合作以求生存的过程，加上一定规模的竞争，即本文在生命史上追寻道德行为的主要论点。这一过程可能始自30亿年前。

大约35亿年前，最初的生物在有水的环境中诞生，最初可能只是简单的单细胞微生物。在相当长的时间内，这种微小的单细胞微生物是地球上唯一的生命存在形式。最初的微生物很有可能完全依赖一己之力寻找资源以求生存，但伴随生存斗争和时间的推移，这些细小的微生物也开始了某种形式的合作。

最初的合作采取了多种形式。最早的合作形式可能只是聚到一起组合成更大的单位，我们现在称之为微生物席。这种微生物席最古老的证据是34.5亿年前在西澳大利亚巴皮尔巴拉地区马布尔附近的叠层石化石，这些叠层石化石是由数十亿微小的蓝藻组成，蓝藻在热带地区海陆交界处的浅水中生长，至今依然如此。显然，团结一致的好处是它们能够牢固地附着在岩石之上而不必担心被潮水冲走。因此，蓝藻总能处于一个优越的环境之中。①

合作总会有好处和代价。一般说来，合作的好处是在生存斗争中获得更多的安全，而代价是必须投入一定的精力和资源。因为合作有代价，所以本质上是不稳定的，因为它取决于生物体在生存斗争中的处境，或至少是自身觉察到的处境。

如果与单干相比合作的代价过高，或生物体觉察到这样做的代价过高，那么合作就停止了。在此，生物体面对的或觉察到的长短期收益的异同或

---

① 早期的叠层石可能生活在比如今更深层的水下，因为它们需要水来防御紫外线，毕竟那时大气的平流层中还没有臭氧层。臭氧层是在大约20亿年前大气层中积聚了足够的氧气后出现的。此外，叠层石上面积聚的厚厚一层死亡了的细菌也有助于保护其他生物的生存。

根本缺失可谓作用重大。有机体若通过合作获得繁荣发展或至少存活下来，真实的收益便显现出来，而一旦合作程度降低或完全消失，合作的有机体便只会感受沉重的代价。这种被有机体觉察到的收益和成本乃基于感官输入所做出的估计。因此，收益和成本，不论是真实的还是仅仅觉察到的，在很大程度上决定着合作行为的程度。

由此便引出合作行为模式涌现的问题及连带的惩治违规者的问题。据我所知，迄今在生物学和人类史的研究领域还从未见诸如此类的成果。

行为规范的涌现

合作无可避免地涉及多种形式的交流以实现彼此在行为上的适应。合作的本质即在交流和适应的双向性，因为缺少交流和适应，合作便不可能实现。因此，合作在历史上的出现与交流和适应的出现密不可分。

交流由发送和接受彼此能够理解的信号两部分组成，以使行为上的彼此适应成为可能。换句话说，有机体总要努力在“同一个波段上”实现合作，而且信号被理解后必须伴有群体的适应性行为。这种行为上的协调可谓最初的道德行为规范涌现的标志，因此这种行为上的彼此协调对所有参与方都有好处。

最初用来发送和传递信息的机制可能非常简单，而且很有可能使用了化学信号。这种化学信号机制甚至在当今的自然界依然常见。比如，我们的肌体是由不断传送化学信号的细胞组成，因此实现我们自身内部的协调一致并同时用于人际间的交流。其结果之一是香料业变得异常发达。人类之外的动植物以及大多数微生物也都采用化学信号传输。要弄清化学信号的发送传输是如何出现的，就必须了解基因是如何通过脱氧核糖核酸编码以实现生物进化的。不过迄今尚未见关于此的研究问世。

最初、最简单的化学信号发送传输机制可能只是两个彼此互动的细胞，细胞通过细胞膜与外界发生作用，同时如同胶水一样把细胞紧密组合到一起。上文说到的叠层石可能就是这样，叠层石本身由大量的微生物席组成。

传感机制产生的另一种途径可能是通过诸如眼睛之类的感官，这类感官能感知到来自周围环境的好坏影响，从而帮助有机体决定如何做出相应的反应。随着时间的推移，这类感官对实现合作变得愈发重要，直到后来不同物种又发展出彼此能够理解的信号。

正如上例所示，随着时间的推移，传感机制的数量不断增加，从最简单的仅能识别环境中有利和不利因素的化学信号传输机制到后来更为多样的诸如视觉、味觉和嗅觉器官，专门负责冷热的传感器、电磁传感器（眼睛）、气压传感器（耳朵）、触摸传感器由此而生。如果其他有机体也都发展出与神经系统连接的诸如此类的传感器，这对实现交流而言可谓非常有用。

此类进化对更大范围、更为精确和更为广泛的交流创造了良好的条件，同时也为实现更大范围的行为彼此适应和更丰富多样的行为规范产生奠定了基础。

总之，行为规范的产生完全可以追溯到最初双向交流、彼此适应的简单过程及其后出现的合作和竞争，而这又是因为所有的生物体为了生存都必须捕获物质和能量并同时排泄废弃物。

内外分别的行为规范

合作规范首先界定适用者的范围，即内部人员，以与“外人”相区分，以及彼此间该如何行事。这种规范当然要求内部人员之间要以相对和平、彼此协作的方式行事，而且只要这种和平、协作的方式能够做到收益大于成本便可以维持。

相比而言，对待外人的行为规范往往形式多样，从漠然到极端暴烈不等，视具体情况而定。在与其他物种争夺资源的斗争中，也呈现出从相对温和到极端残暴的格局。

因为合作与竞争通常同时发生，所以有关合作与竞争的行为规范也往往同时形成，其结果是有机体获得了根据具体情况调节自身行为的能力。这种行为上的灵活性起初看来有些令人不解，但这却是此类行为群体自身在出现过程中附带造成的必然结果，前提是行为群体的参与者把成员做内、外分别。[①]

比如，基督教的一个首要问题是将社会成员进行内、外区分，然后在

① 有关体系理论（regime theory），可参见 Spier，1996。

行为上分别对待。拿撒勒人耶稣的教导称，所有的人都是内部人，因此基督徒特别强调合作。历史上各式各样的基督教会都曾试图遵照耶稣的教诲，但前提是每个教会的参与者都将社会成员做内、外分别并区别对待。事实上，基督教的这一困境在现实世界中可以找到众多例证，比如所有的普世宗教——如伊斯兰教、佛教——都面临同样的处境，而在相对局限的宗教团体——如犹太教——中，内外分别就更为明显，且通常伴随明显不同的行为规范。

合作总意味着达成一个对所有参与者有利的目标。从生物进化的角度说，这便意味着合作能够带来更大的成活和繁衍机会。要达成这些“好”的目标，自然就意味着成员彼此之间要表现出“足够良好的行为”。这可谓最初的道德行为规范出现的机理和根由。比如上述古今的叠层石细胞总是聚在一起，从而提高了自身成活和繁荣的概率，之所以如此，是因为叠层石细胞实际上是在彼此“帮助”。从微生物的角度看，这有可能是我们所知的最早的好的道德行为。

当然，诸如“美好”与“道德”之类的词汇通常是被用来描述人的行为的，其暗含的另一层意思是人类有可能对同类表现出丑恶和不道德的行为。由此，我们很容易联想到，是否其他物种也会有诸如此类的不道德行为呢？同类的细菌是否也会彼此攻击呢？当然，有些动物是这样，但植物又如何呢？眼下对此，我还没有系统的答案，所以关于这类的问题还需进一步的深入研究。初步看来，由于人类行为的进化比任何其他物种都更富累积习得和文化特征，原则上人类便表现出行为上更大的灵活性，从“极高道德”到“极端不道德”不等。不过在此，我们显然在大历史的时间之矢上跳跃得有些超前了，因为此时现代人还没有问世呢。

所以我们暂时还是回到更早的从前。非常有可能的是，合作总要涉及彼此间多多少少的互利互惠，这便构成了互利性（reciprocity）的基础，也就是文化人类学家马塞尔·莫斯（Marcel Mauss，1872—1950）1924 年提出的论断，即送礼的行为总暗含着某种义务，那就是一方期待着另一方还礼。而礼尚往来的另一面则是针锋相对。这两种行为模式都确保了群体成员在成本和收益上的均摊。

与此同时，合作还可能导致某种特别的成本，比如涉及个体与群体之间在资源上的共享。由此造成的结果是，在任一合作群体中，竞争总不会

完全缺失。更进一步，任何形式的合作都取决于收益与成本的平衡。

人们不禁要问，成功合作是否会带来某种化学上的奖励呢？2013 年，“加州大学洛杉矶分校的科学家们测量到了一种特别的肽——即被称作下丘脑泌素的神经递质——的释放情况：主体处于兴奋状态时，肽释放量增加；相反，主体处于悲伤状态时，肽释放量会降低”①。很显然，这种肽是表现良好的一种奖励，而肽缺失则说明出现了亟待解决的问题。那么，这种肽在进化意义上距今有多久了呢？肽最早是在动物中出现的吗？是何时出现的呢？抑或这种肽机制出现得比动物还要早？比如是在微生物中间，那后者又发生在何时？果真如此的话，追求幸福或良好感觉无疑是这个星球上最古老的活动之一了。

幸福好像完全是个体感觉或经验，由上述化学机制看，则当然是这样。但从我所考察的全部事例看来，幸福首先是成功合作的结果。若果真如此，那么霍尔巴赫男爵的论断便是正确的，即以道德的方式追求幸福乃确保实现和谐社会的可能途径。

动物道德行为的出现

在数十亿年间，宇宙间的生物只有微生物，其合作的方式可能大多是建立在收发化学信号的基础之上，这使得微生物能够以简单而基本的形式存在下来，比如通过聚集在一起，因为这样可以躲避危险。这种行为方式后来为植物所继承。不过本文并不打算详论这一有趣的话题，因为这对读者明了人类道德行为的演化助益不大。

地球上最早的动物出现在大约 6 亿年前（当然取决于你如何界定动物）。尤其是从大约 5 亿 4000 万年前，各种各样的动物成批量地增长。这些动物物种中的大多数——如果不是所有动物物种的话——肯定在求得生存的过程中为了有限的资源而展开竞争。我们不知道各个动物物种自何时开始合作，但可以肯定的是，它们是在历史上的某个时刻开始合作的。经

① University of California-Los Angeles (2013, March 7). *Is this peptide a key to happiness? Findings suggests possible new treatment for depression, other disorders.* Science Daily. Retrieved March 12, 2013, from http://www.sciencedaily.com-/releases/2013/03/130307145720.htm.

过基因选择，现如今所有动物的基因中都承载着这一长时期竞争与合作经历铸就的遗产。

早期生成的诸如眼睛、耳朵和鼻子的传感器和能够解析信号并向各个器官发布指令的大脑使得动物在竞争与合作的实施过程中远远超越了化学信号阶段（虽然化学信号系统甚至在人的身上迄今还尚未消失）。有了这种新生成的机制，动物便可以更清晰地识别自己的伙伴和竞争对手，它们甚至在大脑中形成了伙伴和对手的形象，最初只是外貌，后来还包括诸如情感、观念和动机等的内部过程。

如此看来，能够通过观察对未来的行动做出预测肯定是有好处的，因为这将导致生物体的能力越来越强，至少在某些物种中，这有助于形成计划、意图、动机甚至有关其他生物情绪的心理图像。换句话说，某些生物体至此已经能够设身处地地从他者的经验中习得生存的策略。这就是最初形式的换位思考，它将有助于合作的形成。也就是说乔纳森·莱顿有关换位思考的论述从思路上讲是正确的。

伴随复杂化和生物体种类的增加，生物体的情感也呈现出多样化的趋向。最初可能就是简单的饥饿和痛苦的感觉。但在其后某个不为人知的时刻，幸福感或不幸的感觉也出现了。随着动物的神经系统日趋复杂化，其所能感受到的情感也变得形式多样，而这种情感是截至彼时整个地球上最为脆弱且多样的复杂存在。

上述演化的结果可能增强了群体内部相对和平的合作行为。与此同时，不同物种间争夺资源的竞争却依然异常激烈。不过，出于通感的体悟，竞争对手间的残暴行为有时也会有所收敛。

这一点可以用来解释为何在某些富有社会性的动物之间雄性争夺雌性的斗争可能异常激烈，但同时却有某种限度。一旦雄性动物在群体中确立了自身的地位，便通常不会将对手置于死地。不过即使如此，动物的头领还会杀死其他动物的幼崽并以自身的后代取而代之。对于同类却不同群的动物为争夺地盘和资源的斗争我们已经知之甚多，这些动物很少试图彼此赶尽杀绝，尤其是我们在地球上最近的亲缘——黑猩猩——之间。

这也就是说同人类一样，大猩猩对“内部者”和“外部者”的界定是有一定灵活度的。与其他动物相比，人类和猩猩更多地表现出文化习得的特性而不完全受基因的制约。导致这一结果的原因可能在于人类和猩猩都有更大的脑容量。

同时，这也说明了此类动物会发展出某些行为标准，包括有限的暴力行为，有时这种行为标准甚至会被写进其基因并通过集体知识的文化过程一代代传下去。

人类的道德行为规范

因此，与其他大多数动物不同，现代人类并没有来自基因的克制因素，以阻止人类大规模地杀戮同类。同样有趣的是，在猩猩中间也有类似的情况，它们会突袭竞争对手群体，然后尽情地杀戮。显然，猩猩与人类对同类表现出相近的行为模式，即与其他众多动物相比较少忍让和克制。

一般认为，猩猩与人类有着共同的祖先，生活在大约1000万年前。这种动物的行为模式如今已众所周知。有可能的是——但也不一定——上述猩猩与人类距今最近的先祖身上并没有“少克制、多暴力”的“缺陷”，而是这两种动物在最近的1000万年期间分别形成的机制。

与其他动物相比，猩猩和人类的脑容量都相对较大，所以习得行为在各自的进化中发挥了重要作用，尤其是在人类身上更是如此。由迄今发现的少量化石证据可知，猩猩的大脑与人类的祖先非常接近，但有关这一点我们却没有更确切的说法。但果然如此的话，我们便可推论，现代猩猩与生活在1000万年前人类的先祖在行为模式上是接近的。

现代猩猩与现代人类都有较大的脑容量和习得的行为特征，只不过后者的发达程度要高得多。对二者而言，习得的文化行为模式的代价是基因控制行为机制的丧失，包括对同类群体内部成员有限实施暴力的克制机制。其结果是，二者——尤其是人类——在行为规范上表现出极大的灵活性，因为此时的行为较少受基因控制而更多地得自集体知识。有关这一点，德国社会学家诺伯特·埃利亚斯（1897—1990）已经有过论述。① 与此同时，猩猩与人类通过心理机制彼此识别对方动机、情感并就此进行交流的能力也大大超出了此前生物史上任何动物所能企及的范畴。

读者可能会问：人类的大脑皮层在何种程度上有助于上述行为模式的

① Norbert Elias, *What is Sociology*? (New York, Columbia University Press, 1978), 104 - 110.

形成呢？大脑皮层中最内端的旧皮质“爬虫类脑”（reptilian brain）可能还包含着主要由基因控制的原始反射弧，而第二层的中间脑或古哺乳动物的大脑（paleo-mammalian brain）则更为灵活，在某种程度上可能是习得文化知识的区域。最外端的新皮质或新哺乳动物脑（neo-mammalian neocortex）在现代人类中表现异常硕大，是人类习得文化知识的最重要的机制。如果这种描述正确的话，那么人类的行为则基本上是在基因与文化互动、大脑三皮层的斡旋中确立和形成的。

既然人类的道德行为规范与基因控制之间的关系相对较为松散，而更多地是由集体知识决定，那么追溯一下从早期三五成群以采集狩猎为生的智人（Homo sapiens）到当今世界已达70亿人口的人类道德演进史便显得尤为必要。当然，这需要详尽的研究方能够做到，所以下述不过是笔者所能想到的人类道德演进的大致轮廓。

人类历史上的道德规范

早期现代人类的生活采取了较小的家庭群体形式，此时的内外分别可能非常清晰，因为群体内部的成员在基因和文化上都是共同的。其结果是，合作与竞争都相对简单和直截了当。不过，随着社会规模的增大并渐趋复杂化，合作与竞争的形式都发生了变化，因为此时的基因库和文化区域已不再完全重合，因此，合作与竞争的形式出现了多样化的趋势。最为突出的是在新兴的城镇地区并通过多种形式的长距离联系，在人们中间出现了形式多样、互有重叠但有时又相互冲突的合作与竞争形式。这一发展遂导致了群体内外、群体之间行为规范的变化。

早期城镇内外有别的行为模式发端于更早的农业社会群体，后者的道德规范大致是基于人们的欲望建立起来的。但在大约5000年前，伴随最初国家的出现，整个权力架构发生了变异，握有强权的社会精英总是从自身的目的——包括稳居上位和安抚被统治者——出发，把行为规范强加到众人之上。同理，有关竞争的行为规范也出现了类似的变化。

所以，在大约公元前800年，在欧亚大陆各个地区出现的城市导致了人们在道德规范上向以需求为核心的模式的转变。道德规范要为城市居民的日常生活提供支持和指导，比如如何处理与陌生人之间的关系、如何忍

受痛苦——包括贫困和传染病——等，此时开始流行的传染病确实已经演变成严重的社会问题。这种道德规范往往通过新兴的道德宗教或一般意义上的道德说教——如儒家学说——的形式得以表达。甚至到今日，仍有不少宗教和世俗的说教者倡导此时生发的道德规范。

在人类历史上经常出现的情况是，大多数人总是将自身的道德行为规范视为有利于自己且适用于整个人类的。由此遂导致了全球范围的针对竞争与合作的道德行为规范模式的竞争。如上所述，近来学术界观点的凸显使得传统宗教历史观的合法性渐趋式微，结果，由后者支撑的道德行为规范的合法性也不断衰落。

只要人们对竞争的限制因素视而不见，也就是说人类没有觉察到我们生活于其上的地球实际上只能提供有限的资源，那么人们就可能认为他者应该遵从自己的道德行为规范，因为它是普世性的。由此带来的结果是，所谓新的普适性的有关合作与竞争的道德规范就不可能诞生，除非这种道德规范完全建立在某一个民族或群体道德规范的基础之上。

而这正是我们身处其中的世界的真实状况：现在有愈来愈多的人认识到，地球上的资源并非是无限的。所以，有许多人都表示愿意建立一套普适的全球性道德规范，根据这套规范，我们所有人都是内部人。这样一套道德行为规范能够在大历史的基础上建构吗？若能，又如何建构呢？对于这类问题，本文在文尾还将提及。在此，我们先讨论一下大历史针对大自然的行为规范。

人类针对大自然行为规范的出现

很有可能的情况是，针对大自然的行为规范的最初产生是基于生物体觉察到其生存环境的某些变化并做出的有效反应。最初的觉察机制肯定非常简单，只涉及对某些化学物质的觉察，但随着时间的推移，生物体的感知器官日渐多样化了。详见上述。

起初的信号只提供有关大自然存在或缺失的某些方面的信息，对生物体本身而言也只有适宜和不适的简单反应。生物体遂而进化出如何应对的能力，比如逃离危险，通过迁移获得更多的食物资源，或选择不做反应。而当生物体开始在这一方面进行合作时，这种生态的行为群体遂转化成了社会的行为群体。

这里对生态行为群体的演化史暂不作详细交代。但总体言之，这种生态行为群体的演化非常接近社会群体合作与竞争模式的演进。从长远看，社会/生态群体分化成了各式各样的多种行为类型，其中包括一些与生态生存并无直接关系的社会群体类型，结果，有些社会群体在某种程度上脱离了生态群体。

在人类历史上，人们常依据对周围自然环境的依赖程度界定自身的行为规范。只要人类的食物和其他必需的资源只能来自生活区周围的环境并因此形成人类生活与大自然之间直接而短促的相互依存链（interdependency chains)，人类便会相对更为悉心地对待大自然，尤其是在所需资源相对短缺的时候。可一旦人们缺少资源短缺的意识，人类对待大自然的态度就可能相当粗疏。有时即使觉察到资源稀缺也并不能总是引导人们悉心对待大自然的行为，特别是在遭遇继续某种类型的社会行为的强大社会压力之下。谈到这一问题，人们常举出复活节岛的事例。但类似的事例还有许多，我在秘鲁的安第斯山脉就曾亲眼目睹。

当人们开始生活在城市而不必再直接从大自然而是从其他人那里获取食物及其他必需品时，他们与大自然之间的相互依存链就加长了许多。这种状况导致人类不甚关注生态群体，而把更多的注意力转移到了指导大规模群体内人际关系的道德规范上。这一点足以解释世界上多数大的宗教都不甚强调人对自然的生态行为，而更多专注人际关系的道德指南。换句话说，城里人逐渐与生态群体脱离了关系。

社会/生态群体间的显著分别在基督教徒们称之为圣书的《旧约》和《新约》中可清晰得见。《旧约》——亦称犹太人的律法——中有相当多的篇章强调如何处理人与自然的关系，这自然是因为圣书成形之时大多数人是牧民或农民，而《新约》则完全相反，几乎把全部的注意力放在了道德规范和人类的苦难上，对生态群体几乎只字不提。

如今，人类中的绝大多数长久生活在人类自己营造的全球依存链之中且意识到了地球上的资源有限——尤其是许多重要资源可能很快就会枯竭——并加之日趋严重的环境污染，一种崭新的意识由此而生：人们遂开始寻求一种新的关乎全球、区域和局部生态群体的道德规范。这种日渐清晰的全球生态意识为全球生态道德规范的形成以及新式的社会合作、新式的道德提供了重要动力。

我们从大历史中学到了什么？

如果上述分析正确的话，那么我们不难看出：动物界对内合作及与之相关的对外竞争的历史比我们所熟知的要悠久得多。由此便产生了两个彼此不同却密切相关的道德群体，即相对平和的“内部群体”和常常是蓄势待发且相当暴力的“外部群体”。对大多数物种而言，这种群体的分别显然已被写入基因，虽然更为复杂的动物也能够在某种程度上习得此类源自基因的行为模式。

这就是说，所有的动物都有能力在上述两种群体模式间轻松切换。换句话说，所有动物都有一种内置的灵活切换行为的能力。但它们在调节群体道德规范以适应周围环境方面的灵活程度却相对较低或根本不具备。

人类因为有了超大的新皮层及与之相伴的文化学习的能力，其行为也因此具备了更大的灵活度和适应能力，与其他物种相比较少受基因的制约。当然，基因并未因此而停止发挥作用。但由于文化学习，人类的行为便有可能朝多个方向发生转变。

不过，这也意味着从大历史中根本无法准确推断人类下一阶段的道德规范。然而对内合作、对外竞争的总体模式似乎是恒定的，我们当然可以根据文化学习对此重新界定，但这一总体模式却很少或根本不能消除。这种合作与竞争的模式显然是多种道德规范生成的总体模型。

几点个人体会

现在我打算暂时撇开大历史的探讨并转而从个人的角度谈一谈我们可能从大历史的探讨中得到的教训。因为人类作为宇宙间的一个物种，其生存和福祉很有可能在不远的将来因能源的枯竭和熵量的增加而出现严重问题，而如果（这里的“如果”显然应该大写，因为可能许多人有不同的认识）我们觉得制定一个关乎整个地球人可持续发展的环境和社会行为规范是个不错的主意的话，那么在一定程度上的互惠合作——包括设置限制竞争——可能是个很好的起点。这种互惠合作的行为在整个生命的历史上一直存在，因此为构建未来互惠合作的行为规范提供了很好的基础。

当然，限于当今世界巨大的社会和生态差异，互惠合作的目标还很难实现。但有一点是肯定的：如果有愈来愈多的人被界定为“内部人”或至少感觉到自己是“内部人”，那么彼此合作的机会就会大得多；而一旦愈来愈多的人愿意合作，那么就会有愈来愈多的人感觉自己是“内部人”。

在我个人看来，上述设想若要取得成功，我们对“外部人”的界定就不应该依据民族或群体标准，而应以我们目前面对的共同的社会和生态挑战为基石。如果我们共同的生存都出现了危机，那么我们理当同舟共济。我不敢说这一点是否可能，但却完全值得试一试。

这又回到了最初的生物进化，那时候的合作是出于求生而不是竞争。换句话说，只要有足够多的人认识到我们共同的生存出现了危机，那么人们之间基于最古老的生物基因的本能便会促使人们合作，而储存在新皮层内部的有关互惠合作的信息亦会督促人们从事最新形式的合作。

如果我们觉得制定这样的新式道德规范是个不错的主意的话，那么我们就有必要回顾一下地球上现存人类所曾应用过的全部道德规范，以试图发现共通的根基并进而依此制定新的道德规范。这些规范肯定会相当新颖，因为我们正身处一个崭新的、史无前例的局面，此时旧有的方案根本不足以解决新问题。为此，我们有可能借鉴上述纲要中的洞见。

制定这样的道德规范完全可能是一个非常敏感的问题。我们究竟要推进到何种程度？是到马克思、恩格斯倡导的类似共产主义的极端形式的合作吗？还是某种居间的立场，或者是走向另一个极端，即完全的不合作？若采取居间的立场，我们又如何并在哪里达成平衡？互惠互利在此的作用极为重要。不过肯定有人会问：互惠互利的原则究竟有否可能被用来界定人对自然的行为规范呢？若可能，又如何具体操作呢？

新形式的道德行为是否激发上述的肽并从而令人产生快乐的感觉呢？抑或新规则只会令人感到沮丧？因为新规则与旧有的由基因决定的竞争行为发生冲突。如若是后者，且新的道德规范又为地球人生存之所必需，那么是否会有人建议让世人都服用某种药物以诱发快乐肽并促成新道德规范的实施呢？其实赫胥黎（Aldous Huxley，1894—1963）在其1932年问世的小说《美丽新世界》中就有过类似的建议。这听起来的确是一条相当危险的路径，因为，诚如赫胥黎同时指出的那样，药物原则上可用以塑造任何形式的行为群体。这条路在当今世界显然行不通，因为我们必须考虑这种情况的可能后果。

诸如此类的问题当然是非常难解的。在笔者看来，大历史对此类问题也无力提供明确的解答。一方面，人类在某种程度上仍受基因的控制，而另一方面，人类又因为具备文化习得的行为模式而显得异常灵活。由于人类有通感的能力，所以能够做到设身处地并从而与地球上的大多数人达成合作。显然，这意味着竞争在某种程度上要受到限制。只要全球范围的竞争得不到抑制，或至少在人们看来无法抑制，那么全球范围的合作便不可能涌现。恰如人类历史所展示的那样，所有这一切都将取决于人类在权力和相互依存度方面达成的主导平衡态势，其中包括我们对自己置身其中的全球态势的认识。

这后一方面可能是大历史所能作出最大贡献的一个领域。大历史虽以人类可及的最长时段审视历史，却不能告知我们未来道德规范的确切内容。但相比其他任何一种历史叙事，大历史都能够更清晰地帮助人类认清当今自身所处的位置，因为它试图运用人类迄今的全部知识追溯整个人类的历史。其中包括追溯人类行为规范演进的历史，既针对人与人之间如何相处的规范，也涵括人对自然的行为模式；廓清此类规范演进的历程及其原理；然后依据个人的认识和特长，讨论所有这些信息的可能蕴含。故此，本文还只是一次初步的尝试。

参考文献

Baron d'Holbach, Paul Henri Thiry. 1770. *Système de la nature ou des lois du monde physique et du monde moral*, 2 volumes. London (Amsterdam, Marc-Michel Rey).

Darwin, Charles. 1985. *The Origin of Species by Means of Natural Selection, or the Preservation of Favoured Races in the Struggle for Life.* Harmondsworth, Penguin Books (1859, original title: *On the Origin of Species* ... etc.).

Elias, Norbert. 1978. *What is sociology*? New York, Columbia University Press.

Gehrels, Tom. 2007. *Survival through Evolution: from Multiverse to Modern Society*. Charleston, S. C., BookSurge Publishing.

Huxley, Aldous. 1932. *Brave New World*. London, Chatto & Windus.

Leighton, Jonathan. 2011. *The Battle for Compassion: Ethics in an Apathetic Universe*. New York, Algora Publishing.

Mauss, Marcel. 1966. *The Gift: Forms and Functions of Exchange in Archaic Societies*, translated by Ian Cunnison, with an introduction by E. E. Evans-Pritchard. London, Cohen & West (original French edition 1924).

Spier, Fred. 1996. *The Structure of Big History: From the Big Bang until Today*. Amsterdam, Amsterdam University Press.

Spier, Fred. 2010. *Big History and the Future of Humanity*. Oxford, U. K. & Malden, MA. Wiley-Blackwell.

Spier, Fred. 2013. "Pursuing the Pursuit of Happiness: Delving into the secret minds of the founding fathers." Submitted to *Journal of American History*.

Waal, Frans de. 2009. *Primates and Philosophers: How Morality Evolved* (Princeton Science Library). Princeton, Princeton University Press.

非线性未来与生命的意义

[俄] 阿科普·波·拿撒勒钦*著　张如奎 高悦伶 译

摘　要　根据某些独立机构统计结果显示，21世纪全球文明将要经历一场有关诠释生命进化意义的跨学科综合研究。这将是一幅什么样的场景？什么因素将会左右其进一步发展？作者运用现代宇宙学中协同机制原理、人类文化学和心理学等理论，对上述问题作出回答。

关键词　通史、复杂性、教育多科制、诱因子、意识、意义、思想、管理、生命、死亡、永生

一　世纪中叶的谜题：普通与奇异诱因子

从现代未来学中似乎可以认清所有的未来的事物，例如，什么时候、会有多少人将在地球上生存，其中多少人信奉某一种宗教；石油、淡水甚

* 作者简介：阿科普·波·拿撒勒钦（Акоп Погосович Назаретян），政治历史学家、心理学家、文化人类学家，全球世界历史协会会员。俄罗斯科学院东方学研究所高级研究员，杜布纳国际大学全职教授，《历史心理学及社会学》学术期刊编辑，大历史和系统预测欧亚中心主任。著述颇丰，包括专著：《宇宙中的智能来源、形成和观点》（1991，俄文）；《侵略，道德和世界文化发展的危机》（1995，1996，俄文）；《侵略性人群中大规模的恐慌与和传闻——社会和政治心理学讲座》（2001，2003，2005，俄文）；《大历史背景下的文明危机：自组织学、心理学与前强制类型转换》（2001，2004，俄文）；《暴力文化，人类学的自组织。散文的进化历史心理学》（2007，2008，俄文）；《非线性未来，大型复杂历史理论，人类学和心理学的全球预测》（2013，俄文）；《非暴力的演变：大历史的研究，自组织和历史心理学》（2010，英文）。E-mail：anazaret@ yandex. ru. 译者简介：张如奎，俄罗斯文学博士，首师大外院俄语系；高悦伶，首都经贸大学外语系副教授。

至是大气中的氧气会剩下多少，俄罗斯、美国、中国和津巴布韦的经济潜力发展将如何彰显——几百年，甚至更为遥远的数据信息人们都可能得到。由此我们坚信，若干世纪后，地球上各个国家和民族、种族和宗教将会延存下去，人类对物质和其他各种需求也将与当下并无二异。

由全球主义者提出的预测模式不能被称作线性模式：因为虽然他们提出的方法和选择点符合场景法的要求，由此看上去具有协同性和一贯性。然而，我们不得不注意这样一个事实，协同理论在揭示任何一个现实过程的非线性因素的同时，也会指出其非线性的指数。正是这种甄别功能构成了记录危机加剧的体系以及双分支和多分支阶段等协同模型的关键特征，并且现阶段历史进化对非线性程度估计不足，而这也正是大部分全球性预测的主要特征。

与此同时，来自各个国家不同领域的科学家们进行了一系列独立研究计算，其结果显示：在过去数十亿年间，进化过程正在按照一个简单的对数公式加速进行，并且大约在 21 世纪中叶，反映进化史加速过程的指数曲线变成了一条垂直线。由此获得的数学奇点表明，地球上的进化进入到了一个可在规模和意义上同生命的出现相近的多分支阶段。今后，或许将开始行星进化的递降支线（之后在社会和自然界发生的变化将不可逆转地朝向热动平衡方向发展），或许将会出现某种新状态，发生突破性的转变。

在协同理论中，能导致不平衡系统的崩溃和破坏的第一类型的场景被称为普通诱因子，而能够保障稳定不平衡的相应水平或向更高水平转变的场景则被称为奇异诱因子。在多分支阶段，普通诱因子要比奇异诱因子更容易进行描述（正因如此，它们才是“普通的”），后者通常看起来像是难以置信的想象。问题的关键在于——我们很难预先确定究竟在现实中是否存在着奇异诱因子。

二　进化是否还能够持续下去?

想象一下，有这样一种魔鬼，他通晓过去和现在的一切，掌控所有计算过程，但对未来却一无所知。他能够证明地球和宇宙中每一历史转折事件的不可能性。例如，他可以说明，为什么在 50 亿年前教育和生命体的长期存在（即物质的不平衡状态）是不可能的。他能够在理论上完美地证明，

250 万年前，使用人造武器的生物体在破坏了自然环境与反抗种内侵略的本能之间的个体生态平衡后，很快地消灭了自己。他同样能够阐释，为什么一万年前我们的土地无法养活几百万以上的人口（特指采集狩猎者，不包括拥有农耕犁具、牧鞭、汽车甚至是电脑的人），这样的例子不胜枚举。在所有这些情况下，我们的魔鬼都犯了同样且几乎难以察觉的“哲学”错误，因为降低了预测的威信度：低估了发展中系统的创造潜力及其开拓全新有效途径的能力……

这一潜力是否是无穷的？或者说，地球和天体星系的进化是否已经接近于可能的极限了？在即将出现的多分支阶段是否确实存在着奇异诱因子——例如，人类群体向稳定不平衡性全新层面的过渡和宇宙智力圈形成是否可能？——也许所有的现实缓解措施最终都被视为是自我毁灭的不同场景？在努力评估行星文明可预见前景的过程中，我们将不得不面对这些基本问题。

预测——就是利用外推法根据已知过程和趋势来推断未来。失败的预测通常有两个原因：单一的结构性与（抑或）缺乏深度的回顾，由此造成短期趋势过多。[①] 对在接下来的十年里出现的独特多分支阶段进行分析需要时间跨度较大的大量语境。这里的语境指的是通史，也即过去的综合模式，包括空间物理、生物和社会文化方面的进化阶段。

我们注意到，纵观每一阶段的所有特征，复杂性的加强是在不断变化的研究中贯彻始终的向量，在通史中也提供了一种对这种复杂性进行客观评价的方法。E. Chaisson 根据大量的经验材料和精确计算，揭示出其内部结构复杂程度和能量流密度之间的比重：每单位时间引入自由能量的数量与质量的比重越高，系统的构建就越复杂。按照这一关系式，我们可以把能量流密度视作结构复杂性的数字指标。由此我们可以得出很多类似结论，例如，“院子里的杂草要比银河系中最奇异的星云更复杂”[②]。相应地，生命有机体的复杂性超过了 60 亿年前尚未形成生命体的总星系复杂性的总和，而从这一参数来看人类群体要大大优于野生物群落。

---

① А. П. Назаретян, О прогнозировании в шутку и всерьёз // *Историческая психология и социология истории*, *т*. 4, 2011, №1: 1.

② E. J. Chaisson, “Cosmic Evolution: Synthesizing Evolution,” *Философские науки*, No. 5 (2005), p. 96.

还有一个情况需要注意。弗拉基米尔·韦尔纳茨基（В. И. Вернадский）曾指出，有机体习性反应复杂性的加强与解剖学结构成比例，前提是要使用脑部集中因数——大脑重量与身体重量比。假设现代动物群（不包括人）的综合指标是1，那么2500万年前这个指标就是0.5，而6700万年前就是0.25。在脑部集中和功能皮质化的过程中，作为行为控制因素的心理反射能力得到了加强。[①]

在社会和文化形成过程中，心智因素（主观现实）在物质世界特性显现中的作用急速地加强。随着人类群体的形成，新的神话、宗教学说、艺术作品、科学理论、技术发明和其他“虚拟”事件都对现实过程的运行产生了越来越深的长期的影响。特别值得注意的是，认知结构日益拓深的复杂性以及信息渠道不断增加的速度和容量决定了物质结构也在不断复杂化。

我们是否可以由此得出这样的结论，即结构的复杂性从根本上说是无限的。对于人类宇宙学原理的讨论在理论层面上，宇宙通常带有不同于可被观测到常量（例如，不同比例的质子和电子的质量，测量空间得出的不同数字等）的初始常量，在这种宇宙中物质结构复杂性的极限应当比生命体的复杂程度低。在“我们的”总星系中生命、社会和信息文明的形成都是有可能的。著名的天体物理学家保罗·戴维斯（П. Дэвис）坚信，宇宙是开放的，并且我们“不可能知道宇宙中还藏有哪些多样性和复杂性层面”[②]。从戴维斯专著中可以看出，“不可能知道”意味着，复杂性的继续加强和文明的潜在进程都是无限的。我很想同意一些美国学者的看法，但这在目前不过是一种乐观的假设。

同时，我们还知道，一些支持渐进发展具有潜在无限性结论的系统论据。对于哲学—宇宙论专家们关于“智能冲击波”无线传播的思想几乎只有俄罗斯（苏联）学者或俄罗斯侨民进行过长期讨论。但从20世纪90年代开始，这一思想已传播到国外学术界，特别是受到美国和英国的天体物理学家的广泛关注。

类似的论据还有，多伊齐（Дойч）根据自己的研究指出：“不论是我

---

① В. И. Вернадский, *Живое вещество.* М. Наука, 1978.

② П. Дэвис, *Проект Вселенной. Новые открытия творческой способности природы к самоорганизации.* М.: ББИ св. апостола Андрея, 2011: 63.

们的星球进化还是其他已知的物理过程”，都不能作为限制生命对宇宙过程产生潜在影响这一行为的基础。“在我们整个星系和整个多元宇宙中，星球进化取决于智能生命是否得到发展，以及在什么地方得到发展。”在运用最好的理论探究星球未来的过程中，我们发现了一个广阔空间，生命可以对这个空间产生影响并且可在长期影响后控制所发生的一切。[①] 皇家天文学家马丁·瑞斯（М. Рис）就可能发生的“整个宇宙向‘活宇宙’的转变”进行描述。[②] 而宇宙学的权威专家李·斯莫林（Ли Смолин）及其学派认真研讨利用拥有给定参数的新宇宙文明来建造黑洞能量源的技术。[③] 对此，我还想补充一点，创造心理学的研究课题是一种通过无限扩大信息文本来将不可控制的常量彻底转变成可控制变量的启发式机制。[④]

系统理论的方法论原则是：所有可能的事件必定会发生。德米特里·门捷列夫（Д. И. Менделеев）在这一原则基础上建立了化学元素周期表，有目的性地寻找在理论上被证实存在的现象，包括从前未知的元素、粒子和磁场，这一行为使天体物理学和微观物理学中的一系列发现成为可能。多伊齐（Д. Дойч）利用该原则的数学变式，同时回顾阿兰·图灵的观点得出结论：计算物理可能阶段的数量没有上限，因此智力控制的潜力原则上是无限的。因而，如果对总星系过程的控制不能获得早在地球文明时期就有的理智（例如，因为首先消灭了自己的承载者），那么这一角色就将由其他任何人来扮演——“假定是某种地球外的理智”[⑤]。

换一种说法，如果物理定律不限制质量—能量过程的控制范围，那么由于宇宙中智力积极性影响范围的不断扩大（奇异诱因子），由此造成的复杂性的进一步加深就可被视为既定现实。然而遗憾的是，这个结论并没有考虑到一系列可以从根本上排除上述情景的心理状况。

由于心智因素在物质结构复杂化过程中的作用日益明显地加强，我们有理由认为：至少从新石器时代革命（约一万年前）开始，持续了137.5

---

① Д. Дойч, *Структура реальности*. М. – Ижевск: НИЦ РХД. 2001: 356: 186 – 189.

② М. Каку, *Физика невозможного*. М.: Альпина нон-фикшн, 2011: 281.

③ Smolin Lee, *The Unique Universe*, 2009. http://physicsworld.com/cws/article/indepth/39306.

④ А. П. Назаретян, *Цивилизационные кризисы в контексте Универсальной истории. Синергетика – психология – прогнозирование*. М.: Мир, 2004.

⑤ Д. Дойч, *Структура реальности*. М. – Ижевск: НИЦ РХД, 2001: 356.

亿年的结构自发复杂化时代已走向终结，并且，如果宇宙的进一步进化是可能的，那么它只可能在意识层面是受控的。要做到这一点，人类必须具有高度的内部自我控制意识，以避免从前没有的管理自然力量的权利产生自我毁灭的影响。

三 进化演变中的生命意义和死亡意象

意义总诉求于永恒的状态，而意义对永恒来说却无关紧要，生命是有限的，不知道这一事实的人就不需要认识生命。从这种“不平衡性”中可以看出，探索生命意义的需求是提供高度内在复杂性和心理反映动态的反射能力长期发展的产物。当最具创造力的个体从日常观察中推测出身体的死亡是每个人的最终命运并且自己也无法避免的结论时，探索生命意义的需求也由此开始形成。然而事实上，这方面的关系式是比较隐秘的，并且最初我们是根据一些关于个体发展的数据发现这一点的。

一些心理学家和心理疗法医师，甚至是该领域内最优秀的专家，也在相当长的时期里忽视了儿童对死亡的态度问题。对该问题忽视的时间如此漫长，以至于后来学者怀疑研究者自身是否置换了这一问题。但是，如果这里的确包含了某种心理防线的话，那么其中占主导地位的多半是合理化机制：孩子们缺乏对死亡的认知这一论据已经得到了充分的论证。

主要研究认知发展理论的让·皮亚杰就指出，欧洲孩子一般在 10 岁以后具备形成抽象概念（其中包括对死亡的认知）的能力——直到此时他依然处于具体思维阶段并刚刚开始掌握“可能的”范畴。[①] 儿童泛灵论分为四个阶段，皮亚杰将其与原始人的泛灵论等量齐观。最初儿童将生命和意愿赋予所有非生物的物体。大约在 7 岁时，儿童认为只有可移动的物体是有生命的，在 8—12 岁之间——儿童认为只有可自己移动的事物是有生命的：7—8 岁的儿童不会认为树木是活的，而更倾向于认为火、烟、时钟、河流或者月亮是有生命的。在此之后他们对生命的概念才逐步接近于“成人式的”（更确切地说是实证论的）。

而如果主体（根据成人式的观点）对有生命的和无生命的做出区分不

① R. Kastenbaum and R. Aisenberg, *Psychology of Death*, New York: Springer, 1972.

准确，对死亡的认知就不应当在他的世界图景中起显著作用。受心理学家的影响，父母也倾向于认为与死亡关联的意象和恐惧在其孩子的生命中不起作用，并且他们通过自己的观察与总结也印证了这一观点。

弗洛伊德（З. Фрейд）比其本国其他相关学者更加专注于研究情感性过程（但与之不同的是，弗洛伊德并未研究与儿童相关的课题），同时也赞成上述已得到普遍认同的观点。他反对将对死亡的恐惧和存在有限性的想法视为儿童心理发展的重要因素，而将性体验置于绝对的优先地位。

确实，早在心理分析运动的早期阶段曾出现另一种观点，而在20世纪下半叶一些心理学家承认，在现代化都市文化环境中成长起来的智商正常的孩子们会在很小的年龄就产生与死亡和空白意象相关的不安感。这种不安情绪在很大程度上可由一些外部情况诱发，如亲人的去世以及周围人对此的强烈感受。但在存在有限性的本能思维指示的引导下，孩子心里会对死去的鸟、昆虫、花朵，甚至是对死亡机制产生遐想。

研究者对死亡恐惧更早期表现的猜测通常会掺杂着投射与猜测。3岁后儿童对死亡的认识会极其混乱和矛盾，这使得儿童有理由认为认知死亡是不太重要的。不同年龄段的孩子在列举关于死亡的中性词汇时所表现出的皮电反应数据是非常有趣的。实验者把受试者分为三组：儿童组（5—8岁），青春前期组或本征组（9—12岁），青春期组（13—16岁）。实验发现，第一组和第三组（小孩子和青少年）对死亡词汇的情绪反应要比第二组强烈得多。亚隆[①]（1999）对此解释道："在本征期孩子学会（或者被教会）否定现实……对死亡的明显恐惧情绪得到削弱"，包括孩子的性欲。但是，随着青春期的到来，孩子们的拒绝机制不再有效。反思的意向和越来越多的信息资源使得青少年再次认识到死亡的不可避免性、开始忍受不安情绪并寻求与生命事实共存的备选方法。人正是在青少年阶段才加紧寻找人生的意义坐标和鉴定方法。

我们发现，欧洲的孩子在青春前期（本征）阶段以及一些原始文化中的成年人代表会用庸俗的话语和具有伤害性的嘲笑来保护自己不受死亡认知的影响。也许，文化经历了某种类似于由儿童心理学家所记录下来的进化阶段（包括对死亡产生模糊一直觉认识的最早期阶段），而现代的孩子

---

① И. Д. Ялом, *Экзистенциальная психотерапия*, М.: Класс, 1999: 104 - 105.

们会在更早年龄段重现这种文化。

总之，研究人类心理个体发生学的心理学家从最开始就直接或间接地探究社会起源规律，他们的研究资料可能对人类学家的研究很有帮助，可提供间接建构早期人类发生学的辅助文献资料。同时，认识死亡本身的历史过程和探索生命意义的需求相较于他们的个体发展来说，必然会遇到更多的困难。

多学科综合研究表明，人类精神文化起源中包含着对死亡的恐怖——死人的神经性恐惧：总的看来，期待死后复仇是巧人（Habilis）和旧石器时代早期人类（Arhantrop）种族内侵略斗争的第一个人为限制。[①] 死人不是活人的完全继承者——他的灵魂所记得的只有委屈、不满和复仇的渴望，因此活着的人应当尽全力避免产生邪恶的意图。这一点很难与下述说法保持一致：我本人——未来终会是一具灵魂不朽的尸体。

在任何情况下，认识死亡本身的不可避免性（更不用提“存在主义的恐惧”）——都是比一个民族对于他人死亡的恐惧更晚出现的文化演变现象。人类学研究的结果表明，反映因果关系的时效性较短，这使得志愿者—收集者很难了解清楚搜集对象生育子女的原因。也许他们归纳总结的能力也不足以使他们彻底了解不同年龄段人的个体等同并得出有关死亡的结论。对神话的分析显示，死亡话题会困扰远古时期的人们，但通常，在儿童的意识中死亡话题的起源会涉及一些外部原因——父母的过失或某种神秘的“错误”[②]。通过与接近于原始文化的承载者交流个人经验，并与多位专家共同研究文献资料，我得出这样的结论：一般说来，探索生命的意义对生活在旧石器时代的人类是不具有现实意义的。

不具有现实意义——因为没有取得成功，同时对身体活动性的独立需求也不具现实意义。在志愿者—收集者的群体里，人们对生命意义的思考（如果，当然，指的不是美丽的保留地的居民）不会比早操更适时。个人的命运融入到集体的命运中，集体的意识凌驾于个人的意识。充分参与角色职能中，同时了解所有文化的象征意义，可保障意义鉴定的可靠性，就

① А. П. Назаретян, *Антропология насилия и культура самоорганизации. Очерки по эволюционно-исторической психологии.* М. УРСС, 2008.

② Ю. Е. Березкин, Происхождение смерти - древнейший миф // *Этнографическое обозрение*, 2007, No. 1: 70 - 89.

如同在生活中进行各种运动可避免肌力减退病症一样。

将对死亡态度的“个体化”与中世纪晚期人们的态度联系起来，[①] 但在为 Арьес 专著俄文版的序言中，A. 古列维奇坚决反对减少历史追溯的做法。在我看来，保梅斯特也减少了对历史的回顾，[②] 他认为，人类是在浪漫主义时期才开始积极寻求意义和报酬的世俗等价物——开始在诸如狂热的性爱或艺术创作中发现上述等价物。亚隆认为积极寻求个人的目标和意义是现代欧洲文化的后生现象。亚隆通过引用东方哲人的名言和《新约全书》中的语句来证明，“最初的基督徒视直观（созерцание）高于一切”[③]。然而，事实上不论是耶稣基督关于直观的论述还是早期基督教和其他宗教的实践活动都是自相矛盾的。

被苏联宗教学家称为“无神论”学说的大部分古代文献尚未得到无可辩驳的论证。宗教典籍中多次提到的“伟大无神论”、“不惧怕上帝的狂人”等也不应作为无神论倾向的佐证，因为这些文章的作者从未表示过这种倾向。

在学界非常著名的宗教典籍还包括这样一些文章（我们在下文会再次提及），它们明确证明了古时宗教提供的合理性、意义性和永恒性保证并不能满足所有人，并且有针对性地寻求生命的意义不是现代西方世界的独有特征。传统社会中的大多数人并非对生命的意义无谓追求，但他们都是从外部接收现成的认知并对此满足。而当从前的说法不符合当下认知时，人们便开始寻找并构建新的——神秘结构，并用作一种最简单的方法来创造最终的意义……

对延续个体生命的死后世界的相关认识是最初城市文化里神话的基础知识来源。对苏美尔人来说死后世界是非常糟糕的归宿，而埃及人却认为这个地方十分美好。阿卡德史诗中的英雄吉尔伽美什（Гильгамеш）渴望在世俗世界里获得不朽，但在后来的注释中他最终不免一死。[④][⑤]

或许，对一个人终有一死的猜测——是使探索生命意义需求具有现实

① Ф. Арьес，*Человек перед лицом смерти*，М.：Прогресс-Академия，1992.

② R. F. Baumeister，*Meanings of Life*，New York：The Guilford Press，1991.

③ И. Д. Ялом，*Экзистенциальная психотерапия*，М.：Класс. 1999：525.

④ E. Morin，*L'homme et la mort dans l'histoire*，Paris：Le Seuil，1951.

⑤ Б. А. Тураев，*История Древнего Востока*，Мн.：Харвест，2004.

意义的必要不充分前提。这个问题本应随着个性的历史形成过程变得更尖锐，在此过程中个性逐渐成长为一种评判社会角色、个人责任和道德选择的能力。所有这些现实都成为了轴心时代社会生活中真正有需求、有意义的因素——这里出现了一个含有人类发展“青春期阶段”开始寓意的比喻。

正是这个时候，探索生命意义的需求遇到了挑战并具备了现实意义，同时证实了理性主义哲学学说和后来将意义坐标与自古就有的恭顺和服从习惯联系在一起的天启教（богооткровенная религия）的广泛传播。现代欧洲宗教主导地位的削弱与当前精神空乏现象的加剧有关。而文艺复兴的人文思想、启蒙运动和进步哲学、共产主义乌托邦和宗教改革——都是不同程度上填补思维空白的成功尝试。

在个体发展中，价值缺口往往是年龄危机的一个症状，即预示着成熟或衰老。在 20 世纪上半期，德国著名的反法西斯神学家 D. 朋霍费尔（1994）表示，从宗教偏见和父母关怀的需求中解脱出来的人类完成了成人礼并进一步接近上帝。另一方面，保护个性典型方法的转变令人担忧，吸引了众人的注意力。内部矛盾（与死亡问题和生命意义相关）的置换——是现代社会中广泛应用的防护机制，——拥有比新时代特有的合理化机制更明显的特殊作用。

按照最严格的要求，对人生意义的反思不能离开无限性和绝对化的思想，并且反思中必须带有批判意识，如果这种意识能成功地应对不稳定性问题的话。

未必所有文化水平很高的人都了解克尔特·盖德尔（К. Гёдель）的逻辑证明不完备性定理或者马克斯·韦伯（М. Вебер）的价值论系统不完备性论断，但许多人都凭直觉猜测出绝对标准的不可知性。社会学家并非随机记录下教育水平和宗教信仰间较强的负相关关系。[①] 在这种情况下，生命的意义、西方社会的价值和道德理由与以自我为中心的世界图景紧密联系在一起：道德的基础在于，它有助于个人取得社会成就及实现自我价值，而寻求生命意义正是建立在自我价值实现的基础上。然而，自我孤

① A. Shupe and W. Stacey, “The Moral Majority Constituency,” in *The New Christian Right: Mobilization and Legitimation*, New York: Aldine, 1983, pp. 76 – 114.

立、绝对权威和要求的缺失导致了混乱局面。在 20 世纪 80 年代精神学家就曾指出，美国两代人的抑郁指数相差 10 倍。[①]再加上历史发展的不均衡性、不断加剧的迁移现象和不同文化的相互交织，价值取向和意义的偏差越来越威胁到社会体系的稳定性。

历史上的类似现象说明，人类具有克服相似情形的经验。我所记起的只是一些特定情节。

拥有人类外形的上帝随时准备惩罚违背其法则的行为，他将人自身变成了“衡量一切事物的标准”，就在公民对上帝的信仰逐渐削弱时，苏格拉底的一些观点开始在雅典传播开来。个体标准的日益多样化造成精神无所适从和社会的不稳定状态：标准态度和保障制度统一基础的丧失威胁到了人类进行交往的有效体系（层次式补偿法）。

苏格拉底不是现代意义上的“无神论者”和“唯物主义者”。他不可能说出有关神任意干预人类生活的话语。苏格拉底唯理主义论证的本质在于，外部强加的法律和对惩罚的恐惧对于控制无知的人们来说是必要的，而有智慧的人能够分析事物的间接影响，会自己创造出正确的法则并严格遵守。“知识即美德”这一说法意味着这样一种保障，即逻辑思维能力统一了文化标准和价值观，并使社会重新获得比儿童对上天惩罚的恐惧心更可靠的生存能力。因此，非人格化的上天——绝对智慧的公正源泉——取代了拥有人类全部激情和恶习的复仇神，——而认知的调节力量使个人自由和人类多样性的想法保持一致。

中国的轴心变革也伴随有内容相似的哲学争论。历史上也曾出现了自己的“诡辩者”和“演讲者”，孔夫子（顺便提一下没有留下任何书面文本的苏格拉底）及其追随者把“天”放在首要位置，而不是其他的“天神”或“神灵”[②]。支配世界的不是神的任性和愤怒，而是各种非人力量的游戏。人一宇宙（мироздание）间的唯一要素，有不遵守自己“道”的自由，能够离开预先规定的道路并因此造成事物运行的混乱。所以说，获得智慧就是要理解并自觉遵循世界和谐的要求，惩罚不好（即目光短浅的）行为的标准并不取决于上天卫士的意志，而要看事物的自然运行。苏格拉

① M. E. P. Seligman, “Boomer Blues,” *Psychology Today*, Vol. 22, No. 10 (1988), pp. 50 – 55.

② Ф. Бродель, *Грамматика цивилизаций*, М.: Весь мир, 2008: 190.

底和儒家学者论证中的同构现象十分明显：理智弥补追求个人自由产生的混乱因素，使个体获得一些普遍意义。

著名的东方学家谢尔巴茨基[①]（Ф. И. Щербатский）曾说道："没有任何地方的否定精神、反对传统道德及与之相关的宗教的愤怒情绪能像印度的唯物主义者一样表达得如此清楚。"但是，这些印度学者的作品已被婆罗门损毁，他们的详细观点似乎无法通过其反对者的辩论发言和歪曲转述被正确阐释。[②]

1500 年后的今天，伊斯兰文化也面临着由于宗教观念弱化而导致的精神无所适从的局面。阿拉伯人得出如下结论："没有被宗教激励的仁爱和道德行为要优于仁慈和道德，以及从前人口中获得的对于阴间奖惩的认识。"[③] 他们推动了欧洲人文主义、文艺复兴和进步哲学的形成，促使未来摆脱哲学宗教的生命充满了意义和预感的喜悦。

自然神论与泛神论学派的哲学家们利用上帝非拟人化的精神方法来解决问题。例如，巴鲁赫·斯宾诺莎（Б. Спиноза）提出，圣母思想有助于使个体存在的普遍意义与否认存在彼岸意志的单纯认识保持一致。但欧洲人关于万能"自然法则"的执着信念体现出一种机械的世界图景——并演变成了一种意义上的空缺。

随后，无论是在科学还是日常意识中，这种机械图景都退居到次要地位。人们的关注点转向了每一事件的唯一性，"沉迷于独特个性的"成为了回答价值脱节问题的普遍答案。[④] 现在某些个人甚至已经承担了善恶标准的制定使命，甚至扮演最终审判者和某种层面上的造物者的角色（正如苏格拉底时期的雅典）。

在心理学文献中有诸多关于生命意义自由建构有效程度的争论。弗兰克尔（Франкл，1990）在反对存在主义的同时证明，有意识"设计出"的目标不能消除不适（他把对人为想出意义的信仰比喻成一种沿着被我们

---

① Ф. И. Щербатский, *К истории материализма в Индии* // Восточные записки, т. 1. Л.: ИЖВЯ. 1927: 1 – 2.

② М. И. Шахнович, *Происхождение философии и атеизм*, Л.: Наука, 1973.

③ А. В. Сагадеев, *Гуманизм в классической мусульманской мысли* // *Историческая психология и социология истории*, 2009, т. 2, №1: 185.

④ R. F. Baumeister, *Meanings of Life*, New York: The Guilford Press, 1991, p. 115.

抛到空中的绳索所做的攀爬）——最好是相信意义存在于我们自身之外和我们只能“发现”意义。正如被试验的动物无法理解自身病痛的原因一样，人类也无法明白痛苦的终极意义。[①]

亚隆（Ялом）认为弗兰克尔“依据宗教本质”的立场是基于对上帝存在的认识（并且是基于一贯将残忍品性归因于上帝的认识）。亚隆坚信，意义的归属取决于认知结构（整体结构）确定性、完整性以及主观控制感受的倾向。“即使被人揭示出的意义图示包含对其软弱、无助或毫不重要的认识，它也好过无知的状态。”[②] 从这点来说，关于生命没有意义的绝对结论能够减轻由不确定性造成的焦虑不安。

不得不承认弗兰克尔和其他心理学家们（见鲍麦斯特，1991）下述见解的正确性：对存在无意义性的认同，以及认为任意设计的意义只能满足部分人，且不具备永恒性和全人类性。具有不稳定特质的个性——正如上文指出的那样，自古以来拥有与时俱进世界观的立法者正是从这一动荡不幸的民族中成长起来——会感受到对意义的现实和永恒基础的真正需要。但是，由于长期以来永恒和绝对是宗教的独特属性，教徒们通常习惯于通过祭祀来寻求个体生命的“宇宙意义”[③]。又或许会因为“多个世纪的作品、人类精神的灵感和启发注定要在宇宙的废墟下灭亡”而陷入绝望。[④]

在研究宗教的社会学背景时，美国学者彼得·伯格（П. Бергер）给出了这样一个定义：“宗教就是人类把整个宇宙描绘成有意义的一个大胆尝试。”[⑤] 这里强调的恰好是一种意义形成功能，这是古典科学世界观所不具备的，因为古典科学世界观只关注除却诸如目标和主体等范畴的模式，且其主要任务是实现被研究对象的“非拟人化”。在此背景下，我们无法从本质上反驳爱因斯坦的著名论断——没有宗教的科学是“瘸腿的”。

在过去几十年间，概念的所指发生了巨大变化，科学在消除宗教历来

---

① В. Франкл, *Человек в поисках смысла*. М.: Прогресс, 1990.

② И. Д. Ялом, *Экзистенциальная психотерапия*. М.: Класс, 1999: 518.

③ S. Rothbaum, "Between Two Worlds: Issues of Separation and Identity after Leaving a Religious Continuity," in *Falling from the Faith: Causes and Consequences of Religious Apostasy*, Beverly Hills: Sage, 1988, pp. 205 – 228.

④ B. Russell, *Why I Am Not a Christian*. New York: Allen & Unwin, 1957, p. 107.

⑤ P. L. Berger, *The Sacred Canopy: Elements of a Sociological Theory of Religion*, Garden City, NY: Doubleday Anchor, 1967, p. 28.

固有的群体隔离（“他们—我们”）功能的同时，也即将获得联合和意义功能。早在20世纪80年代著名的天体物理学家们就注意到，在人的生活方式中存在着某种位于“闹剧”和“高雅悲剧”间的中间事物。[①] 世界观的传递在25年前曾是一种标新立异的哲学思辨，而如今已成为了为多种证据和计算程序所证实的正确观点。人类群体在复杂性上远远超过宇宙其他部分，而人类的生命和活动、他们的思想、想象、迷惑和发现能力则构成了发展中总星系的锋区。此外，人类的价值、道德和整个精神文化是宇宙进化的产物，并且使智能的进一步发展决定宇宙的未来所必须具备的一个客观条件。

“新理论为那些寻求存在意义的人面前展现出一幅更为乐观的图景。”[②] 对生命是宇宙的基本事实、宇宙只能容纳有限的人数、宇宙最重要的事件由我们的思想和行为组成三方面的认知使神秘启示的获取不再必要。人由上天意志的执行者转变为地球和上天的潜在创造者，这是能够缓解批判意识所产生的忧愁情绪的真实源泉之一。

这样一来，古老的意识形态阴谋得以再现。当代后现代主义者的思想奠基者——希腊和中国的一些诡辩者、犬儒学派和演说家，他们将拥护自己学说之人的地位置于上天监督者之上并宣称人是“一切事物的衡量标准”，——他们的学说动摇了社会基础，降低并丢弃了对因破坏预定规则而必然遭受惩罚的信仰。时代的发展需要可以把意志的自由和智慧的组织力量结合在一起的新哲学理论，——并且这样的理论的确产生了，尽管后来随着社会发展趋势和潮流的变化又退居到了次要位置。

通史使寻求价值和人生目标成为可能，但无法区分人类群体的不同意识形态。至于说价值论缺陷，只要获得哪怕一个具有普遍意义的价值的话，它就可以被弥补。那么这样的价值难道真的存在吗？

目前还没有人能证明，生命“胜过”死亡。每年都有几十万人自杀而死，还有数百万人想自杀但不敢采取最终行为或自杀“未遂”。而另一方面，保护地球文明的价值很早以前就被认为是具有普遍意义的——因为有

---

① С. Вайнберг, *Первые три минуты. Современный взгляд на происхождение Вселенной*, М. : Энергоиздат, 1981: 144.

② П. Дэвис, *Проект Вселенной. Новые открытия творческой способности природы к самоорганизации*, М. : ББИ св. апостола Андрея, 2011.

不少人曾注意到文明中的凶险行为，在幸灾乐祸地等待人类应得的启示，或为保护原始自然环境而提出修正侵略性社会的优先事项等。总之这一价值对于被各种意识形态搅浑的思想界来说是最可取的。如果把它看作当前历史阶段具有战略性意义的价值观，那么在现代跨学科科学的框架下我们已经可以按照“好—坏”、“善—恶”的标准来讨论首要任务，并且以批判态度验证从前的认识，特别是以宗教信条为代表的历史经验。

由此可见，康德派哲学家们见解的实质在于，“理智……不能被口授给我们，理智是我们应该追求的”①，这一说法我们不应全盘接受。跨文化和历史比较研究展现出“绝对命令”的巨大差别，我们很难忽视它们适用于具体历史地理条件的结构是“集体本能”体现的事实。人类沿着智能进化的奇异阶梯向上攀登并在此过程中多次受阻，最终到达了能够有意识地利用跨学科综合知识来生成绝对命令及其衍生物的阶层。如果后续的宇宙进化，假设这一进化在原则上是可能的话，只能是被操控的，那么只有能独立思考战略和战术的意识才能对它进行控制。

然而，一些“关键问题”依然没有得到解决：意识能否在原则上挣脱图腾氏族的桎梏而获得与宇宙相关的意义形成的自由，以及地球人的意识能否成功掌握存在的宇宙意义？我并不反对下述观点，智力承载者的进化及其共生形式的进一步发展可能是战略意义坐标和属性变化的决定性前提。

我们不妨可以这样预测，在未来的几十年里，医疗技术的加快完善将成为削弱人们对神秘权威需求感的一个强大因素 。随着对生物有机体状态的控制将更完整、深入、价格低廉和普遍可行（与最新技术的破坏性力量类似的事物十分引人注意），对彼岸意志的诉求也将变得不合时宜。在有保障的、安全的“无聊”世界里，包含社会暴力、战争、疾病和其他人类苦难的虚拟现实应当是极端情绪的主要来源。带着多种感觉参与到事件中（包括视觉、听觉、触觉、嗅觉、身体内部的感觉和外部感官等）可以产生激烈争斗、愤怒、恐惧、胜利的喜悦和战败的苦涩、爱情的甜蜜和失去的悲痛等强烈感受。

我们可以推断，生活环境和人类机体本身的进一步发展将涵盖边缘结

---

① Н. А. Макашова, Этика и экономическая теория // *Общественные науки и современность*, 1992, №3: 19.

构和功能需求的人为主管修订，以及标准情绪张力的优化。如果与生俱来的、不断引起极端“负面”感受的双重情绪将被克服，那么对于危急冲突局势（即使是在虚拟生活中）的本能向往将不再是一种动因。或许，伴随着创作性探索过程带来的痛苦和新发现带来的喜悦，知性情绪（интеллектуальные эмоции）将会起到主导作用。① 随着发展中智力“生物膜的脱去”，“倾向性”目标定位和创作动机的机制本身将发生根本性的变化。

但究竟是什么能够代替我们熟悉的情感动力？这又是如何进行的呢？“后奇点”理智的动机部分是当今的主要谜题之一；原因大概是人类现有的经验和语言表达手段不足，难以提出令人信服的解答。在尝试描绘最佳场景的心理因素时，我们明显地注意到，随着向历史奇点的进一步接近，语言词汇的意义在不断丰富、变化和传播。

此外，在将生命意义与无限和永恒最大程度结合在一起的过程中，我们也更加深刻地感受到现实语义系统的有限性……

四　永生问题与语言的混沌

文化从一开始就旨在与混沌状态进行抗争，其精神本质的集中体现就是永生思想。这一形成于后来神话中的理想，或许就是偷食禁果前的夏娃或者是那些无辜的生物祖先的另一种痛苦……

早期，人们渴求永生的愿望（或为痛苦?）包含了对死人世界或对其他生命的想象。古希腊历史学家希罗多德指出，埃及人不仅认为人死后会存在于阴间，还普遍相信轮回思想。“肉体死后，精神附着到此刻出生的另一生命上……不论是远古还是近代，这一理论都为一些希腊人所借鉴。”② 他们认为阴间生命和转世投胎（或生命形式中的“能量”循环）相结合是印度和中国的神秘学说的典型特征。③

---

① Г. А. Вартанян，Е. С. Петров，*Эмоции и поведение*，Л. Наука，1989.

② Г. Кеес，*Заупокойные верования древних египтян. От истоков до исхода Среднего Царства*，СПб.：Нева. 13，2005.

③ H. Maspero，*Taoism and Chinese Religion*，Cambridge，MA：University of Massachusetts Press，1981.

远古时候就有学者怀疑人死后精神是否存在。埃及中王国时期《竖琴师之歌》的作者论述道："没有人会从阴间来，讲述他们发生了什么、在哪里停留过、会在离开阴间而你们/自己来到阴间时安抚众人的心。"①

此外，豪华坟墓和金字塔的建造也证明了在世俗世界精英人士对于永生的奢望（比较《吉尔伽美什史诗》）。伊朗人（拜火教）和犹太人把永生和阴间奖赏与死人复活联系在一起。基督教和伊斯兰教剥夺了上层贵族、先知或"上帝选民"永生的特权，使永生思想"民主化"。

民主化同时也是去神秘化（或世俗化）思想的其他动机促进了文字的发展。从公元前 15 世纪的埃及莎草纸文本中我们可以理解，为什么文学作品的作者和抄写员不受死亡意志的影响。"他们在作品和训诫书籍中为自己创造出继承人……人死之后，他的肉体化为尘土。他的所有亲人都会死亡，但读者却可通过阅读他的作品缅怀他。书比在建的房子、比西方的礼拜堂/即墓地/更有用。书比建好的宫殿、比教堂的纪念碑更好。作家们死去，他们的名字也被遗忘。但他们的作品却让后人记住了他们。"②

书面文本不易受到时间破坏力的影响，因为它可以被复制成无限数量的副本。因此，蕴含在书面文本中的知识、思想和方法就可使作者的精神在肉体死亡后还能延续至无限的未来。于是，用手写符号记录下来的不朽内容更加深了人们追求"尘世"永生的欲望。相应地，如果长期以来建筑师、雕塑家和画家的作品主要都围绕着神这一主题，那么文字在相对较大的程度上就是针对人类的。

随着不同文化中人文主义、唯物主义和实证主义趋势的加强，个人永生的保障从先验论范围转移到交际空间：通过文本，作者及故事中包含的所有人物都获得了永生。普希金的作品：《不，我不会死去……》——就集中体现了这一观点。诗人的灵魂"免于腐朽"，在这种情况下他将一直"在人世间"活下去（"享有声望"），只要有人能够读他的诗的话……

人们也没有彻底放弃肉体永生的想法。童话中的人物通过建立功勋或罪行获得肉体上的不朽，东西方的炼丹术士也在不断地寻求永葆青春的灵丹妙药。而怀疑论者坚决要揭穿这一固执的幻想，指出人们对待幻想的态

① Ю. П. Францев, *У истоков религии и свободомыслия*, М. -Л. : АН СССР, 1959: 514.

② Ю. П. Францев, 1959: 517 – 518.

度早已是自相矛盾。在童话、传说和伪经书（主要追溯到中世纪）中，被赋予不朽生命的通常是凶恶的瘦老头或德拉库拉、巫婆、吸血鬼和其他妖孽等反面人物。拒绝了向耶稣请求的阿格斯菲尔（Агасфер）在耶稣降临之前是受到诅咒的人。《格列佛游记》中斯特勒尔布勒格人的形象——带有永恒诅咒印记、永不死亡的、脱离社会的人——同样也很阴沉。深入思考后我们发现，人的智慧和灵魂都集中到永生这一理想上，但他们还没有准备好去实现它——现实的永生通常伴随着缺乏意义的失望情绪……

如果不考虑中世纪的炼丹术士们，平凡的图书馆馆员尼古拉·费奥多罗夫（Н. Ф. Фёдоров）就是 19 世纪六七十年代不朽的“自然科学”项目的开辟者。他的“共同事业的哲学”是基于这样一个信念：在不久的将来自然科学将能够使死人复活，并且人类的道德责任就在于完成这一鼓舞人心的任务。由于地球的空间总有一天会不堪重负，届时人们将不得不迁居到其他天体中。①

关于死人复活的想法（与基督的训诫有趣地交织在一起的想法）尽管十分奇怪，但却影响了与费奥多罗夫同时代的人。列夫·托尔斯泰、费奥多尔·陀思妥耶夫斯基、其他俄罗斯作家和哲学家以及一些自然主义者都对费奥多罗夫的著作有深刻的认识。②

与此同时出现了完全意想不到的转变：布尔什维克的“唯物主义”信仰赋予了借助科技实现永生的半基督教思想以“智慧的毁灭性力量”。在权威的革命者中没有任何人阅读过有关费奥多罗夫学说的印刷作品，然而，一些零散的证据表明，有人在谈话中提到过他。我们要指出，1924 年之所以要把涂抹了防腐剂的列宁遗体存放在专门建造的列宁墓中（该提议曾引起党领导层内的不同意见），理由之一就是希望列宁可以在未来复活。③

多年以后苏联人仍难以相信，曾有革命者反对在红场上修建列宁墓，甚至——为了抗议提出了非常奇怪的理由。肉体生命的无限延续曾被称为“唯心主义”，人们的关注点被转移到行为在后代人记忆中的不朽。实现这

---

① Н. Ф. Фёдоров, *Сочинения*. М.: Мысль, 1982.

② И. В. Вишев, *Проблема личного бессмертия*, Новосибирск: Наука, 1990.

③ Т. Э. О'Коннор, *Инженер революции. Л. Б. Красин и большевики* 1870 – 1926, М.: Наука, 1993.

种不朽的就包括被苏联人称为地球上最伟大之人的列宁："列宁的寿命已经超过了所有人……"

的确，如果我们把个性（不同于肉体或社会功能）看作"反射主观性"或交际和语义联系的综合体，那么个性的重要组成部分就是——对他人世界观的形成作出的贡献及个性在精神空间中留下的活动印迹的总和。科学家专门设计的实验表明，个性的一些特质显然存在于肉体外壳"之外"，是导致某些社会事件发生的因素，而这些事件又或多或少地取决于个性特质承载者的物理存在。所以，如果老师的照片出现在房间中，即使是身处校外的学生，其言行也必然会受到影响，并且根据该老师具备威信还是吸引力，学生的行为与中性情况下（没有照片）相比会呈现出截然相反的形态。①

毫无疑问，体现在文化交际语义空间中的个性作为一种意义体系，不论主体的肉身是否存在，都会在世界事件的运行进程中对人的思维和行为产生影响。存在的体外参数可突出个性的精神不朽：只要社会和文化存在，所有的个性就会存在于这一社会文化空间中，而历史正是从这些个性的行为中衍生出来的。

我们提请读者注意该问题的两个方面。一方面，从学校的生物课中我们得知，人类机体的原子结构在代谢过程中几年间就彻底更新一次，也就是说我现在的身体里不存在五年至七年前的那些原子。由此我们联想到一个著名的警句："活着就是死去。"在心理学领域也发生着类似的事情。无论我们如何看待新弗洛伊德主义者的怪诞过激行为，我们都不能否认，成年人的个性中保留了生命初期的一些印迹。但显然，在三年、十年、二十年和六十年后我们将拥有不同的个性：发展中的个性不断地"死亡"或通过添加新内容而获得"再生"，同时我们会失去童年和青春期的吸引力，收获新的经历获得所谓的智慧或陷入老年人的衰颓。

另一方面，复苏学家和生物伦理学家一直在争论机体死亡、大脑死亡、意识死亡等事件间的区别。而精神病学家、创伤学家和老年学家都很清楚，在其他器官运行良好的情况下，大脑结构的损坏或精神状态不可逆转的功能性紊乱会中断与社会环境的积极联系，这比机体的完全死亡更充满

① В. А. Петровский, *Человек над ситуацией*, М.: Смысл, 2010.

戏剧性。无论死亡的生理解释如何，在交际语义层面，死亡指的就是反馈的终止。今天我们仍或多或少地处于苏格拉底、拉斐尔、普希金的影响下（或者也将受到尼罗和希特勒的影响），但我们不能再向他们提出新的问题。这就意味着他们不与我们同在。

在控制论领域内也有学者提出了关于“数字永存”（digital immortality）的问题——现有信息个性的复苏。① 2005 年，汉森机器人公司研制出作家菲利普·迪卡的机器人模型，并将该作家的所有作品输入到计算机大脑中。我们可以以迪卡的创作为话题同机器人交谈。俄罗斯研究者普拉特（B. Прайд）和梅德韦杰夫曾建议：“未来，人将根据关于自己的信息的完整度在不同程度上被认为是活的，这些信息将通过心理问卷或录音设备获取。”

从信息的角度来看，“拿破仑死于 1821 年 5 月 5 日”这一命题曾被古老的哲学家用来作为绝对真理的例证，这句话意味着，在公历 1821 年 5 月 6 日这天已经没有记者能够采访到拿破仑。如果说拿破仑几年前曾患深度抑郁症并伴有记忆力丧失的症状是真的，那么其个性的实际死亡可能要早于 5 月 5 日。但是，过早衰老的拿破仑精神错乱的程度有可能被夸大了，这样一来，上述命题就不能成为一个说服力的例证。但如果有人观察处于昏迷或处于进行性痴呆状态中的人，就一定会发现，个性在反馈体系中的消失要远早于肉体的死亡。

于是“死亡”变得比“出生”更加模糊。哲学和文化人类学领域的学者一直没有停止对人和个性出现在哪一历史进化阶段问题的争论。儿童心理学家主要在个体发生学框架下争论形成个性的年龄。考虑到堕胎的问题，人们就人、精神、意识等出现的真正时刻也开展了激烈的讨论。与此同时人们发现，死亡根本不是一个瞬间性事件，而相对于与机体的关系而言，对于个性而言生与死的关系在更大程度上是连续的：能够鉴别出肉体死亡前个性的存在标准和个体永生的标准。

有些人的名字几个世纪以后仍被世人所记得，尽管没有多少同时代人愿意讲述这些名人的具体事迹。知道孔子、佛陀、苏格拉底为非暴力哲学奠定了基础，毕达哥拉斯证明了地球的球形度，亚里士多德提出了元逻辑定律，

① G. Bell and J. Gray, “Digital Immortality,” *Communications of the ACM*, Vol. 44, No. 3 (2001), pp. 28 – 31.

弗朗西斯·培根使归纳法“合法化”，波波夫发明了无线电波等知识的主要是一些专业人士。但那些听说过这些学者名字和从未听说过这些学者事迹的人却生活在包含了他们创造性见解的空间内：例如，现代欧洲人的思维会受到亚里士多德和培根的逻辑影响，但他们通常没有意识到这一点。有一些画家、建筑师、音乐家和诗人以生活为主题的作品都通过再版书、照片、复印品和表演的形式流传下来，虽然我们并不知道作者的名字。

所以说，较为有远见的古人希望实现的“尘世的”精神不朽，正如我们所看到的那样，原则上能够填补创造性生命的意义。但在今天，这样的解决办法，以及对在天堂中生活或投胎成青蛙的诉求并不能满足所有人。为此，人们开始加紧寻求可以无限延长个体生命和阻断衰老进程的自然科学方法。

当然，没有人——从车轮的发明者或民谣的作者到我的曾祖母们，能在大多数人死后还记得他们，包括一些天才。然而，子孙后代会赋予数百万曾生活过的“创造者”和数十亿“保守分子”以“存在的力量来源”，保留其个性、动机和行为内化的多种形式。所有被我们归纳成牺牲和背叛、高尚和卑鄙、残酷和仁慈、恍然大悟和盲目无知、智慧和愚钝的行为都在我们自己身上得到体现，尽管在其他时代和文化的争论中评价可能是相反的。我们通常根据自己的认识和价值观做出选择，这些认识和价值取向是在前人的历史经验基础上形成的。我们的每一个决定、每一个思想、每一个方法都是对前人决定、思想和方法的回应，是对几千年来众人谈话的“拷贝”……

生物学家发现了细胞程序性死亡的基因，而一些最具创新精神的学者指出，机体的死亡也是一个嵌入基因代码的程序。自然中有多细胞生物的存在，包括一些可免于衰老和死亡基因程序的动物。有研究者指出这些动物包括海葵和淡水水螅、某些种类的鱼和爬行动物。[①] 珍珠贝——河蛤蜊——约两百年前就存在于北方河流中，并且寿命越长，繁殖得就越好，会一直不断地生长。等到底部的力量终于无法承受贝壳的重量时，蛤蜊会掉下来，陷入泥土中，在几天后死于饥饿。这里的死亡不是生命功能弱化的结果，而是由生长的不平衡性所造成。俄罗斯科学院物理和化学生物学研究所所长弗拉基米尔·斯库拉乔夫（В. П. Скулачёв）在采访中向记者表达了这样一种观点：

---

① Р. Барнс, П. Кейлоу, П. Олив, Д. Голдинг, *Беспозвоночные*: *Новый обобщенный подход*, М.: Мир, 1992.

这种类型的生物来源于没有衰老程序的突变体，而衰老程序的缺失并不属于外形上的灾难。[①]那么，我们能不能中断人机体内的不良程序，以预防和减少不可避免的能量耗费?

微电子专家预测出纳米机器人的发明，如果把纳米机器人输入到血液中，它就能迅速消除对细胞活性的干扰，同时在无限长时间内保持机体的活动能力。把人看作“信息元素”的更加激进的观点[②]认为，未来可以把个性转到电子载体中（可能置入到纳米处理器的扩散“云”中），同时保留其基本的动态功能。据悉，科学家正致力于创建大脑模型某些片段的新计算机模型。[③]专家也预测了“外部大脑皮层”（“外层皮质”）的形成，所谓“外部大脑皮层”就是指补充并扩展人类思维过程的接口系统。美国数学家雷蒙德·库兹维尔（Kurzweil，2005）认为，2040 年前人类将实现用计算机完整地模拟出人脑、理智、个性和意识，不同国家中，包括俄罗斯在内，库兹维尔支持者的人数都在不断地增长。[④]

但科学家在计算机模拟研究中遇到了挫折。在古老的转生观念中，灵魂不能保留对过往生活的清晰记忆，但却能够在某种程度上保持情感层面的同一性。相反，在《圣经》描绘的天堂中，灵魂可以记住尘世间的生活，但却至少从消极层面而言，脱离了情绪和情感的控制。在任何一种情况下，大脑顶叶的损伤和叶切开术都可被视作神经心理学的部分类似现象。至于说电子的轮回转世，在最有利的条件下，主体最重要的转化包括缺失蛋白质—烃培养基的感觉、认知、记忆的物理机制改变和情感的形成，这种转化与个体经验中的年龄、创伤等变化完全不同。因此，保留原有个性的希望包含了虚假的部分。通过蛋白质和电子载体形成全新智能的前景似乎更加合理和现实。

我们正研究一个更为极端的场景，该场景与在智力的影响下其他维度的推进和普遍时间空间特性的变化相关。我大胆假设一下，在混乱程度不断加

---

① Г. Костина, *Не глупее лосося* // Эксперт. Общенациональный деловой журнал, 2005, №, 29 - 30: 58 - 62.

② В. Л. Дунин-Барковский, *Нейроинформатика в России и мире // Мозг: фундаментальные и прикладные проблемы*, М.: Наука, 2010: 220 - 223.

③ H. Markram, "The Blue Brain Project," *Nature Neuroscience Review*, Vol. 7, No. 2 (2006), pp. 153 - 160.

④ R. Kurzweil, *The Singularity is Near: When Humans Transcend Biology*, New York: Penguin Books, 2005.

剧的物理时间内，不断完善对自己身体的控制——就是一个发展阶段，而对时间向量的掌握就是发展的诱因子。这曾是永生的时间范围，在此期间控制宇宙的“非实体”意识包含了数十亿活着的人类灵魂……

但——且慢！为什么梦幻未来的“诱因子”与诸多版本中（包括基督教产生前期、中期及后期）的耶稣再临有些相似？不同学者的回答包括：(1)作者贫乏的想象力无法揭示古老的故事结构；(2)目的论格式塔确实是不可分割的整体；(3)习惯语言是决定性的制约因素。第一个回答（我个人的愚见）甚至不值得进行认真的讨论，因为当今已出现了很多具有更缜密思维的思想家。第二个回答，正如前文展示的那样，具有某种威胁性，因为它可以指出图腾语义结构的原子状态。而第三个回答较为令人信服，因为在智能形式的变异和共生阶段，逐渐变化的语义系统将不可避免地进入到语言混乱状态。

普遍概念的所指内容随着时代的递进和文化环境的迁移而发生着巨大的变化。刚刚进入到21世纪的人们感到不知所措的原因不仅在于各种“小工具”和“浏览器”的层出不穷，还包括不了解那些已知词语的当下用法，如暴力、危机等。

今天，个性、人、意识、精神与灵魂、生物与非生物、生命、死亡与永生、时间与永恒的概念没有普遍定义，但我们通过理解词汇的内涵意义，至少能明白对方的意思。在可预见的未来，那些原本为我们所熟知的内容可能会产生极其巨大的变化，这样一来，10年至20年后如果仍以今天的认识程度来阅读那时的文本（即使使用我们十分熟悉的词汇），我们也不能领会文章的内容。

或许，解构语义的“本质”使人类意识（充当不同的培养基）有能力去建立一个新的语义配置，使其从图腾—意识形态的、宗教—现实结构的束缚中挣脱出来。那时为永生而烦恼的人就会成为从“长生猴”向“超智能人”过渡的进化桥梁。在未知的“超人类”语言中，意义中最保持不变的部分最终会获得永恒，从永恒的意义中又会衍生出天体物理学家李·斯莫林学说中的新宇宙，关于这一点我们在前文提到过……

最后我们要指出值得思考的当今全球预测学中一些“关键问题”常规版本：科学家提出的“宇宙永存”前景是否足以作为世界意义形成的主要动机？意识是否终将无法摆脱图腾构造的桎梏，将向普通诱因子的趋势发展？

在科技层面内涵甚为强盛上地球文明是否将会陷入各种意识形态相互冲突的泥潭之中？……

参考资料

1. Арнольд, *В. И.* 1990. *Теория катастроф.* М.：Наука.

2. Арьес, Ф. 1992. *Человек перед лицом смерти.* М.：Прогресс-Академия.

3. Барнс, Р.，Кейлоу П.，Олив П.，Голдинг Д. 1992. Беспозвоночные：*Новый обобщенный подход.* М.：Мир.

4. Березкин, Ю. Е. 2007. Происхождение смерти – древнейший миф// *Этнографическое обозрение* N 1：70 – 89.

5. Бонхёффер, Д. 1994. *Сопротивление и покорность.* М.：Прогресс.

6. Бродель, Ф. 2008. *Грамматика цивилизаций.* М.：Весь мир.

7. Вайнберг, С. 1981. *Первые три минуты. Современный взгляд на происхождение Вселенной.* М.：Энергоиздат.

8. Вартанян, Г. А.，Петров Е. С. 1989. *Эмоции и поведение.* Л. Наука.

9. Васильев, И. А. 1998. Роль интеллектуальных эмоций в регуляции мыслительной деятельности // *Психологический журнал* №4：49 – 60.

10. Вернадский, В. И. 1978. *Живое вещество.* М.：Наука.

11. Вишев, И. В. 1990. *Проблема личного бессмертия.* Новосибирск：Наука.

12. Дойч, Д. 2001. *Структура реальности.* М. – Ижевск：НИЦ РХД.

13. Дунин-Барковский, *В. Л.* 2010. *Нейроинформатика в России и мире* // Мозг：фундаментальные и прикладные проблемы. М.：Наука：220 – 223.

14. Дэвис, *П.* 2011. *Проект Вселенной. Новые открытия творческой способности природы к самоорганизации.* М.：ББИ св. апостола Андрея.

15. Каку, *М.* 2011. *Физика невозможного.* М.：Альпина нон-фикшн.

16. Кеес, Г. 2005. *Заупокойные верования древних египтян. От истоков до исхода Среднего Царства.* СПб.：Нева.

17. Костина, Г. 2005. Не глупее лосося // *Эксперт. Общенациональный деловой журнал*, №29 – 30：58 – 62.

18. Коул, М.，Скрибнер, С. 1977. *Культура и мышление.* М.：Прогресс.

19. Лурия, А. Р. 1974. *Об историческом развитии познавательных*

процессов. Экспериментально-психологическое исследование. М. : Наука.

20. Макашова, Н. А. 1992. Этика и экономическая теория // *Общественные науки и современность* №3 : 12 – 26.

21. Назаретян, А. П. 2004. *Цивилизационные кризисы в контексте Универсальной истории. Синергетика – психология – прогнозирование.* М. : Мир.

22. Назаретян, А. П. 2008. *Антропология насилия и культура самоорганизации. Очерки по эволюционно-исторической психологии.* М. : УРСС.

23. Назаретян, А. П. 2009а. Виртуализация социального насилия – знамение эпохи? // *Историческая психология и социология истории*, т. 2, №2 : 150 – 170.

24. Назаретян, А. П. 2009б. Смыслообразование как глобальная проблема современности: синергетический взгляд // *Вопросы философии* №1 : 3 – 19.

25. Назаретян, А. П. 2011. О прогнозировании в шутку и всерьёз // *Историческая психология и социология истории*, т. 4, №1 : 189 – 209.

26. О'Коннор, Т. Э. 1993. *Инженер революции. Л. Б. Красин и большевики* 1870 – 1926. М. : Наука.

27. Панов, А. Д. 2005. Сингулярная точка истории // *Общественные науки и современность*, №. 1 : 122 – 137.

28. Петровский, В. А. 2010. *Человек над ситуацией.* М. : Смысл.

29. Прайд, В., Медведев, Д. 2008. Феномен NBIC-конвергенции: Реальность и ожидания // *Философские науки*, 1 : 97 – 117.

30. Сагадеев, А. В. 2009. Гуманизм в классической мусульманской мысли // *Историческая психология и социология истории*, т. 2, №1 : 180 – 186.

31. Тураев, Б. А. 2004. История Древнего Востока. Мн. : Харвест.

32. Фёдоров, Н. Ф. 1982. *Сочинения.* М. : Мысль.

33. Франкл, В. 1990. *Человек в поисках смысла.* М. : Прогресс.

34. Францев, Ю. П. 1959. *У истоков религии и свободомыслия.* М. -Л. : АН СССР.

35. Шахнович, М. И. 1973. *Происхождение философии и атеизм.* Л. : Наука.

36. Щербатский, Ф. И. 1927. К истории материализма в Индии // *Восточные записки*, т. 1. Л. : ИЖВЯ: 1 – 10.

37. Ялом, И. Д. 1999. *Экзистенциальная психотерапия*. М. : Класс.

38. Baumeister, R. F. 1991. *Meanings of life*. New York: The Guilford Press.

39. Bell, G. , Gray, J. 2001. *Digital Immortality* // Communications of the ACM. № 44 (3): 28 – 31.

40. Berger, P. L. 1967. *The sacred canopy: Elements of a sociological theory of religion*. Garden City, NY: Doubleday Anchor.

41. Chaisson, E. J. 2005. *Cosmic evolution: Synthesizing evolution, energy, and ethics* // Философские науки №5: 92 – 105.

42. Joy, B. 2000. *Why the Future Doesn't Need Us*? // Wired, April: 238 – 262.

43. Kastenbaum, R. , Aisenberg, R. 1972. *Psychology of death*. New York: Springer.

44. Kurzweil, R. 2005. *The singularity is near: When humans transcend biology*. New York: Penguin Books.

45. Markram, H. 2006. *The Blue Brain Project* // Nature Neuroscience Review 7 (2): 153 – 160.

46. Maspero, H. 1981. *Taoism and Chinese Religion. Ma*: Univ. of Massachusetts Press.

47. Morin. E. 1951. *L'homme et la mort dans l'histoire*. Paris: Le Seuil.

48. Nazaretyan, A. 2010. *Evolution of non-violence: Studies in Big History, self-organization and historical psychology*. Saarbrucken: LAP.

49. Pinker, S. 2011. *The Better Angels of our Nature. The Decline of Violence in History and Its Causes*. New York: Penguin Books.

50. Rothbaum, S. 1988. *Between two worlds: Issues of separation and identity after leaving a religious continuity* // Falling from the faith: Causes and consequences of religious apostasy. Beverly Hills: Sage: 205 – 228.

51. Russell, B. 1957. *Why I am not a Christian*. New York: Allen & Unwin.

52. Seligman, M. E. P. 1988. *Boomer blues* // Psychology Today 22 (10): 50

-55.

53. Shupe, A. , Stacey, W. 1983. *The Moral Majority constituency //* The new Christian right: Mobilization and legitimation. New York: Aldine: 76 - 114.

54. Smolin, Lee. *The Unique Universe* 2009. http://physicsworld. com/cws/article/indepth/39306.

55. Snooks, G. D. 1996. *The dynamic society. Exploring the sources of global change.* London and N-Y: Routledge.

56. Stark, R. , *Bainbride, W. S.* 1985. *The future of religion: Secularization, revival, and cult formation.* Berkley: Univ. of California Press.

长时段[1]的回归

[美] 大卫·阿米蒂奇、[美] 乔·古尔第　王晗译[**]

摘　要　自20世纪70年代以来，大多数历史学家致力于自然时间跨度在5年到50年之间的研究。这种关注点的聚焦表明历史学家放弃了他们在20世纪后期之前普遍关注的更长时间段，造成了长时段与广大读者的隔阂，也使它失去了在公共政策和全球治理方面曾起到的作用。本文调查这一现象产生的原因和所造成的结果，并针对它所造成的信心及其他相关危机提出解决方案。当前，回归到费尔南·布罗代尔提出的经典定义"长时段"是紧要且可行的：紧要性在于恢复历史学科作为重要社会科学的地位，而可行性在于我们可以获得大量历史数据及分析它们所必要的数字工具。

关键词　长时段、布罗代尔、年鉴学派、史学史、数字历史、微观史学、大历史

正是对大历史的恐惧扼杀了大历史。

——[法] 埃蒙德·法拉尔，1942年[3]

① 在此特别感谢 Matt Desmond, Paul Freedman, Daniel Jütte, Jeremy Kessler, Antoine Lilti, John Witt 以及耶鲁法学院法律史论坛的其他参与者对这篇文章较早版本的评论。

** 作者简介：大卫·阿米蒂奇（David Armitage），美国哈佛大学历史系教授，系主任；乔·古尔第（Jo Guldi），美国布朗大学历史系教授。译者简介：王晗，首都师范大学历史学院研究生，陈志坚审校。

③ Fernand Braudel, *La Méditerranée et le Monde méditerranéen à l'époque de Philippe II* (Paris, 1949), xiv, 引于前言。

历史学家是众所周知的流浪者：相对于大多数其他学者，我们似乎更乐于左右转弯。在过去的50年中，美国内外的史学界有过各种不同的转向。或许最初的变化是社会转向："自下而上"地审视历史，远离精英的历史而转向普通人、平民、被边缘化和被压迫的人的经历。然后有了语言学转向——历史学家适应自己的目的借鉴分析哲学而产生的一种变化。[①] 语言学转向引起了文化转向以及文化史的复兴。[②] 自此，史学界产生了一系列超越国别史的变化，如跨国转向、帝国转向以及全球转向。[③] 在这些史学史的变化中，有许多无疑是转向更好了。也有些人可能会认为它们是向更坏转变。但是热心支持者和怀疑论者都不能忽视"转向"这一语言中包含的思想进步。关于"转向"的言论频频出现而又混乱不堪，于是《美国历史评论》近来就"史学批判视角中的'转向'"举办了一期主题论坛，以考察这一现象。此次对话的多数参与者认为现在应当暂时停止争论，以观察这一变化将历史学家带到了何处，并决定他们接下来可能的去向。[④]

将这一系列学术动向称为"转向"意味着历史学家总是沿着一条单车道公路驶向未来，纵使这条道路迂回又曲折。本篇文章的两位作者均推广过"转向"的语言：一位在近期提供了跨学科"空间转向"的总体谱系；

---

① Richard Rorty, ed., *The Linguistic Turn: Recent Essays in Philosophical Method* (Chicago, 1967); Gabrielle M. Spiegel, ed., *Practicing History: New Directions in Historical Writing after the Linguistic Turn* (London, 2005); Judith Surkis, "When Was the Linguistic Turn? A Genealogy", *American Historical Review*, 117, 3 (June, 2012): 700 – 722.

② Victoria E. Bonnell and Lynn Hunt, eds., *Beyond the Cultural Turn: New Directions in the Study of Society and Culture* (Berkeley, CA, 1999); James W. Cook, Lawrence B. Glickman, and Michael O'Malley, eds., *The Cultural Turn in U. S. History: Past, Present, and Future* (Chicago, 2005).

③ Ulf Hedetoft, *The Global Turn: National Encounters with the World* (Aalborg, 2003); Antoinette Burton, ed., *After the Imperial Turn: Thinking With and Through the Nation* (Durham, NC, 2003); Winfried Fluck, Donald E. Pease, and John Carlos Rowe, eds., *Re-framing the Transnational Turn in American Studies* (Hanover, NH, 2011); Durba Ghosh, "Another Set of Imperial Turns?", *American Historical Review*, 117, 3 (June, 2012): 772 – 793.

④ Judith Surkis, Gary Wilder, James W. Cook, Durba Ghosh, Julia Adeney Thomas, and Nathan Perl-Rosenthal, "*AHR* Forum: Historiographic 'Turns' in Critical Perspective", *American Historical Review*, 117, 3 (June, 2012): 698 – 813.

另一位则专门考察了思想史中“国际转向”的前景。[①] 然而，现在我们想暂且不谈转向，而是讨论我们认为更具根本变革性的发展问题。这样一来，我们的主题并不是一个“转向”而是旧有历史分析模式的重大“回归”：长时段的回归。[②]

作为研究和写作的时间视域，长时段大体上消失了一代人的时间，直到近年才重新出现。正像我们试图指出的那样：对长时段的放弃是思想意义的，也是社会意义的；而它的回归既有政治动力也有技术动力。但是，“回魂”的长时段与它原来的“肉身”并不完全相同：正如皮埃尔·布迪厄（Pierre Bourdieu）的经典论断“对过去风格的回归……（与过去的风格本身）从来不是‘一回事’，因为它们与其所要回归的事物之间被某些它自身否定的负面参考（或否定之否定等）所阻隔”[③]。新的长时段出现在一个非常不同的生态系统之中，这里有许多可替代它的思想。它具有之前版本所不具有的活力和灵活性。而对于历史学家、其他社会科学家及政策制定者来说，它还具有更大的关键潜能。它的根源可能存在于过去，但是新的长时段在很大程度上是着眼于未来的。

研究大时间跨度的历史学家在某些领域始终存在：比如，历史社会学或世界体系理论领域。[④] 然而，正如我们试图展示的那样，在历史学领域中，长时段——最初仅与费尔南·布罗代尔和年鉴学派学者相关联，但很快广泛普及——发展繁荣然后渐渐消失，此后又带着新的目的、新的活力和更具影响力的前景回归了。本文旨在展现长时段在最近的回归之前消失的原因，解释其回归的原因，分析其复兴的本质，并最终探询长时段的回

---

① Jo Guldi, “What is the Spatial Turn?”, http://spatial.scholarslab.org/spatial-turn/, accessed May 31, 2013; David Armitage, “The International Turn in Intellectual History”, in Armitage, *Foundations of Modern International Thought* (Cambridge, 2013), 17 – 32 (Chinese translation, with critical forum, *Intellectual History* [Taipei], 1 (2013))。

② 又见 David Armitage, “What's the Big Idea? Intellectual History and the *Longue Durée*”, *History of European Ideas*, 38, 4 (December, 2012): 493 – 507; Jo Guldi, “Digital Methods and the *Longue Durée*”, in David Theo Goldberg and Patrik Svensson, eds., *Humanities and the Digital* (Cambridge, Mass., 2013)。

③ Pierre Bourdieu, “The Field of Cultural Production, or: The Economic World Reversed”, in Bourdieu, *The Field of Cultural Production: Essays on Art and Literature*, ed. and introd. Randal Johnson (New York, 1993), 60.

④ 仅举例说明，见 Charles Tilly, *Big Structures, Large Processes, Huge Comparisons* (New York, 1984); Richard E. Lee, ed., *The Longue Durée and World-Systems Analysis* (Albany, NY, 2012)。

归可能如何改变历史学家所提出的问题，同时使我们的目的意识更为强烈并使我们这些学者和教师的作品得到更广泛的关注——包括学术的与非学术的、公众与研究机构、社会科学的与政策指向的。

我们认为当前对长时段的回归不仅仅是可行的，更是紧要的。可行性在于我们可以使用前所未有的史料，也拥有对其进行分析的工具。与过去的情况不同，现在并不缺乏可供历史学家研究的数据和文本。大规模数字化的数据库使我们可以得到大量文章。同样地，分析工具也不再是难题。以数字化工具为例，它们天生适合解决分析问题：有覆盖时间范围的工具，如谷歌的 Ngrams；有覆盖空间范围的工具，如“地理剖析器”（geo-parsers）。

对长时段的回归也十分紧要，因为许多短期历史对周边学科或非历史学家群体影响有限。它们可能对学术发展作出了贡献却不能因此促成其他领域的转折点，也不能向普通读者和市民解释它们的重要性。短期历史研究对任意一国历史研究的代表性可能常常就是不明确的，更不要说对于整个现代化历史了。相比之下，长时段历史尤其允许我们踏出国别史的范畴，探询跨越数十年、百年甚至千年的长期综合体的兴起：只有以这样的时间跨度来衡量我们的调查，才能解释并理解当代全球不满的起源。我们认为，长时段的回归也有伦理目的，即建立一个不仅在人文科学内部更跨越整个全球体系互相交流的学术圈，并尝试接受描述我们自身危机时刻的学术成果。

* * *

费尔南·布罗代尔在其发表于1958年年鉴上的文章中首次提出了“长时段”这一术语，并在开篇就指出：最初的长时段本身就是“人文科学普遍危机”的产物。这种危机的本质在某种意义上并不陌生：包括数据增殖在内的知识的爆发；对学科边界的普遍焦虑；相邻领域研究者之间无法合作；以及对“阴险的和倒退的人文主义”（*un humanisme rétrograde, insidieux*）的沉闷理解。布罗代尔叹惋其他人文学科忽视了历史学对解决这一危机的独特贡献，历史的解决方法从所有人道诉求所关注的社会现实根源出发：“时间的转瞬即逝与仅仅缓慢流动之间的对立（cette opposition... entre l'instant et le temps lent à s'écouler)。”在这两极之间还有用于叙事史和社会文化史的常规时间跨度：10 年、20 年，至多 50 年。然而，危机和循环的历史沿着这些时间脉络发展，掩盖了变动之下更深层次的规律性和延续性。布罗代尔强调，转向一个不同的时间视域，即以百年或千年来衡量的历史，转向“长时段、甚至非常长时段的历史”（l'histoire du longue, même de très longue durée）[①]，是十分重要的。

布罗代尔以及追随其后的其他年鉴学派历史学家假定涵盖了数百年或至少几十年的历史学作品是建立在一定的历史趋势之上的，这一趋势至少在 18 和 19 世纪的历史中可以见到；而他们的志向就是要找到历史主体与环境之间跨越长时段的关系。年鉴学派学者希望通过获得定量的史实和有一定标准的变化状态，使以前的作品更加严密、可检验。为了追求这一点，他们对长时段的设想并不是一成不变的。对布罗代尔来说，长时段是构成全人类历史的竞争性时间层次中的一个。在《菲利普二世时期的地中海与地中海世界》（*La Méditerranée et le Monde méditerranéen à l'époque de Philippe II*）（1949）的前言中，他对该著作中相继介绍的三种历史进行了经典描述：人类在自然环境中几乎静止的历史（une histoire quasi-immobile）；国家、社会和文明节奏缓慢（lentement rythmée）的历史；以及更加传统的事件史（l'histoire événementielle），也就是那些“短促、迅速和动荡的历史”[②]。相应地，在布罗代尔的解释中，长时段的许多特征十分稳定：它是地理学的时间，而不是地质学的时间；如果这一层次的变动可以察觉，那么它呈周期性而非线性；从根本上来说，它是静态的而不是动态的；并且它是所有形式的运动和活动的基础。

1958 年的时候，布罗代尔与其他人文学科的对立关系迫使他承认一个更广泛的长时段结构。如今，文化的长时段，如拉丁文明、几何空间或者亚里士多德的宇宙概念，都与自然环境、持久的农业政权及其他相似因素相结合。这些人类的创造也通过不同的世界观或传统展示了在发明及更替时刻的变动或破裂。可以确定的是，这些文化的长时段比经济循环持续的

① Fernand Braudel, “Histoire et Sciences sociales. La longue durée”, *Annales. Histoire, Sciences Sociales* 13, 4 (October-December, 1958): pp. 725 – 753.

② Braudel, “Préface”, in *La Méditerranée et le Monde méditerranéen*, xiii.

时间更长；但是也明显比山岳和海洋形状难以察觉的变化，或是游牧和季节性移牧的节奏短得多。那些不是那么长的时间段能够以世纪来衡量，并且不仅在自然地貌或人类与自然的互动中可以觉察到它们，甚至在人类思想中也能觉察到。

布罗代尔承认，他关于长时段的早期思考来自1940—1945年在德国的战俘经历：这在部分上是为了逃脱牢狱生活的节奏并用更长期的视角带来希望——这样，就形成了一个悖论，因为他在解释长时段时经常使用牢狱的比喻。[①] 1958年将长时段理论化时，他已经开始相信长时段对于任何学科间的理解都是基础性的，且提供了走出战后现代主义的唯一道路。他的直接动机既来自思想层面，同时也来自制度层面。在那篇文章出现前不久，布罗代尔接替1956年去世的吕西安·费弗尔（Lucien Febvre）承担了年鉴的编辑工作以及著名的法国高等实验研究院第六系的主任职位。他要为历史学在其他社会学科中的存在、甚至是首要地位进行辩护，尤其是在经济学和人类学还有数学中。在这样的竞争背景之下，威望和经费与专业荣誉一样危如累卵，长时段则成为一张“王牌……使他得以宣称历史而不是数学为人文学科统一者”[②]。

布罗代尔将长时段与事件史对立起来，不是因为后者只能处理转瞬即逝的现象——众所周知，也就是他在地中海研究中所鄙弃的“萤火虫”和“泡沫”——而是因为它是一种与事件结合得过于紧密的历史；他指责说，这就像当代经济学家一样，将他们的作品束缚在时事和国家统治的短期要务之上。[③] 这样的历史理解形式，与权力紧密相连且只关注当下，逃避解释又厌恶理论，实属鼠目寸光：在布罗代尔看来，这种历史观既缺乏临界

① Peter Burke, *The French Historical Revolution: The Annales School*, 1929 - 1989 (Oxford, 1990), 33; Paule Braudel, "Braudel en captivité", in Paul Carmignani, ed., *Autour de F. Braudel* (Perpignan, 2001), pp. 13 - 25. Braudel's lectures in the camps have been reconstructed as "L'Histoire, mesure du monde" (1941 - 1944), in Fernand Braudel, *Les ambitions de l'histoire*, eds. Roselyne de Ayala and Paule Braudel (Paris, 1997), pp. 13 - 83.

② Giuliana Gemelli, *Fernand Braudel e l'Europa universale* (Venice, 1990), 246 - 300; Maurice Aymard, "La longue durée aujourd'hui. Bilan d'un demi-siècle (1958 - 2008)", in Diogo Ramada Curto, Eric R. Dursteller, Julius Kirshner, and Francesca Trivellato, eds., *From Florence to the Mediterranean and Beyond: Essays in Honour of Anthony Molho*, 2 vols. (Florence, 2009), II, 559 - 560 (quoted).

③ Witold Kula 立即对此进行了反驳，详见“Historie et économie. Le longue durée”, *Annales. Histoire, Sciences Sociales* 15, 2 (March-April, 1960): pp. 294 - 313。

距离又缺乏思想实质。他给所有社会科学的解决方案都会是回到过去的模式和问题，例如，马克思提出的商业资本主义疗法，这位“天才”在历史长时段的基础上创造了第一个真正的社会模式（vrais modèles sociaux，et à partir de la longue durée historique）。简而言之，早在50年以前，布罗代尔自己也已经在建议我们回归到长时段了。[①]

紧随布罗代尔之后的那一代历史学家中，有一大批开始不再将长时段模式作为一种恰当的学术研究方法。对（时间）跨度问题的放弃以及近年来新长时段的回归，与布罗代尔关于长时段的概念来源一样，都是有关战争带来的恐惧的故事。比如在美国，战后的《退伍军人法案（G. I. Bill）》引起了各个领域内研究生项目的激增，其中也包括历史。培养一个博士所需的时间从三年扩展到六年，甚至经常超出这个时限。美国国家科学基金会报告称，到20世纪70年代后期，又有新的一代学生在美国专业化大学的背景下达到了攻读研究生的年龄，“大多数领域的学术劳动市场达到饱和状态，人们开始担心博士学位是否生产过度”，“每年授予的博士学位数量从1957年的8611个增长至1973年的33755个，平均每年几乎增长9%”[②]。

这一代历史学家开始反思他们与档案文件和读者之间的关系，以便在这样一个竞争日益激烈的领域中，既能得到集体的专业独立性，又能得到个人的成功。对专门化的需求变得比以往更加迫切。对档案的掌握成为专业化的指标，对时间的关注也变得更加必要。在美国历史学界早年的博士培养中，一篇硕士论文可能涵盖两个世纪或以上，比如弗雷德里克·杰克逊·特纳（Frederick Jackson Turner）关于整个北美历史上的贸易港的研究，还有W. E. B. 杜波伊斯（W. E. B. Du Bois）关于1638—1870年非洲奴隶贸易的废止的作品。[③] 近来一个关于19世纪80年代以来写于美国的约8000篇历史博士学位论文的调查显示：1900年，平均每篇论文涵盖的时

---

① Braudel，“Histoire et Sciences sociales”，735，751.

② Lori Thurgood，Mary J. Golladay，and Susan T. Hill，“U. S. Doctorates in the 20th Century：Special Report”（National Science Foundation，June，2006），7：http：//www. nsf. gov/statistics/nsf06319/pdf/nsf06319. pdf，accessed May 31，2013.

③ Frederick Jackson Turner，*The Character and Influence of the Indian Trade in Wisconsin*：*A Study of the Trading Post as an Institution*（Baltimore，1891）；W. E. B. Du Bois，“Suppression of the African Slave Trade in the United States”（Ph. D. dissertation，Harvard University，1895）.

间段约为75年；到1975年，这一数字已降至30年左右。直到21世纪，平均每篇论文涵盖的时间段才恢复到75—100年，这就是我们在这篇文章中断定并主张长时段总体回归的证据。①

博士学位论文中涵盖年数（红色表示中值年数，蓝色表示平均时间长度）

（表中横轴：论文写作年份；纵轴：论文涵盖年数）

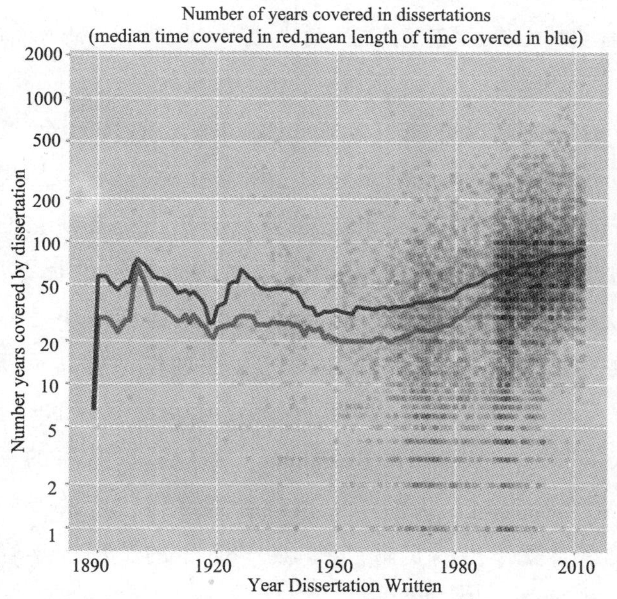

图1　美国历史学博士学位论文涵盖年数，c. 1885—2012：

Benjamin Schmidt，"What Years Do Historians Write About?"，

***Sapping Attention*，May 9，**2013.

20世纪20年代以来，随着专业化和专业性的上升，对专门化——"对越尖端的事物了解越广泛"的担忧开始出现，最初是在科学领域内，但之后逐渐扩展。直至20世纪80年代期间，大西洋两岸的历史学家们才开始抱怨专门化在其领域内造成了严重碎片化。

① Benjamin Schmidt, "What Years Do Historians Write About?", *Sapping Attention*, May 9, 2013: http://sappingattention.blogspot.com/2013/05/what-years-do-historians-write-about.html, accessed May 31, 2013.

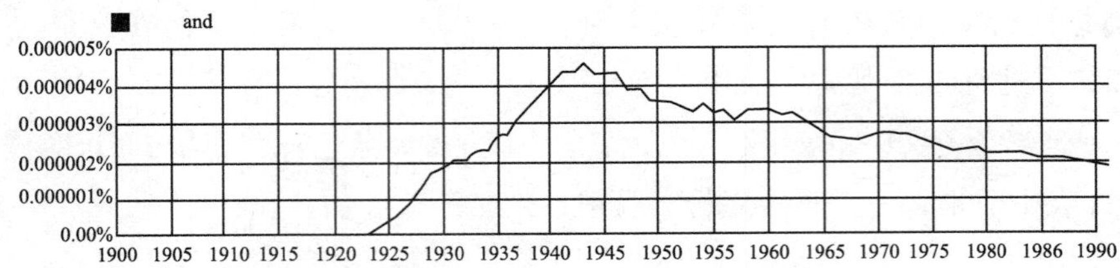

图 2　“对越尖端的事物了解越广泛”的使用，1900—90：谷歌 Ngram 阅览器。

研美学者伯纳德·贝律恩（Bernard Bailyn）在 1981 年美国历史学会（the American Historical Association）的主席发言中提到：“历史探究立即产生了一百个方向的分支，并且互相之间没有协作……要使它们综合成为一个相互联系的整体，即便是在有限的领域之内，似乎也是不可能的。”他认为，“现代历史编纂学的挑战”恰恰是“为大范围历史建立秩序，并由此通过讲述重要主题、呈叙述性结构的综合性著作，将其重新介绍给更广泛的读者大众”[①]。不久之后的 1985 年，美国历史学会的另一个前主席，法国历史学家 R. R. 帕尔默（R. R. Palmer）对他自己从事的领域也表示了不满：“专门化已经走向了极端……很难看到这样程度的专门化对年轻人的教育或是大众启蒙作出的贡献。”[②] 在 1987 年的英国，年轻的英国历史学家大卫·卡纳迪恩（David Cannadine）也同样痛斥“专业主义崇拜”，称其意味着“越来越多的历史学者书写着越来越学术的历史，而越来越少的人会阅读它们”[③]。卡纳迪恩警告说，这样的结果“经常是，历史学家作为公共教师的角色实际上已不复存在”。专业化已然导致了边缘化。当历史学家仅在彼此之间谈论更加狭隘、研究时限更短的主题时，他们就逐渐与非专家读者相隔绝了。

彼得·诺维克（Peter Novick）在其关于美国历史专业的说教性传记

① Bernard Bailyn，“The Challenge of Modern Historiography”，*American Historical Review*，87（1982）：pp. 2，4，7 – 8.

② R. R. Palmer，“A Century of French History in America”，*French Historical Studies* 14（1985）：pp. 173 – 174.

③ David Cannadine，“British History：Past，Present – And Future?”，*Past and Present* 116（August，1987）：176，177.

《那高尚的梦想》（*That Noble Dream*）（1989）中指出，他认为20世纪80年代是“以色列没有国王”[①] 变得清晰的那一刻。带着对“深描”的强调的人类学转变；微观史学从意大利经法国传入美国；身份政治和后殖民主义理论带来的自由主义主体的不稳定：这些都是将历史学构造扯碎的离心力。[②] 然而这些来自贝律恩、帕尔默、卡纳迪恩和诺维克的哀叹可能并没有抓住中心要点：主要的问题并不是破碎，而是这些运动所显示出的——短时段的胜利。在这一时代，即美国思想史学家丹尼尔·罗杰斯（Daniel Rodgers）称之为“破碎的时代”（*Age of Fracture*），从根本上是由时间视域的收缩定义的：“在20世纪中期，历史呈现出的厚重、不可避免和引人注目超过了社会话语的影响。严肃的谈论历史就应当讨论长期、大规模的时间运动。”直到20世纪80年代，现代化理论、马克思主义、“商业周期和历史学家的长时段的不可动摇”，全都被紧缩的时间感代替，而后者仅仅关注一个短促的瞬间：现在。[③]

当然，较短的时段在影响专业历史写作之前，也有其文学地位。从普鲁塔克（Plutarch）的比较列传《希腊罗马名人传》（*Lives of the Noble Greeks and Romans*）到塞缪尔·斯迈尔斯（Samuel Smiles）的《1874—1999年间工程师的生活》（*Lives of the Engineers*，1874—1899），传记通过经常关注这些典范式的人生故事中可以见到的所谓历史“个性”类别，为历史的写作奠定了有益的道德基准。对短时段历史的强调也出现在历史被召来帮助解决长时段视野彼此之间的矛盾时。阿克顿勋爵（Lord Acton）认为，纪实历史（documentary history）约于1830年出现，米歇利特（Michelet）、麦金托什（Mackintosh）、布赫霍尔茨（Bucholtz）以及米涅（Mignet）成为其先驱。获得文献、翻阅教会及本地档案都与解决法国大革命遗留问题的愿望——即视其为对自然权威的反叛还是“一切历史的成熟果实”结合起来。[④] 一场文献革命随之发生，在此历史学家的角色从叙事

① 原文是“There was no king in Isreal”，意指每个人都做自己认为正确的事情，这里用来表示史学界自20世纪80年代起开始的碎片化。

② Peter Novick，*That Noble Dream*：*The "Objectivity Question" and the American Historical Profession*（Cambridge，1988），pp. 577 – 592.

③ Daniel T. Rodgers，*Age of* Fracture（Cambridge，Mass.，2011），255.

④ John Emerich Edward Dalberg Acton，*Lectures on Modern History*（London，1906），14.

的艺术家和合成者变为了政治评论家，平息着关于研读珍贵文献权力的激烈争论。在这一角色中，制度史承担了解读自由主义传统的任务，并通过对关键时刻的目标性研究来解决，如埃利·哈勒维（Elie Halévy）的《英格兰在 1815》（*England in*，1815）（1913）。短时段历史经常关注新闻评论、特定的争论以及有争议的时段，例如，诗人罗伯特·格雷夫斯（Robert Graves）的作品《漫长的周末》（*The Long Week-End*）（1940），即在第二次世界大战开始时从远距离的角度再次深思了第一次世界大战开端时逐渐消逝的乌托邦主义现实。[①] 这些作品主要出现在历史研究专业化之前，或出自未经认可的作者之手。

然而，20 世纪 70 年代以前从未有过整整一代专业历史学家如此断然地与长时段思想决裂，婴儿潮一代出生的学者拒绝具有相关特点的写作风格，同时也吸引了一批出生于他们那一代之前的历史学家。马克思主义历史学家的作品，从 E. P. 汤普森（E. P. Thompson）的《英国工人阶级的形成》（*Making of the English Working Class*）（1964）到尤金·吉诺维斯（Eugene Genovese）的《滚滚向前//约旦，滚滚向前》（*Roll*，*Jordan*，*Roll*）（1974），补充了作为长时段冒险的被压迫者的经历，借用了民俗学研究的技术，如对民间诗歌、笑话以及言谈体态的研究，来描述工人阶级、奴隶文化以及平民和精英之间广泛存在的态度紧张关系的特征。[②] 在 20 世纪 70 年代早期微观劳动史学家的作品中，这种描述伟大时刻的意愿转变了，例如琼·瓦拉·斯科特（Joan Wallach Scott）和威廉·斯维尔（William Sewell），他们在其作品中将注意力缩小至一个单一的工厂车间或是一个社区内的交流模式，并从社会学中引入了关注个别行为者和细节的习惯。[③] 理解的任务从对总体的概括转变为社区的微观政治学和某一战役在更大范围的阶层斗争中的成败。

大规模地放弃使社会史长期以来保持活跃的大问题和大范围，部分上

---

① Elie Halévy, *Histoire du peuple anglais au XIXe siècle*, I: *L'Angleterre en* 1815 (Paris, 1913); Robert Graves, *The Long Week-End*: *A Social History of Great Britain*, 1918—1939 (London, 1940).

② E. P. Thompson, *The Making of the English Working Class* (London, 1964); Eugene D. Genovese, *Roll*, *Jordan*, *Roll*: *The World the Slaves Made* (New York, 1974).

③ Joan Wallach Scott, *The Glassworkers of Carmaux*: *French Craftsmen and Political Action in a Nineteenth-century City* (Cambridge, Mass., 1974); William Sewell, Jr., *Work and Revolution in France*: *The Language of Labor from the Old Regime to* 1848 (Cambridge, 1980).

是一种针对知识分子"家长"的俄狄浦斯情结；这些"家长"主导会议，对年轻历史学者提出的问题发表长篇大论，甚至玩笑般地将新历史贬低为学究式运动。研究现代德国的历史学家杰夫·伊雷（Geoff Eley）在他的自传体报告《弯曲的线》（*A Crooked Line*）（2005）中纪念了这一瞬间，他从一个出生于战后婴儿潮时期的英国孩子的视角出发，讲述了他面对紧张的就业市场，与他的同侪一道使用新方法来获取文献，为争取他们的专业地位而奋斗的故事。伊雷认为，文化转向对年轻的历史学家来说是一种个人的解放，他们"处于干枯、空洞的传统史学作品约束之下"，理论对于他们来说"从认识论上复苏了文献的生命"。从修辞学上来说，年轻历史学家此时对年长者的反叛，与20世纪六七十年代后期反战、争取言论自由和反对种族歧视的青年运动十分相似：它反映了对良知的呼唤，以及将历史研究机构与更为关键的政治相结合的决心。谈到对这一反应的"大暗示"时，伊雷十分直接地指出：实行国际统治的腐坏机构在前几个时代是长时段历史的主要消费者，而他这一代的历史学家则以与其决裂的方式来看待政治。①

在这场战役中主要使用的武器是对当地细节的关注，这来源于城市史传统，德国和英国的城市史就经常将劳动纠纷作为城市社区故事的一部分进行叙述。确实，历史学家诸如加雷思·斯特德曼·琼斯（Gareth Stedman Jones）和大卫·洛蒂格（David Roediger），在他们的著作中都越来越强调极其本地的事件，这使得历史学家得以检验社群中的种族、阶层和权力等因素，即他们认为可能导致工人阶级运动无法促成国家转型的因素。② 利用晦涩难懂的文献成为一个历史学者的成年仪式；这能够判断他是否受到关于方法论和复杂理论的良好训练，是否阅读了大量历史文本以及对文献的熟稔程度。能够使用一个迄今未被利用过的知识库，标志着人们十分了解这些文献，并已经能够鉴别出其中的纰漏；也标志着人们手边有用来解读任何历史记录的各种历史分析工具，不管作者的身份有多模糊或多复杂。

---

① Geoff Eley, *A Crooked Line: From Cultural History to the History of Society* (Ann Arbor, 2005), 129–30.

② Gareth Stedman Jones, *Languages of Class: Studies in English Working Class History, 1832–1982* (Cambridge, 1983); David R. Roediger, *Wages of Whiteness: Race and the Making of the American Working Class* (London, 1991).

典型的动向是一种新微观史学的出现，它摒弃了宏大叙事或精神教导中的一切虚伪，而支持关注一个特定事件：例如，娜塔莉·泽蒙·戴维斯（Natalie Zemon Davis）的喧闹庆祝或是罗伯特·达恩顿（Robert Darnton）的大屠猫。[①] 微观史学发源于意大利和法国，最初是一种检测长时段问题的方法，因此它并不是天生与时间深度格格不入，比如卡罗·金兹伯格（Carlo Ginzburg）关于女巫安息日的一项研究，就涵盖了从一天到千年的历史范围。[②] 但是，在以英语为母语的历史学界，微观史学形成了这样一种习惯：其研究建立在越来越短的时间范围基础上，且对文献的使用越来越集约。在某种意义上，某段特定文献越晦涩或越难于理解越好：这段少见的文献越能显示作者在关于身份、性向、方法和主体的大量且互相矛盾的理论中游刃有余，使用这段文献就越能证明学者熟知史料、长期投身于专业历史训练以及对此领域透彻的理解。也有一些例外，文化转向的经典论著只关注一个特定时期：例如，鉴别心理学内部的某一特定混乱，或者是分析劳工运动中的某一特定暴乱。[③] 随着文化转向的到来，几乎每个社会历史学家在某种意义上都开始尝试短时段历史写作，以契合行政决策的特定形式，但每一个都成为劳工、医药、性别或家庭生活漫长历史中的一个脚注。心理学诊断的案例遵循着一定的模式，每项研究的历史时期都受到限制，且与涉及最开始研究的医生所生活的时代相一致——歇斯底里症的诊断、催眠术的流行、广场恐怖症的诞生，或是伊恩·哈金（Ian Hacking）在《疯狂的旅行者》（*Mad Travelers*）（1998）中关于神游状态的论述，脱离了 20 年来的医学传统，就突然剥

① Natalie Zemon Davis, *Society and Culture in Early Modern France*: *Eight Essays* (Stanford, 1975); Robert Darnton, *The Great Cat Massacre and Other Episodes in French Cultural History* (New York, 1984).

② Carlo Ginzburg, *Storia notturna*: *una decifrazione del sabba* (Turin, 1989)；对此更广泛的论述，见 Sigur ? ur Gylfi Magnússon and István M. Szijártó, *What is Microhistory? Theory and Practice* (London, 2013)。

③ 例如，R. B. Rose, "The Priestley Riots of 1791", *Past & Present* 18 (November, 1960): 68-88; John Bohstedt, *Riots and Community Politics in England and Wales*, 1790—1810 (Cambridge, Mass., 1983); Colin Haydon, *Anti-Catholicism in Eighteenth-century England*, *c.* 1714—1780 (Manchester, 1993); Ian Haywood and John Seed, eds., *The Gordon Riots*: *Politics*, *Culture and Insurrection in Late Eighteenth-century Britain* (Cambridge, 2012)。

夺了它的“生态位”①。

5 年至 50 年的自然时间跨度成为跨领域历史学著作的典范。微观史学家完成了使历史写作产生彻底变革的壮举，这些作品主要关于联盟和种族主义、白种人的本质和历史作品本身。实际上，自那时起，就有大量博士论文关注局部微观，历史学者将其作为竞技场，在有限的训练时间内操练书写传记、阅读文献以及历史分期的技能。在微观史学的年代，那些保守派论文最有可能打动评审委员会，因此自 20 世纪 70 年代以来，指导教授就敦促年轻的历史学者来缩小而不是扩大在地点和时间上的关注点，他们坚信关于性别、种族和阶层的严肃作品应当忠实地来自最小而不是最大的图景。然而，伊雷认为，有政治参与的社会史研究很大程度上是失败的，恰恰因为它对局部的过度关注：“假以时日，宏观史学捕捉社会整体走向的兴趣与微观史学关注特定地区之间的……这种亲密和互惠——会被扯断。”伊雷甚至将局部社会史与另一种政治导向的历史相比较，从年鉴传统来看，这更像他自己承诺的一个对当下历史进行“总”评论的项目。②

退回到短时段并不限于社会史范围，也不限于美国历史学界。大约在同一时刻，昆廷·斯金纳（Quentin Skinner）带领思想史学家对此领域内不同的长期趋势进行了控诉——尤其明显的是针对亚瑟·洛夫乔伊（Arthur Lovejoy）的历时性观念史以及对“伟大经典”的权威研究方法，即使得政治理论广泛传播的方法——以支持比以往更加严格的修辞和时间语境。其后，所谓剑桥学派的语境主义关注于共时的和短时段的论述背景，将其作为精确安排的语言游戏步骤或是具体的语言行为，而不是作为对永恒的思想或是经久不衰的概念的例证。语境主义者最初的对手是马克思、纳米尔（Namier）和洛夫乔伊，但是他们的努力通常被解读为对落后事物、抽

① Ian Hacking, *Mad Travelers: Reflections on the Reality of Transient Mental Illnesses* (Charlottesville, 1998); Ilza Veith, *Hysteria: The History of a Disease* (Chicago, 1965); Robert Darnton, *Mesmerism and the End of the Enlightenment in France* (Cambridge, Mass., 1968); William J. McGrath, *Freud's Discovery of Psychoanalysis: The Politics of Hysteria* (Ithaca, 1986); Rachel Maines, *The Technology of Orgasm: "Hysteria", the Vibrator, and Women's Sexual Satisfaction* (Baltimore, 1998); Georges Didi-Huberman, *Invention of Hysteria: Charcot and the Photographic Iconography of the Salpêtrière*, trans. Alisa Hartz (Cambridge, Mass., 2003); David Trotter, "The Invention of Agoraphobia", *Victorian Literature and Culture*, 32, 2 (September, 2004): 463–474; Mark S. Micale, *Hysterical Men: The Hidden History of Male Nervous Illness* (Cambridge, Mass., 2008).

② Eley, *A Crooked Line*, 184, 129.

象概念和宏大理论的攻击。然而1985年斯金纳为宣传人文学科中“宏大理论的回归”而付出的个人努力受到悖论的困扰，许多鼓舞或代表了这一复仇的思想者——这其中包括维特根斯坦（Wittgenstein）、库恩（Kuhn）、福柯（Foucault）以及费耶阿本德（Feyerabend）——表达了“强调局部和偶然的意愿……以及与此相应地，对包罗万象的理论和非凡的解释方案的强烈厌恶”。因此，20世纪80年代关于宏大理论回归的报告就被夸大了。远非回归，它只是像密涅瓦的猫头鹰一样隐退到了暮色中。[①]

从20世纪70年代后期开始一直贯穿整个20世纪90年代，历史于是进入了一个退回跨多领域的短时段研究的时期，从社会史到思想史几乎同时发生。历史学家长时段综合体技艺与纪实历史或传记之间的紧张关系已不是新鲜事了。对极端的思辨史的亦步亦趋，是自阿克顿勋爵以来的文献转向问题，甚至年鉴学派历史学家也尽量将自身与马虎或凌乱的特性及抽象印象区别开来。然而在这一时期之前，从未有过整整一代历史学家如此决然地与长程分析决裂，且产生了如此长期且广泛的影响。

长时段历史从未完全从大西洋两岸大学出版社的出版列表中消失。但是，在对宏大叙事的怀疑、对辉格式目的论的反对和不断进步的反本质主义的驱使下，对档案的掌握、微观史学和对偶然时间及语境的强调相结合，这就决定了人们将更加关注共时的和短期的（历史）。对个案研究、单独个体和特定的语言行为的强调逐渐取代了布罗代尔、纳米尔、芒福德（Mumford）、洛夫乔伊和沃勒斯坦（Wallerstein）的长期模式，还有达恩顿、戴维斯、伊雷和斯维尔的微观史学。在这一年代中，学界被有关短时段的微观历史和以事件为基础的历史所主导。仅仅十年以前，一位法国观察家悲观地评论：“当后现代主义强迫学者走向破碎和短暂的研究时，所谓长时段的研究方法可能现在看起来是过时的，但是它仍然是一个我们可能日趋靠近却不能企及的渐近理想。”[②] 但是，过时的东西也可以快速成为新时髦。长时段不再是不可接近的；它的所有承诺现在都触手可及。

---

① Quentin Skinner, "Introduction: The Return of Grand Theory", in Skinner, ed., *The Return of Grand Theory in the Human Sciences* (Cambridge, 1985), 12; Armitage, "What's the Big Idea?", pp. 495–496.

② Jean Heffer, "Is the *Longue Durée* Un-American?", *Review* 24, 1 (2001): 137.

* * *

为了回归长时段，最好的前进方法可能就是回顾。一般而言，古代和中世纪西方的重要历史著作信守神学、地理学、宇宙学，试图讲述跨越广泛时间跨度的整体综合历史。对修昔底德、希罗多德和奥古斯丁来说，历史试图认识将人物传记研究与异域文化中的人类学与地理学研究相统一的线索。他们长期在这个范围的时间跨度内进行历史叙述，以达到说明普遍知识的目的。随着黑格尔的出现，趋于长期、普遍的民族进步取向受到了启蒙的影响，一个新的道德目的在民族国家形态基础之上建立起来，在此全球史研究会在神圣意志的启示下通过物质现实帮助每个国家辨别它在宇宙中的位置。这正是一项为了理解全球的研究，麦考利（Macaulay）和米科莱特（Michelet）记录的20世纪历史上大多数国家形态随处可见民族道德意图，它们向着帝国、革命、自由主义、贵族政治和民主等不同方向发展，在此可以利用长远眼光将其置于历史的背景中进行研究。

直到20世纪，长时段（当然，尽管它逐渐不再使用这个名字）为在改革的关键时期重新书写历史提供了一个规范化工具。例如，进行长程对照使得费边主义历史学家，如R. H. 托尼（R. H. Tawney）、比阿特里斯·韦布（Beatrice Webb）和西德尼·韦布（Sidney Webb），以及约翰·哈蒙德（John Hammond）和芭芭拉·哈蒙德（Barbara Hammond），能够为重新设想社会主义英国的古代渊源提供帮助。韦布夫妇认为，现代参与性、代表性政府和福利国家的根基存在于中世纪教区政府的核心中。托尼认为，在现代早期，商品导向型的大土地所有者和粮食导向型的贫穷农夫之间的斗争，为现代发达资本主义和土地改革时代对地主土地所有制的抗争提供了先例。①

长程历史是了解现代制度意义的工具，也使人们得以理解乌托邦式的设计，并思考改造社会的革命性方案。实际上，托尼的生涯代表了那一代思考长时段的历史学家中的激进分子所为。1931年，他被国际联盟派遣到

---

① Beatrice Webb and Sidney Webb, *English Local Government*, 9 vols. (London, 1906—1929); R. H. Tawney, *The Agrarian Problem in the Sixteenth Century* (London, 1912).

中国后，创作出版了一部中国农业史；奇怪的是这部农业史听起来类似于他著述的英国史，其中，地主与农民的闹剧构成了历史的终极中心，并暗示了对合理土地改革的迫切需要。[①] 因此，托尼的论断本来与劳合·乔治时代英国的人民预算案和土地改革相联系，而历史允许他将其推广到整个世界。正如透过马克思和亨利·乔治（Henry George）打磨的镜片看到的长时段历史所叙述的，一个关于土地的阶级斗争动力学的普遍真理，可以用于论述某一特殊的民族传统以检验其真实性，然后就其他地区进行有说服力的验证。这种应用不同于与布罗代尔同时代的观点，布罗代尔谴责后者过于现代主义、对权力不加批判且回避因果及理由等根本问题。

后来，专业历史学者退回到短时段产生了这样的影响：切断了他们与空想社会主义者、改革者，以及最终与国际管理者之间的早期对话，而这一对话正是对长时段的强调所促进和鼓励的。在第二次世界大战后不久的一段时期，一系列新的机构开始全力解决国际发展问题。每当这些机构的管理者企图进行政策的重大转变时，他们就转向历史学。这一时期最大的争论之一是是否继续激进的土地再分配项目；大英帝国将其作为达到共产主义的折中方法在爱尔兰强制执行，在国内和苏格兰也通过“人民预算案”和“战后土地国有化方案”将其贯彻到底。新近独立的印度几乎立即立法通过了土地改革措施。在联合国内部，土地改革被鼓吹为在苏维埃共产主义和美国的帝国主义之间的一种和平改革路径。在所有的这些争论中，关于土地利用、私人财产和农业政策的历史发挥了重要作用。其中就有托尼、琼·瑟斯克（Joan Thirsk）以及其他英国历史学家的作品，他们证明了农民共同体的重要性以及在 E. P. 汤普森之前时代圈地运动的悲剧。

国际发展机构转向历史学，以期为自由、独立、经济增长和国家间的互惠调解提供一个方向标。例如，联合国食品及农业组织（The Food and Agriculture Organization of the United Nations）的创办理事约翰·博伊德·奥尔（John Boyd Orr），他的职业生涯即始于出版一部有关饥饿的回顾性历史著作，这部著作以恺撒征服不列颠为开端，以 1920 年《农业法案》带来的农场劳动力与地主之间关系的进步为结尾。[②] 20 世纪 50 年代以前，历

① R. H. Tawney, *Land and Labour in China* (London, 1932).

② John Boyd Orr, *A Short History of British Agriculture* (London, 1922).

史学家如大卫·兰德斯（David Landes）已经调整过工业革命史的研究以直接支持“绿色革命”政策，他许诺紧随不断发明的历史而来的是富裕的未来。在20世纪70年代，农业经济学家伊莱亚斯·图马（Elias Tuma）和英国地理学家罗塞尔·金（Russell King）等土地改革理论家转向长时段史，他们在为国际政策机构出谋划策时综合了历史学家的成果，以自古罗马以来农民为参与到农业帝国中而进行的700个世纪的斗争为背景来考察现代土地改革。[①]

还有许多关于土地政策的长时段历史可供他们参考。正当联合国的创始国争论“南半球”在维护世界秩序的和平道路上的适当干预时，大西洋两岸仍有很多亨利·乔治的追随者，为提供一种历史的解释而转向了长时段；他们将地主的垄断解读为现代历史上的显著犯罪，将流行的土地所有权解读为这一犯罪的必要解决手段。乔治主义历史出现于20世纪四五十年代，奠定了自托马斯·杰斐逊以来美国的农业传统。乔治主义历史学家努力说明地主剥削的潮流以及民粹主义政府有必要持有这些在海湾获得的土地。1945年，阿尔弗雷德·N. 钱德勒（Alfred Noblit Chandler）出版了他的《土地所有权的起源：强迫和欺诈的故事》（*Land Title Origins*, *A Tale of Force and Fraud*），这是一部论述资本家对土地的无限制权力的历史，在这一点上他将问题归咎于那些与乔治同时代的铁路贵族以及他们对政府赠予地学院的权力。[②] 1957年，艾伦·萨克尔斯基（Aaron Sakolski）出版了《美国的土地所有权和土地税收》（*Land Tenure and Land Taxation in America*），其中他提出了一种基于连续修正物权法漫长过程的美国思想史，指向一个关于土地所有权历史的长期争论，这一争论跨越了亨利·梅因（Henry Maine）、菲斯泰尔·德·古朗士（Fustel de Coulanges）、韦伯（Weber）和G. R. 盖革（G. R. Geiger）。[③] 最终，他推论到，关于土地的指令是对正义概念的反思，而正义从核心上来说是一系列宗教和精神的价值，能够共同

---

① Elias H. Tuma, *Twenty-six Centuries of Agrarian Reform*: *A Comparative Analysis* (Berkeley, 1965); Russell King, *Land Reform*: *A World Survey* (London, 1977).

② Alfred N. Chandler, *Land Title Origins*, *A Tale of Force and Fraud* (New York, 1945).

③ Paolo Grossi, *An Alternative to Private Property*: *Collective Property in the Juridical Consciousness of the Nineteenth Century*, trans. Lydia G. Cochrane (Chicago, 1981); George Raymond Geiger, *The Theory of the Land Question* (New York, 1936).

获得土地直接反映了每个人都重视的准则，不论穷人还是富人。萨克尔斯基写道："早期基督教会教父受到古代希伯来传统影响，他们的正义概念因此与土地所有权相关，也遵循着一样准则。"[①] 向前回溯一直到圣经时代，我们都可以在有土地的精英中找到挑战资本积累的道德先例，并且现在这些先例被包装成国家和国际范围内法律行为的一个先例。

当训练有素的历史学家理解到自己的部分工作受到利用其长时段视角作为公共改革材料的行政人员和社会科学家的关注时，这些争论就促成了一种气候。从20世纪30年代的托尼一直到20世纪80年代，随着专业历史学者著述西方和印度的土地问题，长时段与这一问题联系起来，并引起了关于制度参与者和公共目的的更大问题。他们的学术成果促成了历史学家和国际管理机构之间的对话；并在研读特定文献、事件和特性，努力学习此领域内其他学术成果的帮助下使其延续了几百年。对于20世纪五六十年代成人的学者们——正是伊雷和斯维尔对抗的那一代人——长时段历史已经成为说服官僚和制定政策的工具。

社会历史学家如托尼提出的经典长时段，利用其对制度和运动的深层过去的理解使读者相信有社会变革的必要，而（政府）智库和非政府组织（NGO）正将其盗用至一种"混杂长时段"中。在这一混杂长时段中，非历史学者根据一系列贫乏的历史证据，得出广泛传播的关于社会变革趋势的结论。他们很少肯定二手资料，也不尊重涉及该时期或事件的早期思考传统。典型情况是，他们会立即摒弃马克思主义观点或其他左翼观点，提出一种似乎与自由市场思想、对技术进步的信仰以及西方智慧许诺的未来赏金相一致的历史解释。当然，在教导公众的角色上与大众历史相联系这方面，混杂的长时段之前已有先例，例如，它至少可以追溯到夏尔·迪潘（Charles Dupin）的《大不列颠的商业霸权》（*Commercial Power of Great Britain*）（1825），并且一直延续到19世纪50年代的大众技术史。

历史学可以用于宣传政治倾向已不是新鲜事了。然而任何新派别的出现都需要政治条件和体制条件的密切合作。在战后的美国，随着NGO、美利坚帝国以及跨国管理机构如联合国和世界银行的扩展，人们急于了解如何应对诸如饥荒、贫困、干旱和暴政这样巨大的问题，长时段历史受到广

① Aaron M. Sakolski, *Land Tenure and Land Taxation in America* (New York, 1957), 13.

泛关注的条件已经建立起来。正当婴儿潮一代出生的历史学家避免直接讨论这些问题而转向研究种族和阶层的微观历史时，关于贫穷和饥饿的长时段历史却成为没有接受过历史专业训练的畅销作家的领域。混杂的长时段史遍地开花，但历史学家之手却没有浇灌它。国际管理对实用历史故事的需求激励了无比包容的大型综合性成果的产生。对历史认识的需求，实际上是对处理历史数据的抽象和理性飞跃的需求，变得越来越强烈。在这些主张中，最绝妙的是由赫尔曼·卡恩（Herman Kahn）提出的，他最初是一名物理学家后来转型为系统理论家；他承诺要通过检验世界历史上的长期趋势来终结关于能源利用、环境灾难和消费的争论。卡恩绘制的流线型历史数据图表，显示了自公元前8000以来人口增长与未来技术进步和人口控制的抗衡，其结论是预见了后工业化时代“日渐充盈”的世界。

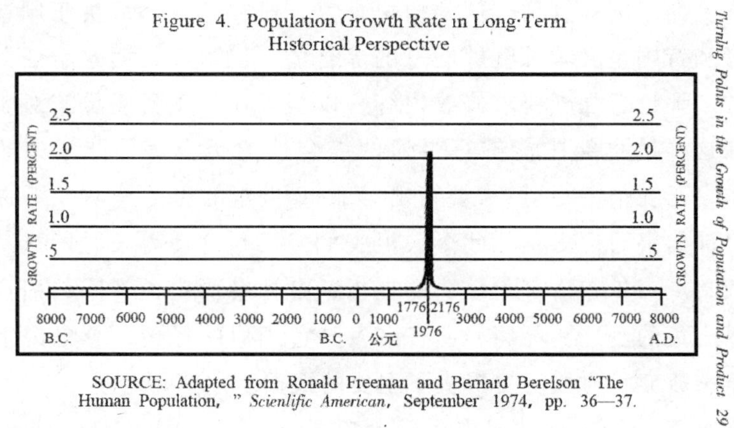

图3 长时段历史视角下的人口增长率

Herman Kahn, *The Next* 200 *Years*: *A Scenario for America and the World* (New York, 1976), 29.

同样引人注目的还有个别机构主管人员提出的关于其自身行为准则的历史主张。例如，1970年，威廉姆·D. 克拉克，世界银行的信息主管，在一次演讲中将发展经济学表述为世界历史的转折。他的结论几乎不建立在任何历史数据的基础之上，却强调了发展经济学较于当时任何其他政策方案的重要性，他宣称：“当今不会被称为核年代，或太空年代，或美国的世纪，或普通人的时代；它将被称为发展年代，三分之二的世界人口与他们不能再容忍的环境和习惯进行抗争的年代。”克拉克说，与这一伟大的问题相比，历史学家仅会将美国的公民权利看作一个“小冲突”[①]。

在20世纪70年代末以前，这种对长时段历史的追捧开始逐渐暗淡下去，成为自重的历史学家不会染指的浊物。此外，仍旧停留在长时段游戏中的那些历史学家承受着给由针锋相对的思想相区分的不同读者作报告的压力，尤其是在冷战期间的国际背景下。想一想卡洛琳·韦尔（Caroline Ware）的经历，她的著作《人类的历史》（*History of Mankind*）是1954年至1966年受联合国教科文组织（UNESCO）委托完成的多卷本研究。韦尔的著作提交给代表UNESCO的国家公务员评论，于是陷入了一场意识形态上的拔河战：俄国和法国的读者，新教和天主教的评论者，都游说UNESCO修订一版能反映其自身国家或意识形态观念的世界历史。对于像韦尔这样受命于国际管理部门的历史学家，研究的成功取决于制造一个共产主义者和帝国主义者都能够同意的综合体，但事实证明这个任务是不可能完成的。评论者强烈要求修改内容，以至于这一项目的员工对于能够写出一部在这样的框架中能够行得通的综合性的历史著作几近绝望。卡洛琳·韦尔自己在信中写道：“要写出一部20世纪的历史是不可能的。”[②] 为国际政府部门书写历史是如此令人沮丧的经历，这使得长时段这一历史体裁更加灰暗。韦尔在语言上妥协的挫折，是社会历史学者同仁们在文献上完全可以避免的。这些经历，还有许多与它相似的经历，总地说来为这一代历史学家放弃长时段历史提供了主要的根据。

总体而言，在这一时期之后，历史学家成为一群拒绝与未来主义者“同流合污”的人；他们认为混杂的长时段历史与微观史学不同，它仅仅是新闻工作者和权威的工具，而不是一门科学。这种混杂的长时段因此在课堂中也很少被提及，更不再受到争论或模仿。微观史学的作品扩展了我

---

① William D. Clark, “Creating Political Will”, in Colin Legum, ed., *The First U. N. Development Decade and Its Lessons for the* 1970's (New York, 1970), 148.

② 引自 Grace V. Leslie, “Seven Hundred Pages of ‘Minor Revisions’ from the Soviet Union: Caroline Ware, the UNESCO *History of Mankind*, and the Trials of Writing International History in a Bi-Polar World, 1954 -66”, Panel, “The Global Dimensions of U. S. Power: Rethinking Liberal Internationalism at the Midcentury”, meeting of the American Historical Association, New Orleans, Louisiana, 3 January 2013。

们对农民生活、不同类型的心理冲动（公开的和私密的）以及人类经验的构造的认识。但是在历史写作方面，这些作品在很大程度上也抛弃了更严厉的道德批判的修辞学的实践，这种实践是长时段下社会形态的另一种来源，是非历史学家也能掌握的。

在意识形态分裂的时代，社会科学家如詹姆斯·C. 斯科特（James C. Scott）和威廉姆·斯维尔（William Sewell）迅速地从国际政府组织机构的聘用中脱身。与他们的主管那一代正相反，斯科特和斯维尔的履历表中充满了在同行评审期刊中发表的论文，其中很多受到法国理论界的影响。他们的退出是大规模的：他们不再充当世界银行的顾问，也不再书写为供政府机构领导消费而设计的长时段历史。随着历史学家、人类学家和社会学家不再为世界政府性机构工作，经济学家取而代之了。有影响力的组织不再关注历史学，其后果也表现在除历史教学部门之外的许多其他方面：较为普遍的是在社会科学内部涌动的一种“科学羡慕”，它也引起了模仿行为；对博弈论和理性行为者的关注——换言之，重新退回到对个体和抽象的研究，而不再是大规模的具象研究。法学院和政治科学系出现了一种对案例分析的政策导向型关注，在这些部门中，历史学几乎不为将在政府行政部门工作的未来官僚服务。他们在累积数据的过程中忽视了历史学或历史编纂学的观点，从而无法从近40年间历史学对本体论及认识论的革命性批判中受益。婴儿潮一代为历史学家理解世界的能力作出了许多贡献，但却以消耗历史学家回应管理机构的能力为代价。

从这个角度来看，大致从1968年到2008年，大部分历史研究方法被看作是拒绝评论当代或未来全球事务的一种道德危机以及身份内向型理论化的证明。在那一时代，历史学家走出其先前的角色，即政策咨询者、国内外合作或公民及社会合作的预言家。反而，他们将自己视为一种不公正的形而上学，在种族、阶层和性别方面进行写作，并且通过行业内的专业评论家——尤其在心理学、婚姻和法律领域——来使其更加完善。当他们精进对社会公正的理解及工具时，同时也将其对密切关注的学术习惯强加给它，并在此时以一种不切合实际、将历史学家作为高塔中的天文学家、远离政治和经济蓝图的程度达到顶峰。

危机的一部分源于历史学家越来越不愿意以专业顾问的角色介入国际

关系和公共政策的争辩中。与托尼或刘易斯·芒福德（Lewis Mumford）一代相比，斯维尔和达恩顿一代的历史学家大大减少了对政治事件的评论。相反，就长期变化的理想可能性对公众及政策决策者进行劝诫的角色，大部分分给了我们在经济学系的同事们；他们对社会历史学家早就从帝国和工业化中得到的道德教训借鉴得少之又少，其结果就是将自由市场理想化的理论占据了报纸头条和政策界。

在20世纪90年代之前，米歇尔·贝吕贝（Michael Bérubé）及其他美国社会评论家抱怨历史和其他人文学科越来越不相干的现象，并怀旧地回顾20世纪50年代的纽约知识界以及历史学家和文学评论在公共领域起到的积极作用。[①] 回想那些全情投入的前辈，在许多同事看来，就像是人文科学现在完全抛弃了公众。在90年代末，更年轻的一代历史学家，恰好出生在婴儿潮的高峰之后，开始重新考察长时段的问题。他们中许多都是受过训练的古代和中世纪历史学者，对于他们来说，闭口不谈长时间跨度尤为痛苦。近来，中世纪史学者丹尼尔·洛德·斯迈尔（Daniel Lord Smail）引领人们进入一个与进化生物学的对话中，开始探讨人类身份与消费主义的历史分期问题。[②]

关于“世界历史”和“大历史”的问题拓宽了叙事的范围，并开始包含一种从环境角度重述的历史，将人类历史事件置于更长的自然进程背景中进行叙述。长时段的“回归”，部分地建立在历史学家对微观史学失败的不满基础之上，由此开始了它的起伏以及随之而来的对历史学家在大学甚至这个世界中位置的道德反思。除了这些道德原因，还有两个技术因素也影响了历史学家在工作中的活动。第一是我们拥有了大量可自行支配的文献，第二是我们有了更多工具。除去道德因素或关于全球气候的辩论，这两个因素也都驱使历史学家开始思考更长的时间周期。

---

① 对这一时代的叹惋包括：Russell Jacoby，*The Last Intellectuals*：*American Culture in the Age of Academe*（New York，1987）；Michael Bérubé and Cary Nelson，eds.，*Higher Education under Fire*：*Politics*，*Economics*，*and the Crisis of the Humanities*（New York，1995）；Richard A. Posner，*Public Intellectuals*：*A Study of Decline*（Cambridge，Mass.，2003）；Jules Chametzky，“Public Intellectuals”，*MELUS*，29，3/4（October，2004）：pp. 211－226；Jo Guldi，“The Surprising Death of the Public Intellectual：A Manifesto”，*Absent* 1，2（2008）：http：//archive. org/details/TheSurprisingDeathOfThePublicIntellectualAManifestoForRestoration，accessed May 31，2013.

② Daniel Lord Smail，*On Deep History and the Brain*（Berkeley，2008）.

在过去的十年中，整个知识界都可以找到长时段回归的证据。一位拉丁美洲文化学者评论：他所在的领域，“关于长期历史轨迹的假定理论曾显得过时”，但是变化之风渐起：“现在长时段回来了。”一位欧洲文化历史学家在一次会议上对他的同事说：“我们所有人都或多或少明确地寄希望于性向的长时段中。”一位美国研究学教授评论道：“最近浏览过相关领域的书名、会议、研究组甚至摘要的文学研究者，不可能错过……为文学和文化评论做出了大量实质分期工作的两个关键词”：一个是地理学的（大西洋世界），另一个是“一个时间单位——长时段”①。最近的研究成果将冷战和移民、黑海和阿拉伯之春、女性的精神、德国的东方主义以及奥地利历史置于长时段视角之下。② 甚至是在历史类书架上草草浏览新上架的书本，也能发现许多这样主题的书籍：关于长期历史、跨越500年的环球旅行；关于最初3000年的基督教世界；关于“从斯巴达到达尔富尔”的种族大屠杀以及“从古代到当代”的游击战争；关于过去15000年的人

---

① Jeremy Adelman, “Latin American *Longues Durées*”, *Latin American Research Review* 39, 1 (January, 2004): 224; Thomas W. Laqueur, “Sexuality and the Transformation of Culture: The *Longue Durée*”, *Sexualities* 12, 4 (July, 2009): 418; Susan Gillman, “Oceans of *Longues Durées*”, *PMLA* 127, 2 (March, 2012): 328. More generally, see Barbara Weinstein, “History Without a Cause? Grand Narratives, World History, and the Postcolonial Dilemma”, *International Review of Social History* 50, 1 (April, 2005): 71 – 93; David Christian, “The Return of Universal History”, *History and Theory* 49, 4 (December, 2010): 6 – 27.

② Matthew Connelly, “The Cold War in the *Longue Durée*: Global Migration, Public Health, and Population Control”, in Melvyn P. Leffler and Odd Arne Westad, eds., *The Cambridge History of the Cold War*, 3 vols. (Cambridge, 2009), III, 466 – 488; Dirk Hoerder, “Migrations and Belongings: A *Longue-Durée* Perspective”, in Emily S. Rosenberg, ed., *A World Connecting*, 1870 – 1945 (Cambridge, Mass., 2012), 444 – 467; Julia Clancy-Smith, “From Sidi Bou Zid to Sidi Bou Said: A *Longue Durée* Approach to the Tunisian Revolutions”, in Mark L. Haas and David W. Lesch, eds., *The Arab Spring: Change and Resistance in the Middle East* (Boulder, CO, 2013), 13 – 34; Alexander A. Bauer and Owen P. Doonan, “Fluid Histories: Culture, Community, and the *Longue Durée* of the Black Sea World”, in Ruxandra Ivan, ed., *New Regionalism or No Regionalism?: Emerging Regionalism in the Black Sea Area* (Farnham, 2012), 13 – 30; Laurence Lux-Sterritt and Carmen M. Mangion, “Gender, Catholicism and Women's Spirituality over the *Longue Durée*”, in Lux-Sterritt and Mangion, eds., *Gender, Catholicism and Spirituality: Women and the Roman Catholic Church in Britain and Europe*, 1200 – 1900 (Basingstoke, 2011), 1 – 18; Suzanne L. Marchand, “Orientalism and the *Longue Durée*”, in Marchand, *German Orientalism in the Age of Empire: Religion, Race, and Scholarship.* (Cambridge, 2009), 1 – 52; William M. Johnston, *Visionen der langen Dauer österreichs* (Vienna, 2009).

类历史“形态”以及许多针对广大读者的类似宏大主题。[①]

确实，“大”跨越一系列新复兴的历史写作模式回归了。其中最为宏大的是“大历史”，论述从过去一直延伸到宇宙起源本身的历史。[②]“深度历史”仅包含人类的过去，叙述范围更为适中，但仍旧十分广泛；它跨越了大约40000年，并且刻意突破了“历史”和“史前”之间根深蒂固的界限。[③] 范围更为集中且可能与当前关注最能产生直接共鸣的是人类世的历史，即200年来（自工业革命开始）人类构成一个强大到可以影响全球环境的集体行为体的历史。[④] 这些动向的时间范围分别是宇宙学的、考古学的和气候学的：它们都显示了历史视野的新扩展；并且对视野的影响长于——通常十分长于——一代人、人的一生，或是其他定义近期历史写作的粗略的自然时间跨度。

近五年来，图书馆的大规模数字化项目和在线的大规模口述史的到来宣告了一个更易获取大量文献资料的时代。再加上建设性的使用抽象化知识的工具——如谷歌 N-gram，wordle 和 Paper Machines——这些数字化工具使得学者开始不时地尝试跨越上百年的历史假设。可利用的工具的本质和丰富的文本使得长时段历史同时还有档案的历史成为一个可以克服的问题。在法律史或其他形式的制度史方面，对先例的重视赋予长时段的回答

---

① Joyce E. Chaplin, *Round About the Earth: Circumnavigation from Magellan to Orbit* (New York, 2012); Diarmaid MacCulloch, *A History of Christianity: The First Three Thousand Years* (London, 2009); Ben Kiernan, *Blood and Soil: A World History of Genocide and Extermination from Sparta to Darfur* (New Haven, 2007); Max Boot, *Invisible Armies: An Epic History of Guerrilla Warfare from Ancient Times to the Present* (New York, 2012); Ian Morris, *Why the West Rules - For Now: The Patterns of History, and What They Reveal About the Future* (New York, 2010); Morris, *The Measure of Civilization: How Social Development Decides the Fate of Nations* (Princeton, 2013).

② David Christian, *Maps of Time: An Introduction to Big History*, new edn. (Berkeley, 2011).

③ Andrew Shryock and Daniel Lord Smail, eds., *Deep History: The Architecture of Past and Present* (Berkeley, 2011); Smail and Shryock, "History and the *Pre*", *American Historical Review* 118, 3 (June, 2013): 709 - 737.

④ Dipesh Chakrabarty, "The Climate of History: Four Theses", *Critical Inquiry* 35, 2 (January, 2009): 197 - 222; Chakrabarty, "Postcolonial Studies and the Challenge of Climate Change", *New Literary History* 43, 1 (2012): 1 - 18; W. Steffen, J. Grinevald, P. Crutzen, and J. R. McNeill, "The Anthropocene: Conceptual and Historical Perspectives", *Philosophical Transactions of the Royal Society A: Mathematical, Physical and Engineering Sciences*, 369, 1938 (January 31, 2011): 842 - 867; Fredrik Albritton Jonsson, "The Industrial Revolution in the Anthropocene", *The Journal of Modern History* 84, 3 (September, 2012): 679 - 696.

一种特有的力量，或许我们应该尽早开始更多地考察这种作品。新工具扩展了单个历史学家综合如此庞大的信息的能力，使其有机会把握早已在历史学科某处存在的道德冲动，即一种检验可能出现的关于管理长时段的对话的范围。研究法律史的学者已经发现数字方法迫使他们回答更长时间范围内的问题：比如，科林·怀尔德（Colin Wilder）的“文学共和国”项目，通过将早期现代的法律文本电子化，并将基于文本的信息链接到一个法律教师和学生的巨大社交网络地图中，以展示驱动了早期现代德国（即有关公有领域、私人财产和共同性等思想出现的地方）法律改革的人们。[①]

面对着两个学术前沿：一是道德责任，一是技术机遇，历史学家们需要开始开展对话并讨论以百年而不是十年为单位进行思考意味着什么。我们需要强调特定的数字技巧及其在与研究生教育相符的历史分期问题上的应用。我们需要树立跨时段历史的新典型和新理论，以期理解何以构成对新纪元意义的有说服力且有意义的探询。这将基于对处理了长时段问题的分支学科中成功熟练管理的构成的理解、对大与小之间抽象关系的理解，以及最终对有助于综合过程的多种工具的了解。

伴随着这些机遇和挑战，近来长时段的回归作为环境参与的关键承受着检验。长时段历史主要吸引了有环境意识的历史学家。长时段的环境史并不是受到电子文献技术的强迫而承担物种生物学的问题。数字历史反而提供了更多理解现代制度改革的机会，也正是“人类世”理论信徒所错过的机会。历史学家如斯迈尔和查克拉巴蒂（Chakrabarty）援引长时段来分析回归人类世过程中污染和环境破坏与我们在自然环境中变化的主体之间的关系。[②] 从托尼和芒福德传统长时段著作的长期视角来看，间接的目的是加入与生物学系的对话，而非历史学传统的与负责环境治理的决策者和政治活动家直接交流的能力。关于物种生物学的长时段历史，较之更为紧迫的记忆问题，还有一个具有讽刺意味的旁落的道德意图，例如呼吁国家创造和毁灭陆地和水上公共财产的权力。

叙事范围变得更为宏大，直接关系到是否能够得到及分析“大”数据以及我们应当在此数据上进行长期还是短期考察这一迫切问题。在历史上

---

① https：//sites. google. com/site/colinwilder/，accessed May 31，2013.

② Guldi，“Digital Methods and the *Longue Durée*”.

有这样的时刻，这一决定——是否考察广泛的文本——使得这世界上的一切都截然不同。回答这一问题的需求越来越广泛地决定了我们使用何种数据以及如何利用它，这也是长时段研究有待迎接的挑战。长时段结构赋予的力量，具有极大的说服力，且能够打开关于社会变革及其潜能与限制的对话。我们不应当错误地将长时段简单地缩减到生物问题，或希望以此引起从事自然科学的同事的注意。

长时段历史的道德地位创造了使更多的人成为历史学家所写作的关于全人类的经历——包括（但不限于）环境问题、治理、资本主义、开发以及心理学的受众的可能性。当有必要说服人们关注人类与地球（尤其是大气、脆弱的生态环境和有限的自然资源）的长期关系时，长时段历史无疑被用于暗示人类世理论。但是这可能同样也会使我们关注关于资本主义遗存走向非正义的长期斗争，正如托尼和芒福德所做的；或是关注环境治理，如丹尼斯·科斯科罗夫（Denis Cosgrove）及约翰·吉利斯（John Gillis）近期从事的研究。[①]

在长时段工具时代，当跨世纪考察成为每个研究生都能使用的一种工具时，关于历史长期考察的应用及合适受众的对话也正在成为每个历史学系构造的一部分。我们不应当将对话限制在单纯的人类世或全然讨论马克思主义；但对我们来说，从这两种思想中吸取乌托邦式的抱负是十分明智的，同样，迎回一种历史写作关键方法也是十分明智的，这也亟须重塑公共话语和调整政策的勇气。

长时段的回归与变化中的规模问题密切联系。在不平等日益加重的时期，在全球治理的危机中，以及在人为气候变化的影响之下，即使对塑造我们生活的条件进行极少的了解也需要调查范围的扩大。长时段带着新目标、新外观回归了，但它仍旧要求我们回答最为基本的史学方法论的问题——如何选择论题的界限，以及解决这一问题要使用何种工具。记忆的力量能够使我们重新拾起早已遗忘的历史学作为一门学科去说服、重建及激励的力量。文艺复兴史学家康斯坦丁·发索尔德（Constantin Fasolt）认为，对早期现代的民间机构的思考主要基于一种他称之为“历史反叛”的

---

① Dennis E. Cosgrove, *Social Formation and Symbolic Landscape* (London, 1985); John R. Gillis, *Islands of the Mind: How the Human Imagination Created the Atlantic World* (New York, 2004).

态度。[①] 鉴于这一点，研究长时段的新历史学家应当勇于使用历史来批判我们周围的机构。[②] 历史可以为抛弃仅仅基于长寿而存在的过时事物提供基础。带着历史——但仅是历史的长时段——去思考，可能帮助我们选择哪些制度应当被埋葬，哪些我们可能希望保留。

① Constantin Fasolt, *The Limits of History* (Chicago, 2004), 19.

② 对照 David Armitage, *Civil War: A History in Ideas from Rome to the Present* (forthcoming); Jo Guldi, *The Long Land War: A Global History of Land Reform, c. 1860 – Present* (forthcoming)。

大历史在美国的兴起*

[美] 巴里·H. 罗德里格 著　曹宁雅 译

摘　要　将大规模综合研究纳入世界教育体系对解决当今人类面临的诸多严峻问题来说十分重要。在美国，诸如此类的宏观历史研究在一百年前开始以西方文明史课程的形式出现。第二次世界大战后，越来越多的高校开设全球研究课程，并且逐渐向两个方向发展。第一，以学科为基础的全球化研究，主要关注地区与市场之间的权力关系，呈纵向分层模式。第二，将整个世界作为一个参考点的跨学科研究，呈横向水平模式。与此同时，世界各地也出现了类似美国宏观历史的学术模式。当今学者面临的一个问题是如何协调这两种模式或视角，这不只是为了谋划全球发展，更关乎我们人类自身的生存。本文提出，解决上述问题的方法之一，是延续当今时代的发展趋势并更进一步，采用诸如大历史这样的宏观研究模式。

关键词　历史的斗争、宏观研究、全球化、全球研究、大历史

在美国，历史学家普遍面临的问题是缺少一个适当的参照点，以帮助解决当今全球共同面临的问题。问题的起因是大学里仍在传授过时的社会模式，就美国而言，这一模式反映的大致是一个世纪以前的社会状况。许

---

* 作者简介：巴里·H. 罗德里格（Barry H. Rodrigue），南缅因州大学副教授，国际大历史协会（IBHA）国际事务专员。译者简介：曹宁雅，首都师范大学外国语学院研究生（孙岳校订）。本文最初于2009年6月23日在莫斯科俄罗斯科学院举办的题为“文明发展史上的等级与权力”第五届国际研讨会上宣读，随后的简本于2010年12月在全国教育协会会刊 *Thought & Action* 和2011年的 *Evolution：A Big History Perspective* 文集中发表——原作者注。

多学者一直在努力解决这个问题，但直到最近，才有人通过引入大历史研究这种新模式取得了一些成功。

过时的教育

我在大学开始教书时，校方让我讲授的课程是西方文明史。这在当今依然是美国大学里最普遍、最基本的两门历史课程之一。“西方文明史”成为一门学科大约是在100年前，体现了当时美国社会精英阶层的主要关切。[①] 在那时，也就是大约1910年前后，美国的领土扩张已大致完成，其面临的主要任务是将大片的海外领地纳入到整合的国家统治之中去。这对行政管理可谓是一个巨大的挑战。

通过领土扩张，美国强占了印第安人数百万平方公里的土地和墨西哥一半的领土，与加拿大的边界线进行了重新调整，从法国购买了路易斯安那州，从俄罗斯购买了阿拉斯加州，侵占了夏威夷、菲律宾、古巴和波多黎各等多个岛屿。领土扩张的结果是大批的各色人等加入了美国国籍，但与美国的精英阶层相比，这些人明显缺少前者拥有的文化传统。这些新公民包括缅因州的法裔加拿大人、得克萨斯州的西班牙裔墨西哥人、堪萨斯州的土著人和阿拉斯加州的俄罗斯人。

这种局面造成的直接后果是，这些人和数百万先前为奴后来获得自由的非洲后裔美国人一道构成了美国社会的下层阶级。此外，由于当时正爆发工业革命，数以百万计的新移民也从欧亚大陆来到了美洲大陆。当然，统治者对新近获得的土地和劳动力欣喜不已，但却发现随之而来的多元文化颇不对路，因为后者的文化中常包含诸如平等、共享权力和财富的思想，对统治阶级显然是一种束缚。为解决这一问题，教育工作者们便开设

① 西方文明史课程并不普遍存在于“西方”世界的其他地区。然而最近随着欧盟的发展，在欧洲有一个类似的学习西方文明史的趋势。例如，2007年，一个被称作“荷兰经典”（De canon van Nederland，2009）的研究课程已经提交荷兰政府审批。在本质上这是荷兰历史在欧洲及海外殖民史的大背景下的一种重新表达。Fred Spier，University of Amsterdam（Netherlands），personal communication（e-mail）to Barry Rodrigue，Lewiston，Maine（USA），1 June 2009. 此外，2008年，有四所大学共同在希腊、法国和意大利开设了一个2年制的研究生“欧洲文明史”课程。

了一门被称为“西方文明史”[①] 的新课程。

开设西方文明史课程的初衷是从文化和历史的角度证明美国这个年轻国家存在的合法性，试图证明美国继承了希腊的民主体制、罗马的管理思想、新教的改革传统和英国的物权法，所有这些都是通过殖民扩张被带到了美国大陆。它的中心思想是：沉淀了2000多年的西欧文明在美国得到了完美的发展。

通过传扬西欧社会及其殖民地的种种优越性，教育工作者期望说服民众支持统治阶层的管理。换句话说，西方文明已成为一个文化同化的工具，并同时成为了学习美国历史的基础课。[②] 在接下来的一个世纪，美国几乎所有的大专院校都开设了这门课程，它的主旨思想也渗入到了小学、中学和公共教育当中。[③]

尽管近年来西方文明史在很大程度上已经解除了官方的控制，但在它的支持者和反对者之间还是爆发了一场“文化战争”，后者坚信“西方文明”的概念具有排他性。我虽然很喜欢讲授西方文明史，但是我总认为，对一个现代大学来说，它并不是一个合适的切入点，尤其是美国早已成为一个比一个世纪前更加多样化的国家，拥有来自世界各地

---

① 西方文明史不仅仅是一门课程。它已发展成为包含艺术、文学、政治、宗教等研究在内的多个分支课程。

② 南缅因州大学“西方文明Ⅰ”的课程简介为：“概述西方社会从古代到近代早期的文化传统，尤其侧重古埃及、古希腊和古罗马文明。有关中世纪文明，重点介绍它遗留给现代世界的各种制度。对于文艺复兴、宗教改革和民族国家的崛起将予以重点研究。此外，本课程还介绍了历史上的一些重要人物，如亚历山大大帝、恺撒、查理曼大帝、米开朗基罗和伊丽莎白一世等。”“西方文明Ⅱ”的课程简介为：“概述西方社会从近代早期至原子时代的传统，特别关注启蒙运动、法国革命、工业时代的崛起、民族主义的发展和两次世界大战，并同时研究这一时期的历史人物，如拿破仑、希特勒和斯大林。”University of Southern Maine，2008：167.

③ 在20世纪初的美国，强制性教育促进了西方文明概念的传播。尽管西方文明是一种为学院和大学提供的课程，它的启示渗透到同等和较低层次的教育场所，如为原住民兴办的印第安人学校、为移民设立的居民活动中心、为工人提供的成人教育以及中小学的课程等。因此，在冷战将“西方”概念普及之前，“西方”概念早已为美国国民所知了。当然，多年以来西方文明的内容已经过自由主义的洗礼，它的许多消极方面开始受到关注，如宗教裁判所和第二次世界大战期间对犹太人的大屠杀，其范围也被扩展到西欧以外，包括俄罗斯、非洲北部、格陵兰岛和其他“边缘”地区。

的移民。① 所以我和院长约定：我只讲授两年的西方文明史，待完成后转为世界历史地理。②

我们成功地完成了这一过渡。在我们学院，世界历史地理已经成为一门课程，但我认识到这并不可能被普遍接受，即便是在我们大学的其他学院。③ 不过尽管如此，在美国，有许多人们正努力使世界历史地理被大众接受，④ 比如世界历史协会就在为此做出努力。

宏观研究的重新定向

也许有人会问："难道美国的大学不开设国际研究这门课吗？!" 答案是否定的，美国的大学确实开设有关国际研究的课程，但这些课程通常是

① 对于西方文明是否适合作为美国高等教育的核心，有关的讨论非常热烈。参阅 Stearns, 2003。有关历史课程广泛的调查评估显示，目前在美国的大学，分别以"西方文明史"和"世界史"作为基础课的院校大约各占一半。Townsend 2004. Peter Stearns, George Mason University, Fairfax, Virginia, personal communication (e-mail) to Barry Rodrigue, Lewiston, Maine (USA), 12 June 2009. Matthew Keough (and Robert Townsend), American Historical Association, Washington, D. C., personal communication (e-mail) to Barry Rodrigue, Lewiston, Maine (USA), 12 June 2009.

② 世界研究在其他国家得到不同程度的普及，但是，在美国，它常常是西方文明史的一个面具：学科的名目虽为"世界历史"或"世界艺术文化"，其内容却可能主要来自欧洲的文化领域。On a German perspective: Professor Michael Heine, University of Western Ontario, London, Ontario (Canada), personal communication (e-mail) to Barry Rodrigue, Lewiston, Maine (USA), 2 June 2009. On a Russian perspective: Professor Alexei Gusev, Moscow State University, Moscow (Russian Federation), personal communication (e-mail) to Barry Rodrigue, Lewiston, Maine (USA), 10 June 2009.

③ 我开设的世界历史和地理课程序列在南缅因州大学的刘易斯顿奥本学院是艺术和人文专业学生的必修课。它的定位是"不仅能形成对世界历史与地理的了解和欣赏，还有助学生在当今全球化迅速变更的时代成为知识渊博的参与者。其目标是为学生提供一个人文背景，以便更好地了解全球的复杂性，以及将历史事件和时事联系起来。换句话说，它是一个'全球公民'的入门课程。" University of Southern Maine, 2008: 361.

④ 具有讽刺意味的是，尽管许多高中（学龄区间 14—18 岁）都开设了世界历史和地理课程，许多学院和大学仍然教授西方文明，并认为世界历史与地理是"异国情调"。更多相关信息，可参见 *What on Earth Happened?: The Complete Story of the Planet, Life, and People from the Big Bang to the Present Day* by C. Lloyd, 2008。一个阻碍世界历史与地理或任何宏观研究在学院和大学立足的因素，是许多学生只是为得到某个工作的专业认证而努力，常常导致无暇选非必需的选修课。为了给学生提供更多的全球参照点，我也扩大了我所教授的其他科目的课程容量。例如，我的世界土著与原住民研究课程讨论的不仅仅是"印第安人"，连巴斯克人、车臣人和库尔德人以及本土起源的欧洲人也包含在内。同样，我的国际劳动课程考虑的不仅仅是美国劳工联合会，学生也学习第三国际、天主教工人运动和非洲国民大会。通过这种方式，美国高等教育的地方主义残余在类似西方文明建立的过程中正慢慢分解。

过时的，是从“我们”对“他们”的角度展开的。这一极化现象是在数世纪以来弥散的民族主义话语和数十年“冷战”以及近期所谓“反恐战争”等多重因素的作用下形成的。变化自然是有的，但却并不一定是朝好的方向。比如在宏观经济研究中，民族主义色彩确实有所收敛，但其定位却仍然是“我们的利益”对“他们的利益”，仍然充满对立。在当今竞争激烈的物质社会，从股市崩盘到企业重组并购，都能觉察到这种双方对立的教育的严重后果。①

这种区分开“我们”与“他们”的对立思想常常是非常微妙的。来自安克雷奇阿拉斯加州立大学的沙尔曼·哈雷教授认为，泛北极社会科学问题的始作俑者并不是某个国家，而是北方居民与南方政治、经济和文化中心的对抗。她还指出：尽管研究人员已经开始从国际主义入手研究问题，但是他们仍旧倾向于使用自己熟悉的国家模型作为国际范例，而这恰恰有悖于初衷。此外她指出，自冷战结束以及人们开始认识到气候变化会带来灾难性的影响以后，人们在寻求国际解决方案时也出现了两极分化的对立倾向，甚至有人提出在融化的北极冰区建立新国家的主张。②

无论如何，在美国正在兴起一种更趋向人文和生态的全球主义运动，这一运动被许多讲法语的活动家称为“世界主义”③。大学教授们纷纷开设新的课程，均将整个地球作为其基本参考点。此外，还有学者试图建立新的全球学术网络，改革力度之大甚至令大学的管理者颇为瞩目。④ 我本人深信，带有偏见的历史观往往不是史学家蓄意为之；相反，它是一

① 关于在当今的北美的大学全球研究是如何被处理的问题，详见 Knight 2009。

② Sharman Haley，University of Alaska，Anchorage（USA），personal communication（e-mail）to Barry Rodrigue，Lewiston，Maine（USA），8 June 2009.

③ 拉瓦尔大学（魁北克）教授及地理学家 Eric Waddell 雄辩地描述了世界化运动，因为它发展于法国 Causses 地区，特别是在 Larzac。Eric Waddell，Le Vigan，Languedoc-Roussillon（France），personal communication（conversation）to Barry Rodrigue，2002. 这个运动的知识来源之一来自法国哲学家吉尔·德勒兹和费利克斯一加达里，他们使用根茎的园艺隐喻来描述社会内部和社会之间的水平和多方面的联系（Deleuze and Guattari 1987，2004）。Eric Waddell，Québec，Québec（Canada），personal communication（e-mail）to Barry Rodrigue，16 August 2009.

④ 在美国高等教育中，有很多很好的趋向一个真正的“全球化”新运动的例子。更多可参见地理学家 Denis Wood 著 *Five Billion Years of Global Change* 和历史学家 Michael Cook 著 *A Brief History of the Human Race*。

代又一代的人以传统方式思考的结果。而作为学者，我们理应开启新的思维模式。

在推动世界历史地理的过程中，我开始认识到有必要向更大的思维范式转向。在过去的十年里，我们越来越清楚地意识到，伴随水资源的日渐枯竭，有不少物种正在整体消失。污染造成世界上的部分地区已不再适宜居住，不可再生资源逐渐被耗尽，全球变暖正在影响整个星球，从世界冰原和冻土层的融化到随之而来的海平面上升和日益频繁的雨雪天气。由于跨国企业的竞争，本土农商企业大批倒闭，导致了城市地区人口聚集，越来越多的人沦落为社会底层群体。与以往不同，这种情况来势凶猛足以导致最终我们走向衰亡。不管怎样，由于石油资源的枯竭，以及它对世界经济的影响效应，50 年后的世界将会发生很大的变化。

在我开始意识到这次危机的严重性的同时，我也慢慢地明白，由于其以人为本的思想和以国家为基础的方法论，世界历史地理也不可能充分解决这些问题。幸运的是，我看到了一些关于大历史这个主题的文章，更幸运的是在缅因州的会议上见到了几位大历史研究方面的专家。[①] 正是在那次会议上，我了解了一些由弗雷德·斯皮尔、埃里克·蔡森、约翰·米尔斯、大卫·克里斯蒂安以及其他人组成的跨学科国际组织在 20 世纪八九十年代中对大历史的开创性的研究。看来“大历史”可能就是我一直苦苦寻找的东西，于是我开设了这一门课程。

大规模研究与大历史

大历史是关于从宇宙大爆炸到现今一切存在的整体、科学考察，甚至由此深入到未来。它思考的问题是人类在广袤无垠的宇宙（或多重宇宙）中的位置，而不是以人类自我为中心。大历史还注意到当今全球化带来的挑战，认为寻找可持续发展的生活方式迫在眉睫。其核心是要探寻这一学科对日常生活中的个体和人类群体的启示，以及我们该如何负起责任，实

① 历史协会的第四次会议：*Reflections on the Current State of Historical Inquiry*, Boothbay Harbor, Maine (USA), June 2004.

现人类和宇宙的和谐相处、共同发展。①

在大历史这一新课程中，学生们可以接触到量子力学、板块构造学、进化生物学和社会发展理论。他们拷问哲学的情感内涵而不诉诸任何有组织的宗教。他们研究环境问题并试图寻找解决方案，同时密切关注着世界各地的生态变化。他们不但深入田间地头和生产车间，还利用网络、电话与专家们进行交流。他们活动的最高潮是在“世界地球日”这一天的庆祝活动，整个缅因州中部地区的居民都被聚集到一起，共同关注他们的研究成果。大历史的核心内容有二：它把多个学科联系到一起，它鼓励学生积极地参与，以共同改造人类的行为。②

我们教育工作者的职责确实很特殊：我们开设一门课程，自然期待着第一次就达到预期的效果。当我看到学生们上交的论文时，我哭了。他们都学到了大历史的精髓，即我们不过是整个已知宇宙中的一个物种，我们必须为自身及整个人类文明的延续或毁灭负责。一个叫阿曼达·门罗的学生这样写道：

> 四个月前，当第一次思考我在宇宙中的角色的时候……我完全没有认识到在我的周围还存在着一个生物圈，更不用说囊括其他各个民族的地球和宇宙……但经过这段漫长的难以置信的一路探索……我对宇宙有了新的认识。我学到了……我们都是世界的未来，我可以为自己和别人作一点自己的贡献。我很荣幸曾经同阿姆斯特丹大学及其他

① 女权主义者，特别是生态女权主义者，也强烈批评了大学的以人为中心的课程。Diane Wood, George Mason University, Fairfax, Virginia (USA), personal communication (e-mail) to Barry Rodrigue, Lewiston, Maine (USA), 11 June 2009.

② 4月22日是世界地球日。令人惊讶的是，我的学生说，他们在其他大学课程中很少接触那些全球面临的非常严重的问题，这部分反映了职业生涯教育的相关问题。这种教育差距，对于公众认识并试图解决影响全球的一系列问题而言，不是个好兆头。曾效力于格陵兰冰原、参与地球日庆祝活动和大历史发展的生态学家迈克尔·莫里森，提到他们的联系时认为：“既然我们发现了气候变化的危险，我感觉到开始于12000年前的‘稳定气候时代’是如何保护我们的安全的。最近，我开始思考为什么宇宙的大部分区间比地球上的气候都要极端：许多地方有巨大的能量却根本无法居住，而另外一些地方则根本没有能量。即使高出我们现有的生存环境几英里，辐射也会变得格外地强烈并具有毁灭性。我已经开始觉得地球是非凡的，除此之外，一个真正荒凉的宇宙给予了我们保护。当然，由于它的罕见的、愉快的、好客的环境，我们得以享受生活！”Michael Morrison, Falmouth, Maine (USA), personal communication (e-mail) to Barry Rodrigue, Lewiston, Maine (USA), 26 April 2009.

> 几个大学一起参与到这场学习“大历史”的运动中。我觉得通过这次活动，我变成了一个更好的、更审慎的人。我现在的任务是让更多的人参与进来，改变惯有的不好的思维方式，尊重这个赐予我们生命的美丽星球。①

更令人意想不到的是，所有的同学都承诺愿为人类共有的世界变得更加美好而改变他们的生活和工作方式。在此，你必须意识到在美国这样的自私的消费社会中，这种发自内心的承诺是令人震惊的。在其他的课上我从未见过这种收效。

当然，无论是在学术界还是在公众社会中，宏观研究并不新奇。事实上，西方文明本身就是一种宏观研究，只是夹杂着民族主义偏见。其与“大历史”的差别为：（1）“大历史”以整个地球和宇宙作为参考点；（2）“大历史”利用科学的研究方法。甚至，我用于授课的格言也出自美国作家菲利普·K. 迪克，即：现实就是这么一种东西，哪怕你不再相信它，它也不会因此而消失。②

我们学院在南缅因州大学的定位是跨学科综合研究，其核心课程是经过全新的设计，其中包括笔者本人开设的大历史。这在全美可谓首批彻底改革通识教育的尝试之一。在此，全新的核心课程从全局出发，将艺术、自然科学、人文和社会科学等多个学科的知识整合到一起，并特别关注社会意识，故而总体名之曰：“我们如何生存!”③ 核心课程的这一转向为“大历史”的发展提供了温床，大历史在此有个响亮的名字：世界的昨天和今天。

我们的学生们已经接受了这一转变。为促进全球学生的“大历史”交

① Amanda Munroe, University of Southern Maine, Final essay, LCC 350 Global Past, Global Present, Saco, Maine (USA), 19 May 2009.

② 菲利普·K. 迪克，科幻和哲学小说作家，作品也被拍成了流行电影，如《银翼杀手》、《宇宙威龙》和《少年派报告》。

③ 在美国核心课程包括所有学生都要参加的那些课程，它也被称为“通识教育”。当今大多数的核心课程可以追溯到20世纪60—70年代，它们和西方文明史中具有挑战性的课程有着某种程度上的相关性。事实上，西方文明史往往是通识教育需求的一部分。学者们认为修正是必要的，但关于课程内容不能苟同，使得通识教育改革在许多机构已经停滞。2005—2007年，南缅因州大学的刘易斯顿奥本学院的全体教员共同开发了新核心课程。University of Southern Maine, 2009: 381－384.

流，他们创建了 Facebook 网页，并展开了其他一些相关的工作。这门课程非常成功，我也刻意把授课方式调整得非常灵活——学生选课后可以选择到教室或者网络远程上课。因此，许多远在德国和韩国的学生也参加了网络课堂。[①] 我现在正准备一门后续课程，叫作世界的明天，阿姆斯特丹大学已经开设了这门课程。[②]

“大历史”成就了我个人学术生涯的高峰。我觉得自己正在从事着改变人生、改变社会的事业。它超越了国界、宗教纷争和经济体系。对整个世界来说，大历史是一个全新的、统一的参照点。[③]

挑战与建议

显然，这不仅仅是一个教育和课程的问题，它关系到整个世界的生死存亡。当美国总统将他的国家卷入中东战争并称之为“圣战”的时候，他很惊讶为何此举会招来全世界的批评之声——这是一个事关教育缺失且意义深远的范例。我坚信过时教育和课程不仅阻止了公民在投票选举官员及其提出的政策时做出知情的选择，而且鼓励他们极端自私地铤而走险，幻想着所有这一切都对国家有利，而事实上只不过让国家和企业的领导人占了便宜。

来听我《世界史与大历史》课的不时会有一些在伊拉克或阿富汗服役的现役或退伍军人。他们会在课堂上讲述自己的亲身经历，但对许多影响

---

① 在很多方面，尽管它有缺点，网上课程传授是一种高效的方式，能有更广泛的观众，且对于宏观历史来说，也许这种推广是最合适的，因为它是全球的和民主的，至少呈现的是它的最佳形式。

② 不同的教师教授的大历史课程的内容往往有些差异。他们的共同点是“大”：大的规模和涵盖自然科学和社会科学方面的主题。目前大部分的课程所提供的都是概况课程，在一个或两个学期内教授的内容覆盖了整个范畴，而有些则关注大范畴内的某些方面，比如宏观社会学或地球科学。Rodrigue and Stasko，“A Directory of Big History，” 2009. 阿姆斯特丹大学大历史的后续课程被称为大未来，它使用的教材是 Reijnders 和其他人共同编写的 *Toekomst in het Groot*。Fred Spier，University of Amsterdam（Netherlands），personal communication（e-mail），Barry Rodrigue，Lewiston，Maine（USA），25 May 2009. 大历史还有一个哲学方面，其往往在俄罗斯受到重视，且与宇宙主义哲学相关联（Nazaretyan 2005）。

③ 关于大历史的概念，学者詹姆斯·莫尔顿写了：“Why should we stop at Big History? —Why not Big Education and Big Political Science!”，James Moulton，Bowdoinham，Maine（USA），personal communication（e-mail）to Barry Rodrigue，Lewiston，Maine（USA），2 February 2009.

全球的重大事件却好像闻所未闻，将二者结合起来往往制造出一幕幕感人的情景。他们中的许多人饱受创伤性应激障碍（PTSD）和创伤性脑损伤（TBI）的困扰。与此形成鲜明对照的是，副总统迪克·切尼和他的哈里伯顿公司却从中部欧亚的战争中赚取了数十亿美元，而这正得益于美国民众的支持，因为后者认为发动“圣战”是件好事。巴格达阿布格莱布监狱的狱警们之所以虐待、强奸甚至残忍地杀害囚犯，部分原因是他们认为自己是“圣战组织”的一员，所以有权对次等民族为所欲为。凡此种种当然该遭谴责，但与目前正在发生的种种生态悲剧——比如博帕尔的毒气泄漏事件和切尔诺贝利核事故——比起来便相形见绌了。

正是由于这个原因，教育和课程问题就显得生死攸关，对于我们个人和我们的人类文明来说均如是。作为学者和教师，我们必须充分利用教师间、学生间和社区间的多种联系，帮助找到解决全球问题的方法。众所周知，宇航员们进入太空的时候，首先映入他们眼帘的是整个地球的图景而非人为划定的政治界限，所以归来之后往往成为坚定的国际主义者和积极的活动家。[①] 正是在这一意义上，我们必须要以新的全球观念塑造世界公民，以点燃世界变革的火种，诚如英国物理学家大卫·胡克斯（David Hookes）所言，我们现在需要一个“全球启蒙”[②]。在当今世界的各个领域和各个学科，人们都需要这种观念上的改变。人类自身的生存和整个世界文明都已岌岌可危，我们要马上行动起来！

参考文献

Cook, Michael. *A Brief History of the Human Race*. New York: W. W. Norton, 2003.

De canon van Nederland. n. d. URL: http://entoen.nu/default.aspx?lan = eIn.

Deleuze, Gilles; Félix Guattari. *A Thousand Plateaus: Capitalism and Schizophrenia*. London - New York: Continuum, 1987, 2004.

---

① 同样的，当我们的国家进入太空时，世界各地的人们会说：“我们做到了！”——这意味着整个人类，而不只是一个国家。

② David Hookes, Liverpool, Merseyside (England), personal communication (e-mail) to Barry Rodrigue, Lewiston, Maine (USA), 19 June 2009.

Knight, Jane. "The Internationalization of Higher Education," *Academic Matters*, 2009: www.academicmters.ca/current_issue.article.gk? catalog_item_id = 1234&category = /issues/OCT2008.

Lloyd, Christopher. *What on Earth Happened?: The Complete Story of the Planet, Life, and People from the Big Bang to the Present Day.* London: Bloomsbury, 2008.

Marseilles, Makki. "Greece: Four-university Postgraduate Programme," *University World News* 51, 2 November 2008: www.universityworldnews.com/article.php? story = 200810310 95000526.

Reijnders, Lucas; Bert De Reuver, Egbert Tellegen (editors). *Toekomst in het Groot.* Amsterdam: Amsterdam University Press, 2007.

Rodrigue, Barry. Big History, Civilization & Human Survival. *Thought & Action* 26, 2010: 139 - 146.

Rodrigue, Barry. "The Evolution of Macrohistory in the United States," pp. 71 - 81, in *Evolution: A Big History Perspective*, Leonid Grinin, Andrey Korotayev, Barry Rodrigue (editors), Volgograd: Uchitel Publishing House, 2011.

Rodrigue, Barry; Daniel Stasko. "A Big History Directory, 2009: An Introduction," in *World History Connected* 6, 3 (October 2009).

Stearns, Peter. *Western Civilization in World History.* New York: Routledge, 2003.

Townsend, Robert. "Latest Figures Show Sizable Increases in History Majors and Bachelor Degrees," *Perspectives*, April 2004: www.historians.org/Perspectives/issues/ 2004/0404/rbtstudents0404.htm.

University of Southern Maine. *Undergraduate Catalogue*, 2008—2009. Portland: University of Southern Maine, 2008.

University of Southern Maine. *Undergraduate Catalogue*, 2009—2010. Portland: University of Southern Maine, 2009.

Wood, Denis. *Five Billion Years of Global Change: A History of the Land.* New York: The Guildford Press, 2004.

论集体知识的起源、机制与意义

[荷] 大卫 · 贝克 著　刘凌寒 译*

摘　要　“集体知识”是大历史的关键概念之一，为的是人类历史能够长久持续。它是人类确保每一代人所创造超过下一代人所丢失的能力。本文探讨了集体知识的基本理论，集体知识在旧石器时代的起源、在农业时代的强化，集体知识在塔斯马尼亚效应中的丧失以及集体知识在过去2000年中的两次飞跃，并简要解释了集体知识如何适应宇宙中出现的愈加广泛的复杂性。

关键词　集体知识、大历史、世界史、全球史、旧石器时代、人类、创新、人口动态、承载力、文化进化、复杂性、能量、农业、工业、人类世

集体知识（collective learning）是人类确保上一代人所创造超过下一代人所丢失的能力。它使我们能更高效地开发生态位（ecological niches）、更充分地利用行星和太阳的能量流。集体知识借由采集、农业和重工业提高了人口承载力，并有可能导致更多潜在创新者的出现；反过来，这些创新者又会提高承载力，实现更多的创造。人类在经历了25万年之后，人口数量日益增长，繁序社会（complex societies）逐渐形成，对近乎取之不尽的能量的利用能力也发展起来。历史学家对全人类历史的看法不再模糊不清，对各个时期和研究区域的观点也不再是一团乱麻。集体知识为整幅图

* 作者简介：大卫 · 贝克（David Baker），博士，阿姆斯特丹大学和阿姆斯特丹大学学院。译者简介：刘凌寒，南京工业大学生物与制药工程学院学生。

景提供了一个清晰、明确的轮廓和基本的主题。这不仅对大历史来说是革命性的，对传统人类史来说也是如此。这一观点对考古学、农耕史和工业时代的研究大有裨益，更不用说用于研究日益逼近我们且让我们忧心忡忡的21世纪。集体知识的概念主要来自大卫·克里斯蒂安在其著作中的详细解释，此外人类学家彼得·里查森（Peter Richerson）、罗伯特·贝廷格（Robert Bettinger）、米歇尔·克莱恩（Michelle Kline）、罗伯特·博伊德（Robert Boyd）等人也对其加以细化，但带有极强的经验主义色彩，例如近来向皇家学会提交的一篇论文就是如此。①

在自然生态学中，一切生物体都要遵循于某种形式的S形曲线图，这种曲线图规定了某一个体或物种可用资源的数量从而保证其生存和繁衍。当一个种群的数量达到了承载力的极限，这个种群的数量就会经受压力、下降然后重新恢复。尽管这对于生物体具有潜在的破坏作用，但经历过自然选择确实对刺激进化有好处。托马斯·马尔萨斯（Thomas Malthus）的《人口论》（1798）表明，人口增长的速度总是超过维持人口生存的资源增长的速度。达尔文于1838年阅读了这篇文章并将之推及其他生物的研究中，这些生物在大量繁殖、竞争、演变的过程中拥有了某种特质，这种特质能使其最大限度地从环境中获取资源，维持自身的生存。对达尔文来说，这是一种顿悟，最终他说："我终于获得了可用于研究的理论。"② 这种理论同样适用于人类历史的研究。大历史学家弗雷德·斯皮尔（Fred Spier）在其近著中指出了人类漫长历史中的统一主题：

> 如果要防止我们复杂的身体系统和其他业已创造的复杂事务陷入混乱，我们必须将作物收成和能量流保持在常态之上。这是人类历史的底线。因此我认为，在人类历史的绝大部分时期（即使不是全部时期），获取足够的物质和能量以维持生存和繁衍……一直是最重要的

① David Christian, *Maps of Time: An Introduction to Big History* (Berkeley: University of California Press, 2005), 146–148; Peter Richerson, Robert Boyd, and Robert Bettinger, "Cultural Innovations and Demographic Change," *Human Biology* 81 (2009): 211–235; Michelle Kline and Robert Boyd, "Population Size Predicts Technological Complexity in Oceania," *Proceedings of the Royal Society B* 277 (2010): 2559–2564.

② Charles Darwin, *The Autobiography of Charles Darwin*, ed. Francis Darwin (London: John Murray, 1887), 82.

主题。①

直到几百万年前，地球上所发生的事情只是遗传进化过程中的混战以及在此过程中不同物种的产生与灭绝。旷野中短暂出现的、无知的和令人恐惧的野兽，似乎就是地球上能够出现的最高级的复杂事物。此后出现了集体知识的浪潮，集体知识这一概念意味着一个物种通过几代的学习积累而增强了他们的生存能力。如果获得能维持人类复杂性的能量是人类历史的底线，那么毫无疑问，集体知识及其能够提高承载力的能力就呈现出图 1：

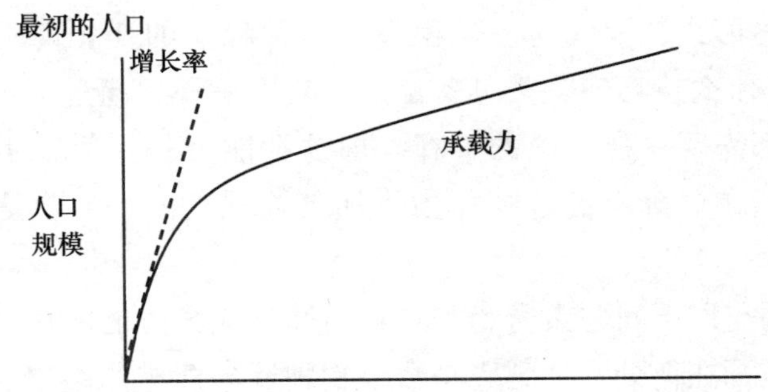

图 1 Peter Richerson, Robert Boyd, and Robert Bettinger, "Cultural Innovations and Demographic Change", *Human Biology* (2009) 81: 219

什么样的能力创造了集体知识？它是怎样逐步形成的？又是什么选择压力促使了它的产生？这些问题，与许多关于人类独特性的长期争论结合在一起，关于这些争论或许能从精版的集体知识中得到解释。这些观点包括诺姆·乔姆斯基（Noam Chomsky）式通用文法与特伦斯·狄肯（Terrence Deacon）式象征符号之间的争论，突发奇想与大脑计算模式之间的争论，语言进化过程中模仿的作用，以及最近威尔逊（Wilson）及

① Fred Spier, *Big History and the Future of Humanity* (Chichester: Wiley-Blackwell, 2010), 116.

其反对者史迪芬·平克（Steven Pinker）关于人类群体选择的争论。[①] 尽管人们明确认识到集体知识和技术积累对于人类历史的重要性，但到底是什么样的人类特质使人们认识到的，目前还不清楚。现有的很多理论似乎都围绕渐进式和突发式进行讨论。乔姆斯基反对渐进的观点，他认为通用文法是一个全有或全无的、不知何故瞬间形成的命题。[②] 平克主张这是渐进式的大脑计算模式的演变，类似于眼睛的演变。[③] 狄肯认为象征符号的出现是突然发生的。[④] 邓巴（Dunbar）认为，语言交流能力和技术积累的增强，是由于群体规模和群体间联系的日益增长，基于复杂的互动和协调所带来的选择压力导致的渐进结果。[⑤] 最后，科尔巴里斯（Corballis）和托马塞罗（Tomasello）把手势当作社会知识的基本形式，而语言是它的最终形式，因此这一过程只是一种程度的变化而不是性质的变化。[⑥] 无论是什么技巧使人类具备了上一代人所积累超过下一代人的所丧失的能力，都需要一种明确的解释，即这种能力是如何在不诉诸隐喻的现实条件下、在可辨识的选择压力下演变而成的——不管是突发式还是渐进式。

这些问题与以下问题紧密相关：集体知识成为可能之后，其起点的问题。它应该被画在何处？这到底是数个物种逐渐演进的结果还是一种突然的跳跃？如果我们知道是什么样的能力、起源和选择压力造就了集体知识的形成，那么我们就可能较好地回答上述问题。但目前这如同地图上一片巨大空白。我们将人类作为起点吗？如果这样，那么如何处理在我们的家

---

① E. O. Wilson, *The Social Conquest of the Earth*, (London: Liveright Publishing, 2012), Steven Pinker, "The False Allure of Group Selection" (June, 2012) Edge. org.

② Noam Chomsky, *On Nature and Language* (Cambridge: Cambridge University Press, 2002), 80.

③ Steven Pinker, *How the Mind Works* (London: Allen Lane, 1997), 21.

④ Terrence Deacon, *The Symbolic Species: The Co-Evolution of Language and the Brain* (New York: W. W. Norton, 1997), 328 – 355.

⑤ Robin Dunbar, *Grooming, Gossip, and the Evolution of Language* (London: Faber and Faber, 1996), 3 – 17, 56 – 58, 62 – 64, 77; *The Human Story: A New History of Mankind's Evolution*, (London: Faber and Faber, 2004), 28 – 29, 71 – 72, 125 – 126; *How Many Friends Does One Person Need? Dunbar's Number and Other Evolutionary Quirks*, (London: Faber and Faber, 2010), 22 – 33.

⑥ Michael Corballis, *From Hand to Mouth: The Origins of Language* (Princeton: Princeton University Press, 2002), 41 – 65.

族进化中集体知识的最初成分？大卫·克里斯蒂安常常以泵房帮（Pumphouse Gang）的狒狒为例，在那里，一个熟练的狩猎者过世后，相关技艺最后会退化和消失，物种的活动范围也得不到扩展。他还认为，在猩猩、"能人"和"匠人/直立人"当中存在一种他称之为"零星习得"的现象。① 但如果把起点放在每一代人积累的知识超过下一代人的丧失之处，我们就会面临这样的问题：当知识既无退化也无积累而仅仅是得以维持下去时，其意义何在？例如，在某些黑猩猩群体中，用白蚁钓鱼、使用石锤、叶子海绵、树枝杠杆、香蕉叶雨伞等都通过社会学习而传播，并不是依靠本能，也不是偶尔发生，而且不传给这个文化网络之外的其他群体。② 它们能够存在并传播，通常是因为母亲将其传给后代，而不是在每一代都进行再创造。这是一种惊人的能力，即使十分脆弱，但也可能为我们最后一位共同的祖先所拥有。这可以使我们知道集体知识的某些初始成分。但另一方面，如果这种习得并非积累只是保存下来的，那么可以想象这种习得或许也会被摒弃——如果我们坚持认为人类起点的突发式而非渐进式的话。

与此类似，260 万年至 180 万年前石制工具的停滞不前，可能被看作是"零星习得"，只是简单地保存了知识却没有积累。然而这种主张对约 180 万年前后的情况越来越无解释力了。那时的石器制造不再是偶然的，而是可以刻意制造出某些形状并将其作为文化传递下去。"匠人/直立人"也迁移到了亚洲不同的环境中，这绝非易事，并且有证据表明非洲出现了人口快速增长而促成了这次人口迁移。人口快速增长也意味着在生态系统中对生态位开发能力的增强。同时有证据表明人类脑容量增大了、社会性也加强了。③ 这一切都有力支持了以下观点："智人"中存在集体知识，他

① David Christian, *Maps*, 146, and "Big History, Universal Darwinism, and Collective Learning," 7–8 (unpublished as of writing) to be published in *Proceedings of the International Big History Association Conference* at a later date.

② Pinker, *How the Mind Works*, 198–199, Ian Tattersall, *Becoming Human: Evolution and Human Uniqueness* (San Diego: Harcourt Brace, 1998), 51–52.

③ Chris Stringer, *The Origin of Our Species*, (London: Allen Lane, 2011), 25–26; Ian Tattersall, *Masters of the Planet: The Search for Human Origins* (New York: Palgrave Macmilan, 2012), 123–124.

们对旧石器时代的世界产生了深刻影响。因此没有理由认为同样的道理不适用于“匠人/直立人”，即使是小规模的。但是，这只是程度区别，而非性质的不同。

不过，关于是否存在任何技术积累，仍然众说纷纭。当180万年前“匠人/直立人”出现在历史舞台上的时候，他们所制造的工具依然是自“能人”以来没有重大改变的工具。然而，我们发现178万年前的肯尼亚，出现了少量粗糙的、新的泪珠形手斧。[①] 但在长达20万年的大部分时间，我们没有发现“匠人/直立人”石器制造中重大的、广泛的改进。在大部分迁移地区也是如此。工具是功能性的，目的是要获得一种薄薄的刀刃，不包含任何美学因素。但是，在150万年前非洲“匠人”人口稠密的地方，178万年前开始制作的手斧变得极为普遍。而且，他们在质量上做了改进，用一种平边制造成多用途的挖凿器、切割器和其他工具。[②] 一些考古学家认为，这是对一种技术进行修补、积累和改进的最早的明确迹象，只要“智人”比“匠人/直立人”中集体知识的形式更明显，他们就是这方面真正的先行者。

然而如果仅有有限的证据证明“匠人/直立人”已经跨越门槛形成了初步的集体知识，那么这种主张依然可以受到合理的质疑甚至被否定。这种观点不太能够解释人类刚过去的100万年。“先驱人”、“海德堡人”和“尼安德特人”系统掌握并经常使用炉火（79万年前），最早使用木制长矛（40万年前），最早使用复合工具（40万年前），留下了杂乱修建住所的最早证据（35万—40万年前），也最早使用石核工具（30万年前），这些都在“智人”掌握这些技术之前。[③] “海德堡人”是最早遍布旧世界的人类（60万年前），其后来的工具与其最早的样本工具相比，表明出现过技术改进，并且有证据表明在欧洲的特拉·阿马塔（Terra Amata）使用过

---

① Tattersall, *Masters*, 105.

② Ibid., 125－127.

③ N. Goren-Inbar, N. Alperson, M. E. Kislev, O. Simchoni, Y. Melamed, A. Ben-Nun, and E. Werker, “Evidence of Hominin Control of Fire at Gesher Benot Ya'aqov Israel,” *Science* 304 (2004): 725－727; Ian Tattersall, *The World from its Beginnings to* 4000 *BCE* (Oxford: Oxford University Press, 2008), 125.

颜料（35万年前）。[①] 尼安德特人制作了用于保温和取暖的服装和其他文化创造以适应气候。而且还存在使用过颜料的有限证据。[②] 他们运用复杂的工具制造技术，将准备好的石核制成各种工具、尖角、刮刀、泪珠形手斧、木柄。他们精心运用石料，并不断改进各种工具。[③] 毫无疑问，“智人”是我们至今所知的最擅长运用集体知识的人类，可以肯定，他们的创新经过几代的积累，不会逐渐消失，而是不断改进，获得一定程度的生态成功并扩散到新的环境中去。有趣的是，这种情况发生在数个人类种群中，但并没有明显的证据表明象征性思维和复杂语言的存在，而这两者有时（并且可能是错误地）被归结为集体知识的“原因”而不是其更有效的媒介。这一切对于我们必须论述的“临界点”造成了严重的问题。它也影响到关于人类独特性的问题，以及对一些人来说为何明确区分“我们”与在基本种类上不同于我们的“进化家族”之间的界线是如此重要。这种本质主义违反了许多形式的进化。如果声称：假如“智人”从来不存在，也从来没有胜过其他人亚科原人，这些人亚科原人就不会拥有集体知识或达到一定程度的文化复杂性，这种说法的确轻率。无论如何，一个人在如此声称之前应该有许多工作要做。事实上，集体知识的发生似乎经过了数个人类种群的逐渐进化。

“旧石器时代革命”的问题是另一个争论点。在大约5万年前“智人”是否经历了一种生物学变化？这是否能解释化石记录中出现的复杂技术的迅速增加？或者集体知识和人口密度是否达到了一个饱和点从而加快了学习的步伐？抑或如麦克布雷提（McBrearty）和布鲁克斯（Brooks）所说，这种复杂性早在10万年前就出现在了非洲？[④] 如果是后者，那么这很可能是集体知识在人口稠密的非洲比在其他迁移群体中保持了更快速度积累的结果。集体知识或许在迁出非洲的群体中也起了作用。最近对DNA的研究表明，大约在6万年前，非洲的人口增长指数甚至高于从非洲大陆迁徙出

① K. Oakley, “Emergence of Higher Thought, 3.0 – 0.2 Ma B. P.,” *Philosophical Transactions of the Royal Society B* 292 (1981): 205 – 211.

② Stringer, 163 – 165.

③ Tattersall, *Masters*, 166 – 173; *Becoming Human*, 150 – 158.

④ Sally McBrearty and Alison Brooks, “The Revolution that Wasn't: A New Interpretation of the Origin of Modern Human Behaviour,” *Journal of Human Evolution* 39 (2000): 453 – 563.

的最成功的移民。[①] 这与大约同时期的复杂技术增长的证据相一致。[②] 在移民和人口增长之间或许存在某种关联，这可以解释集体知识的逐渐产生。如果这种关联性的存在为的是人类获得生态成功，那么这或许也适用于先前迁徙的“匠人/直立人”和“海德堡人”，以及尼安德特人。鲍威尔（Powell）、托马斯（Thomas）和深南（Shennan）的遗传研究表明人类的相互关系加强了，研究显示非洲的人口密度可能达到了一个临界点，这使得这里能够有持续的技术积累，同时没有像其他时期那样丢失。[③]

人口压力和集体知识的衰退也会导致一种“塔斯马尼亚效应”（Tasmanian Effect），即出现技术消失或简化的情况。贾雷德·戴蒙德（Jared Diamond）发明了这个术语用来描述技术在塔斯马尼亚岛极大程度地消失。[④] 克莱恩（Kline）和博伊德（Boyd）最近研究了大洋洲的另一个案例，在那里，处于与外界隔离状态或者人口锐减的群体中出现了技术衰退的现象。[⑤] 笔者在本人的研究中也发现了一个类似的现象，在5—6世纪罗马时代以后西欧的一些人口大幅或持续下降的孤立地区，也出现了技术消失和技术简化现象。[⑥] 最终，季诺碧亚·雅各布斯（Zenobia Jacobs）、伯特·罗伯茨（Bert Roberts）、希拉里·狄肯（Hilary Deacon）和林恩·瓦德雷（Lyn Wadley）发现了两个非洲旧石器时代塔斯马尼亚效应的个案，其中一个在7.2万年前的斯底尔湾（Still Bay），另一个在6.4万年前的豪威

---

① Quentin Atkinson, Russell Gray, and Alexei Drummond, “Bayesian Coalescent Inference of Major Human Mitochondrial DNA Haplogroup Expansions in Africa,” *Proceedings of the Royal Society B* 276 (2009): 367 - 373.

② Paul Mellars, “Why Did Human Populations Disperse from Africa ca. 60, 000 years ago? A New Model,” *Proceedings of the National Academy of Sciences* (2006), 9381 - 9386, which attributes the rise of technological complexity to a unknown biological change, though collective learning and technological accumulation answers this question more effectively.

③ A. Powell, S. Shennan, M. Thomas, “Demography, Skill Accumulation, and the Origins of Behavioural Modernity,” *Science* 324 (2009): 1298 - 1301.

④ Jared Diamond, “The Longest Isolation, the Simplest Technology,” *Nature* 273 (1978): 185 - 186.

⑤ Michelle Kline and Robert Boyd, “Population Size Predicts Technological Complexity in Oceania,” *Proceedings of the Royal Society B* 277 (2010): 2559 - 2564.

⑥ See David Baker, “The Roman Dominate from the Perspective of Demographic-Structural Theory,” *Cliodynamics* 2 (2011): 217 - 251 and the first case study in this work.

逊峡谷（Howieson's Poort）。[①] 所有这些出现技术消失和简化的个案都是发生在与外界隔离或人口出现大幅下降的地区，这种现象很可能被认为是由于旧石器时代人口稀少和彼此缺乏联系的结果。这或许可以解释为什么集体知识在农业革命之前用了数十万年的时间才取得相对而言的进展。

文化的演进是通过众多细小的变化积累而来的。那些成功的或有用的思想，无论以何种方式，都会被选出来传遍整个社会。每一种技术发明或者实践中的突破，比如农业领域中的突破，都来自漫长历史上许多创新者一系列小的改进。天才的每一项创新可能都具有革命性的巨大影响，但如果没有无数先辈数以千计微小的革新，这种创新是不可能的。牛顿曾说他站在巨人的肩膀上。这样说可能更公平：每个凡人都站在另一个凡人的肩膀上——一些人拥有超越凡人的洞察力和绝对非凡的机遇。我们的技术、制度、语言都是如此精细复杂，即使对于极具天赋的天才来说，也不可能“白手起家”就能创造出这些。人类拥有很强的语言能力。我们可以分享非常精细的信息，积累所有的人都可使用的知识，从而形成一个“知识库”。每个个体贡献给这个“库”的知识能够在其死后长期存在。如果我们的人口众多且交往密切，那么每一代人所获得的信息就会超过下一代人所丢失的信息。这些信息就会在无数代人中存在并得到不断的改进。

显然，从旧石器时代集体知识的出现开始，由于承载力和文化的进化以及创新的日益增长，集体知识对历史叙述产生了很大影响。因此对人口周期的讨论无比重要。社会复杂性闪现（the current arc of complexity）的起点很容易辨认。大约在7.4万年前，今印度尼西亚苏门答腊岛多巴山发生了一场灾难性的火山爆发，这是有记载的历史以来最严重的一次。火山爆发使地球的温度急剧下降，长达数年之久。[②] 遗传研究表明，由此导致的动植物群（人类的出现可能更早）数量下降几乎导致了人口近乎灭绝。很可能，在经历了饥饿期之后，整个地球上的人口几乎不超过1万人（也许

---

① Z. Jacobs, R. Roberts, R. Galbraith, H. Deacon, R. Grün, A. Mackay, P. Mitchell, R. Vogelsang, et al., “Ages for the Middle Stone Age of southern Africa: implications for human behavior and dispersal,” *Science* 322: 5902 (2008): 733 – 735; L. Wadley, T, Hodgskiss, M. Grant, “Implications for Complex Cognition from the Hafting of Tools with Compound Adhesives in the Middle Stone Age, South Africa,” *Proceedings of the National Academy of Sciences* 106 (2009): 9590 – 9594.

② Michael Rampino and Stephen Self, “Volcanic Winter and Accelerated Glaciation following the Toba Super-eruption,” *Nature* 359 (1992): pp. 50 – 52.

仅有1千人)，可以说这让拥有很长历史的种族主义变得荒诞可笑，尤其是那些受达尔文主义影响下产生的十分冲动的意识形态。[①] 对于当前的人口动态趋势，存在一条低水位线。显然，“饥饿”没有持续很久。大约在农业起源之后的那段时期，人类得到恢复，并且在约6万年前走出非洲、遍布世界。到3万年前，从事采集狩猎的人口发展到50万人。到1万年前，新的发明使狩猎—采集群体几乎能够生活在地球上的任何地方，包括欧亚大陆、澳洲和美洲。但我们不要忘记，觅食者群体的承载力非常低，他们需要大片地区来养活相对较少的人数。然而，随着农耕的出现，人口数量暴增至600万人，接近整个地球表面能够养活狩猎—采集者的最大容量。[②] 此时，新的发明创造开始增长。有证据表明西南亚最早牧养山羊和绵羊大约在1.1万—1.2万年前，随后我们又发现了在1000年之后有种植小麦、大麦、二粒小麦、扁豆和养猪的证据。距今8000年前，东亚开始种植小米和葫芦，美洲开始驯养美洲驼并培育玉米。到6000年前，西南亚培育出了椰枣和葡萄，而东亚则驯化出了水牛，培育出了菱角、桑树及亚洲最重要的谷物：稻米。[③] 出乎意料的是，突然之间少量的耕地就能养活大量的人口。农业文明使人们交往频繁、人口增长的速度加快，创新的速度也加快了。突然间产生了更多的思想，创造了更多的观点，但他们之间交流的空间却越来越少。农业效率逐渐提高，农业实践也缓慢地推广到新的地区。从容纳索取者的最高承载力来看，至公元前3000年，人口达到5000万人，增长了10倍，而这个数字增加到1亿2000万人，又需要2000年的时间。[④] 然而存在这样一个问题，即在文化进化中思想的完善毕竟是随机的。在长达将近1万年的时间里，农业承载力的增长是缓慢的，而人

---

① Martin Williams, Stanley Ambrose, Sander van der Kaars, et al., “Environmental Impact of the 73ka Toba Super-eruption in South Asia,” *Palaeogeography, Palaeoclimatology, Palaeoecology* 284 (2009): 295–314; Michael Rampino and Stanley Ambrose, “Volcanic Winter in the Garden of Eden: The Toba Super-Eruption and the Late Pleistocene Population Crash,” in F. McCoy and W. Heiken (eds.), *Volcanic Hazards and Disasters in Human Antiquity* (Boulder: Geological Society of America, 2000), 78–80; Stanley Ambrose, “Late Pleistocene Human Population Bottlenecks, Volcanic Winter, and Differentiation of Modern Humans,” *Journal of Human Evolution* 34 (1998): 623–651.

② Massimo Livi-Bacci, *A Concise History of World Population*, trans. Carl Ipsen (Oxford: Blackwell, 1992), 31.

③ Neil Roberts, *The Holocene: An Environmental History* (Oxford: Blackwell, 1998), 136.

④ J. R. Biraben, “Essaisurl'évolution du nombre des hommes,” *Population* 34 (1979): 13–25.

口增长却非常快，因此在整个农业文明时期出现了一系列人口骤降和复苏的小波动。由此出现了工业，它通过跳跃式发展而提高了承载力，促进了集体知识的发展。

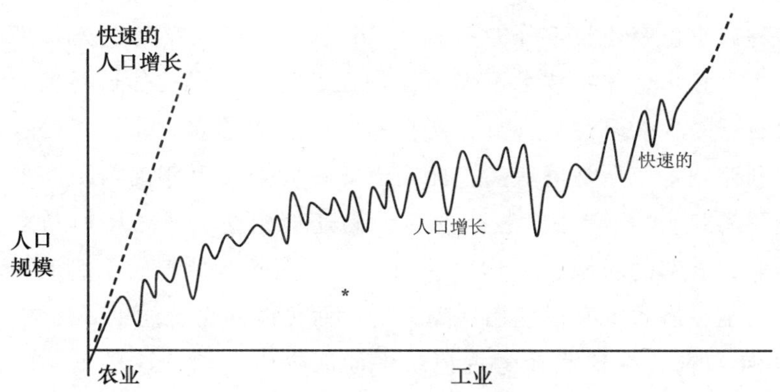

图 2　人口急剧下降时期“集体知识”会丧失

* 表示的是人口急剧下降时期，“集体知识”会在这种时期丧失。

不要忘记，曲线图中每一次看起来无关紧要的衰退都代表了一个严重饥饿、苦难和死亡的时期。每隔几个世纪，一个农耕文明就会超过其承载力，导致不计其数的饥饿、动荡、贫穷和瘟疫的发生并深受其害。每次曲线的下降都代表了数百万人的死亡。有时候，人口数量的下降如此之多，以至于会反过来影响集体知识的发展，正如图 2 星号所示。如果集体知识丧失，承载力下降，那些少数的创新群体就不得不设法将丢失的东西找回来。这一逆转的过程被称为塔斯马尼亚效应。

当灾难降临、人口减少且与外界隔绝，知识的积累就会减慢，一个种群保存信息的能力也会减弱。这种情况最极端的例子就来自塔斯马尼亚岛。塔斯马尼亚岛上拥有众多技术，并与北部澳大利亚的一些有亲缘关系的种群共享，然而约在 1 万年前与澳大利亚的交往被切断，此后塔斯马尼亚岛的众多技能和技术便逐渐消失了。贾雷德·戴蒙德的论断十分出名，他注意到，17 世纪当欧洲人首次抵达塔斯马尼亚岛时，当地人口稀少且与外界隔绝，澳大利亚大陆原住民拥有的许多工具和生产方法在那里都没有。塔斯马尼亚岛民不会在炉子里生火，他们没有回旋飞镖、盾牌和长矛，没有骨器和专门化的石器，没有带手柄的斧头这种复合工具，没有木制品，没有缝制的衣服（虽然塔斯马尼亚的气候较冷），而且尽管他们生活在海边，却没有捕鱼技术和吃鱼的习惯。[①] 戴蒙德设想这是1万年前澳大利亚与塔斯马尼亚岛之间的陆桥消失所致。最近对塔斯马尼亚岛的考古发现和种族史研究也证实了这一点。[②] 塔斯马尼亚人在与欧洲人接触之时已丧失大量技术，这些技术不仅为他们巴斯海峡对岸的邻居所拥有，而且也为旧石器时代众多的智人群体所拥有。人类大约在3.4万年前跨过陆桥从澳大利亚到达塔斯马尼亚岛，而到1.2万年至1万年前塔斯马尼亚岛确实也被隔离起来。[③] 考古证据表明，人们迁徙到这里时，塔斯马尼亚人会制作骨器、御寒的衣服、鱼钩、手柄工具、渔叉、带刺的矛、渔网、回旋飞镖，甚至在海水上升、他们被隔离之后而仍能制作上述工具。约8000年至3000年以前，在这些在考古记录中彻底消失之前，这些工具的使用频率、多样性和质量都逐渐下降。[④] 此后所发现的塔斯马尼亚人用过的单件的矛、石器、投掷器，以及由24件工具组成的工具包，完全不同于数百件北部澳大利亚人的工具。[⑤] 我们在关于塔斯马尼亚岛的史料中发现，这里至少在1.8万年前就存在骨器，这就像在澳大利亚史料中记载的那样，这些骨器同样在8.9万年前非洲旧石器时代的人类中存在。[⑥] 考古记录也表明，在8000年至5000年前，塔斯马尼亚人主要依靠捕鱼为生，其次是捕猎海豹，再次才是捕猎小袋鼠。到3800年前，鱼骨从考古发现中消失了，当欧洲人到达塔斯马尼亚岛时，鱼已不再是塔斯马尼亚人的食物。[⑦] 总之，贾雷德·戴蒙德40年前关于缺少相互联系和人口减少而导致知识丧失的假设，在很大程度上得到了后续研究的证实。

---

① Diamond, "The Longest Isolation, the Simplest Technology," 185 – 186.

② J. Heinrich, "Demography and Cultural Evolution: why adaptive cultural processes produced maladaptive losses in Tasmania," *American Antiquity* 69 (2004): 197 – 218.

③ R. Jones, "Tasmanian Archaeology: Establishing the Sequence," *Annual Review of Anthropology* 24 (1995): 423 – 446.

④ Henrich, 198.

⑤ L. Ryan, *The Aboriginal Australians* (London: Queensland University Press, 1981) for the best overview of long-term aboriginal Australian archaeology.

⑥ C. Webb and J. Allen, "A Functional Analysis of Pleistocene Bone Tools from Two Sites in Southwest Tasmania," *Archaeology in Oceania* 25 (1990): 75 – 78.

⑦ Henrich, 199.

塔斯马尼亚岛发生的事情并非这种现象的唯一案例，尽管它毫无疑问是最极端的一个。其他太平洋上的种群有丧失制作独木舟、陶器和弓箭技术的历史。[①] 因纽特人曾因瘟疫而造成人口大量死亡，丧失了制造皮艇、弓箭和渔叉的知识，直到来自巴芬岛的移民重新引进了这些技术。[②] 米歇尔·克莱恩和罗伯特·博伊德在大洋洲发现了一种类似的现象。[③] 相似的生态环境使克莱恩和博伊德能致力于研究捕鱼技术，从而避免了因地理环境的差异而造成歪曲的结果。这些不同的群体有着同一个文化传承。最终发现，在规模较大且交往密切的种群中，工具的数量更大、社会的复杂程度更高。季诺碧亚·雅各布斯、伯特·罗伯茨、希拉里·狄肯、林恩·瓦德雷在非洲发现了两个旧石器时代塔斯马尼亚效应的案例，分别在7.2万年前的斯底尔湾和6.4万年前的豪威逊峡谷。[④] 在斯底尔湾，人类发明了高度复杂的薄片技术，包括加工造型精致的矛头。在豪威逊峡谷，人类制造了合成武器和石器，这些都装有手柄。这两个地方与中石器时代非洲的其他地方相比，其创新能力更高，而且他们使用了骨器、象征符号、个人装饰品，也表明了这里的社会组织日益复杂，人口数量日益增加。奇怪的是，这两种勤勉的文化与外界隔绝了数千年，停滞不前，其技术也全部消失了。斯底尔湾和豪威逊峡谷制造技术的方式不同，这意味着当斯底尔湾的技术消失后，豪威逊峡谷的创新者才重头开始。但有趣的是，两种文化的衰落是发生于8万—6万年前的种族遗传瓶颈时期。[⑤] 这表明，不断改变居住地的狩猎—采集群体的承载力较低，群体规模较小，面临生态变化和灾难时较为脆弱，这些都使得其知识的丢失在旧石器时代更为常见。狩猎—采集社会因相互联系较少、人口规模小，发生塔斯马尼亚效应的可能

① W. Rivers, *Psychology and Ethnology* (New York: Harcourt, Brace & Co, 1926).

② K. Rasmussen, *People of the Polar North* (London: Kegan, Paul, Trench, Trubner& Co, 1908) and H. Golden, *Kayaks of Greenland* (Portland: White House Press, 2006).

③ Michelle Kline and Robert Boyd, "Population Size Predicts Technological Complexity in Oceania," *Proceedings of the Royal Society B* 277 (2010): 2559 – 2564.

④ Z. Jacobs, R. Roberts, R. Galbraith, H. Deacon, R. Grün, A. Mackay, P. Mitchell, R. Vogelsang, et al., "Ages for the Middle Stone Age of southern Africa: implications for human behavior and dispersal," *Science* 322: 5902 (2008): 733 – 735; L. Wadley, T, Hodgskiss, M. Grant, "Implications for Complex Cognition from the Hafting of Tools with Compound Adhesives in the Middle Stone Age, South Africa," *Proceedings of the National Academy of Sciences* 106 (2009): 9590 – 9594.

⑤ Jacobs, 733.

性更大，但是塔斯马尼亚效应并不局限于狩猎—采集社会，它也会发生于农耕社会。公元4—6世纪的西罗马帝国灭亡后就曾发生过这种效应。然而我们必须要清楚，在东罗马拜占廷帝国并没有出现这种趋势，这里的人口呈现了不同的发展趋势，其中包括公元4—6世纪人口的持续增长。西罗马帝国最严重的居民区荒芜始于公元350年，随着日耳曼人的入侵进一步加剧，历经查士丁尼时期的黑死病而进一步恶化，使原本就稀少且多为文盲的人口数量降到一个更低的水平。技术和专门知识的丧失体现在各种工艺制作、陶器制作方法、军事装备和建筑知识的衰退。① 这得靠此后的数代人重新发现古典知识、发明新技术来弥补这种缺失，由此再次提高承载力。西欧花了700多年的时间才从塔斯马尼亚效应中恢复过来。

在过去的2000年中，某些关键性创新促进了集体知识的爆炸性增长，从而将人类推近至工业化社会。集体知识的第一次激增发生于公元9—10

---

① Carol van Murray-Driel, "Technology Transfer: The Introduction and Loss of Tanning Technology during the Roman Period," in *L'artisanatromain: évolutions, continuités et ruptures (Italie et provinces occidentals)*, ed. Michel Polfer (Montagnac: ditions Monique Mergoil, 2001), 56 - 64; Paola Pugsley, "Trends in Roman Domestic Woodwork: Bright Ideas and Dead Ends," in *L'artisanatromain: évolutions, continuités et ruptures (Italie et provinces occidentals)*, ed. Michel Polfer (Montagnac: Éditions Monique Mergoil, 2001), 112 - 115; Bryan Ward-Perkins, "Re-using the Architectural Legacy of the Past, Entre Idéologie et Pragmatisme," in *The Idea and Ideal of the Town between Late Antiquity and the Early Middle Ages*, eds. Gian Pietro Brogiolo and Bryan Ward-Perkins (Leiden: Brill, 1999), 227 - 232; Paul Arthur, "Form, Function, and Technology in Pottery Production from Late Antiquity to the Early Middle Ages," in *Late Antique Archaeology: Technology in Transition, AD* 300 - 650, eds. Luke Lavan, Enrico Zanini, and Alexander Sarantis (Leiden: Koninklijke Brill, 2007), 181; Tiziano Mannoni, "The Transmission of Craft Techniques According to the Principles of Material Culture: Continuity and Rupture," in *Late Antique Archaeology: Technology in Transition, AD* 300 - 650, eds. Luke Lavan, Enrico Zanini, and Alexander Sarantis, (Leiden: Koninklijke Brill, 2007), xlv-xlvii; Jeremy Knight, *The End of Antiquity: Archaeology, Society, and Religion AD* 235 - 700, 2nd ed. (Stroud: Tempus, 2007), 100; Jeremy Rossiter, "Wine-Making after Pliny: Viticulture and Farming Technology in Late Antique Italy," in *Late Antique Archaeology: Technology in Transition, AD* 300 - 650, eds. Luke Lavan, Enrico Zanini, and Alexander Sarantis (Leiden: Koninklijke Brill, 2007), 115; M. Bishop and J. Coulston, *Roman Military Equipment from the Punic Wars to the Fall of Rome* (London: B. T. Batsford, 1993), 122 - 149; John Coulston, "Arms and Armour of the Late Roman Army," in *A Companion to Medieval Arms and Armour*, ed. David Nicolle (Woodbridge: Boydell Press, 2002), 23; Alan Williams, "The Metallurgy of Medieval Arms and Armour," in *A Companion to Medieval Arms and Armour*, ed. David Nicolle (Woodbridge: Boydell Press, 2002), 45 - 49. Finally, for the classical case of the Pantheon's architecture being rediscovered for the Santa Maria del Fiore see Peter Murray, *The Architecture of the Italian Renaissance*, (London: Thames and Hudson, 1986), 31 - 32, and Ross King, *Brunelleschi's Dome: The Story of the Great Cathedral in Florence* (London: Pimlico, 2001), 26 - 28.

世纪中国的宋朝时期，这导致了某些类似于工业革命中出现的利率革新和产品的出现。公元前6世纪，中国的承载力已经领先于古代欧洲。那时中国已经出现了成排地种植农作物，注重除草且经常使用铁犁。而欧洲要晚于中国数百年。中国在公元前3世纪就使用马具了，这避免了马被勒死的危险，也使得马匹可以拉犁和一些重型设备。公元前2世纪已开始使用播种机。公元前1—2世纪，铧式犁已经在中国使用，而欧洲在查理曼大帝之后才有。[①] 那时，中国大多数人口都集中在北方的黄河流域，那里种植粟和小麦，而不是稻子。[②] 甚至在中国的水稻农业时期到来之前，这些创新就已经对提高农业产量和承载力产生了作用，与以地中海为中心的罗马时期的欧洲相比，无论是罗马的东部还是人口稀少的西部都显得停滞不前。

直到公元1000年，世界上这两个区域都主要依靠谷物生产而生存，只是中国由于较好的农业生产而维持了比欧洲更高的承载力。在公元500—1000年之间，随着更高产的水稻种植在中国的传播，中国与欧洲之间甚至发生了更大的分野。一般来说，每公顷水稻能够养活大约5.63人，而一公顷小麦只能养活约3.67人。[③] 当然，最初种植的是旱稻，它所具有的承载力不如小麦。问题是，种植旱稻需要经常除草。[④] 并且中国北方的气候不适合种植旱稻。北方黄河流域粟的种植始于公元前6000年。[⑤] 到公元前200年，北方汉族的生存依靠的是效率不高的两季轮作方式种植粟和小麦。北方黄河流域土地贫瘠、气温也不适宜庄稼的生长，通常每年只能种一季作物。公元元年以后，在收获粟或大豆之后便马上种植小麦，这增加了农作物的种植频率。为了避免由于频繁种植而导致土地养分的大量流失，常常将作物种植在垄沟里，且新垄沟旧垄沟交替使用。汉犁可以控制犁地的深度。为了节省劳力，有时会采用过密的播种的方法，但这样会减少

---

① Robert Temple, *The Genius of China*: *3000 Years of Science*, *Discovery*, *and Invention* (New York: Touchstone, 1986), 15 - 20.

② Clive Ponting, *A Green History of the World*: *The Environment and the Collapse of Great Civilisations* (London: Penguin, 1991), 93.

③ Felipe Fernandez-Armesto, *Food*: *A History* (London: Macmillan, 2001), 105.

④ Michael Woods and Mary Woods, *Ancient Technology*: *Ancient Agriculture from Foraging to Farming* (Minneapolis: Runestone Press, 2000), 50.

⑤ B. Higman, *How Food Made History* (Chichester: Wiley Blackwell, 2012), 23.

收成。[①]

与此同时，在中国南方，大约在公元前7000年沿长江一带培育出了稻米，到公元前3000年出现了大面积的水稻种植。[②] 但是，在长达几千年的时间里，水稻的产量相对较低，因为农民还没有采用梯田和稻田系统。相反，水稻常种植在河边和小块灌溉地里。[③] 这就是为什么尽管中国南方有着漫长的水稻种植史，大量人口却依然生活在北方。不过，水稻种植即使没有采用梯田和稻田系统，仍然有不错的产量。公元前2世纪，秦始皇修建了一条数千英里长的运河，以利于将中国南方的水稻运输到人口稠密的北方。[④] 慢慢地，承载力确实得到了提升。最终，劳动密集型的梯田和稻田到公元200年时在中国南方流行起来。[⑤] 一种比谷物具有更高产量、能够养活更多人口的作物的种植，也许可以解释集体知识和创新的高速增长，这使得这一文明在人口和文化复杂性方面胜过世界其他地区。

汉朝末年，蛮族入侵迫使更多中国人向南迁徙到长江流域。公元589年隋朝的重新统一使这一地区更加稳定，从而出现了水稻种植范围持续地扩大以及北方人口继续南迁。[⑥] 渐渐地，公元500—1300年间的移民改变了中国的农业生产和人口分布，尤其在宋朝（960—1276年）更是如此。宋朝政府制定了一系列政策，把主要农业产品从北方粟和小麦转变成南方的水稻。1012年，宋朝从越南引进了多季稻，或开始了夏季种水稻冬季种小麦的轮作制。政府从当地乡村中任命"主户"（master farmers），负责传授新耕作技术和新工具、施肥及灌溉方法的知识。宋朝政府还对新开垦的土地实行税收减免，向新修农业设施和种植新作物的农民提供低息贷款。[⑦]

---

① Cho-yun Hsu, *Han Agriculture: The Formation of Early Chinese Agrarian Economy, 206 BC - 220 AD*, ed. Jack Dull (Seattle: University of Washington Press, 1980), 112 - 114.

② Z. Chi and H. C. Hung, "The Emergence of Agriculture in South China," *Antiquity* 84 (2010): 11 - 25 and Y. Zheng, et al., "Rice Fields and Modes of Rice Cultivation between 5000 and 2500 BC in East China," *Journal of Archaeological Science* 36 (2009): 2609 - 2616.

③ I. G. Simmons, *Changing the Face of the Earth*, 2nd ed. (London: Blackwell, 1996), 99.

④ Daniel Headrick, *Technology: A World History* (Oxford: Oxford University Press, 2009), 43.

⑤ Te-Tzu Chang, "Origin, Domestication, and Diversification," in *Rice: Origin, History, Technology, and Production*, eds. C. Smith and Robert Dilday (London: John Wiley, 2003), 16.

⑥ Ponting, 93.

⑦ Francesca Bray, *The Rice Economies: Technology and Development in Asian Societies* (Oxford: Basil Blackwell, 1986), 203.

宋朝政府鼓励修建梯田和整理被洪水冲毁的肥沃土地。1273 年，宋朝政府为增加作物产量，向拥有土地的人散发了 3000 份《农桑辑要》。与北方单季种植、收获不多的粟相比，南方使用这种方法每年可以种植 2—3 季水稻。①

水稻的种植以及大量人口的南迁对宋代中国的集体知识产生了重大影响。公元元年，中国的人口大约为 5000 万—6000 万人，且在 10 世纪之前都没有超过这一数字。② 但在 10—11 世纪的宋朝，大量移民在长江流域种植水稻，这使中国的承载力从 5000 万—6000 万人提高到了 1.1 亿—1.2 亿人，出现了在长 50 英里宽 40 英里的地区 500 万人同时从事农耕的高人口密度。③ 至 1100 年，这一人口规模占到了全球人口的 30%—40%，相比之下，欧洲却刚刚进入人口的“大跃进”（Great Leap Forward），其总人口占全球的 10%—12%。④ 人口的增多、人口密度的加大，增加了潜在创新者的数量，其相互间的联系也增加了。这个时期中国的集体知识由于更高的承载力而取得了突飞猛进的发展，这才是构成了东西方之间的第一次“大分流”。宋朝是前现代历史上技术最先进和工业上惊人发展的社会之一，这不是偶然的，可以中肯地讲，宋朝晚期确实经历了一场他们自己的工业革命。例如，宋朝时期每年铸造和使用的货币量大大增加了。⑤ 耕作技术得到了改进：肥料使用更频繁了、新品种得到培育、水力技术和灌溉技术得到改进、农场实现了专业化种植。⑥ 煤炭被用于炼铁，铁的产量从唐朝（618—907）的每年 1.9 万公吨增加到宋朝时的 11.3 万公吨。⑦ 宋朝时期首次发明并使用了火药。⑧ 纺织品生产中也出现了最先使用机械的迹象。⑨

---

① Headrick, 51—52 & 85.

② Evan Faser and Andrew Rimas, *Empires of Food: Feast, Famine, and the Rise and Fall of Civilisations* (Berkeley: Counterpoint, 2010), 118.

③ A Korotayev, A. Malkov, and D. Khalturina, *Laws of History: Mathematical Modelling of Historical Macroprocesses* (Moscow: Komkniga, 2005), 186 - 188, and Headrick 53.

④ Biraben, “Essaisurl'évolution,” 16.

⑤ Valerie Hansen, *The Open Empire: A History of China to 1600* (New York: W. W. Norton, 2000), 264.

⑥ Mark Elvin, *The Pattern of the Chinese Past* (Stanford: Stanford University Press, 1973), 88.

⑦ Hansen, 264.

⑧ Arnold Pacey, *Technology in World Civilisation* (Cambridge: MIT Press, 1990), 47 and Elvin, 88.

⑨ Pacey, 24 - 26.

宋代时期出现的惊人的发明创造并没有同人口的增长同时发生，但11—12世纪的发明是在公元500—1000年之间中国承载力初步得到提升之后出现的。水稻的种植和中国农民从北方谷物生产区迁徙到长江流域，引起了潜在创新者数量的增加和大分流，这至少使中国在公元900—1700年成为全球最大、人口最密集、产量最高的地区之一。

集体知识的第二次激增是工业革命本身。工业革命起源于一系列小的创新，这些创新经过选择和传播，汇合成了一种使人类承载力显著增强的反馈效应。1709年，亚伯拉罕·达比（Abraham Darby）运用焦炭炼铁，最初效率不高，但到18世纪60年代工艺的改进极大提高了炼铁效率并传遍了不列颠。亨利·科特（Henry Cort）于1784年发明了一道不使用焦炭生产铁条的工序，进一步提高了效率。[①] 17世纪法国的丹尼斯·巴本（Denis Papin）利用大气压力改进了一项古代罗马人、中国人和其他许多民族皆通晓的发明，这一发明后来对英国人托马斯·萨弗里（Thomas Savery）产生了影响，并最终于1712年产生了托马斯·纽科门（Thomas Newcomen）的蒸汽机。1742年，蒸汽机得到更多的改进并用来为炼铁的鼓风炉提供动力，大大提高了铁的产量。以此为基础，18世纪60年代詹姆斯·瓦特（James Watt）对此进一步修补，改进了蒸汽机，进一步提高了效率。[②] 在纺织业中，荷兰人发明的水轮、意大利人的工厂计划都传到了英国，使18世纪30年代的纺织品出现了进一步创新。18世纪80年代有三项发明：水力纺纱机、珍妮纺纱机和走锭纺纱机，正是依靠这些创新，棉布从奢饰品变成了普通的商品。[③] 一旦蒸汽机被引进到这些发明中，生产效率将更为提高。从此，蒸汽机也被用于提高运输能力。在19世纪，人们见证了这种先进的生产能力的产生，创新发明遍布每个行业，传遍欧洲乃至世界。引发工业革命的很多最初的实践活动同中古时期中国的情况类似，但是正是这些文化变异在正确的时间、正确的地点汇聚起来，提高了

① James McClellan and Harold Dorn, *Science and Technology in World History: An Introduction* (Baltimore: Johns Hopkins University Press, 1999), 279 & 280—281.

② McClellan and Dorn, 282.

③ Joel Mokyr, *The Lever of Riches: Technological Creativity and Economic Progress* (Oxford: Oxford University Press, 1990), 96 - 98 & 111.

承载力从而导致了进一步创新的“寒武纪大爆发”（*Cambrian explosion*）。[①] 在许多方面，这是一个机遇问题。变异和选择的发生是集体知识取得进展的关键。条件必须恰到好处，必须有一种可利用的生态位，某些文化变异必须能够结合起来产生物质上的突破。

由此，这种集体知识引领我们提高了能量、产量和几乎即时的相互联系，我们今天仍享有这些。我们分离了原子，第一次揭示了来自太阳中心放射了长达数十亿年的巨大能量的微观世界。我们建立了高效的大众交通方式，包括海洋的、陆地的、天空的。我们见证了互联网的诞生和快速发展，它将全球潜在的创新者连成一个可以飞速交流的共同体。世界人口已超过70亿人，这为我们提供了越来越多潜在的创新者。假如我们不像农耕文明偶尔耗尽耕地资源那样耗尽地球上的资源，我们可能很快就会面临另一次创新的爆发。集体知识不仅能定义人类，而且也能决定我们的现在。越来越多的大量的复杂性从这一源泉中发展出来。

埃里克·柴森（Eric Chaisson）和弗雷德·斯皮尔认为，复杂性在宇宙和能量流中的产生是大历史的主题，而考察集体知识是如何同这一更加广阔的大历史主题联系在一起十分重要。显然，集体知识在提升自由能量率密度（Free Energy Rate Density）的水平、增加可利用的文化变异和技术创新的数量等方面，起到了直接的机制性作用。这增加了宇宙复杂程度，正如太阳系、化学和生物进化一样。集体知识也同达尔文的基本学说联系在一起，即一种随机变化与非随机选择的运算方法。变异以史无前例的规模从集体知识中显现出来。相比之下，很少有变异出现于量子领域到牛顿物理领域的混乱中，只有大约一百种出现于恒星演化，数千种变异出现于化学的或矿物的演变，数百万种变异出现于生物领域，而在文化进化和集体知识中，很多种创新的变异仍在进一步增加。

每一个阶段自由能量率密度的增加，正如可资利用的大量能量的增加，是可控的。可能性结果的数量似乎与我们所讨论过程的复杂性有关。当我们达到某种类似文化和现代人类社会的复杂状况的时候，自由能量率密度比遗传进化的平均量高25倍，比银河系的演变高50万倍，那时就会出现令人难以置信的

① Pacey, 113, Mokyr, 84 - 85, and Joseph Needham, *Clerks and Craftsmen in China and the West*（Cambridge：Cambridge University Press, 1970）, 202.

大量文化和技术的组合。从本质上来讲，如果以一只人脑和一颗恒星中人脑般大小的一块东西相比，毫无疑问前者在任何给定时间都具有更高的自由能量密度。复杂性的比率似乎随着可行性选择道路的增加而提高。

表 1　　一个恒定空间样本中的自由能量数

银河系的指数为 1。Chaisson，*Cosmic Evolution*：*The Rise of Complexity in Nature*，Cambridge：Harvard University Press，2001：139

族类结构	自由能量率密度
银河系（例如，银河）	1
恒星（例如，太阳）	2
行星（例如，地球）	75
植物（生物圈）	900
动物（例如，人的身体）	20000
头脑（例如，人的头盖骨）	150000
社会（例如，现代人类文化）	500000

目前，集体知识及其造成的复杂性似乎是我们已发现的这一进程的最高点。人类进化有两个层次。首先是遗传学上的，其进化像其他生物体那样以同样的方式进行。遗传基因赋予人类以极大的模仿和交流能力。这两个因素促使了第二层次进化的发生。文化在相似的法则下运行，但运行节奏却更快。文化变异服从于选择，最有益的变异将会被选择出来。与基因不同，这些变异能够在同代人之间传播，也能够在同一代人之内被多次改进。集体知识像一条耸立在旧道上的高速公路，能够以更快的速度前行。

目前我们还不知道集体知识的这种惊人的能力将引导人类走向何处。如果我们没有自我毁灭的话，那它很可能在未来显示出更高水平的复杂性。当它变成宇宙中更广泛的一种趋势时，那么很显然，下一次复杂性的产生将会是一个生机勃勃而非毫无生气的物理过程。正如恒星陨落、小行星体穿过寒冷的太空，像我们这样拥有集体知识和利用能量流能力的物种，很可能将表现出更引人注目的宇宙演化阶段。从这一意义上来讲，集体知识不仅能够告诉我们有关人类的历史，而且能够告诉我们在日益增强的复杂性中人类命运具有的强大推动力。前提是我们事先没有走向毁灭。

一颗小行星的碰撞，一次超级火山爆发或者一次核战争，都能够导致全体人类的灭亡。最终，太阳将毁灭地球。甚至从短期来看，21 世纪似乎要陷入更深的危机之中，集体知识的整个光芒也可能会突然停止。如果这样，我们将永远也不会知道集体知识将会把我们引至何处，也永远不会知道，作为一个拥有数十亿日益受到良好教育、彼此密切联系的创造者群体，我们未来可能会取得什么样的成就。从这个意义上讲，人类在 21 世纪的重任就是继续存在下去。

参考文献

Ambrose, Stanley. "Late Pleistocene Human Population Bottlenecks, Volcanic Winter, and Differentiation of Modern Humans," *Journal of Human Evolution* 34 (1998): 623 – 651.

Arthur, Paul. "Form, Function, and Technology in Pottery Production from Late Antiquity to the Early Middle Ages," in *Late Antique Archaeology: Technology in Transition, AD* 300 – 650, eds. Luke Lavan, Enrico Zanini, and Alexander Sarantis. Leiden: Koninklijke Brill, 2007.

Atkinson, Quentin, and Russell Gray, and Alexei Drummond, "Bayesian Coalescent Inference of Major Human Mitochondrial DNA Haplogroup Expansions in Africa," *Proceedings of the Royal Society B* 276 (2009): 367 – 373.

Baker, David. "The Roman Dominate from the Perspective of Demographic-Structural Theory," *Cliodynamics* 2 (2011): 217 – 251.

Biraben, J. R. "Essaisurl'évolution du nombre des hommes," *Population* 34 (1979): 13 – 25.

Bishop M. and Coulston, J. *Roman Military Equipment from the Punic Wars to the Fall of Rome*. London: B. T. Batsford, 1993.

Bray, Francesca. *The Rice Economies: Technology and Development in Asian Societies*. Ox ford: Basil Blackwell, 1986.

Chaisson, Eric. *Cosmic Evolution: The Rise of Complexity in Nature*. Cambridge: Harvard University Press, 2001.

Chang, Te-Tzu. *Origin, Domestication, and Diversification* in *Rice: Origin, History, Technology, and Production*, eds. C. Smith and Robert Dilday. London: John

Wiley, 2003.

Chi, Z. and H. C. Hung, "The Emergence of Agriculture in South China," *Antiquity* (2010) 84: 11 – 25 and Y. Zheng, et al., "Rice Fields and Modes of Rice Cultivation between 5000 and 2500 BC in East China," *Journal of Archaeological Science* 36 (2009): 2609 – 16.

Chomsky, Noam. *On Nature and Language.* Cambridge: Cambridge University Press, 2002.

Christian, David. *Maps of Time: An Introduction to Big History.* Berkeley: University of California Press, 2005.

____ "Big History, Universal Darwinism, and Collective Learning" (unpublished).

Corballis, Michael. *From Hand to Mouth: The Origins of Language.* Princeton: Princeton University Press, 2002.

Coulston, John. "Arms and Armour of the Late Roman Army," in *A Companion to Medieval Arms and Armour*, ed. David Nicolle. Woodbridge: Boydell Press, 2002.

Darwin, Charles. *The Autobiography of Charles Darwin*, ed. Francis Darwin. London: John Murray, 1887.

Deacon, Terrence. *The Symbolic Species: The Co-Evolution of Language and the Brain.* New York: W. W. Norton, 1997.

Diamond, Jared. "The Longest Isolation, the Simplest Technology," *Nature* 273 (1978): 185 – 186.

Dunbar, Robin. *Grooming, Gossip, and the Evolution of Language.* London: Faber and Faber, 1996.

____ *How Many Friends Does One Person Need? Dunbar's Number and Other Evolutionary Quirks.* London: Faber and Faber, 2010.

____ *The Human Story: A New History of Mankind's Evolution.* London: Faber and Faber, 2004.

Elvin, Mark. *The Pattern of the Chinese Past.* Stanford: Stanford University Press, 1973.

Faser, Evan, and Andrew Rimas. *Empires of Food: Feast, Famine, and the*

Rise and Fall of Civilisations. Berkeley:Counterpoint,2010.

Fernandez-Armesto,Felipe. *Food:A History*. London:Macmillan,2001.

Golden,H. *Kayaks of Greenland*. Portland:White House Press,2006.

Goren-Inbar,N. ,and N. Alperson,M. E. Kislev,O. Simchoni,Y. Melamed,A. Ben-Nun,and E. Werker,"Evidence of Hominin Control of Fire at Gesher Benot Ya'aqov Israel," *Science* 304 (2004):725 - 727.

Hansen,Valerie. *The Open Empire:A History of China to* 1600. New York:W. W. Norton,2000.

Headrick, Daniel. *Technology: A World History*. Oxford: Oxford University Press,2009.

Heinrich, J. "Demography and Cultural Evolution: why adaptive cultural processes produced maladaptive losses in Tasmania," *American Antiquity* 69 (2004):197 - 218.

Higman,B. *How Food Made History*. Chichester:Wiley Blackwell,2012.

Hsu,Cho-yun. *Han Agriculture:The Formation of Early Chinese Agrarian Economy*, 206 *BC*-220 *AD*, ed. Jack Dull. Seattle: University of Washington Press,1980.

Jacobs,Z. ,and R. Roberts,R. Galbraith,H. Deacon,R. Grün,A. Mackay,P. Mitchell,R. Vogelsang,et al. ,"Ages for the Middle Stone Age of southern Africa:implications for human behavior and dispersal," *Science* 322,5902 (2008):733 - 735.

Jones,R. "Tasmanian Archaeology:Establishing the Sequence," *Annual Review of Anthropology* (1995) 24:423 - 446.

Livi-Bacci, Massimo. *A Concise History of World Population*, trans. Carl Ipsen. Oxford:Blackwell,1992.

King, Ross. *Brunelleschi's Dome: The Story of the Great Cathedral in Florence*. London:Pimlico,2001.

Kline,M. and Boyd,R. "Population Size Predicts Technological Complexity in Oceania," *Proceedings of the Royal Society* 277 (2010):2559 - 2564.

Knight,Jeremy. *The End of Antiquity:Archaeology,Society,and Religion AD* 235 - 700. 2nd edition. Stroud:Tempus,2007.

Korotayev, A. , and A. Malkov, and D. Khalturina. *Laws of History: Mathematical Modelling of Historical Macroprocesses.* Moscow: Komkniga, 2005.

Mannoni, Tiziano. "The Transmission of Craft Techniques According to the Principles of Material Culture: Continuity and Rupture," in *Late Antique Archaeology: Technology in Transition, AD* 300 – 650, eds. Luke Lavan, Enrico Zanini, and Alexander Sarantis. Leiden: Koninklijke Brill, 2007.

McBrearty Sally, and Alison Brooks, "The Revolution that Wasn't: A New Interpretation of the Origin of Modern Human Behaviour," *Journal of Human Evolution* (2000) 39:453 – 563.

McClellan, Jamesand Harold Dorn. *Science and Technology in World History: An Introduction.* Baltimore: Johns Hopkins University Press, 1999.

Mellars, Paul. "Why Did Human Populations Disperse from Africa ca. 60,000 years ago? A New Model," *Proceedings of the National Academy of Sciences* (2006):9381 – 9386.

Mokyr, Joel. *The Lever of Riches: Technological Creativity and Economic Progress.* Oxford: Oxford University Press, 1990.

Murray, Peter. *The Architecture of the Italian Renaissance.* London: Thames and Hudson, 1986.

Murray-Driel, Carol van. "Technology Transfer: The Introduction and Loss of Tanning Technology during the Roman Period," in *L'artisanatromain: évolutions, continuitéset ruptures (Italie et provinces occidentals)*. ed. Michel Polfer. Montagnac: ditions Monique Mergoil, 2001.

Needham, Joseph. *Clerks and Craftsmen in China and the West.* Cambridge: Cambridge University Press, 1970.

Oakley, K. "Emergence of Higher Thought, 3. 0 – 0. 2 Ma B. P. ," *Philosophical Transactions of the Royal Society B*, 292 (1981):205 – 211.

Pacey, Arnold. *Technology in World Civilisation.* Cambridge: MIT Press, 1990.

Pinker, Steven. "The False Allure of Group Selection," (June, 2012) Edge. org.

____ *How the Mind Works.* London: Allen Lane, 1997.

Ponting, Clive. *A Green History of the World: The Environment and the Collapse of Great Civilisations.* London: Penguin, 1991.

Powell, A. , and S. Shennan, M. Thomas, "Demography, Skill Accumulation, and the Origins of Behavioural Modernity," *Science* 324 (2009): 1298 - 1301.

Pugsley, Paola. "Trends in Roman Domestic Woodwork: Bright Ideas and Dead Ends," in *L'artisanatromain: évolutions, continuitéset ruptures (Italie et provinces occidentals)*, ed. Michel Polfer. Montagnac: ditions Monique Mergoil, 2001.

Rampino Michael, and Stephen Self, "Volcanic Winter and Accelerated Glaciation following the Toba Super-eruption," *Nature* 359 (1992): 50 - 52.

Rampino, Michael and Stanley Ambrose, "Volcanic Winter in the Garden of Eden: The Toba Super-Eruption and the Late Pleistocene Population Crash," in F. McCoy and W. Heiken (eds), *Volcanic Hazards and Disasters in Human Antiquity.* Boulder: Geological Society of America, 2000.

Rasmussen, K. *People of the Polar North.* London: Kegan, Paul, Trench, Trubner & Co, 1908.

Richerson, Peter, Boyd, Robert, and Bettinger, Robert. "Cultural Innovations and Demographic Change," *Human Biology* 81 (2009): 211 - 235.

Rivers, W. *Psychology and Ethnology.* New York: Harcourt, Brace & Co, 1926.

Roberts, Neil. *The Holocene: An Environmental History.* Oxford: Blackwell, 1998.

Rossiter, Jeremy. "Wine-Making after Pliny: Viticulture and Farming Technology in Late Antique Italy," in *Late Antique Archaeology: Technology in Transition, AD* 300 - 650. eds. Luke Lavan, Enrico Zanini, and Alexander Sarantis. Leiden: Koninklijke Brill, 2007.

Ryan, L. *The Aboriginal Australians.* London: Queensland University Press, 1981.

Simmons, I. G. *Changing the Face of the Earth.* 2nd edition. London: Blackwell, 1996.

Spier, Fred. *Big History and the Future of Humanity.* Chichester: Wiley-Blackwell, 2010.

Stringer, Chris. *The Origin of Our Species*. London: Allen Lane, 2011.

Tattersall, Ian. *Becoming Human: Evolution and Human Uniqueness*. San Diego: Harcourt Brace, 1998.

____ *Masters of the Planet: The Search for Human Origins*. New York: Palgrave Macmillan, 2012.

____ *The World from its Beginnings to* 4000 *BCE*. Oxford: Oxford University Press, 2008.

Temple, Robert. *The Genius of China*: 3000 *Years of Science, Discovery, and Invention*. New York: Touchstone, 1986.

Wadley, L. , and T, Hodgskiss, M. Grant, "Implications for Complex Cognition from the Hafting of Tools with Compound Adhesives in the Middle Stone Age, South Africa," *Proceedings of the National Academy of Sciences* 106 (2009): 9590 – 9594.

Ward-Perkins, Bryan. "Re-using the Architectural Legacy of the Past, Entre Idéologieet Pragmatisme," in *The Idea and Ideal of the Town between Late Antiquity and the Early Middle Ages*. eds. Gian Pietro Brogiolo and Bryan Ward-Perkins. Leiden: Brill, 1999.

Webb, C. , and J. Allen, "A Functional Analysis of Pleistocene Bone Tools from Two Sites in Southwest Tasmania," *Archaeology in Oceania* 25 (1990): 75 – 78.

Williams, Alan. "The Metallurgy of Medieval Arms and Armour," in *A Companion to Medieval Arms and Armour*, ed. David Nicolle. Woodbridge: Boydell Press, 2002.

Williams, Martin, and Stanley Ambrose, Sander van der Kaars, et al. , "Environmental Impact of the 73ka Toba Super-eruption in South Asia," *Palaeogeography, Palaeoclimatology, Palaeoecology* 284 (2009): 295 – 314.

Wilson. E. O. *The Social Conquest of the Earth*. London: Liveright Publishing, 2012.

Woods, Michael and Mary Woods. *Ancient Technology: Ancient Agriculture from Foraging to Farming*. Minneapolis: Runestone Press, 2000.

西方普遍史传统与大历史

张旭鹏*

摘　要　作为迄今为止最为宏大的史学叙事，大历史深深根植于西方人对普遍历史的追求中。从古希腊时代到20世纪上半叶之前，普遍史大致经历了政治的、宗教的和理性的三种形态。2010年，大历史的奠基人大卫·克里斯蒂安提出，当前的大历史是对古代普遍史传统的回归，但它是一种新形式的普遍史，可以被称作科学的普遍史。本文从西方普遍史的传统入手，分析了大历史与其他普遍史的异同，并重点强调了大历史的科学性。在此基础上，本文对大历史在实践中的一些不足之处以及未来的发展提出了批评和建议，指出大历史在描述人类历史统一性和整体性的同时，还应去重视人类历史和文化的多样性和差异性。

关键词　西方普遍史、传统、大历史

从已知最大的时间和空间尺度对人类历史作出整体描述，是西方史学的一个重要传统。无论是世界史、全球史抑或大历史，都可以在普遍史

* 作者简介：张旭鹏，历史学博士，中国社会科学院世界历史研究所副研究员。

(universal history)[①] 中找到其认识论的根源和基础。然而，随着20世纪七八十年代后现代主义的兴起，宏大叙事遭到质疑、挑战乃至颠覆。与此同时，两极世界的坍塌以及多元政治格局的形成，为一种基于地区主义和特殊主义的诉求带来了复苏的力量。这种文化和政治形势的剧变，使得一些历史学家宣称，普遍史的传统似乎不可能在短期内再次到来。[②] 不过，近年来大历史的异军突起，却让一些历史学家大胆预测，普遍史的回归将会是下一个50年历史学的重要进展。[③] 显然，普遍史的式微与兴起总是与人们对宏大叙事的需要联系在一起的，不同时期，人们对宏大叙事的理解和要求也不一样。作为迄今为止最为宏大的史学叙事，大历史的产生固然有其特殊的时代和学术背景，但它并不是一个“全新”的事物，更不是一个因为与自然科学的联姻而模糊了史学边界的“另类”，它建构新的宏大叙事形态的努力，无疑深深根植于西方人对普遍历史的追求中。因此，从普遍史的角度去审视大历史，能够让我们更为清楚地看到大历史的渊源及其历史意蕴。

一　普遍史及其类型

作为一种史学“文类”(genre)，普遍史不同于编年史或谱系学等早期史学编纂模式的一个基本特征在于，它是以一种单一的叙事，按照时间的顺序对全体人类的历史作出描述，通常从人类的起源开始，到当时人类所处的现在结束，具有十分明显的线性结构。普遍史并不是一开始就存在于

---

① Universal history 又被译作“普世史”，但这种译法具有较强的宗教色彩和意识形态色彩，它似乎暗示了这一历史编纂模式的终极性和唯一性。虽然 universal history 与普世宗教有着密切的关系，但它存在于不同的文化和历史传统中，并没有一种单一的 universal history，而是有着多种 universal history。从 universal history 的指称来看，它研究的对象是普天之下的所有事物，并体现出一种与混乱相对立的有序的整体性。至于将 universal history 对译为中国史学中的“通史”，则更为不妥。因为通史对应的是断代史，它强调了时间上的延续性，而 universal history 不仅具有时间上的整体性，同时具有空间上的整体性。对 universal history 研究对象的分析，可参见 Ewa Domanska，“Universal History and Postmodernism”，*Storia della Storiographia*，no. 35（1999），p. 129。

② Allan Megill，“Universal History”，in Kelly Boyd，ed.，*Encyclopedia of Historians and Historical Writing*，London and Chicago：Fitzroy Dearborn Publishers，Vol. II，1999，p. 1245.

③ David Christian，“The Return of Universal History”，*History and Theory*，Theme Issue 49（December，2010），p. 7.

西方的史学传统中，至少在古典希腊时期，就没有这样一种单一时间架构内的单一叙事。希罗多德的《历史》，通常被认为是一部具有“世界史”意义的著作，但却不是一部普遍史。因为它强调了希腊人与非希腊人之间不同的历史发展和文化传统，突出的是差异性。而在时间结构上，希罗多德也没有在希腊人、吕底亚人、埃及人和波斯人的历史之间建立一种统一的年代顺序，每一个民族的历史都有着自己的编年结构。[①] 真正意义上的普遍史必须有一个统一的主题和单一的线索，以便将不同地区、民族或国家的历史纳入到一个有意义的整体中来。

希腊历史学家波利比阿（约公元前200—前118年）的《历史》是第一部称得上普遍史的著作。该书集中论述的是罗马的崛起及其对（地中海）世界的征服，正是在这一主题下，所有分散的历史才具有了一种统一性。正如作者所言，之所以选择第140届奥林匹亚德（公元前217—前216年）作为其著作的开端，是因为“在此之前，世界上所发生的事情完全是分散的，因为每一个事件就其所发生的那部分世界来说，自始至终都是特殊的。但是，从那以后，历史就变成了一个有机的整体，因为发生在意大利、利比亚、亚细亚和希腊的事件全部联系在了一起，万事万物趋向于一个唯一的结果”[②]。除了统一的主题外，波利比阿还为普遍史设定了另外两个标准。一是普遍史的背后总有一种既定的动因。在分析罗马何以征服整个世界时，作者就将之归结为命运（fortune）：“命运使已知世界的几乎所有事件转向唯一的方向，将一切事物推往同一个目标。”[③] 正是由于某种原因，不论它是精神的还是物质的，推动历史从分散走向统一，从多样的特殊性走向单一的普遍性。二是普遍史发展具有封闭的线性结构。波利比阿指出，主题的整体性带来了单一的行动和单一的场景，这就意味着普遍史“有一个公认的开始，一个确定的过程，一个无可争议的结果”[④]。这一点决定了普遍史一定具有某种必然性，它排除了偶然性和其他的可能性，因而不是开放的。

---

① Ernst Breisach, *Historiography. Ancient*, *Medieval*, *& Modern*, 2nd ed., Chicago & London: The University of Chicago Press, 1994, p. 11.

② Polybius, *The Histories*, trans. Robin Waterfield, Oxford: Oxford University Press, 2010, p. 4.

③ Polybius, *The Histories*, p. 5.

④ Ibid., p. 132.

如果说罗马普世帝国为普遍史的写作提供了最初的素材，并由此产生了一种政治的普遍史的话，那么基督教普世宗教的形成，则带来了另外一种普遍史类型，即宗教的普遍史。宗教的普遍史的代表人物是优西比乌（约 260 或 265—339 或 340 年），他在《编年史》和《教会史》中，详致地描绘了一幅基督教化的普遍史图景。《编年史》主要开创了一种新的纪年方法，它以《圣经》中亚伯拉罕的出生为元年，重新将不同民族的历史加以编年，并将之整合到希伯来人的时间体系中来，这样所有纷繁复杂的历史便形成一个统一体，所有已知的历史事件就可以从一个确定的起点加以考察。① 这种新的纪年体现了一种全新的关于世界的时间性（temporality）。在《教会史》中，优西比乌则试图以这种新的时间性来构建一个新的历史体系，这一历史体系的标志是基督的到来，主体是一个在预定的时候出现的“新的群体”即基督徒。与以往人们对自身所处时代的凌乱记载不同，这一历史记述的是基督徒或基督教会如何从一个弱小的群体，历尽艰辛，最终成为主宰者的胜利的历史。这样，通过刻画基督教的实践，《教会史》提出了一种对历史的新的普遍解释，即历史是推进上帝的目的的实现而展开的普遍进程。用优西比乌的话说就是：“我将会处理一个崇高无比、超乎人类理解范围之外的概念，即[上帝]的安排和基督的神性。无论是谁，如果他想写一部教会史的话，他就必须从基督开始写起。正是因为基督的缘故，我们得到了[基督徒]这个名称；这是上帝的安排，它远比绝大多数人认识到的更为神圣。”②

优西比乌之后，通过哲罗姆（约 340—420 年）对其《编年史》所作的拉丁文翻译和补遗，这种新的基督教的普遍史进一步扩大了影响，并为中世纪类似的普遍史编纂确立了内容和形式上的规范。奥古斯丁（354—430 年）的《上帝之城》、奥罗修斯（Paulus Orosius，约 385—420 年）的《反对异教徒的历史七书》（*Seven Books of History against the Pagans*）都延

① 优西比乌在编年上的创新，可参见 Brian Croke，“The Originality of Eusebius' *Chronicle*”，*The American Journal of Philology*，Vol. 103，No. 2（Summer，1982），p. 200。

② [古罗马] 优西比乌：《教会史》，瞿旭彤译，三联书店 2009 年版，第 21 页。

续了这一传统。[①] 值得注意的是，基督教的普遍史与波利比阿的政治的普遍史一样，同样排除了历史的多样性和特殊性，也排除了历史的其他可能。柯林伍德对基督教普遍史的这种排他性有过精辟的论述："所有的人和所有的民族都包罗在上帝目的的规划之中，因此历史过程在任何地方和一切时间都属于同样的性质，它的每一部分都是同一个整体的一部分。基督徒不能满足于罗马史或犹太史或任何其他局部的和特殊主义的历史：他要求一部世界史，一部其主题将是上帝对人生的目的的普遍展开的通史。"[②]

及至17世纪，基督教的普遍史依然是探索人类整个历史的重要模式。在博絮埃（1627—1704年）的《论普遍史》中，推动历史发展的"上帝的目的"更是被转化为"天意"（Divine Providence）这样的终极意义问题。一切历史事件都通过一种神秘的指导和有计划的安排在有序进展，并指向同一个目的。然而，历史的行动者却无从知道这种终极原因。在博絮埃看来，"这完全是因为我们不能理解整个设计，我们看到的只是特殊事件中的巧合或陌生"[③]。但是，一个世纪以后，这种不可抗拒的天意将被推翻，历史的行动者将用理性来探求人类历史的规律，一种超越宗教意义的普遍史出现了。

这种新的普遍史认为，人类的历史是由普遍的自然律即规律决定的，人类可以凭借其理性认识和发现这些规律。正如康德所言："历史学是从事于叙述这些表现（即人类的行为——引者注）；不管它们的原因可能是多么地隐蔽，但历史学却能使人希望：当它考察人类意志自由的作用的整体（着重号为原文所加——引者注）时，它可以揭示出它们有一种合乎规律的进程……"[④] 尽管康德依然将普遍史归结为天意（providence）的规

---

① 对中世纪早期基督教普遍史的详细论述，可参见 Michael I. Allen，"Universal History 300 – 1000：Origins and Western Developments"，in Deborah Mauskopf Deliyannis，ed.，*Historiography in the Middle Ages*，Leiden：Brill，2003，pp. 17 – 42。

② ［英］柯林伍德：《历史的观念》，何兆武、张文杰、陈新译，北京大学出版社2010年版，第50页。

③ Jacques-Bénigne Bossuet，*Discourse on Universal History*，trans. Elborg Forster，Chicago and London：the University of Chicago Press，1976，p. 374.

④ ［德］康德：《世界公民观点下的普遍历史观念》，《历史理性批判文集》，何兆武译，商务印书馆1990年版，第1页。

划，但这里的天意已经不再是上帝而是自然，这种自然神论的观点虽然还没有完全摆脱宗教的影响，但已经完成了对宗教的普遍史的超越。理性的普遍史与中世纪宗教的普遍史和古代政治的普遍史的另外一个本质区别在于，理性的普遍史提出了一种新的关于历史时间（historical time）的观念。不论是古代政治的普遍史还是中世纪宗教的普遍史，它们叙述的终点都止于作者所处的时代或之前。比如，波利比阿的普遍史终止于公元前146年罗马对科林斯的征服，博絮埃的《论普遍史》结束于800年查理曼加冕罗马皇帝，它们对于人类的未来都没有作任何展望。而理性的普遍史则将未来纳入到历史叙述中来，显示了其面向未来和预言的特征。理性的普遍史的这一特征是由理性的特征所决定的。康德指出，理性指的是“不是单纯享受目前一瞬间的生活而是要使自己面向未来、往往是异常之遥远的时代的这种能力”，进而理性的一个特征便是“深思熟虑地期待着未来（着重号为原文所加——引者注）”[①]。

对于理性的笃信，或者说对于历史规律的执着，使得人们对于历史的观念和时间的概念都发生了本质的变化。在前现代的历史观念中，时间的概念总是和过去联系在一起，未来并不在历史学的时间之内。未来作为一种历史时间，或者说未来被纳入到一个完整的历史体系中从而具有一种历史特性（historical quality），完全是现代社会的产物。18世纪之前，传统的时间概念总是与过去一些特定的和不变的内容联系在一起，比如黄金时代、黑暗时代、中世纪等。18世纪之后，新的时间概念指向了抽象的和尚不明确的未来。与18世纪之前人们将未来视作是对美好过去的复归不一样的是，18世纪之后人们已经意识到，未来全然迥异于过去：未来是进步的，是对过去的超越。未来与过去的对立与分离，是现代或“新时代”（new time）的典型特征。[②] 因此，康德会说，理性的普遍史的进程“并不是由善开始而走向恶，而是从坏逐步发展到好”[③]。

理性的普遍史对于未来的展望以及相信未来是进步的和美好的观念，

① ［德］康德：《人类历史起源臆测》，《历史理性批判文集》，第64页。

② 对未来作为一种历史时间的详细分析，参见 Reinhart Koselleck, *Futures Past: On the Semantics of Historical Time*, trans. Keith Tribe, New York: Columbia University Press, 2004.

③ ［德］康德：《人类历史起源臆测》，《历史理性批判文集》，第78页。

在孔多塞的《人类精神进步史表纲要》中得到了最为清楚的表达。在这部以人类的进步为主题的普遍史中，孔多塞开宗明义地说道："依据推理并依据事实，自然界对于人类能力的完善化并没有标志出任何限度，人类的完美性实际上乃是无限的；而且这种完美的进步性，今后是不以任何想要扼阻它的力量为转移的。"① 在此基础上，孔多塞将人类历史划分为十个不断进步的时代，第九个时代即启蒙时代达到了迄今为止人类发展的顶峰，在历数欧洲这一时期的思想、经济、政治、文化、科学诸领域的巨大进步后，孔多塞总结道："只有达到了整个锁链的这最后一步，我们对过去事件的观察才真正变成有用的。只有达到了那个终端，人们才能欣赏他们自己对光荣的真正资格，或者能确实欣然享受他们自己理想的进步；只有这时候，人们才能判断人类真正的完善化。"② 而所谓的第十个时代，正是孔多塞对人类未来命运的预测。

理性的普遍史以理性来洞悉历史规律，以进步来展望历史未来，无疑为后世所有类似的宏大叙事提供了一种范型，同时也产生出不同的变体。不论是在黑格尔的世界精神中，还是在马克思的历史辩证法中，抑或在科耶夫普世同质的国家理念中，都可以找到这种普遍史的影子。

二　作为科学的普遍史的大历史

与注重史料和以实证研究为特点的传统史学相比，理性的普遍史因其展示的更多的是一种哲学构想或世界观，而对具体的历史实践并没有太多的指导意义。布鲁斯·马兹利什在评价博絮埃之后的普遍史时指出，这种世俗化的或者理性的普遍史只是一种历史哲学，它"与其说是探求历史之中的意义，还不如说是将一种意义强加于历史之上"③。因此，到了20世纪，普遍史除了在一些受黑格尔影响的哲学家和历史学领域之外的作家中

---

① ［法］孔多塞：《人类精神进步史表纲要》，何兆武、何冰译，江苏教育出版社2006年版，第2页。

② 同上书，第154页。

③ Bruce Mazlish, "Terms", in Marnie Hughes-Warrington ed., *Palgrave Advances in World Histories*, Basingstoke: Palgrave Macmillan, 2005, p. 22.

还有一席之地外，并不受到专业历史学家的青睐。[①] 20世纪后半期尤其是80年代以后，西方史学的发展呈现出一种两极趋势，一方面是以微观史、新文化史、后现代史学、后殖民史学为代表的解构性历史研究，一方面是以世界史和全球史为代表的注重整体和比较的宏大叙事，两者虽时有抵牾，但并不至于对立。[②] 尽管世界史和全球史在对人类历史的整体描述上，与普遍史有一脉相承之处，但基本上已经放弃了那种从人类的起源开始直至人类的当下的时间框架。威廉·麦克尼尔、斯塔夫里阿诺斯的那种全景式的世界史叙事，业已让位于对特定时间、特定空间和特定主题的更具操作性的研究。因此，至少在专业的历史学领域，普遍史确实成为一个很少被人触及的领域。

2010年，大历史的奠基人大卫·克里斯蒂安在《历史与理论》上发表《普遍史的回归》一文，将大历史与普遍史传统联系起来，这让沉寂多年的普遍史再次进入到人们的视野当中。克里斯蒂安指出，大历史是对古代普遍史传统的回归，但它是一种新形式的普遍史，新在其实践上的全球性以及精神和方法上的科学性。[③] 实践上的全球性这一点并不难理解，重要的是如何看待大历史是一种科学的普遍史。我们知道，从古代至20世纪上半叶，普遍史大致经历了政治的、宗教的和理性的三种形态，其中理性的普遍史对于规律的强调已经使之具备了某种科学的性质，但它更多地还是一种观念的产物，缺少成为一门科学的足够的物质基础。20世纪后半叶新的科学技术的迅猛发展以及过去一个世纪以来的科学成果的积淀，都为大历史成为一种科学的普遍史打下了坚实的基础。

具体说来，大历史的科学性主要表现在以下四个方面。首先，大历史与自然科学的联合愈发紧密，模糊或者打破了历史学与自然科学之间的界

---

① 在20世纪上半期的西方，比较著名的普遍史著作有：斯宾格勒的《西方的没落》(1918—1922年)、赫伯特·乔治·韦尔斯的《世界史纲》(1920年)、亨德里克·威廉·房龙的《人类的故事》(1921年)、汤因比的《历史研究》(1934—1954年)以及威尔·杜兰的《文明的故事》(1935—1975年)。除了汤因比是历史学家外，其他几位作者的身份多为作家和哲学家。对于20世纪前期普遍史传统的背景分析可参见 Allan Megill, "Universal History", p. 1245。

② 乔瓦尼·莱维指出，微观研究可以成为宏观研究的基础，并纠正其简单化的毛病。参见 Giovanni Levi, "Microhistory and the Recovery of Complexity", in Susanna Fellman and Marjatta Rahikainen, eds., *Historical Knowledge. In Quest of Theory, Method and Evidence*, Newcastle: Cambridge Scholars Publishing, 2012, pp. 121 - 132。

③ David Christian, "The Return of Universal History", p. 7.

限。如同传统历史学一样，大历史也研究人类的历史，但这只是其极为宏大的叙事的一小部分。大历史的研究重点还有人类之外的其他物种的起源与发展，以及地球和宇宙的起源与发展。传统的历史研究方法，甚至人文与社会科学方法已经无法满足大历史极富雄心的抱负，大历史需要借鉴自然科学，比如生物学、地球科学、天文学、宇宙学的知识和成果，并将之纳入到这个无所不包的历史的框架之内。由于是一种单一的历史叙述，仅仅将各种知识罗列并置在一起是不够的，大历史必须诉诸一种统一的理论将这些知识整合在一起，同时还要融会贯通，以达到认识宇宙的复杂性、地球的复杂性以及人类社会的复杂性的目的。因此，大历史是一门真正的跨学科研究，不仅完成了历史学与其他人文社会科学的综合，更实现了人文社会科学与自然科学的交融。大历史的这一特点，让弗雷德·斯皮尔得出结论，认为大历史正在实现从多学科（multidisciplinary）向跨学科（interdisciplinary）的转变。①

其次，大历史必须借助新的科学技术手段，才能有效地进行超长时段的研究，比如放射性碳定年法、遗传分析、数学建模技术等。放射性碳定年法利用碳—14 同位素的放射性来确定物质的年限，可以准确地测定早至5 万年前有机物的年代，已经在考古学中得到广泛应用，并成为历史学家认识过去的一个有力工具。而电子自旋共振（Electron Spin Resonance，ESR）技术，通过测量样品自形成以来其本身受时间影响的放射性损伤来进行定年，将测年范围扩大到几百万年以前，几乎覆盖了整个第四纪地质年代。这无疑使历史学家的视野得到无限放大。同样，遗传分析对某一遗传性状的基因数目、基因性质、属于哪一连锁群及其在染色体上的座位等的测定，对于了解物种进化的历史也大有裨益。不过，最引人注目的或许是数学建模技术在历史学中的应用。2008 年，美国康涅狄格大学生态学和数学教授彼得·图尔钦在《自然》杂志上发表《历史动力学的兴起》一文。图尔钦指出，如果想从历史中真正有所获得，就必须将历史学变成一门科学。具体来说，就是用数学建模的方法分析长时段的历史现象，比如

---

① Fred Spier, "Big History: The Emergence of an Interdisciplinary Science?" *World History Connected*, Vol. 6, No. 3 (Oct., 2009), 45 pars., http://worldhistoryconnected. press. illinois. edu/6. 3/spier. html，2013 年 9 月 8 日访问。

帝国的发展、社会的不满情绪变化以及民族国家的崩溃等。其目的是使历史学成为一门分析性的，甚至是可预测的科学。这种新的历史学被称作“历史动力学”，它使历史学在继续关注特殊性的同时，也可以利用收集而来的数据建立普遍的解释理论，并用这些数据对之进行经验上的验证。①

再次，自然科学的历史化，也推动了大历史的科学化。对那些与大历史有着密切关系的自然科学门类而言，比如古生物学、地质学、宇宙学等，它们在一点上与历史学是相一致的，即都以研究过去为其目的。20世纪下半叶以来，新的更为准确的测定年代技术的出现，使这些具有历史导向的自然科学发生了一次重大突破，克里斯蒂安称之为“精密计时革命”（Chronometric Revolution）。这一技术突破，让这些以过去为研究对象的自然科学获得了极大的发展空间，对遥远过去的探索也变得更加可行。古生物学家、地质学家和宇宙学家可能会意识到，他们与历史学家一样，都是在利用碰巧留存到现在的很少的线索，去进行一项棘手的事业，即重建一个已经消失的，通常又具有高度偶然性的过去。自然科学的历史化必然会给历史学家的思维带来根本性的转变，历史学家会认为，历史学不过是用精密的纪年方法研究过去的整个学科家族的一分子，他们与具有历史导向的自然科学家的区别，不在于他们对时间变化的关注，也不在于对精确纪年的关注，而在于他们关注的仅仅是一个单一的物种即人类本身。②

最后，在对未来的预测上，大历史一改过往普遍史强烈的决定论和目的论色彩，力图较为公允地提出一种开放的和科学的未来观。预测未来是所有普遍史都具有的一项重要功能，当代世界的复杂性和不确定性，为人类的未来蒙上了一层晦暗的阴霾。与基督或理性的最终胜利不同，大历史学者对未来表现出一种审慎的乐观态度。他们认为，人类的未来有着多种而不是一种可能性。弗雷德·斯皮尔指出，在预测未来时，我们必须考虑到没有什么趋势是完全持久稳定的。除了那些具有循环发展特点的趋势，比如昼夜变化、四季更替外，更多趋势是不确定的。这些不确定的趋势可分为两类：一类是“可知的未知”，比如新传染病的出现、地震、火山爆发、陨石撞击等，我们知道它们有可能发生，但不知道它们何时和如何发

---

① Peter Turchin, “Arise ‘Cliodynamics’”, *Nature*, Vol. 454 (3 July, 2008), pp. 34 – 35.

② David Christian, “The Return of Universal History”, pp. 17、19.

生，也不知道它们有可能带来的影响；另一类是“未知的未知”，比如人类可能会发明各种开发能源的方法，但我们现在完全无从知晓，也无法对其未来作出判断。① 同样，克里斯蒂安也认为预测是有限的，并强调只有两种情形可以预测，一种是那些缓慢而简单变化的事物，一种是其后果对我们至关重要，并且我们能够对其施加某种影响的复杂过程。② 在此基础上，克里斯蒂安将未来划分为三个层次，并对每个层次是否能够预测作出了评论：第一，大约100年后的近期未来，人们可以作出预测，因为这个范围内的事物会对人类的生活产生重要影响，且它们的变化不是任意的；第二，数百年到数千年之后的中期未来，人们不能作出预测，因为人类对这个时间范围很难产生影响；第三，时间范围更大的远期未来，比如整个星球或者银河系甚至整个宇宙的发展，作出预言又变得比较容易了，因为在这个范围内，人们研究的是比较缓慢、比较可预测的变迁。③ 预测的不确定性，以及未来的多种可能，使得大历史不像以往的普遍史那样是一个封闭的结构，而是保持着无限的开放性。

作为科学的普遍史的大历史，其实质是想整合查尔斯·斯诺所谓的“两种文化”，即自然科学和人文学科，④ 使大历史成为一门真正涵盖一切学科的知识。大历史的这种抱负，或许能够超越“历史学是科学还是艺术”这一持续多年，至今尚无定论的争论。但是，需要看到的是，在大历史长达130亿年的时间架构里，人类的历史特别是有文字记载以来的历史不过才5000年左右。而如果以13年来衡量130亿年，人类的文明史仅仅出现在3分钟前。在大历史过于宏大的时间框架内，人类的历史显得极为短暂，人类历史的所有多样性、复杂性、偶然性、异质性、不确定性统统消失在时间的长河中。留给人们的似乎只是冷冰冰的科学解释，而缺少温情脉脉的人文关怀。特别是，一旦用自然科学的理论去解释人类的历史，得出的结论就会显得更加牵强。正如国内有论者指出的：大历史确实蕴含

① Fred Spier, *Big History and the Future of Humanity*, Malden, MA and Oxford: Wiley-Blackwell, 2010, pp. 189 – 190.

② ［美］大卫·克里斯蒂安：《时间地图：大历史导论》，晏可佳等译，上海社会科学院出版社2006年版，第506—507页。

③ 同上书，第507页。

④ 对两种文化的详细讨论可参见Charles Percy Snow, *The Two Cultures and the Scientific Revolution*, Cambridge: Cambridge University Press, 1959。

着一种革命的气息，要改造传统的历史观念，但仅把“史前人类的进化与其后人类历史的进程”归结为一个“寻求控制能量储备和流动的过程”，仅以诸如“能量流”、“复杂性”、“金凤花原理”、“集体知识”等概念去界说人类社会的起伏变故，人内心中涌动的情感和信仰便显得天真和乏力。[①] 如果大历史还被认为属于历史学的范畴，这种用自然科学理论去解释人类历史的做法，有可能既不是科学的也不是历史的。

三　大历史与普遍史的未来

将人类的历史放在宇宙的框架内加以审视，无疑是大历史对以往一切普遍史最大的突破。随着人类历史和科学技术的进一步发展，必然会出现比大历史还要宏大的叙事。克里斯蒂安指出：“如果人类果真向其他行星大量移民，那么本书迄今所描绘的人类历史只不过是某个发展在地球以外的历史篇章中的第一章。”[②] 大历史的另一位实践者克雷格·本杰明（Craig Benjamin）也认为，如果还有一个比大历史更大的历史，那就可能是研究人类与外星人（alien）之关系的历史。[③] 当然，这种更大的历史充满着强烈的不确定性。虽然我们无从预知这种历史发生的可能性，但人类对于不确定性总是充满了好奇心，这足以激发人类对未来之过去的多重想象。不过，历史研究的毕竟是过去，而在发现新的史料之前，过去总是确定的，只是历史学家对之的解释有所不同。大历史借助考古学、地质学、古生物学、宇宙学的知识，得以重建遥远的过去，但是如何更为准确和客观地再现遥远过去，史料的匮乏依然是个严峻的问题。因此，大历史如同任何一种普遍史那样，很难展开具体的研究，它提供的只是一种对从宇宙诞生到当今的历史的整体性描述或统一的理论。

或许是意识到了展开具体研究的困难，弗雷德·斯皮尔为大历史列出了四个重要的研究领域或主题：（1）对大历史的理论研究；（2）运用大历史的理论进行跨学科研究；（3）小大历史（little big history）研究；（4）

---

① 孙岳：《超越人类看人类？——大历史批判》，《史学理论研究》2012 年第 4 期，第 54 页。

② ［美］大卫·克里斯蒂安：《时间地图：大历史导论》，第 519 页。

③ 克雷格·本杰明的这一观点来自与笔者在 2012 年 4 月 27—29 日于韩国首尔梨花女子大学召开的“亚洲世界历史学家学会第二次大会”上的对话。

对大历史的历史的研究。[①] 从史学研究的角度看，第一项和第四项属于史学理论和史学史的范畴，第二项涉及跨学科研究，只有第三项与史料和实证研究有关。至于什么是“小大历史”，斯皮尔作出了如下界定：“将某个研究对象置于大历史的视野之内，最好但不总是将其一直向后回溯到大爆炸，看一下这样做是否能丰富我们对特定研究对象的理解。”[②] 但问题是，并不是所有的研究对象都可以和宇宙的诞生发生联系，如果执意为之，势必会显得牵强附会。而不这样做的话，它和传统的历史研究又有什么区别？斯皮尔将《哥伦布大交换》的作者阿尔弗雷德·克罗斯比誉为小大历史的重要的实践者，但我们知道，克罗斯比更准确地说是一位全球史学者。

不过，斯皮尔的“小大历史”的研究模式还是得到一些人的践行。荷兰女学者埃斯特·奎黛克斯于2011年发表了《天安门的小大历史》一文，试图用大历史的视角研究具体而微的事物。奎黛克斯首先列出了动物进行建筑的三种原因，即定居的需要、建筑行为标准化的需要以及展现自身优势的需要。为了保存自身的能量，动物通常会尽量降低建筑时的消耗。奎黛克斯提出，动物的这些建筑行为和模式同样适用于人类。在将这些“大历史模式”应用到对天安门的研究时，奎黛克斯首先指出，天安门的建造是为了预防外敌和内患，因此采用了防御式的建筑。而中国皇帝之所以选择用城墙围起一个建筑群，而不是去加固和增高各个单独的建筑，目的就在于减少建筑时的消耗，同时也为了节省木材。[③] 奎黛克斯这种解读虽然新颖独特，但也恰恰表现出她对中国历史知识的严重匮乏。其实在建造紫禁城时，为了保证木材的质量，人们往往前往出产优质木材的中国西南地区遴选所谓的“皇木”。为了广择良木，人们甚至采用“伐十取一”的苛刻原则。[④] 奎黛克斯还认为，中国皇帝建造城墙的另一个目的是为了“隐藏权力”，并援引老子《道德经》第三十六章中的“国之利器不可以示人”

---

① Fred Spier, "Big History Research: A First Outline", in Leonid E. Grinin, Andrey V. Korotayev, Barry H. Rodrigue, eds., *Evolution: A Big History Perspective*, Volgograd: Uchitel Publishing House, 2011, pp. 30－33.

② Fred Spier, "Big History Research: A First Outline", p. 32.

③ Esther Quaedackers, "A Little Big History of Tiananmen", in Leonid E. Grinin, Andrey V. Korotayev, Barry H. Rodrigue, eds., *Evolution: A Big History Perspective*, pp. 270－275.

④ 蓝勇：《四川汉源明代皇木七年探秘记》，西南大学历史地理研究所编：《中国人文田野》（第4辑），巴蜀书社2011年版，第30—53页。

和《韩非子·主道第五》中的“道在不可见，用在不可知”加以论证。[①]然而，按照中国人的正常理解，高大的城墙恰恰是为了显示皇帝威严的权力以及这种权力的不可企及。不仅如此，克阿达克斯对两句引文也存在误读，原文的真实含义其实是要表达道家无为而治的治国策略。

这一例子表明，小大历史无论在理论还是实践上都有许多不成熟的地方，用自然科学的原则去解释文化现象还需更加慎重。大历史在未来，尚需在其理论范式与具体实践上寻找一种平衡，从而更为有效地进行对历史的研究。尽管大历史在解决实际的历史问题时还有许多不足和缺憾，但它对过去进行的整体研究和大尺度研究，已经给当今的史学界带来了新的思考。一些传统的历史研究领域甚至某些有着后现代导向的历史学家纷纷意识到了大尺度的重要性。美国思想史学者大卫·阿米蒂奇在2012年撰文指出，在史学著述的许多领域中，大尺度正在回归，望远镜而不是显微镜日益成为历史研究的工具。[②] 后殖民研究主将迪皮什·查克拉巴蒂则以气候变迁为切入点，认为当前史学研究中存在着人类史与自然史的断裂，他主张在有记载的历史（即人的历史）与更具时间深度的历史（如地球进化的历史）之间进行对话，从而克服历史理解的局限性。[③]

当然，作为一种普遍史或者说宏大叙事，大历史满足了在当今这个变化越来越快，不确定性日益增加的年代，人类通过回顾他们共有的过去，重建一种新的集体认同的需要。但是，正如任何一种普遍史或宏大叙事一样，大历史存在着漠视多样性和差异性的危险，而缺少了多样性和差异性，大历史有着走向一种新的意识形态神话的可能，尽管这种意识形态被冠以科学主义的头衔。果真如此的话，大历史在未来将会丧失其活力。早在20世纪初，克罗齐就对普遍史作出过如下批判：“这样的历史已经和类似的各种乌托邦例如应该作为各时代的范例的艺术或永久有效的普遍正义

---

① 克阿达克斯对中国典籍的引用，参见 Esther Quaedackers，“A Little Big History of Tiananmen”，p. 276。两处引文的英文翻译分别是：“The instruments of power in a state must not be revealed to anyone”，“The way of the ruler lies in what cannot be seen，its function in what cannot be known”.

② David Armitage，“What's the Big Idea? Intellectual History and the longue durée”，*History of European Ideas*，Vol. 38，No. 4（December，2012），p. 493.

③ Dipesh Chakrabarty，“The Climate of History：Four Theses”，*Critical Inquiry*，Vol. 35，No. 2（Winter，2009），pp. 197 – 222.

等一同消失在错觉的世界中了。”[①] 所幸的是，一些敏锐的大历史学者已经意识到了这一点：“如果历史学要恢复其作为一门学科的整体性，它可能不得不再次关注它所忽视或压抑的许多隐蔽的历史，许多普遍史的‘他者’。”[②]

① ［意］克罗齐：《历史学的理论和实际》，傅任敢译，商务印书馆1986年版，第42页。

② David Christian, "The Return of Universal History", p. 16.

中国古代史学的“大历史”传统

黄留珠*

摘　要　20 世纪 80—90 年代，西方和东方史学界几乎同时都有史家大力倡导“大历史”。但“大历史”并非 20 世纪才出现的新事物。早在 2000 多年前，中国史学便已经开始逐步形成自家特有的“大历史”传统；而其开创者，正是被世人誉为“史圣”的司马迁。他提出的“究天人之际”的主张，为其“大历史”史观的关键之所在。这是将经过董仲舒改造的天人论具体运用于史学领域，去追求人类社会与自然存在的统一和谐，去探讨“天”的客观趋势与“人”的主观能动性之间的关系。司马迁最匠心独运之处，是在所著《史记》中为“天”设立了专门的篇章名曰《天官书》。虽然他清醒地认识到“星气之书”的“不经”与“不殊”，但仍然“比集论其行事，验于轨度以次”，编撰为专篇，从而为中国古代史著编写树立了一个“天”“人”同书的范式，意义重大。自此而后，在中国古代史学经典式的所谓“二十四史”当中，百分之七十以上的史著都设置有《天文志》一类关于“天”篇章的事实，雄辩地表明“天”“人”同书在中国古代史学中确乎蔚然成为一种传统。而这实质上也就是“自然史”、“人类史”并重的“大历史”传统。于正史之外，中国古代史学的“大历史”传统还可从众多的其他形式史著以及类书那里明显看到。例如以《通志·二十略》、《初学记》为代表的一大批著述，所具有的那种包罗万象的规模和气势，无疑是与司马迁开创的“大历史”传统一脉相

* 作者简介：黄留珠，西北大学历史学院教授。

承的，属于“大历史”的做派。有着数千年“大历史”传统的中国史学，必将对当今新兴的“大历史”史学的发展作出自己特有的贡献。

关键词 大历史、“天”“人”同书、“大历史”传统

引 言

“大历史”认为，历史不限于“人类史”，而且应该包括“自然史”。20世纪80—90年代，无论是西方还是东方的史学界，几乎同时都有史家大力倡导这种“大历史”，呼吁历史研究应该“人类史”与“自然史”并重。① 尤其西方一些史学家，更是身体力行，积极开设“大历史”课程，撰写用作教材的“大历史”著作。这方面，最典型者自然要属美籍史学家大卫·克里斯蒂安（David Christian）所完成的《时间地图：大历史导论》一书了。② 然而由此人们也很容易产生一种印象，似乎“大历史”只是20世纪才出现的史学领域新事物。其实，这种认识并不完全符合事实。

大家知道，马克思、恩格斯于19世纪40年代撰著的《德意志意识形态》一书，其第一卷手稿中曾有注文云：

> 我们仅仅知道一门唯一的科学，即历史学。历史可以从两个方面来考察，可以把它划分为自然史和人类史。但这两个方面是密切相联的；只要有人存在，自然史和人类史就彼此相互制约。

尽管这个注后来被删去了，而被删的原因迄今尚待进一步研究，但注文所表达的思想却是相当明确的：即历史由“人类史”和“自然史”共同组成。这，岂不正是“大历史”的史观！

---

① 关于西方史家的论述，参见刘耀辉《大卫·克里斯蒂安的“大历史”观述略》（《国外理论动态》2011年第2期）、《大历史与历史研究》（《史学理论研究》2011年第4期），孙岳等《大历史：在宇宙演化中书写世界史》（《光明日报》2012年3月29日）。关于东方史家的论述，见黄留珠《传统历史文化散论》之“自序”“史论”相关部分（三秦出版社2005年版）。

② 克氏书于2004年由美国加利福尼亚大学出版社出版。中译本于2007年由上海社会科学院出版社出版，译者：宴可佳、段炼、房云芳、姚蓓琴。

如果我们把眼光再放开些，去考察一下中国古代的史学，那么则不难发现，早在2000多年前，中国古代史家便已经有了“大历史”的史学创立实践，并开始逐步形成自家特有的“大历史”史学传统。对此，让我们在后文中一一道来。

上　篇

说中国古代史学具有一种“大历史”传统，绝非危言耸听之论，而是有其事实依据的。这，自然还得从被世人誉为“史圣”的司马迁讲起——

毋庸置疑，司马迁头上的桂冠已经很多，不过，还有两顶极少被论者言及的桂冠应该再给他戴上：一曰“大历史”史观的倡立者，二曰“大历史”史著范式的开创者。

关于司马迁的“大历史”史观，20世纪90年代笔者曾撰有《论司马迁的“大历史”史观》一文行世。[①] 在这篇文章中，我从三个层面论述了司马迁“大历史”史观的具体内容：

一、就自然与人类的关系来看，司马迁提出了“究天人之际”的主张。

二、在过去与现实的关系上，司马迁力主“通古今之变”。

三、对于各家学说，司马迁“厥协《六经》异同，整齐百家杂语”。

至今，我仍坚持这些看法。当然，在上述三个层面之中，第一层面是最根本也最重要的；其为司马迁“大历史”史观之关键所在。

众所周知，中国古代天人相应、天人合一的观念，源远流长，其来有自。尽管研究者对这种观念产生的时代尚有不同看法，但自战国后期以来天人相沟通、天人可感应的认识逐渐成为时代思潮的观点，则为多数研究者所接受。这里所谓的“天”，既有神学人格性，也有自然物质性，实际可以理解为自然、宇宙；所谓的“人”，既指人类及其个体，也进而指社会、政治。西汉时董仲舒进一步把“天”与“人”连接起来，确认“人”“天”也就是人事政治与自然规律有类别的同形和序列的同构，并使之成

---

① 载《人文杂志》1997年第3期，又收入笔者文集《秦汉历史文化论稿》，三秦出版社2002年初版，2003年再版。

为大一统帝国制定秩序的理论基础。虽然今天来看，董氏的天人论相当荒唐、可笑，但正如研究者所指出的那样，在当时却不失为一种“先进的理论”①。司马迁的“究天人之际”正是把这样一种“先进理论”运用于史学领域，去追求人类社会与自然存在的统一和谐，去探讨“天”的客观趋势和“人”的主观能动性之间的关系。

司马迁“大历史”史观的其他两个层面所论，应该是他用“究天人之际”的眼光去考察过去与现实的关系、各家学说关系的结果。所谓“通古今之变”、“厥协《六经》异传，整齐百家杂语”，显然和“究天人之际”一样，都是要求得某种和谐与统一，是一种汇融与调适，大有执“中”的意味在里面。

关于“大历史”史著范式的开创，具体反映在《史记》全书内容的编排上。有关这个问题，司马迁在《史记·太史公自序》中指出：

> 二十八宿环北辰，三十辐共一毂，运行无穷，辅拂股肱之臣配焉，忠信行道，以奉主上。

唐人张守节《正义》引颜云：“言众星共绕北辰，诸辐咸归车，群臣尊辅天子也。”由此可见，《史记》一书的内容编次，是以天象、物象比附人事而进行的。这种做法，明显同“究天人之际”的主张完全一致。尤其这当中关于“八书”的安排，上自天文，下到地理，囊括“礼乐损益，律历改易，兵权山川鬼神，天人之际”②，充分显现了一种无所不包的“大历史”格局。

当然，“八书”之中，最匠心独运之处，还在于特为“天”所设立的专门篇章。这就是所谓的《天官书》。对此，古代注家解释称：

> 天文有五官。官者，星官也。星座有尊卑，若人之官曹列位，故曰天官。③

① 李泽厚：《秦汉思想简议》，《中国社会科学》1884 年第 2 期。

② 《史记》卷一百三十《太史公自序》，中华书局 1959 年版，第 3319 页。

③ 《史记》卷二十七《天官书·索隐》，第 1289 页。

> 按《书》分七章：一、经星；二、五纬；三、二曜；四、异星；五、云气；六、候岁；七、总论。①

> 此《书》叙周天列宿，于其句圜隋兑之形、前后向背之势，纵横指画，宛列目前。②

从上述可知，《史记》之《天官书》实际是对那个时代以星气为主的天象学成就所做的一次全面梳理整合。

据司马迁《史记·太史公自序》，虽然他已经清醒地认识到那些“星气之书”的“不经”与“不殊”，但仍然“比集论其行事，验以轨度以次”，编撰成一篇洋洋乎关于“天”的大文章。对于如此做法的意图，尽管司马迁没有留下文字说明，然而他的实践却雄辩表明，此举为中国史著的编撰，树立了一个“天”“人”同书的范式。

应该说，司马迁树立的“天”“人”同书范式，称得上是该时代一个石破天惊的伟大创造。这里的“天”，虽然只是具体言星气之类问题，但其方向所指还应是以天象为代表的“自然史”。这里的“人”，当然指人事，引申为“人类史”似应该顺理成章、没有太大问题。所以“天”“人”同书范式，就其实质而言，亦即“自然史”、“人类史”同书范式。此举开创了一种“大历史”史著的编写体例，意义极其重大。司马迁的《史记》堪称中国历史上第一部“大历史”著作，同时也堪称世界上第一部“大历史”著作。

下　篇

撰写《汉书》的班固，是司马迁之后的又一位伟大的史学家。他继承了司马迁开创的纪传体史书的形式，并进一步将其由“本纪”、“世家”、“列传”、“表”、“书”五部分构成的通史，规范为由“纪”、“传”、“表”、“志”四部分构成的断代史。自此以后，中国历代史书的编写，基

---

① 《史记会注考证及校补·天官书·考证》引王元启说，上海古籍出版社 1986 年版，第 740 页下栏。

② 同上书，第 740 页。

本上皆沿用《汉书》模式，以纪传体的断代史为标准。

不过，这里有非常重要的一点却每每被人们所忽视，那就是班固不仅继承和发展了司马迁所开创的纪传体史著体例，而且也把他开创的“天”“人”同书的编写范式或曰“大历史”编写范式继承和发扬。前文已经指出，《史记》中有关“天”的部分名曰《天官书》，而《汉书》中这部分内容则改名《天文志》。[①] 如此一来，就出现了中国史学史上一种非常独特的现象：自《史记》而后，在中国古代史学经典式的所谓正史当中，绝大多数史著都仿效司马迁的做法，特别设置有关“天”的专章；其多数如《汉书》那样叫作《天文志》，也有一些则将篇名略加变化曰《天象志》等——称谓虽略异，但实质皆相同。其具体情况可分述如下：

《史记》《天官书》1 卷，在志书中排序（以下简称“排序”）5。

《汉书》《天文志》1 卷，排序 6。

《后汉书》《天文志》3 卷（上、中、下），排序 4。按：此系以《续汉书》志补之。

《晋书》《天文志》3 卷（上、中、下），排序 1。

《宋书》《天文志》4 卷，排序 5。

《南齐书》《天文志》2 卷（上、下），排序 3。

《魏书》《天象志》1 卷（四部分），排序 1。

《隋书》《天文志》3 卷（上、中、下），排序 4。

《旧唐书》《天文志》2 卷（上、下），排序 4。

《新唐书》《天文志》3 卷，排序 5。

《旧五代史》《天文志》1 卷，排序 1。

《新五代史》《司天考》2 卷，排序 1。

《宋史》《天文志》13 卷，排序 1。

《辽史》《历象志》3 卷（上、中、下），排序 4。按：此为历法、天象合编；下卷设“象”“星官”两目。

《金史》《天文志》1 卷，排序 1。

《元史》《天文志》2 卷，排序 1。

---

① 关于这一更改的意义，史家鲜有论及。拙意以为，此举大大减少了神秘成分，而明显增加了文化与科学色彩。以“天文”取代“天官”，应该是班固《汉书》的一大进步。

《明史》《天文志》3 卷，排序 1。按：自《史记》至《明史》，习称“二十四史”。

《清史稿》《天文志》14 卷，排序 1。按：“二十四史”加《清史稿》，亦称“二十五史”。

据上述，可知在整个“二十四史”中，71% 的史著设有关于“天”的专章；如以“二十五史”为计，则比例多出一个百分点，达 72%。就有关“天”的专章卷数而言，3 卷以上者（含 3 卷）占 50%。其中《宋史》有 13 卷之多，《清史稿》则多达 14 卷。从“天”的专章在“志”部分的排序来看，有 50% 的史著是将其排在首位的。特别是自《五代史》以下，除《辽史》之外，其他各史均将“天”的专章置于“志”书之首，显现出明显的变化。

以上事实表明，司马迁所开创的“天”“人”同书史著编撰形式，经班固继承后又进一步为历代史家所遵行，乃至蔚然成为一种传统。而这，恰恰也就是“自然史”、“人类史”并重的“大历史”传统。

于正史之外，中国古代史学的“大历史”传统还可从众多的其他形式史著以及类书那里明显看到。前者不妨以郑樵所撰《通志》的《二十略》为例分析，后者则可用唐代类书《初学记》为例来作透视。

郑氏《通志·二十略》，分别是“氏族”、“六书”、“七音”、“天文”、“地理”、“都邑”、“礼”、“谥”、“器服”、“乐”、“职官”、“选举”、“刑法”、“食货”、“艺文”、“校雠”、“图谱”、“金石”、“灾祥”、“昆虫草木”20“略”。其自天、地、人、礼、乐、书，到经济、政治、法律、艺文，乃至金石、虫草，几乎应有尽有，无所不包。如此博大的气魄和规模，显然是与司马迁所开创的“大历史”传统一脉相承的。

类书虽非专门的史著，但凡治中国古史的学者都知道，它总是被作为史书来使用的，所以也就与史学息息相关。《初学记》为我国现存较早的一部类书，计有“天”、“岁时”、“地”、“州郡”、“帝王”、“中宫”、“储宫”、“帝戚”、“职官”、“礼”、“乐”、“人”、“政理”、“文”、“武”、“道释”、“居处”、“器物”、“宝器”、“果木”、“兽”、“鸟”、“鳞介”、“虫”24“部”。这同样也是包罗万象的气势，属于“大历史”的做派。

总之，自司马迁在《史记》中设置《天官书》、开创“天”“人”同书的史著编写范式之后，中国古代史学一直奉为基本的准绳，从而形成了一种“大历史”传统。这一点，无疑成为中国古代史学的显著特点之一。

余 论

近世以来，在中国掀起了汹涌澎湃的学习西方、用近现代西方文化改造自己传统文化的新文化运动。[①] 其所取得的成绩应该说很多很伟大，但存在的问题乃至失误也应该承认的确不少。就史学领域而言，引进、借鉴西方的史学理论，特别是学习、运用马克思主义唯物史观，以之指导我们的历史研究，从而使中国史学发生了革命性的变革。这些，大家有目共睹，毋庸细说。不过在此过程中，每每也出现了把洗澡水和婴儿一同倒掉的现象。如将自司马迁所开创的中国史学“天”“人”同书的“大历史”传统丢掉，便是典型的一例。

记得21世纪初始，在一次展望新世纪中国史学的学术研讨会上，我做了一个倡导大历史、大史学的发言。[②] 不想遭到许多与会先生的批评。这些先生将我所主张的“人类史”、“自然史”并重的“大历史”视为离经叛道，认为是悖逆行为。由此可见中国现当代学者对于历史本身的理解，已经与古代史家的“天”“人”同书有了极大的不同。这些学者把历史仅仅限于“人”（即“人类史”），而将“天”（“自然史”）排除于历史研究之外。这一现象表明，经过西方近现代文化改造的中国现当代史学主流，已经把古代史学的“大历史”传统完全丢掉了。

今天，面对世界范围内人们越来越重视“大历史”的学术走势，中国学人应该做的事情，恐怕首先就是恢复被丢掉的古代史学的“大历史”传统。当然，这种“恢复”不能理解为简单的仿效，更不是形式主义的全盘照搬，而必须是在新的历史条件下自觉而积极地继承与超越。我深信，有着数千年“大历史”传统的中国史学，对于当今新兴的“大历史”史学发展，必将作出自己的特有的重大贡献。

---

① 这里所说的“西方”“近现代西方文化”是广义的。不可单一地理解为西方那种以民主、自由、普选等为主体的政治文化，而应该包括源起于西方的马克思主义在内。

② 该发言题为《21世纪史学应该更多地关注自然史研究》，刊《西北大学学报》（哲学社会科学版）2002年第4期。又收入中国史学会编《21世纪中国史学展望》，中国社会科学出版社2003年版。

广义进化原理

闵家胤*

摘　要　广义进化指从宇宙大爆炸到地球人类文明的连续过程。可以综合出五条“广义进化原理”：（1）进化是在质空间中推进的质过程；（2）进化是对称性破缺过程；（3）自组织进化原理；（4）自复制进化原理；（5）自创造进化原理。

关键词　广义进化、质空间、对称性破缺、自组织、自复制、自创造

“狭义进化论”（Special Evolution Theory）特指达尔文的生物进化论、马克思的社会进化论。“广义进化研究”（General Evolution Research）泛指在20世纪科学革命成就基础上把从宇宙大爆炸到地球人类面临全球问题看作是一个连续的进化过程所进行的研究。现代科学告诉我们，宇宙进化、银河系进化、太阳系进化、物质系统进化、生命系统进化和人类文化—社会系统进化，是一个分阶段的连续过程，内中可以找到一些具有普遍性的规律。

笔者关注和研究这个问题有年矣。作为国际广义进化研究小组成员，又参加过他们的许多研究活动，并在国内组织翻译出版了一套“广义进化研究丛书”（社会科学文献出版社2004年版）。目前，系统科学已发展出十几个学科，面临需要有人做综合——牛顿和康德式的综合，可难度太大，

* 作者简介：闵家胤（1942—），男，四川人，中国社会科学院研究员，博士生导师，主要从事哲学原理和文化研究。

而应用系统科学做“广义进化研究”的综合似乎要容易一些。本文就尝试这样做。

我综合出五条“广义进化原理”，它们是适用于广义进化过程的最具普遍性的原理，供今人批评指正，供后人继续探讨。

广义进化第一原理：进化是在质空间中推进的质过程

马克思主义哲学教科书对“唯物辩证法”的标准表述一般是这样说的：“唯物辩证法是关于自然、人类社会和思维的运动、变化和发展的普遍规律的科学。”这里，我们姑且暂不讨论唯物辩证法的三条规律是否是对“自然、人类社会和思维”三大领域都同样普遍适用的科学规律，而先考察“运动、变化和发展”三个动词分别指称的三种过程，它们的区别、联系和异同。

应当指出，一百多年以来，马克思主义哲学家和学习者都习惯于背诵关于唯物辩证法的上述定义，迄今未见有人思考甚或辨析过“运动、变化和发展”这三个并列的动词；所以，今天我肯定要做“第一个吃螃蟹的人”，因为在讲“进化”之前，我要先做这项工作。

采用黑格尔式的哲学语言，我可以这样说：一般运动包含运动、变化和发展三个特殊环节，三者既相互联系又相互区别。概言之，运动是基础，变化是中介，发展是结果。运动引起变化，变化造成发展；换句话说，扬弃了的静止是运动，扬弃了的运动是变化，扬弃了的变化是发展。运动是绝对的，不可能消灭，可是，变化可以抑制；只要把一切革新性变异都扼杀在萌芽状态就可以做到，而一旦我们把作为中介的变化抑制住了，就不可能出现任何发展了。

下面我要提出一个非黑格尔式的新观点：其实“运动、变化和发展”是发生在三种不同空间中的三种不同过程。

“运动”是牛顿时空中的物体因受到外力推动而发生的位移过程，通常用质量、动量、方向、速度、时间、位置这样几个量纲来描述。在经典物理学牛顿时空中，质点运动的动量是守恒的，遵守牛顿力学三条定律，具有协变性并服从伽利略变换。运动过程是可逆的。微积分是描述和研究运动的最有力的数学工具。

“变化”是在状态空间中发生的系统状态的运动过程。状态是系统足够全面的瞬时代表，状态空间则是指该系统的全部可能状态的集合。系统状态变化既可能是内部自发的，又可能是由环境输入引起的。系统状态变化由构成状态空间的所有变量描述，其研究工具在物理学中有相空间理论，在数学中有状态空间分析。状态变化是可逆的。

“发展”是在质空间中发生的系统的质变过程，包括渐变、突变和涌现。渐变是连续的，突变是间断的，而涌现则是瞬间的——无中生有。渐变是系统发育过程，是发生在质空间中的质的螺旋上升运动，螺纹之间的螺距代表发展速度；由此可见，相对于运动和变化，发展速度是非常慢的。除法国数学家托姆（R. Thom）的突变论外，人类尚未构建出关于发展的数学化的完备的关于发展科学理论，可是，有一点是肯定的——发展过程是不可逆的，意思是说在质空间中质不可能沿着同一轨迹退回初始状态。

正是在上述意义上，“进化”等同于“发展”，换句话说，宇宙的进化过程就是宇宙的发展过程，“广义进化原理”就是“广义发展原理”。当然，在现实生活中人们往往错误地把“发展”理解为单纯的数量增长，社会科学家还用“发展”指称国家的现代化过程，“进化”没有后面这两层含义。

广义进化第一原理是质空间和质过程原理：进化是在质空间中推进的质过程，质速度是质螺旋上升的螺纹间距，相对于运动和变化的速度，质速度通常是非常缓慢的，并且不可能按人的意志用外力直接加速。这条原理在现实生活中有非常重要的意义。

孔子早就悟出这种道理，并提出一个哲学命题：“无欲速”，“欲速则不达”。请注意，这是在质空间中推进一种进化或发展过程时必须遵守的原则，在牛顿空间中肯定不是这样。《孟子》中有一则“揠苗助长”的寓言，其讽刺寓意亦在于此。采用今天的科学语言，我们可以说，寓言中那位急于求成的“宋人”，显然是错误地把植株“苗”在质空间中进化的质过程当成物体在牛顿空间中的运动过程来处理了。

“学习”是个人头脑中知识结构的进化过程，也有“欲速则不达”的特性。《礼记·学记》中有“学不躐等”的话。《孟子·离娄下》以水喻学，曰：“原泉混混，不舍昼夜，盈科而后进，放乎四海。”其中，“科”

意指坎，或坑洼，是以“盈科而后进”一句最得质过程的真精神。此外，《中庸·三十章》更告诫学人：“有弗学，学之弗能，弗措也；有弗问，问之弗知，弗措也；有弗思，思之弗得，弗措也；有弗行，行之弗笃，弗措也。”这几句话可做“盈科而后进”的注脚。

“社会发展”是一种更复杂的系统进化过程，质过程，“欲速”非但是“不达”，还会造成破坏。俄罗斯的某些精英曾幻想，俄国可以跨越“资本主义的卡夫丁峡谷”而直接进入社会主义，毛泽东则是在中国搞农民空想社会主义，用“大跃进”和“人民公社”方式“跑步进入共产主义”；虚质冒进，结果都是造成破坏和倒退，各自饿死上千万人。然后，还是不得不倒回去，老老实实从发展市场经济做起。

广义进化第二原理：进化是对称性破缺过程，从简单到复杂

对于对称性的认识，人类很可能是从自己身体的左右对称开始的。著名雕塑家波里克勒特在《法规》一书写道：①

> 身体美确实在于各部分之间的比例对称，进一步的认识可能是从几何直观对称性到数学一般对称性，再从数学一般对称性到哲学抽象对称性。

哲学抽象对称性是指在任何一种变换性过程中保持着的不变性，其具体分类表列如下：

空间对称：平移对称、旋转对称、反射对称；

时间对称：时间周期对称、时间反演对称；

标度对称：时间标度对称、空间分形标度对称、生物重演对称；

置换对称：正反粒子置换对称、玻色子相容性置换对称；

类比对称：类比推理对称。

苏联物理学家朗道最早提出“对称性破缺”。这个概念系指原来具有

① 转引自董春雨的博士学位论文，《对称及其破缺的哲学探讨》，北京师范大学研究生院，2004年4月。以下多有参考和借助，不再一一注明。

对称性的系统在发生相变过程中对称性下降了。进一步说，就是系统的环境条件没变，支配系统的规律和控制参量也没变，可是在一个临界点上系统的宏观结构和行为自发地发生了改变，即发生了相变，导致系统的对称性下降，这就是自发的对称性破缺。例如，一块烧红了的铁磁体并无磁性，各个方向是对称的；可是，随着温度下降，在一个临界点上，铁磁体会发生从无磁性到有磁性的相变，随机选取一个方向为正极，另一个相反方向为负极，两极不对称了，整体的对称性下降了，这就是自发的对称性破缺。

平面几何图形显示的对称性破缺最为直观和容易理解，让我们选取几种来演示对称性破缺过程：

圆形有无限多的对称性；

圆内接正方形有 6 种对称性；

长方形还剩 4 种对称性；

等边三角形有 3 种对称性；

等腰三角形只有 1 种对称性；

不等边三角形没有任何对称性，可是有无限多的多样性和复杂性。

有了以上关于对称和对称性破缺的基本知识，我们再来讲广义进化的对称性破缺就容易理解了。

在大约 138 亿年前，原始宇宙是超大统一和超对称的真空零点能场，不但有无限多的空间对称性，而且，由于正反粒子成对产生又成对湮灭，还有时间对称性，引力和反引力对称性。尽管这样，零点能场内部仍然有随机的量子涨落，并由此在一个奇点上引发大爆炸，瞬间打破空间超对称性，出现时间的对称性破缺和时间矢量方向，还有引力和反引力（斥力）的对称性破缺。由于对称性降低，宇宙进入大统一状态。

接下来发生的是夸克与反夸克的对称性破缺——夸克禁闭，反夸克消失。夸克结合成参与强相互作用的质子和中子，还有介子。通过 β 衰变，中子转变成质子，释放出电子，强相互作用将质子同中子结合成核子。与此同时，由于进化出在基本粒子之间普遍存在的弱作用力，发生弱作用宇称不守恒的对称性破缺。接下来是弱作用力同电磁作用力发生分离的对称性破缺。大统一阶段结束。

大爆炸开始时，整个宇宙几乎只有辐射。3 分钟后，物质性的核子和辐射耦合在一起，宇宙保持空间均匀的对称性，十亿个光子对一个核子；可是到30万年时，由于温度下降，宇宙发生新的对称性破缺，电子与核子结合在一起形成原子，物质同辐射去耦，宇宙背景辐射变成透明。

在宇宙进化初期发生的最重要的对称性破缺是正物质粒子同反物质粒子的对称性破缺。本来在原始宇宙中各种正反粒子都是成对产生，相互碰撞后又成对湮灭。可是，后来由于对称性破缺，相比每10亿对正反物质粒子多出一个正物质粒子，正是这一个多出的物质粒子导致的对称性破缺，导致进化出我们今天的物质宇宙。

在物质宇宙进化的早期阶段，空间充满均匀的对称性较高的等离子气体云。一团巨大的气体云在自身引力的作用下发生坍缩，等离子气体中氢核与氢核的碰撞引发核聚变反应，其核心的部分形成恒星，外围的残余部分形成行星。这是星系形成阶段的对称性破缺。在行星上继续推进的分子进化阶段，发生手性分子的对称性破缺。生命起源于DNA分子左右镜像的对称性破缺。当然，最重要的应当是微生物进化发生的动物与植物的对称性破缺，以及高等生物的雌雄对称性破缺。

在作为生命进化最高产物的人身上，尽管保有外形上十分明显的左右对称，然而实际上左右手和左右腿的能力是不对称的，多个内脏器官不是左右对称的，当然，最重要的是左脑同右脑的对称性破缺，这或许是人进化出处理语言信息和进行抽象思维能力的关键。

在人类社会系统发育进化阶段，最初的原始群和部落显然在各方面都是对称性比较高的，后世发生的社会进化是一步步不断推进的对称性破缺过程，包括分工的对称性破缺，社会系统结构的对称性破缺，社会权力的对称性破缺，知识和财富的对称性破缺等。现代社会的超级复杂性就是这样一步步进化出来的。

广义进化的第二原理是对称性破缺原理：进化是不断发生对称性破缺的过程，是从简单到复杂，从单一性向多样性的发展过程。

掌握这条原理，就能帮助我们在众多社会思潮、社会理论和社会实践当中科学地辨别究竟哪是进步的，哪是倒退的。譬如，中国儒家向后看的历史理论，相信社会的终极状态是退回到“大同”，肯定是落后的幻想。经典的共产主义理论提出，要“消灭私有制”，“消灭私有财产”，“消灭剥削，消灭压迫，消灭阶级”，再加上“消灭三大差别”。以前我们觉得这是进步得不得了的口号，现在我们就会多动脑筋想一想，这究竟是要推动社会前进，还是要拉着社会倒退？是不是把“消灭”改为“缩小”较为稳妥？

广义进化第三原理：自组织进化原理，从低级到高级

前面讲到，我们的宇宙起源于温度和密度极高的“真空零点能场”的一次大爆炸。宇宙确实经历了一段从热到冷、从密到稀的不可逆的演化史，并且循着原始物质→基本粒子→原子核→原子→气状物质→各种天体的演化途径进化到目前这个状态，并且还要继续进化。宇宙现在的平均温度已下降到3°K，还会继续非常缓慢地下降，但根据热力学第三定律它不可能达到0°K。因此，热力学第二定律就在宇宙的宏观尺度上获得了证实。

按照热力学第二定律，宇宙总的进化方向有一个向下的箭头，可是，地球上的现实告诉我们，这里还有一个达尔文进化论发现的向上的方向。这怎么可能呢？

在20世纪后半期，由普利高津建立的非平衡态热力学解答了这个问题。那些远离平衡的开放系统，在达到一定阈值的持续的能量流（有时还有物质流）的作用下，从外环境吸收的负熵流能够抵消内部按热力学第二定律产生的增熵趋势，从而使自身总的熵值保持不变，甚至减少，然后通过内部某个涨落的放大由原来的无序状态进化为有序状态，这是一种要不断耗散能量才能维持住的动态的稳定状态，所以叫耗散结构。同经典热力学相反，普利高津得出的结论是：“非平衡是有序之源”，“涨落导致有序”。这个过程叫自组织进化。

那么什么是“自组织”和“自组织进化机制”呢？“自组织”是指，上述这类系统，当一定的参量条件都得到满足时，尽管并未从外部环境得到任何进行组织和怎样组织的指令信息，大量下层系统却自发地行动起来，从无序走向有序，在宏观尺度上组织成空间、时间或功能的结构。我们把物质系统的不同状态称为不同的相，当自组织行为发生时，系统发生了非平衡相变，从简单系统转化成复杂系统，开始了朝增加组织性的方向的向上的进化过程，所以就称这种进化机制为“自组织进化机制”。

在20世纪70年代，先后诞生了三种关于非平衡系统的自组织进化理

论：耗散结构理论、协同学和超循环理论。

耗散结构理论钟爱的实验对象是从底部均匀加热的装有液体的平底容器，协同学钟爱的是激光器，超循环理论钟爱的是化学系统。如果把这些相对来说比较原始和简单的物质系统放到系统科学中来看，即把它们抽象成关系定向的系统，它们都有以下的共性：（1）都是同外部环境有能量（以及物质）交换的开放系统；（2）被来自外部环境的持续的能量流（以及物质流）驱使着远离热力学平衡态或化学平衡态，并最终维持某种动态的稳定状态；（3）都由具有非线性相干作用的大量下层系统组成。因此，当外部的控制参量达到一定的阈值时，自组织现象便不可避免地自然而然地发生了。

当外界供给的能量流和物质流接近某阈值（临界值）时，下层系统之间的非线性相干作用逐渐增强，原来无规则的独立运动就相应地减弱了。那数量巨大的下层系统好像是能够互相识别和遥相呼应似的同时按某种方式行动起来，参加到协同的（合作的）集体运动中，形成了稳定的或振荡的宏观结构。

“序参量”本是苏联物理学家郎道在1931年引入的一个物理概念，指“在临界点上具有不确定性的宏观参量”。目前，在自组织理论中它被用作“描述微观有序性的宏观表现的参量”，或者说“描述相变过程中系统有序程度的量”[①]。

在相变前序参量为零，在接近或达到临界点处它随着系统有序程度的增加而急剧增大。有时，在临界点处，系统中有几个序参量同时存在，每个都有相应的一组微观组态，以及对应的一定的宏观结构。每个序参量都力图独立主宰系统，但如果做不到而暂时处于均势，那么序参量之间便自动形成妥协，通过协同和合作共同决定系统的有序结构（这是协同学的第二层含义）。然而，随着控制参量的继续变化，序参量之间的竞争会趋向激烈，最终将导致只有一个序参量单独主宰系统的格局。这时系统实际进化到了更高一级的协同，更高一级的有序结构。所以我们说“协同形成结构，竞争促进发展”。

---

① 郭治安等：《协同学入门》，四川人民出版社1988年版，第13页。下面两段的叙述多引自这本书，恕不一一注明。

协同学已经从实验和理论两方面证明，在原来的稳定状态下，所有的参量的作用都差不多。但是，到达临界点时它们要发生两极分化。绝大多数参量临界阻尼大，衰减快，属于快弛豫参量；它们对系统的演化进程不发生明显的作用。另外，总有一个或几个参量出现临界无阻尼现象，往往呈指数型增长，得到多数下层系统的响应，属于慢弛豫参量；它们在整个过程中始终在起作用，支配大量下层系统的行为，决定演化的进程和未来的结构。所以协同学又得出了另一个重要的结论：变化最慢的参量决定系统演化的速度和进程。

进化不仅需要稳定，也需要失稳，因为，如果没有外部和内部自发产生的非稳定性，那么系统就不会继续向上进化。现实的情况是，系统总是不断受到来自外部环境的无规则的扰动，这被看作是外涨落（噪音），它们使系统失稳。另一方面，系统内部的各种参量也有随机涨落——对统计平均值的偏离。它们或表现为温度、压强、浓度、密度等的涨落，或表现为化学反应式中某些常数的涨落，或表现为变体、亚种，或表现为新的灵感、思潮和社会运动。

在一定的区域内，这些涨落是干扰和破坏的因素，而系统总是竭力抗拒和吸收这些涨落。可是，超出一定的区域，譬如说在热力学分叉点之后，即在非线性非平衡区域内，这些涨落就成了建设性的因素，担当了非平衡相变的触发器。一个小的随机涨落可能在同其他涨落的竞争中迅速增长，通过相干效应不断增强，变成巨涨落，最终取得对整个系统的支配地位，从而驱使早已失稳的系统上升到一个新的更有序、更稳定、更能抗拒干扰，因而更适应环境的状态。这就是说，涨落导致局部微观结构的改变，涨落放大又导致系统宏观结构的进化。

物理学和系统学都习惯于用相空间当中的运动轨迹来描述系统的状态变化。在可逆过程中，系统对初态和终态的态度是一样的；在不可逆过程中，系统偏爱对它有“吸引”的终态，它就成了吸引中心，我们形象地把它称为相图中的吸引子。有三类吸引子：第一类是固定吸引子，又叫不动点吸引子，在相图中它像“陷阱”一样捕捉系统的状态轨线，因此系统就停留在这个稳定的状态上。第二类是周期吸引子，又叫极限环吸引子，它捕捉在一定时间间隔中重复出现的状态轨线，形成一个封闭曲线，因此系统就处在周期振荡状态。第三类是混沌吸引子，又叫奇异吸引子，它捕捉像湍流那样的混沌的、飘忽不定而隐含奇特秩序的状态轨线，因此系统就处在混沌状态。

原先人们把“混沌”看作混乱的代名词，无秩序可言，因此它是“系统”的反义词。新的研究成果表明，情况不完全是这样。首先，混沌吸引子是一个其上有折皱的曲面，具有非整数维，如1.26维、2.06维、3.67维等。它把系统的运动轨线束缚在一定的区域内，反复伸拉和折皱，产生出一种“无穷嵌套的自相似结构”；这就是说，把其中任意一个局部加以放大，都会发现它有同整体相似的结构。其次，混沌系统有不可消除的内在随机性，而它对初值有高度的敏感性。混沌吸引子起一种“泵”的作用，把初值的微小差别按指数增长提升到宏观尺度表现出来。[①]

进一步发现证明，混沌并非绝对无序，相反，它里面隐藏着奇特的秩序。科学家们对描述复杂系统的非线性方程 $Xn+1=\mu Xn1-Xn$，其中 $Xn\in[0,1]$，$\mu\in[0,4]$ 在计算机上做叠代演算时，发现它们周期性地出现分叉（有两个或两个以上的解）的数量是成倍增大的；当大得无穷大时，已无周期可言，就进入混沌状态。美国科学家费根鲍姆又发现它们都遵守倍周期分叉间距比值的一个常数4.6692（费根鲍姆常数），由此可见系统是按照一定的规律从有序走向混沌的，而混沌中又隐含着秩序。

现实的物质系统及其相应的系统模型往往要复杂得多，常常同时受到多个不同吸引子的影响，于是系统进化的轨线就出现分叉或多叉。每一个分叉都是由吸引子的类型改变造成的，系统就相应地由稳定状态进入振荡状态，由振荡状态进入混沌状态，等等。因此，远离平衡的具有非线性相干性的系统的进化轨线不是一条，而是多条。在每一个临界点上，或者说分叉点上，系统究竟选取哪一条轨线基本上是随机的，不可准确预见的。系统进入的新状态既不决定于初始条件，也不决定于环境参量的变化。两个系统，即使是从相同的初始条件出发，受到来自同一环境的相同干扰，它们也可能沿着不同的轨线进化。正如I. 普利高津所指出，动态系统有一种本质性的“发散属性”。这一属性从根本上动摇了建立在单一轨线概念

---

① 张彦、林德宏：《系统自组织概论》，南京大学出版社1990年版，第103—119页。

基础上的经典决定论。因此，进化不是命运，而是机遇。① 不过，在宏观上，我们看到地球上的总的进化过程一直是在朝增加结构复杂性、活动有序性和自主活力的方向前进。

简要地说，广义进化的第三原理是自组织进化原理：远离平衡的开放系统，在持续的能量流作用下，通过自组织机制实现物质系统从低级形态向高级形态的进化，并具有发散的轨线和很强的随机性。

更具体地说，广义进化的第三原理告诉我们，远离平衡的开放系统，在持续的能量流作用下，从外环境吸收来的负熵抵消内部自发的增熵趋势，其大量下层系统自发地协同行动自组织形成有序结构，然后通过内部某个涨落的放大导致系统宏观结构的进化。系统周期性地从稳态过渡到振荡态再跌入混沌态，在这个过程中，变化最慢的参量逐渐成为起决定作用的序参量；可是，在每一个临界值分叉点上都有多条进化轨线，系统选择和走上哪条轨线是诸参量博弈的结果，随机性很强，不可能准确预见。因此，进化不是命运，而是机遇。

广义进化第四原理：自复制进化原理

可是，仅仅依靠自组织进化机制是进化不出具有生命的单细胞生物的。生命虽极难定义，但一般公认生命系统必须有三种能力：新陈代谢、自复制和突变。其中关键是自复制，因为，如果没有自复制，那么自组织形成的结构随聚随散，便永远不能上升到更高级的层次；而要有自复制，就必须有生物遗传信息发挥复制功能。这样就导出了“先有核酸，还是先有蛋白质”的问题，而这个问题正是“先有蛋，还是先有鸡”这个古老问题的现代翻版。由 M. 艾根等人创立的超循环理论较好地解答了这个难题。

化学反应的产物催化它自身的合成，这是自催化循环；它能保证这种产物能够呈指数增加，从而使生成速率大大高于分解速率。两种化学反应的不同产物互相催化对方的合成，这是交叉催化循环；它使系统具有抗拒干扰的能力，保持稳定的能力。由两个和两个以上的第一级循环圈连锁形

① ［匈牙利］E. 拉兹洛：《进化——广义综合理论》，闵家胤译，社会科学文献出版社 1988 年版，第 43—49、30 页。

成第二级循环圈，这叫超循环；它是一种封闭的化学反应网络，它使多种产物稳定地共存，相干增长和一起进化。超循环圈是一种稳定的新秩序，“一旦发生，便会长存”①。

超循环造成的组织性层次的上升叫作会聚，其结果是形成一个更高层次的系统。新层次上的若干系统，又通过超循环连锁而会聚出一个更高层次的上层系统。经过若干逐级上升的超循环会聚之后，就形成了具有层级结构的复杂系统。复杂系统内部结构和外部功能的优化过程叫整合，在完成整合之后，具有更大活力和自主性的复杂系统就稳定下来了。我们在整个生物进化过程中都能观察到会聚和整合的作用。早期真核细胞的进化就是通过前核细胞会聚和整合实现的，而真核细胞的许多重要细胞器，譬如像线粒体、叶绿体、鞭状体和施行有丝分裂的细胞器，都可能是起源于原始前核细胞当中形成的超循环圈的会聚和整合。多细胞物种又是从真核细胞形成的超循环圈的会聚和整合中产生出来的。

只有超循环进化机制仍然是不够的，一定要等通信和信息登场之后，才能最终进化出具有自复制功能的生命系统。我们目前所知道的最早、最原始的通信活动是生物细胞中核酸（DNA）与蛋白质之间的通信，那里就是信息的起点，从而也是生命的起点。

现在科学家们相信，自组织进化机制开始发挥作用的一个必要条件——持续的热能量流，是由早期海洋中大量存在的海底温泉提供的。在那时的“海洋汤”中已经有多种多样的单质和化合物的分子。从海底温泉内不断冒出的流体还会源源不断地提供充足的离子、无机分子和高能有机分子。在这些条件都具备的区域内，自复制进化过程便不可避免地发生了。目前已能从理论和实验两方面证明，在“生命的原始汤”中，构成细胞内通信系统的信源、信道和信宿的三种生化大分子——脱氧核糖核酸（DNA）、核糖核酸（RNA）和蛋白质都能独立地进化出来。

DNA 是由四种核苷酸（碱基）编码，每三种构成一组，共有 64 组三联密码。RNA 也由这四种核苷酸编码，但结构和性质与 DNA 有细微的区别。蛋白质则由 20 种不同的氨基酸编码，它们可以构成几十万种结构和功

① ［德］M. 艾根、P·舒斯特尔：《超循环论》，曾国屏、沈小峰译，上海译文出版社 1990 年版，第 139—141 页。

能各异的蛋白质。它们三者的合成都需要某种酶（也是蛋白质）做催化剂，所以都是自催化或交叉催化循环圈。它们在“原始汤”中互相识别、碰撞、连锁和会聚是一个无序的、没有对称破缺的随机过程，它们能形成多种多样的交叉催化循环圈和超循环圈，并展开激烈的竞争。终于有一类超循环圈表现出最高的选择价值，即有最快的复制速率、比较慢的分解速率和适中的复制错误发生率。这一类超循环圈的结构就是DNA→RNA→蛋白质→DNA。它们构成了一个通信系统：四个字母的DNA语言编码的组织性或有序性被转录成类似的RNA语言的组织性或有序性，最后再翻译成由20个氨基酸字母编码的蛋白质语言的组织性或有序性，而某些种类的蛋白质反过来又催化DNA的合成。

一旦这个闭合的超循环圈形成，我们就找不到起点和终点，也分不清谁先谁后。最初可能是一个偶然产生的拷贝，可以看作是一个微涨落。由于表现出最高的选择价值，它迅速地在竞争中获胜，取得优势，扩大成巨涨落，最后占据了整个“信息空间”。它造成了信息沿DNA→RNA→蛋白质这个方向传递的通信系统，造成了在“生命原始汤”中多种生化分子排列的空间秩序的对称性破缺。信息就这样通过随机组合、竞争和选择创造出来了，生命就这样诞生了。至此我们就能正面回答前面提出的问题：核酸和蛋白质是同时进化出来的，正像“有了蛋就有了鸡，有了鸡就有了蛋”。

进一步的整合、优化和复杂化创生出有生命的单细胞生命，它更精巧，但也更脆弱。尽管已表现出自我更新和自我修复的能力，但它按照一种难以解释和不可抗拒的自然规律表现出生命周期性——要死亡。死亡给进化带来的威胁是细胞内积累的组织性或有序性要瓦解，生物遗传信息要消失。幸运的是，单细胞生命系统已进化出自复制机制和能力，它能在“原始汤”中一次又一次将自己再生产出来。每当这样一个自复制周期完成了，细胞就分裂成同样的两个：旧的死亡了，新的诞生了，而且数量翻了一番。自复制的关键是DNA内包含的起模板作用的生物遗传信息，它一次又一次地被转录和翻译，生产出了数量呈指数增长的同样的拷贝。于是，我们看到了生命进化的奇异特征：死亡是新生和进化的前提，生物遗传信息成了不朽的实存。古人一直在谈论的话题——“肉体的死亡”和“灵魂的永生”，在现代分子生物学中获得了惊人的实证，这灵魂便是生物遗传信息（DNA）。

生命进化的第二个条件是DNA有差错的自复制，因为绝对无误的自复制将导致进化的停滞。幸运的是生物遗传信息在转录和翻译过程中总按某个概率发生“打字错误”，这可看作是这种通信系统中不可消除的“噪音”涨落；其宏观表现就是不断有变体表型出现，它们为生存竞争和自然选择提供了材料。

变体表型在生存竞争中取胜并大量繁殖，导致物种发生分化；新的亚种，乃至全新的物种就这样进化出来。在宏观尺度上，每一次分化都可以看作是进化轨线发生的分叉，也可看作是“噪音”涨落的一次放大。进化就这样朝多样性空间不断推进，新物种层出不穷。单体繁殖容易因信息的损失造成物种退化，通过生殖细胞精子和卵子的结合，有性繁殖不但能保证信息不损失，而且还能保证每次复制出同双亲均有差异的变体。近缘杂交和远缘杂交则直接培养出新品种。这些新机制都大大加快了进化的速度。

生物进化的最高阶段是生态系统中的群体进化。生态系统是在自然环境基础上各种各样的生物群体组成的自然系统，这些生物群体是靠被称为食物链的交叉催化循环网络维持的。在生态系统中进化的单位不再是个体，而是群体。按照新近获得确认的间断平衡理论，在生态系统中，分享相似的适应程序安排的一批物种组成一个进化枝，其中有一个占支配地位的物种群体和占支配地位的循环圈。在很长的时期内，譬如几百万年这样长的一段时期，各个种群都利用它们的遗传信息库一代一代往下繁殖，基本上不发生什么变化。群体进化之所以发生，是由于有其他物种或亚种偶然闯进了一个进化枝的边缘，打破了占支配地位的循环圈，从而使原来占支配地位的种群构成的系统在环境中失稳了，出现了原来在边缘的物种或亚种取代灭绝物种而取得支配地位的进化性飞跃。从旧的动态平衡的打破到新的动态平衡的重建，中间这段飞跃时间大约在5000年到50000年之间。

此外，从地层中发掘出来的化石记录来看，在生物群体进化的历史上，还发生过大批物种突然灭绝和另一大批物种突然诞生的情况；这是用达尔文生物进化渐近论和现代综合进化论的间断平衡理论都解释不了的。科学家们只能用自然环境中偶然发生的严重灾变来解释，例如超巨型的陨石同地球相撞，周期性的地球冰河期的到来。这时地球自然环境的许多参量都剧烈地改变了，迫使众多的生物群体在短时期内不是进化了，就是灭亡了。

简要地说，广义进化的第四原理是自复制原理：生命系统的自复制是一个通信过程，生物遗传信息按 DNA→RNA→蛋白质这条中心法传递实现自复制。在这个过程中出现的“打字错误”以及其他偶然因素造成的突变体为自然选择提供材料，并最终通过生存竞争实现生物进化。

更具体地说，广义进化的第四原理告诉我们：生命的本质是自复制，自复制依赖信息；信息的起点就是生命的起点，生命的起点就是信息的起点。记录生物遗传信息的核酸（DNA）和表现生命现象的蛋白质是在一个闭合的超循环圈中同时进化出来的。生物遗传信息按 DNA→RNA→蛋白质这条中心法传递实现生命系统的自复制。自复制过程出现的“打字错误”和其他偶然因素造成的突变体为为生存竞争和自然选择提供材料。因此，进化需要复制，但更需要变异。

广义进化第五原理：自创造进化原理

同宇宙进化的 137 亿年相比，同日地系统进化的 46 亿年相比，同地球上生命进化的 35 亿年相比，同猿进化成人的几百万年相比，同智人进化的 20 万年相比，目前被称为现代人的智人—人类进化才 1 万年，有文字记录的人类社会进化才 5000 年，工业—信息社会进化才 300 年——后面这三个数字真是太短了！可是，就在这短短 1 万年、5000 年和 300 年里，进化获得了越来越快的加速度，不但人类总数达到 73 亿人遍布五大洲成了万物的主宰，而且人类创造的文明完全改变了地球的面貌。

这一切是怎么发生的？为什么进化会获得这样快的加速度？答案是：人类及其社会获得了一套全新的进化机制——自创造进化机制。

自创造的主体是人，人是社会系统的元素。社会系统是建立在生态系统基础之上的由人组成的生产人、文化产品和物质产品的自创造系统。作为社会系统元素的人是社会系统内部的文化信息生产者，正是人的意识进化、精神创造、文化遗传和科技创新继续推动进化以越来越快的加速度向上，向更高的水平上升。

在 1 万年前的采集—狩猎社会里，人的生产是占第一位的生产；人在向自然索取并同严酷的自然环境作斗争的过程中勉强维持自身的再生产。

物质生产和文化生产都起步了，可是还处于从属地位，处在很原始的低级阶段。除身体内部的生物遗传之外，人类开启了身体之外的社会—文化遗传——口头创作和生产经验口口相授，技能和手艺代代相传。

到5000年前的农耕—畜牧社会，一半靠自然一半靠人力，物质生产逐渐上升为占第一位的生产。由于符号语言和文字记录的出现，社会系统内出现了文化积累和文化信息库，于是在生物DNA遗传基因之外进化出了社会—文化S—CDNA（Social-culture DNA）遗传基因。正是新出现的这套社会—文化遗传基因（S—CDNA）遗传机制推动和加速了进化。

到300年前的工业—信息社会，在前期，尽管物质生产仍然是第一位的生产，可是，那个时代的工业生产已经是人运用科学技术进行人工产品和人工系统的生产，科学技术逐渐上升为第一生产力；到后期，进入信息社会，白领职员人数超过蓝领工人，知识阶级上升为领导阶级，文化—信息生产成为占第一位的生产。在人类社会系统中，形成了教育、科研和生产这三个系统自催化和交叉催化连锁的超循环圈，正是它在推动人类文明以很高的加速度向上进化。

生物遗传过程信息流向的中心法则是DNA→RNA→氨基酸→蛋白质→表型→群体，社会—文化遗传信息流向的中心法则是心灵→文化→教育→人→科研→生产→社会。所不同的是，在社会—文化遗传的每个环节上运作着的都是人，而每个人都有能接收、处理和生产文化信息的大脑，因此每个人都是一个文化信息的原始变异点，自创造进化原点。进化不再仅仅依靠生物遗传信息（DNA）自复制过程中发生的随机突变，而是主要依靠社会—文化遗传信息（S—CDNA）遗传过程中发生的自创造突变。

自创造突变以灵感的方式出现，而灵感可看作是人头脑中的意识微涨落。大量的灵感是心灵无中生有的涌现，也有的是长期思索之后的恍然大悟，还有的是逻辑—数学推导得出的新结论，以及归纳试验结果得出的新命题。它们表现为新思路、新想法、新概念、新公式、新判断、新构想和新设计。在社会系统众多成员的头脑中，可以说每时每刻和每日每天都有大量灵感涌现，可是99.9%要么是创新意义不大随即消失，要么是在文化专制主义的社会环境中被幽闭。可能只有0.1%灵感既是有文化创新意义的，又是在一个有自由创新空间和民主选择机制的社会环境中，它们就被放大成札记、文章、书稿、构图、节目、图纸、计划或思潮，丰富和改变社会文化信息库，然后物化为文化产品、物质产品或放大成社会运动，逐渐传播开乃至传遍全球，推动社会进化并改变社会面貌。

简要地说，广义进化的第五原理是自创造原理：自创造的主体是人，人是自创造的原始变异点，自创造进化原点。人使用符号语言思维和记录文化信息，创造出社会—文化遗传基因（S—CDNA）进化机制。在社会文化遗传过程中，某些人头脑中的自创造突变—灵感通过社会竞争被记录、放大、保存、物化和传播开来，丰富和改变社会文化信息库，推动生产和社会进化。

更具体地说，广义进化的第五原理告诉我们：人类社会是自创造系统，自创造的主体是人。人是社会系统的元素，是自创造的原始变异点，自创造进化原点。人是符号动物，使用符号语言思维和记录文化信息，创造出社会—文化遗传基因（S—CDNA）进化机制。自创造突变—灵感在社会成员的头脑中随机涌现，绝大多数自生自灭，极少数既有文化创新意义，又在一个有自由创新空间和民主选择机制的社会环境中，它们就被放大成札记、文章、书稿、构图、节目、图纸、计划和思潮，丰富和改变社会文化信息库，然后物化为文化产品、物质产品和放大成社会运动，逐渐传播开乃至传遍全球，推动社会进化并改变社会面貌。

“人类史”研究杂谈

叶文虎[*]

引　子

我不是从事历史学研究的人，一个偶然的机会，通过孙岳先生的介绍，才得以接触了由北京首都师范大学刘新成校长领导的人类史（又称全球史）研究团队，才知道有这么一个研究领域。

在这个学术领域，我没有资格写什么论文，但孙岳先生坚持要我写一篇文章，一方面盛情难却，另一方面又实在无“论”可文。无奈之下，只得写个“杂谈”交卷。杂者无体系可言也，谈者想到什么就说些什么之谓也。

一　什么是人类史

这个问题对于历史学界的专家们而言，应该不是个问题，但对我而言，则是个思索良久仍未能清晰的问题。

人类史，顾名思义，应该是指地球上自有人类（这里先不去涉及创造论还是进化论的争论）以来，人类生存过程中大事件的记录，以及在此基础上获得的关于人类生存方式演变历程的共识。但人类在地球上究竟已经生存了多少年，我们无从得知，只能待考古学家们的研究。现在我们只能

* 作者简介：叶文虎，教授，博导，主要研究方向为环境科学、环境社会系统学，现任北京三生环境与发展研究院院长、北京大学中国持续发展研究中心主任及北京老科技工作者协会总会会长。

凭借不到一万年的口头传说和文字资料去猜想和拼接。

地球上的人类生存于不同的自然环境条件之下，由于他们人种不同，民族不同，信仰不同，文化不同，因而他们生存方式的演变过程也会不尽相同，不可能是“步调一致”的，虽有交流和碰撞，仍很难完全一致。

再有，人类史，既可以界定为人类在自然环境中求生存（生存方式演变）的历史，也可以理解为人类在求生存的过程中，人与人关系的演变史。这是两个不同的视角，没有高低、正误之别。不过我个人一直觉得应该把这两个视角整合为一。

在这个整合起来的视角中，人类史可以理解为是在以人与自然相互作用为基线基础上的人与人的关系史；是在不同人群相互作用逐步增强情况下，各种生存方式在互动过程中演变史的总和。

二 在人类史研究视野中“社会”的地位及其作用

我以为，在人类史研究中一个无法避开的问题是：什么是“社会”？以及“社会”在人类史中的地位和作用问题。

作为自然界中的一个物种，人类在自然界中的生存，早先一定是（一种猜想）依赖个体人的体力、体能去和自然界中其他生物相互作用来取得的。若干年漫长的生存经历，使人类认识到自己作为个体人的生存能力是很小的，既战胜不了豺狼虎豹，又战胜不了细菌病毒，更战胜不了风雨雷电。但求生存的本能，又使人类不会因为自己弱小而束手待毙。慢慢地，不知又经过多少年，人类又进一步认识到，结成群体才能使求生存更有可能。

自此，人在与自然相互作用中求生存的关系就转化为在人类群体与自然相互作用中求生存的关系。由此可见，结成群体不仅是人类繁衍后代的需要，更是使生存更有保障的需要。

我们也可以猜想，人类群体形式，也在漫长的时间过程中发生有时缓慢、有时快速的改变。早先极有可能是低效率的“一窝蜂”形式，然后慢慢地就出现了目标明确前提下的分工，随后，这些“分工”又慢慢地相对稳定下来，直至固定下来。所谓“分工的固定”既指在群体的行动中，各个体人任务有明确的划分，各种任务之间的联系和衔接有明确的组织，进

而人与人之间关系也有了明确的规定。我们后人就把这些明确了的关系的总和统称为"秩序"，并把建立了"秩序"的人群称为人类社会。我以为这一"猜想"似乎也可以作为对"社会"这个词语在概念上的界定。

若果如此，我们可以得到以下几点认识：

（1）"社会"是人类在求生存的目标下与自然环境相互作用的产物，一个比物质和精神产品更重要、更有基础性作用的产品。

（2）是否建立了"秩序"是判断一个人群是否构成为"人类社会"的根本标志。

（3）"社会"出现以后，个体人既不能脱离自然环境生存也不能脱离"社会"生存。从而，通常所说的人与自然的关系和人与人的关系实际上都是体现在社会与自然的关系和社会与人的关系之中。

（4）因此，"社会秩序"既应包括人类在自然界中求生存的秩序，又应包括人与人之间的分工合作的秩序。

（5）总括以上几点，我们似乎可以得出一个对"人类史"的粗略看法，即，人类史的核心和主线应是人类生存方式的演变史，更具体的则应是人类社会"秩序"的演变史。

三　人类生存方式演变的根本原因是什么

今天，人们已认识到，人类的生存方式一直处于不停的演变之中，时快时慢。稍微年长一点的人都可以通过自己的亲身经历感受到人的生存方式的演变。事实上，若不发生演变，人类史也就无从谈起了。

前面多次提到"生存方式的演变"，这里的"生存方式"指的是什么呢？我在其他文章中曾提出，我所说的"生存方式"指的是人类社会的组织方式、生产方式和生活方式。在这个意义上，不难看出，人类的生存方式是随着时间和空间演变的。

人类的生存方式发生演变是个不争的事实，但发生演变的原因，是需要研究和探讨的。当然，随着观察和思考的视角不同，很可能会得出不同的看法和结论。

如果从个体人的行为方式来考察，我们只能看到人的生产方式和生活方式的演变，无法看到人群组织方式的演变。而如果从社会行为的角度来考察人类社会的演变，则能看出生产方式、生活方式和组织方式的共同演变。

我以为这样来认识“人类的生存方式”这个词语的内涵，可能对“人类生存方式的演变”的认识能够清晰一些。

当然，如果我们把“人类的生存方式”视为人类“文明”的真正内涵，那么，显然可以认为，人类史就是人类文明的演变史。

下面，将我对人类生存方式演变的一些初步认识以表格形式给出：

方式 时代	生产方式	生活方式	组织方式
原始文明	渔猎、采集	群居	头人、巫师、奴隶主主导， 分工合作处于萌芽状态
农业文明	种植、畜牧养殖	聚族而居 与逐水草而居	君王、僧侣、地主主导， 分工合作初步体系化
工业文明	规模化社 会大生产	户居	政党、政府和资本主导，分工合作制度化

说到这里，只是想说明，人类的生存方式，或人类的文明是一直处于演变之中的。尽管时间跨度很大。不论时间跨度有多大，或者说演变的速度有多慢，演变一直是在进行。我想，我们的人类史研究的任务似乎应该从这些演变的史实中，探究发生或推动发生演变的根本原因。

我以为，推动演变发生的根本原因在于人的内心中存在着一个“本能”的追求，即追求持续的生存，追求更有保障的生存，追求更加健康、更加满意的生存。我们将这种追求称为“本能”，是作为一种先于经验的的认定。也就是说先不考虑这种追求是如何进入人的内心的。

基于这一“追求”的本能性，任何时代的人类总是对自己当前的生存方式存在着或多或少、或大或小的不满意，总是想努力去改变它。我以为这是人类生存方式和人类文明不断演变的根本推动力。如果说得再直白一些，就是人们对现实的不满是社会进步的原动力，不断满足这种追求的努力和阶段性的进展才是“发展”一词的根本含义。当然，演变是一个量变

的过程，当这种量变积少成多，从而引起质变，人类的生存方式就从一种类型改变为另一种类型。于是人类的生存方式和文明就发生了演替。

四　人类生存方式的演替是否有规律可寻

在历史上，人类的生存方式已发生过多次演替。其中，有无内在规律可寻，是一个值得探究的大问题。若有规律可寻，我们可以依据这一规律调整自己（社会的）的生存方式，让演替顺利、平稳地推进，也就是说可以让人类为社会的进步和发展少付些代价。

规律的探究，要从人类生存方式的转折中去寻找，当然，本文不可能对此进行深入的研究，只能对这个问题从宏观上做些粗线条的思考。

可以想见，当人类生存于原始文明时代时，生存是极其艰难且缺少保障的，于是人们走上了一条依靠群体，依靠分工合作，提高生存的保障的路。后来，人类生存于农业文明时代，但生活水平仍是十分低下，日出而作，日落而息，难以温饱，因此"迅速提高劳动生产力，以便生产出更多的生存必需品"成为当时社会的最具时代意义的需要。于是，技术创新得到了极大的推动。伴随着蒸汽机的发明，人类社会的生产方式和生活方式，进而人群的组织方式又发生了一次历史性的转折。人类在工业文明时代的生存方式与在农业文明时代的生存方式相比，发生了十分重大、极其深刻的改变。

今天，我们已在工业文明时代生存了数百年，一方面在享受工业文明所带来的物质成果，另一方面又感受到生态环境的危机，社会公正的危机，以及精神道德的危机，从而对这一生存方式又积聚了大量的不满。我以为，这意味着人类的生存方式又将面临新一轮的转折。我们姑且把继工业文明之后的人类生存方式称为生态文明的生存方式（我始终认为还是称为环境文明的生存方式为好）。这一新的生存方式有可能从源头上消除上述这三大危机。

综上所述，我们是否可以认为，人类史，或人类生存方式的演替，规律就在于每一种新的生存方式都应因为前一种生存方式在某些方面严重背离了人们内心中所存有的对"发展"的真正追求，即对更有保障、更加健康、更加幸福生存的追求。或者说每一种新的生存方式之所以能够出现，都是因为在技术创新、制度创新和思想观念创新的合力推动下，它能够消除前一种生存方式所带来的生存危机。

依我看，整个人类史，应该是一部人类生存方式的演替史。我期望，在不久的将来能看到这一方面著作的问世。

附：

论人类文明的演变与演替*

叶文虎

摘　要　本文从整体论视角出发，从讨论文明的概念和表现入手，对“文明”和“社会”的定义进行了新界定。文明是指人群在特定历史时期的生存方式以及居主导地位的主流价值观。文明的实质是人类（社会）对人与自然关系的看法和对待，或者说是认识和行为。在此基础上分析了人类文明演变的历程和今后的走向，剖析了人类的生存方式（人类的生活方式、人类的生产方式和人群的组织方式）在原始文明阶段、农业文明阶段、工业文明阶段的不同样式，提出了当今人类正处于由工业文明时代向新的环境文明时代转折的过渡阶段的论断。正确认识人类文明演变和演替的规律对任何一个国家和民族来说都是至关重要的。要实现中华民族的伟大复兴，就必须清楚地认识到当今人类所处时代的特点，特别是要对当今人类文明的演变与演替有一个正确的认识和把握。

关键词　文明、社会、演变与演替

在日常生活中使用，文明与野蛮或不文明相对，往往指“正确”的生活方式和行为举止，是一种带有价值判断的概念。在考察人类社会的发展过程时，文明往往被用来描述人群的生存状态以及对形成和维持这些状态

* 本文原载《中国人口·资源与环境》2010 年 4 月第 20 卷第 4 期，第 106—109 页。

起主导作用的观念。笔者在考察研究社会发展规律和走向时，把“文明”一词的概念界定为：人群在特定历史时期的生存方式以及居主导地位的主流价值观。这里所谓的生存方式包括生活方式、生产方式和组织方式。

一 “文明”的实质

从上述概念出发不难理解，文明的实质是人类（社会）对人与自然关系的看法和对待，或者说是认识和行为。

以“人与自然的关系”为基本判据或标准，可以把迄今为止的人类社会发展史或人类文明史分为三个大的历史阶段：原始文明时代、农业文明时代和工业文明时代。今天，我们正处在由工业文明时代向一个新的文明时代转折的过渡时期。笔者称之为环境文明时代。

二 “文明”的外在表现

文明是“人们对人与自然关系的看法和对待”，而“看法和对待”又是因人因时因事而异的。用心去观察现实会发现：“人们的”看法和对待是和“社会的”看法和对待紧密相连、相互影响的。或者说，“人们的”看法和对待受“社会的”影响和制约。

由此，我们可以认识到，在深层次上，“文明”表现在特定历史时期中“社会”对“人与自然关系的看法和对待”上！

（一）社会的新概念与新定义

我们天天都生活在“社会”里，人人都以为自己知道社会是什么。相关书籍和词典中大都是说，“社会是由人组成的，是人与人关系的总和”。

在自然界中，不论是体力还是体能，人都不是最强大的。单个的人要想凭自己的力量在自然界中活下去，是非常困难的。因而，必须依靠群体，靠人群中的分工合作才能使自己有保障地活下去。

久而久之，“依靠群体与自然作用来生存”就成为一种习惯，成为一种认识，成为一种观念。所谓“依靠群体与自然作用来生存”成为习惯，就是习惯于在合作目标下按分工进行活动。

把这种习惯称为“秩序”，就可以很容易地认识到：社会（在本质上）是一个“形成（建立）了秩序的人群”（“秩序”凸显了“习惯”中已被法律形式硬化了的部分）。这是作者对“社会”的认识，是作者对“社会”的定义。

由此可见，“社会”是人与自然相互作用的一个“产物”，一个最重要的“产物”。

由此还可以认识到，所谓不同的社会，实际上指的就是“秩序”不同的社会；而所谓社会发展，实际上指的是“秩序”发生了改变。由此可见，“秩序”当然地体现出人类对人与自然关系的看法和对待。也就是说，文明表现在“社会秩序”中。

（二）社会秩序的三大组成部分

社会秩序主要体现在人类的生活方式、人类的生产方式和人群的组织方式三大方面（或三大组成部分）。这三大方面合并起来称为人类的生存方式，它们在人类发展的不同时期有不同的样式。

1. 原始文明时代

在远古时期，人类靠个人打猎、捉鱼和采摘植物的果实为生，这既是生活方式又是生产方式。这时，还谈不上有什么明确的组织方式。在这个时期，“努力在自然界中求生存”是唯一的追求，唯一的目标。人类在求生存的长期实践中深刻地体认到自然的强大和自己的渺小，从而发自内心地对自然产生畏惧，从畏惧自然界中的“物”（山、水、树、狮、虎、鹰等有生命的和无生命的）到畏惧自然界中一切自己不能理解的“现象”，如风、雨、雷、电等，进而在理念上认识到自然界中蕴藏着巨大的、人类不可抵抗的力量。于是，在人类的心目中形成了“人类只有敬畏自然并遵从自然界的‘意志’去行动才能得到生存”的观念。笔者把这个时期称为人类的原始文明时代。

2. 农业文明时代

后来，在距今约一万年前，人类学会了用火，学会了制作工具，在自然界中求生存的能力逐步增强，分工合作在求生存活动中的作用也日益显现。于是，种植、养殖、放牧和加工活动逐渐成为人类的主要生产方式；“逐水草而居”，“聚族而居”，“傍湖海而居”逐渐成为人群的基本生活方式。在这种情况下，交换生活所需物品的“市”和保卫自己生存空间的“城”先后出现，人群中能把大家组织起来去与自然作用，并带领大家防止其他人群伤害自己的领头人开始出现。于是，原始的组织方式也开始形成。

至此，一种新的生活方式、生产方式和组织方式形成了，“秩序”形成了，从而“社会”出现了。相应的，人们的观念也发生了重大的改变。

首先，人对自然的看法和对人与自然关系的看法发生了变化。这时，人类虽然继续在习惯性地敬畏自然，但同时也出现了“天变不足畏”的声音，一方面倡导“顺其自然”，另一方面又相信“趋利避害”。另外，在人与人的关系上，尝到过“分工合作”甜头的人提倡“和”，而尝到过“弱肉强食”甜头的人则把“竞争”说成是自然的“法则”，等等。

在这些变化的基础上，人类的“财富观”不但形成了，而且在悄悄地变化着。先是把能提供生存必需品的自然资源，如土地、森林、草地等作为财富，后来又把能将自然资源变成生存必需品的劳动力作为财富。为了生存得更好和更有保障，人类逐渐增强了对财富“积累”的重要性的认识。在这些观念的支配下，不同人群之间争夺（或保卫）土地和劳动力的战争不断发生。为了战争的胜利，各个人群内部的生存方式（生活方式、生产方式和组织方式）和观念也不断地发生改变。这个时期称为农业文明时代。

在几千年的农业文明时代中，人类的生存方式、主流价值观日趋明确和稳定，社会秩序也逐步被道德和法制固化，并且被奉为是“天经地义”。期间，科学技术得到了迅速发展，许多观念也逐步被“异化”，比如“社会秩序”和“积累财富”，其原初目的和意义在于使所有人的生存都能更有序高效，更有保障。而后来，积累财富成了生存的目的；秩序变成少数人控制、剥削多数人以聚敛财富的合法外衣。这种观念发展到极端，科学技术也不再是人类对养育了自己并受到自己敬畏的自然环境的了解和认识的活动，而成了人类为聚敛财富而向自然界进行无度索取的工具和手段。

3. 工业文明时代

农业文明充分发展以后，被奉为“天经地义”的社会秩序和观念走向了自己的反面，成为人类谋求更好和更有保障生存的桎梏，从而遭到越来越多的人的质疑。科学技术的发展则为人类在人与自然关系中取得更加主

动、更加有力的地位提供了可能。

于是，在距今200多年前，欧洲率先爆发了工业革命。从此，一种全新的社会秩序和主流价值观逐步取代了农业文明的社会秩序和主流价值观，科学技术得到了更加迅猛的发展。人们把这以后的历史时期称为工业文明时代。

在短短不到300年的工业文明时代，社会秩序和价值观就像原子能的裂变反应一样，使人类社会也发生了“裂变”反应：集聚财富的追求，驱使科学技术突飞猛进地发展，从而使人类社会向自然索取的能力迅速增强，人类的“自我中心”意识恶性膨胀，在观念上从“敬天畏地”、“顺应自然”变为“征服自然”、“主宰自然”；在行为上，社会秩序以“财富”为中心被不断完善。结果，人与自然的关系逐渐走向“对抗”，不断恶化。人与人的关系，从“合作”走向“争斗”，日趋紧张，致使三大危机在全世界迅速蔓延、扩展并集中爆发。当然在这期间，人们在激化三大危机的同时确实也在努力去缓解和消除三大危机，进行了许多理论和实践的探索，但都无济于事。

危机的出现在人们内心的深处引起了巨大的不安、恐慌和忧虑。但追求健康、幸福、有保障生存的本能又驱使人们去解决它。于是，人们不得不反思，反思自己走过的道路、习惯的生存方式和发展行为，以及自己在这些行为背后的思想与观念、理论和方法，反思“无济于事”的原因。

反思的结论是：工业文明的主流观念和社会秩序不能再继续沿用，人类必须去寻找新的发展道路和模式，建立新的社会秩序与相应的主流价值观。也就是说，人类必须自觉地走向新的文明时代。

（三）社会秩序的基本特征

首先，社会秩序体现了环境—社会系统的整体性。

“环境—社会系统”是笔者在1999年提出的一个理论概念，它是指由自然、人和社会构成的一个三元互动的整体。在这个整体的运动过程中，自然、人和社会都在不断地发生着变化。这些变化有先有后，相互激荡，相互制约。社会秩序则是这些变化的集中反映和体现。

其次，社会秩序具有特殊的自维持性。社会秩序一旦形成，就要求自然和人按照这个秩序去运行，也就是说，要求环境—社会系统按照这个社会秩序去运行。不论这样运行下去的结果是好是坏，是有利还是不利，都不允许违背，不允许违反。这就是说，社会秩序具有维护自身权威性的强大力量，社会秩序只有在由它自己造成而自己又不能解决的危机的压力下，才会被迫发生改变，或者说，社会秩序的改变总是要滞后于社会实际运行规则的演变。

三　文明的演变与演替

从前面的阐述中，我们可以知道：

（1）文明是对社会的存在形态和其主流价值观的整体表述。不同的文明代表着社会的不同存在形态和不同的主流价值观。同时我们也知道，社会是以“秩序”为其根本标志的，所以，从认识社会秩序的变化与改变入手可以真正认识到人类文明的演变与演替。

（2）社会一旦形成，它就通过“社会秩序”去左右人对自然的作用和人与人的互动，从而使人和自然都发生改变，最终，社会自身也发生改变。由此可见，社会是一个不同于自然也不同于人的第三个独立元素。

（3）从整体论的视角看，自然、人和社会构成一个“三元互动”的整体，即“环境—社会系统”。这个系统处于不停的运动、变化之中，其原动力来自人类对更加健康、幸福和安宁生存的本能追求。在这一追求的驱动下，社会用它已有的秩序去处理人与自然的关系和人与人的关系，从而使“环境—社会系统”运动起来，而运动的结果当然是自然、人与社会都发生变化。

（4）所谓“社会的变化”，以往大多只注意社会结构和社会秩序方面的变化，很少去注意其背后深层次的原因。笔者认为，所谓“社会的变化”在根本上是“社会与自然的关系”和“社会与人的关系”发生了变化，而且这两个关系的变化又是以“社会与自然的关系”为主线缠绕在一起的。

基于这一视角，我们可以认为，“环境—社会系统”运动的内因是其内部两大基本矛盾的耦动。第一个基本矛盾是人类（社会）对物质财富积累追求的无限性和自然界支撑能力有限性之间的矛盾；第二个基本矛盾是人对所获得的物质财富的公平、公正追求的无限性和社会秩序公平、公正

分配物质财富能力的有限性之间的矛盾。

这两大基本矛盾始终是交织在一起发挥作用的。而人们往往把它们分离开，只看到一个基本矛盾的作用，看不到另一个基本矛盾的作用。实际上，人类历史上的一切动乱变化无不是出于争夺自然资源和生存空间的所有权和支配权的需要，都是这两个基本矛盾交织作用的结果。“赤地千里”和“兵荒马乱”相继发生，“天灾”与“人祸”接踵而至，都是交织作用的真实写照。

（5）人类文明的演变和演替是一个从量变到质变的过程。当社会秩序在可调范围内作出调整，使两大基本矛盾不激化，文明就在缓慢地变化（演变）；而如果到了不管对社会秩序如何调整，两大基本矛盾都不能得到缓和，反而更加激化的情况下，社会秩序的自维持功能就失效。这时，原有的社会秩序就会崩溃，并被一种新的社会秩序所替代。这种情况被称为文明“演替”。农业文明取代原始文明，工业文明取代农业文明的历史都是这一看法的佐证。

四 当今人类正处于由工业文明时代向环境文明时代转折的过渡时期

综上所述，迄今为止人类的文明史是一个“文明时代不断更替”的历史。“不断更替”是因为人类历史上出现过的这些“文明”都没能（实际上是不可能）找到妥善解决两大基本矛盾的理念、方法、途径乃至具体形式。

在原始文明时代，人类的生存只能“听天由命”，完全谈不上什么健康、幸福和有保障地生存。所以，原始文明虽然维持了几十万年，最后仍必然地“演替”为农业文明。

到了农业文明时代，人类的基本生存得到了保障。但随着生产力的发展，随着物质财富被迅速地创造，人类对自然环境的冲击（索取）迅速加大。于是，自然环境的承载能力不断降低，人类社会与自然环境的关系在逐步恶化。部分人群为了集聚和享受更多更奢华的物质财富，通过“社会秩序”的制定，把人群中的合理“分工”异化为等级加以“固化”和“强化”，把“合作”异化为权力加以“维护”和“巩固”，从而使人类社会中的贫富两极分化成为不可遏制的趋势。最终，在两大基本矛盾的共同作用下，农业文明维持了一万年左右，也就必然地被“演替”为工业文明。

工业文明出现的内在原因主要是人们对农业文明时代社会内部不公平、不公正的等级制度不满，特别是对贫富两极分化的状况不满。另外，由于人类在农业文明时代的末期已掌握了较高的科学技术和向自然作用的能力（生产力），于是就错以为，只要“秩序”能给每个人以创造和享用物质财富的“民主”，只要“秩序”能给科学技术发展以“自由”，物质财富就会不断增加，人和人之间的“公平”就会实现。基于这种认识和理念，工业文明用一种全新的发展理念和价值观，构建出一套全新的社会秩序，在不到三百年的时间里，迅猛地释放出科学技术的巨大能量，空前地创造出无与伦比的物质财富。于是人们的生活方式、生产方式和组织方式都发生了根本改变，从而自然、人和社会以及它们的结构和互动关系也发生了深刻的改变。人类认为自己可以成为“大自然的主人”，能够“征服和主宰自然”，人群中的“精英”们认为自己能够成为“愚民”的救世主，能教导“愚民”们如何去生活，如何去思考。

现在，人类按照工业文明的这种“模式”生存、发展了近300年，两大基本矛盾缓解了吗？没有。历史现实告诉我们：不但两次世界大战都发生在工业文明时代，而且第二次世界大战以后的65年来，世界各地的局部战争也从未停止过。各种危害人类健康生存以及保障生存的危机，如粮食危机、能源危机、金融危机、环境危机，瘟疫、疾病等此起彼伏，周期性地发生，日益激化且集中爆发。尽管人类对工业文明的理念和“社会秩序”也曾作过许多修补和调整，然而，结果也是“无济于事”。三大危机不但没有丝毫缓解，反而日益加深和激化。再继续这样“发展”下去，我们能够相信人类能生存得更加健康、更加幸福和更加有保障吗?

答案显然是否定的。

现实情况表明，人类寻求一种新的发展模式和生存方式的追求是必然的。也就是说，工业文明必然要被一种由新的价值理念主导的文明所取代。而今天，我们则正处在这种“取代”的过程中。

五　结束语

正确认识人类文明演变和演替的规律对任何一个国家和民族来说都是至关重要的。

在人类文明转折的关键时刻，认识上的滞后与行动上的迟缓使我国一落后就是数百年，中间虽有无数志士仁人为之奔走呼号，奋勇捐躯，却收效甚微。可以说，直到今天，我国的工业化还未完全实现。但是，整个人类文明已经进入由工业文明向新的文明过渡的阶段，我们何去何从，作什么样的选择，对中华民族伟大复兴事业的成败而言，是至关重要的。换句话说，要想让中华民族复兴的愿望落实在实际行动中而不是口头上，就必须在思想上、理论上清楚地认识到当今人类所处时代的特点，中国面临的形势和要破解难题的关键点，特别是要对当今人类文明的演变与演替有一个正确的认识和把握。

参考文献

叶文虎:《建设人与自然和谐相处的社会》,《马克思主义与现实》2005 年第 4 期。

叶文虎:《创建中国发展新模式》,《中国发展》2009 年第 1 期。

叶文虎:《论环境文明社会建设》,《中国发展》2008 年第 1 期。

大历史、小历史与人的历史

孙岳*

摘　要　作为一种历史现象，“大历史”在20世纪末的问世和21世纪的异军突起，颇值得史学界关注。大历史有多个版本，其共性自然是“大”，主张以超越既有专业史学的宏大视角重新审视整个人类或某个区域的历史。不过有意思的是，与此同时，“小历史”也颇为张扬；事实上，由“大历史”观之，我们常见的历史研究大多可归入“小历史”的范畴。人类在或大或小的历史叙述中要么变得异常遥远和抽象，要么异常狭隘。人类书写的历史自然应该凸显并关注人类，那么如何在各种大小历史中既能够廓清人类社会的发展轨迹、彰显人的价值又能够保持史学的传统优势甚或真的实现“以古鉴今”，为人类未来的可持续生存指明方向，这是颇值得史学家反思和探讨的。

关键词　大历史、小历史、人的历史

“大历史”的关注与启迪

在20世纪末21世纪初兀然问世的“历史”中，令人炫目的莫过于“大历史”。在中国，有黄仁宇的《中国大历史》，有赵世瑜的《小历史与大历史》等，在国外，有大卫·克里斯蒂安的《时间地图——大历史导论》，弗雷德·斯皮尔的《大历史与人类的未来》等，不一而足。

---

* 作者简介：孙岳，首都师范大学外国语学院副教授，《全球史评论》执行编辑。

黄仁宇为什么要称“中国大历史”呢？在作者看来：“中国过去一百五十年内经过人类历史上规模最大的一次革命，从一个闭关自守的中世纪的国家蜕变为一个现代国家，影响到十亿人口的思想信仰、婚姻教育与衣食住行，其情形不容许我们用寻常的尺度衡量。”[①] 故而在书中采用了“归纳”“综合”法，且是“从技术的角度看历史，不是从道德的角度检讨历史”[②]，考察“缘何中国的文明未能发展出资本主义”这一问题，就把关注点集中在财税制度上面。

而在赵世瑜看来，“大历史”就是那些“全局性的历史，比如改朝换代的历史、治乱兴衰的历史，重大事件、重要人物、典章制度的历史等等”，作者的意图很明确，是以“小历史”——“那些‘局部的’历史：比如个人性的、地方性的历史，也是那些‘常态的’历史：日常的、生活经历的历史，喜怒哀乐的历史，社会惯制的历史”——还原“传统史学”的根基，这是因为“以往我们的传统史学多对后者进行研究，本身没有多大问题，也取得了许多重大成果，但问题出在人们用某种绝对化的、单一化的宏大叙事模式去研究这些问题，抽去了这个‘大历史’的生活基础”[③]。

相比之下，国外“大历史”的规模显然要比前述二种“大历史”大得多，一句话，“大历史试图以统一的跨学科方式了解宇宙、地球、生命和人文的历史”。借用克里斯蒂安的话说，“大历史”是一种“试图在所有可能的层面上理解过去”的历史，甚至涵盖整个宇宙，并“同时关注历史的偶然因素及细节和能够廓清细节的大的格局”，或可称之为一种“全面、统一的关于已知世界或宇宙的历史”[④]，且植基于现代自然科学的基础之上，并为此发明了一系列别有新意的核心观念，如“集体知识”、“能量

---

① 黄仁宇：《中国大历史》，生活·读书·新知三联书店2007年版，中文版自序，第8页。

② 而在有些史学家看来，“伦理”恰恰是中国传统史学的核心，比如可参见施耐德（Axel Schneider）《民族、历史与伦理——中国后帝制时期史学之抉择》，（台湾）《新史学》2008年6月第19卷第2期，第47—83页。

③ 赵世瑜：《小历史与大历史——区域社会史的理念、方法与实践》，生活·读书·新知三联书店2006年版，第10页。

④ David Christian, "The Return of Universal History," *History and Theory*, Vol. 49, No. 4 (Dec., 2010), p. 7, n. 2.

流”、“金凤花原理”等作为叙述的线索。①

上述诸多“大历史”的共性至少有二：其一是“大”，虽规模有所不同，却均超出了传统史学的框架，属“史无前例”；二是对整体人群的关注，尤其是国外的“大历史”，更表现出对整个人类在宇宙中的命运的极大关注。正因如此，黄仁宇的“大历史”在中国遭学者们的“热议”，被赞为一代学人对自己民族历史的整体反思并因此“不会萎缩”②，在教学中成为一部重要的参考书，在市场上也颇为畅销；有学者称赵世瑜的《小历史与大历史》是当代中国历史学界的一场“区域社会史的革命”，因为它“对于质疑、重新思考甚至颠覆传统史学的政治史范式、历史叙述框架以及历史阐释模式，无疑具有重要的理论价值和实践意义”③；而“大历史”在西方更是炙手可热，受到了史学大家（威廉·麦克尼尔等）和实业界名流（比尔·盖茨）的首肯和支持，成立了组织（国际大历史协会），建立了网站，召开了大会（2012 年 8 月 2 日至 5 日）。威廉·麦克尼尔盛赞克里斯蒂安的专著《时间地图：大历史导论》，甚至将其与牛顿和达尔文在科学史上的成就相提并论。④

不过平心而论，“大历史”在国内国外均不乏贬抑之声，此处暂不论；对于“大历史”，尤其是国外的“大历史”，我们姑且说它对当今史学的贡献在文化上的启迪作用，或者说它的问世本身即向世人和专业史学家发出

---

① 有关介绍和评论可参见刘耀辉《大卫·克里斯蒂安的“大历史”观述略》，《国外理论动态》2011 年第 2 期，第 92—96 页；刘耀辉：《大历史与历史研究》，《史学理论研究》2011 年第 4 期，第 38—50 页；朱卫斌：《“大历史”与中国高校世界史教学评论》，《历史教学》（高校版）2012 年第 1 期，第 67—70 页；孙岳等：《大历史：在宇宙演化中书写世界史》，《光明日报》2012 年 3 月 29 日第 11 版；Sun Yue，“The Tao of ‘Big History’：Chinese Traditions，” in Barry Rodrigue，Leonid Grinin，Andrey Korotayev，eds.，*From Big Bang to Global Civilization*：*A Big History Anthology*，Berkeley，CA：University of California Press，2012，in press。

② 比如可参见萧功秦《大历史的魅力》，《中华读书报》2004 年 8 月 4 日第 11 版。该文称黄仁宇的“大历史”是“以关照一个民族命运作为考察视角的、从总体上透视一个国家兴衰演变的历史，在黄仁宇看来，一个民族的精神历程，只有用鸟瞰的方法才能得到最清晰的认识”。另可参见黄仁宇《万历十五年》，中华书局 1982 年版；黄仁宇：《大历史不会萎缩》，广西师范大学出版社 2004 年版。

③ 参见周祥森、张香凤《区域社会史的革命——评赵世瑜著〈小历史与大历史〉》，《史学月刊》2007 年第 12 期，第 5—20 页。

④ ［美］威廉·麦克尼尔：《序》，载大卫·克里斯蒂安《时间地图：大历史导论》，晏可佳等译，上海社会科学院出版社 2007 年版，第 1 页。

了一个信号，足以令我们反思：我们自身所从事的历史研究是否视野过于狭隘？我们书写的历史是否缺乏对人类应有的关怀？我们的历史研究成果是否仅供学术参考或娱乐之用而无力满足读者追根溯源、寻求精神归宿的高层次需求？为什么我们自诩学术质量高超却反而缺少魅力或应有的影响力（说服力）？①

首先，“大历史”的问世令史学家开始重新思考一个经久不衰的老问题：究竟“历史是什么？”

> 究竟历史是什么？大多数人认为历史是过去发生的事情，但究竟是如何久远的过去？是自有文字记载开始？但对没有文字记载的文明该如何考证？历史究竟该指什么？——是帝国，民族，城市，还是村庄，家庭抑或某个地方一位孤独的隐修士的历史？历史为什么仅是人的历史？难道人的生存环境就不属于历史吗？如是，那么历史究竟该具有什么样的规模，在时间上该向前推进多远？如果这种思路正确的话，那么历史为何仅涵盖地球和太阳系？为何不能一次推进到宇宙大爆炸的开端？②

如果说每个时代都有必要重新书写自己的历史的话，③ 那么，其次，“大历史”的问世是否从反向说明：我们现在正处于“关乎人类生存的种种不确定性”之中，“核武器、生态危机俨然跨越了众多国界”，而与此同时，迄今被奉为传统的专业史学却异常“狭隘、不合时宜”，困守于“民族、宗教和文化分立的历史叙述”，甚至整个人类都缺乏一种“定位感”和“归属感”，所以“大历史”的功用就是为世人提供一部“现代创世神

---

① 有史学家已经注意到了这个问题，认为严肃的史学作品完全可以且应当“以通俗易懂的方式”表现出来，否则便会让“商业化、媚俗化”的所谓作品或商品引领社会的“历史消费”，见孟广林《大众文化潮流中的“历史消费”——当代西方“通俗史学”一瞥》，《光明日报》2012年4月19日第11版。

② David C. Krakauer, John Gaddis, and Kenneth Pomeranz, “Editors' Column: An Inquiry into History, Big History and Metahistory,” *Cliodynamics*, Vol. 2 (2011), pp. 1–5, quote on p. 1.

③ See Donald R. Kelley, “History, Idea of,” in Maryanne Cline Horowitz (ed.), *New Dictionary of the History of Ideas* (Farmington Hills, MI: Thomson Gale, 2005), pp. 1005–1008.

话”和未来发展的处方,[①] 至少在“大历史”的首倡者克里斯蒂安看来是这样。或用更为实在一点的话说:“就食物、水和能源等不可或缺的资源而言,我们正处在一个转折点。照目前的消费看,需求已经远超过可持续的供给水平。从中长期看,国与国之间的竞争会因人口的增长和气候变迁的影响而日趋激烈。显然,食物、水和能源问题是相互关联的,但我们目前缺乏一种全面整合的解决框架,尤其是在全球层面。大国之间对可靠资源的争夺会导致合作的破裂。而资源的稀缺对不发达国家而言打击更大,国内或国与国之间的争端很可能演化成区域冲突。”[②]

这绝不是危言耸听;相反,时代在向史学家发出召唤:我们这个时代最大而根本的问题是整个人类的生存问题,史学该如何应对我们身处其中的这样一个世界及其发展走向呢?由此看来,“大历史”是史学对时代的一种回应,而“大历史”的问世不只能够令史学家反思,还能为世人看清这个时代,甚至找寻自身生存的意义和价值、寻求可持续发展的道路,提供有益的启示。

“小历史”与“小大历史”

历史是一门整合的学问。应该说,历史从来就是人类对已知世界整体的记忆和反思,这一普世传统要比近代以来专业史学的传统更为悠久。专业史学一方面为民族国家所囿,而另一方面好像是继承了自然科学的“成功经验”——至少是其中的“还原论”或“还原主义”(reductionism)——

① [美]克里斯蒂安:《时间地图:大历史导论》,第1—19页。其实克里斯蒂安的这一立场并不孤立,类似的忧虑和文献很多,如同克里斯蒂安一样,甚至主张人类要延续不灭,唯一可能的未来是太空移民,见《时间地图:大历史导论》,第524—528页;如Seth D. Baum,“Is Humanity Doomed? Insights from Astrobiology,” *Sustainability*, Vol. 2, No. 2 (Feb., 2010), pp. 591-603; Filipe Duarte Santos, (ed.) *Humans on Earth: From Origins to Possible Futures* (Dordrecht: Springer, 2012); Helmut Wautischer, Alan M. Olson and Gregory J. Walters, (eds.) *Philosophical Faith and the Future of Humanity* (Dordrecht: Springer, 2012); C. M. Smith, “The Extraterrestrial Adaptation: Humanity, Evolution, and Migration into Space,” in C. M. Smith and E. T. Davies, (eds.) *Emigrating Beyond Earth: Human Adaptation and Space Colonization* (Dordrecht: Springer, 2012), pp. 3-29, etc。

② Filipe Duarte Santos, (ed.) *Humans on Earth: From Origins to Possible Futures* (Dordrecht: Springer, 2012), p. 342.

从而造成史学分支的不断细化，种类繁多，数不胜数。[①] 更有甚者，不同分支学科的学者基本上不相往来，绝少交流。其结果，就是“小历史”颇盛，“大历史”稀微。

其实，上述赵世瑜的“小历史”概念界定得并不是很清晰，大致是微观的社会史或社会生活史，用以补充宏观史缺少的对地方性和底层庶民的敏感，或如程美宝所说的言及“中西交流”的时候，除了不能忘记容闳、康梁、郑观应、孙中山之外，也必须记得“大批为欧洲人提供服务的普通人，许多中西文化、生活、艺术和技术的交流”，是通过这些“边缘”的人物“特别是商人和工匠实现的”[②]。

那么在西方的“大历史”视野中，有没有“小历史”的位置呢？当然有。在克里斯蒂安看来，这个相对较小的历史就是“研究人类史”的“世界史”学科，[③] 相当于我们所说的“全球史”，因为“大历史”是要涵括整个宇宙的开端、发展、演变乃至后来星系、地球的生成、人类的问世等等，也就是说要为“世界史”做整体的背景化处理，因为只有像宇航员那样跳出“球”外才能欣赏到地球的真实轮廓，领悟“世界史”的独特性、重要性及其所要处理的问题、主题与其他学科有如何的不同。[④]

不过如此一来，“大历史”中的人类便显得异常的遥远和抽象，因为“大历史”显然是以超越人类的视角审视人类的，比之“小历史”的狭隘，恐怕是过犹不及。比如，仅把“史前人类的进化与其后人类历史的进程”归结为一个“寻求控制能量储备和流动的过程”[⑤]，仅以诸如“能量流”、“复杂性”、“金凤花原理”、“集体知识”等概念去界说人类社会的起伏变故，人内心中涌动的情感和信仰便显得天真和乏力。且与“大历史”相比

① 有关“19 世纪的自然科学对历史学的同化”，可参见王学典《史学引论》，北京大学出版社 2008 年版，第 77—81 页。

② 程美宝：《地方史、地方性、地方性知识——走出梁启超的新史学片想》，杨念群、黄兴涛、毛丹主编：《新史学：多学科对话的图景》，中国人民大学出版社 2003 年版，第 678—688 页；转引自赵世瑜《小历史与大历史——区域社会史的理念、方法与实践》，生活·读书·新知三联书店 2006 年版，第 3 页。

③ David Christian, “World History in Context,” *Journal of World History*, Vol. 14, No. 4 (Dec., 2003), p. 458.

④ Ibid., pp. 437 - 458.

⑤ Vaclav Smil, *Energy in World History*, Boulder, Colorado: Westview Press, 1994, p. 1.

较，现行各式各样的“局部的”和“常态的”历史——举凡断代史、地区史、国别史、专题史、日常生活史、人物传记，且不说一时一地的通史及历史文献——大都被归入“小历史”的范畴，这其中当然也包括黄仁宇的“中国大历史”。“大历史”是否过于狂妄自大了呢？[①]

诚然，在西方近代史学的影响下，历史研究者往往接受“小才是美”的信条，认为凡大而划一的归纳必有风险。[②] 有鉴于此，西方的“大历史”学者推出了一个折中的研究思路，这就是“小大历史”，即结合“自然史”与“人类史”的思路。且不管克里斯蒂安的《时间地图：大历史导论》是否成功将“自然史与人类史综合成了一篇宏伟壮丽而又通俗易懂的叙述”[③]，但“大历史”结合自然史与人类史的努力和初衷还是颇值得嘉许的。如果我们将人的历史在此看作是“小历史”的范畴，而将人类生活的大的背景——自然环境，甚或整个天体、宇宙的演化——看作是“大历史”的范畴，那么“小大历史”的结合非常容易造就发人深省的新的富有意义的学术。其所以“发人深省”是因为它能够让我们重新检视以往习焉不察的种种假定或结论，所以“新”是因为往往打破陈俗，让我们开辟出一片新的天地，而其所以“富有意义”是因为它不再是无关痛痒的学术写作，而是真正关注人类的未来和命运的崇高事业。值得指出的是，联结“自然史”与“人类史”的“小大历史”往往是跨学科的佳作，在当今学科壁垒森严、知识零落细碎的境况下，真正跨学科的努力显得弥足珍贵。

“小大历史”概念是“大历史”的另一创始人弗雷德·斯皮尔创造的。[④] 顾名思义，“小大历史”就是以“大历史”的宏大视角审视微小的

---

① 对此，克里斯蒂安本人确有同感，见 David Christian，“The Play of Scales：Macrohistory，” unpublished manuscripts，presented at the annual conference of the American Historical Association，January 2002，n. 5；David Christian，“Macrohistory：The Play of Scales，” *Social Evolution & History*，Vol. 4 No. 1（Mar.，2005），pp. 22 – 59，n. 3；Marnie Hughes-Warrington，“Big History，” *Social Evolution & History*，Vol. 4 No. 1（Mar.，2005），p. 9。

② Eric H. Monkkonen，“The Dangers of Synthesis，” *The American Historical Review*，Vol. 91，No. 5（Dec.，1986），pp. 1146 – 1157.

③ ［美］大卫·克里斯蒂安：《时间地图：大历史导论》，第 1 页。

④ Esther Quaedackers，“A Little Big History of Tiananmen，” in Leonid E. Grinin，Andrey V. Korotayev，and Barry H. Rodrigue（eds.），*Evolution：A Big History Perspective*（Volgograd：“Uchitel” Publishing House，2011），p. 269，n. 1.

研究课题，甚至可以小到一座城市、一幢建筑或一种植物，但更重要的是研究者取证方法独特，往往能够据此发现某些至为根本的发展格局或规律。① 2011 年 7 月，“小大历史”在世界史协会第 20 界年会上的集体亮相自然令人耳目一新：克雷格·本杰明以距今约 14000 年的约旦古城耶利哥为例说明环境在人类早期文明形成中的重要作用；乔纳森·马科利从粟、黍、稻、竹、谷等禾本科植物中看到了塑造中华文明不可或缺的力量；而埃斯特·奎黛克斯更从动物筑巢的角度对天安门广场的建筑格局进行了新的解读，给与会学者留下了深刻的印象。② 以下我们可参看近年来国内涌现出的三项颇具特色的研究成果，因为它们很有一点儿“小大历史”的味道。

第一项研究成果名为《中国公元 10—1900 年间周期性气候变冷促使自然灾害与战争频发》，是典型的跨国、跨学科之作，作者共七名，包括中国科学院的张知彬、田辉东，法国巴黎高师的伯纳德·卡扎勒斯和尼尔斯·切·斯登塞斯，挪威奥斯陆大学生物系的基尔·L. 考斯鲁德，德国弗里德里希—亚历山大—埃朗根—纽伦堡大学地理研究所的阿契姆·布朗宁和中国社会科学院世界历史研究所的郭方教授七人，而论文发表在英国的《皇家学会会刊》上。③ 该文以量化的手段，运用历史记载和对古代气候的重建，为我们展现了中国公元 10 年至 1900 年间战争的发生频率、谷物价格、旱灾、水灾、蝗灾和温度之间的变量关系，显示出有 160 年和 320 年左右两个突出的周期性节点，在此处灾害与战争有显著的互动关系。

---

① Esther Quaedackers, “A Little Big History of Tiananmen,” in Leonid E. Grinin, Andrey V. Korotayev, and Barry H. Rodrigue (eds.), *Evolution: A Big History Perspective* (Volgograd: “Uchitel” Publishing House, 2011), pp. 269 - 280.

② Craig Benjamin, “The Little Big History of Jericho”; Jonathan Markley, “China in Big History”; Esther Quaedackers, “The Big History of a Big Square: New Perspective on the Architecture of Tiananmen Square,” all conference papers presented at the 20th World History Association conference hosted by Capital Normal University, Beijing, July 7 - 10, 2011. 另可参见方林《世界史学会第 20 届年会简述》，《全球史评论》2011 年第四辑，第 381—384 页。此外，清华大学建筑系的博士生刘姗姗正与埃斯特·奎黛克斯联合展开“小大历史”的进一步研究。

③ Zhibin Zhang, Huidong Tian, Bernard Cazelles, Kyrre L. Kausrud, Achim Bräuning, Fang Guo and Nils Chr Stenseth, “Periodic climate cooling enhanced natural disasters and wars in China during AD 10 - 1900,” *Proceedings of the Royal Society B* (Biological Sciences), Vol. 277. No. 1701 (Dec., 2010), pp. 3745 - 3753.

温度下降显示出与大多数来自北方草原游牧社会对中原王朝的外来入侵的频率直接正相关，而旱灾和蝗灾与中国王朝内战的频率间接正相关。汉、唐、宋、明这些农业王朝的崩溃与温度降低更为密切相关。研究显示，在近两千年中，食物生产量在较寒冷时期更不稳定，它造成了更多的社会斗争，在古代中国表现为王朝内部的反叛，或是北方草原游牧社会向南入侵，以至两者同时发生。①

第二项研究成果来自旅欧国际知名科学家、瑞士联邦理工大学许靖华教授，作者以古环境气候为切入点重估世界历史上的民族大迁徙。② 作者依据古气候研究，指出近4000年以来的四个全球气候变冷时期，即在公元前2000年、公元前800年、公元400年及公元1600年左右的几个世纪，与历史上大致同一时期的民族大迁移有直接关系：气候变冷导致庄稼歉收和大面积饥荒，进而引发民族大迁移；换言之，民族大迁移并非如过去人们认定的那样是因为逃离战争，而是生存危机所迫。③

第三项研究成果来自北京大学中国持续发展研究中心的叶文虎教授。叶教授本来是环境学家，但对人类历史的演进，尤其是人类文明的未来发展颇为关注，因此近年来思考并撰写或与人合作撰写了一批“历史”题材

---

① 相关研究可参见 David D. Zhang, Peter Brecke, Harry F. Lee, Yuan-Qing He, and Jane Zhang, “Global Climate Change, War, and Population Decline in Recent Human History,” *PNAS*, Vol. 104, No. 49 (Dec., 2007), pp. 19214 - 19219; Jon Barnetta and W. Neil Adgerb, “Climate Change, Human Security and Violent Conflict,” *Political Geography*, Vol. 26, No. 6 (Aug., 2007), pp. 639 - 655 等。

② 许靖华：《太阳、气候、饥荒与民族大迁移》，《中国科学》（D辑）1998年8月第28卷第4期，第366—384页。类似的研究并不是很少，如可参见何凡能、李柯、刘浩龙《历史时期气候变化对中国古代农业影响研究的若干进展》，《地理研究》2010年12月第29卷第12期，第2289—2297页；方修琦、葛全胜、郑景云：《环境演变对中华文明影响研究的进展与展望》，《古地理学报》2004年2月第6卷第1期，第85—94页；吴文祥、葛全胜：《夏朝前夕洪水发生的可能性及大禹治水真相》，《第四纪研究》2005年11月第25卷第6期，第741—749页；崔建新、周尚哲：《4000a前中国洪水与文化的探讨》，《兰州大学学报》（自然科学版）2003年6月第39卷第3期，第94—97页等，但这些大多从属于“自然科学”的范畴，很难为“社会科学”阵营中的历史学家所关注。

③ 注意到历史上民族大迁徙的环境因素的学术研究并不多，可能更多是比较晚近的尝试，如管彦波《民族大迁徙的地理环境因素研究——以中国古代民族迁徙为考察的重点》，《西北民族大学学报》（哲学社会科学版）2010年第3期，第122—125页。

的文章。[①]

在《论人类文明的演变与演替》[②] 一文中，叶文虎教授从“整体论”出发，首先对文明给予了新的界定，认为文明乃“指人群在特定历史时期的生存方式以及居主导地位的主流价值观”，指出其“实质是人类（社会）对人与自然关系的看法和对待，或者说是认识和行为”，并由此分析了人类文明演替的历程和今后的走向，剖析了人类的生存方式（人类的生活方式、人类的生产方式和人群的组织方式）在原始文明阶段、农业文明阶段、工业文明阶段的不同样式，提出了如下的论断：

当今人类正处于由工业文明时代向新的环境文明时代转折的过渡阶段

就中国而言，古代中国的成功是因为抓住了“第一次文明”的机遇，从而综合国力遥遥领先于世界各国数千年；近代中国的挫败是由于错失了工业文明转折期的机遇，从而被排除于世界强国之林；当代中国如欲构建和谐社会和实现可持续发展，就必须努力率先从思想观念、制度安排和技术革新三个层面开启由工业文明向生态文明（即“新的环境文明”）的转折，这是一个“崭新的、重大的历史机遇”[③]。

叶教授还对当今的史学研究提出了相应的意见和建议，认为：中国现代史学是以“人与人”的关系为主线的，而忽略“人与自然”的关系对人类文明进程的重大作用。以“人与人”的关系和“人与自然”的关系这两

---

① 可参见叶文虎、陈剑澜、邓文碧《中国传统的天人关系理论与可持续发展的伦理学基础》，《中国人口·资源与环境》1999 年 7 月第 9 卷第 3 期，第 15—19 页；叶文虎、毛峰：《三阶段论：人类社会演化规律初探》，《中国人口·资源与环境》1999 年 2 期，第 1—6 页；叶文虎、宋豫秦：《从“两条主线论”考察中国文明进程》，《中国人口·资源与环境》2002 年第 12 卷第 2 期，第 1—4 页；王奇、叶文虎：《人类社会发展中两种关系的历史演变与可持续发展》，《中国人口·资源与环境》2005 年第 2 期，第 10—13 页；叶文虎：《创建中国发展的新模式》，《中国发展》2009 年 2 月第 9 卷第 1 期，第 6—11 页；宋豫秦、叶文虎：《第三次文明》，《中国人口·资源与环境》2009 年第 4 期，第 119—124 页；叶文虎：《论人类文明的演变与演替》，《中国人口·资源与环境》2010 年第 4 期，第 106—109 页等文。

② 叶文虎：《论人类文明的演变与演替》，《中国人口·资源与环境》2010 年 4 月第 20 卷第 4 期，第 106—109 页。

③ 宋豫秦、叶文虎：《第三次文明》，《中国人口·资源与环境》2009 年第 4 期，第 119—124 页。

条主线考察人类文明进程，有利于科学历史观的构建。①

人与自然与“天人合一”

“人与自然”，由此我们很容易进入“大历史”的佳境，并由此领悟中国古代的“大历史”传统及其“天人合一”的境界。另一方面，“天人合一”并非只是一种境界，而且是史学或曰人类经验智慧的精髓，因而具有普适性，可谓中国对“大历史”的一大独特贡献。

稍加留意，便不难发觉，“大历史”的建构者有不少甚至大多是非历史专业的自然科学学者。此类文章与严格的专业史学的论文颇有不同，甚至可说不大符合注重史料、欲言必先引证古人的“历史学”的要求，反倒有些自然哲学意味，但其最大的优点是建立在科学家严肃缜密的思考和一生的经验智慧上的，对常年专注专业史学的历史学家有振聋发聩的启迪。美国著名环境史学家唐纳德·沃斯特（Donald Worster）不是坦陈情愿倾听“非历史学家”（non-historians）的观点并深受生态学家和环境保护主义先驱奥尔多·利奥波德（Aldo Leopold，1887—1948）的影响吗?② 相比之下，中国的史学工作者对史学之外的声音至今尚处于无力应对的局面；③但颇值得欣慰的是，“大历史”或上述“小大历史”事例中的学者与国内外专业的环境史学家几乎在同时得出了相同的结论，认识到“从古到今，

---

① 叶文虎、宋豫秦：《从“两条主线论”考察中国文明进程》，《中国人口·资源与环境》2002 年第 12 卷第 2 期，第 1—4 页。

② ［美］唐纳德·沃斯特：《为什么我们需要环境史》，侯深译，《世界历史》2004 年第 3 期，第 4—12 页。另可参见奥尔多·利奥波德《沙乡年鉴》，侯文惠译，吉林人民出版社 1997 年版。

③ 在中国，其他学科尤其是自然科学的学者已经在控诉历史学家的狭隘和失职：“人与自然的关系原本是维系人类生存与发展的最基本最重要的关系，但在我国以往的历史学研究中，仅仅凸显了‘人与人’的关系这条主线，而‘人与自然’这条最基本最重要的主线却若隐若现”，而这往往使人漠视甚至无视当今世界文明发展大势，看不到“工业文明在不断创造巨大物质财富的同时，也因严重地破坏了自然环境基础而给当代人类带来了严峻的挑战”，所以无从领悟党中央高瞻远瞩的发展决策：“党的十七大提出通过落实科学发展观以建设生态文明的战略目标，其核心是实现‘人与人’和‘人与自然’关系的高度和谐。其实质是人类发展史上的‘第三次文明’。”见宋豫秦、叶文虎《第三次文明》，《中国人口·资源与环境》2009 年第 4 期，第 119 页。

人与环境的关系在每一个历史时期都起到了关键作用”[①]，所以“人与自然”之间的关系理当成为历史研究和历史叙事的重要一极。只有这样，才有希望廓清人类社会真实的发展轨迹，发现文明演替的真正规律；只有这样，才有可能得见当今社会发展模式中存在的种种深层矛盾，揭露资本主义原始积累“打了就跑”的“基本逻辑”及其对生态环境无可逆转的严重破坏，[②] 帮助世人认清并如期步入可持续生存和发展的轨道。

从以上不难看出，自然史与人类史的结合往往能够收到始料未及的效果，这既可以弥补旧说之不足，又能够弥合人文科学与自然科学久已分离的残损局面。其实，中国学者深知“任何事物都有它的历史——任何事物的存在都占有一段时间，不仅限于人类，大至宇宙（现在认为它有 120 亿—150 亿年），小至基本粒子（10^{-6}—10^{-23}秒），都占有一段或长或短的时间，也就是说都有其历史。……一切事物都有它的历史”，而司马迁在《史记》中“究天人之际”则可谓融合当今所谓“自然史”与“人类史”的早期范例，[③] 所以中国学者似乎很容易觉察到“大历史”涵盖的价值；只不过“我们通常说的历史是人的历史，因此，也许更应当说——历史是人类社会过去的发展过程。这里包括了大至社会形态、国家、民族，小至个人生活的喜怒哀乐的无穷无尽的、各色各样的、此起彼落的事件、事物、事态、事情的形成、发展、转换、变化、结束的过程”[④]。因为视野局限在“社会形态、国家、民族”，所以在当今中国学界，尤其是近代以来，类似“大历史”囊括自然史和人类史的史学构建并不多见。[⑤]

---

① ［美］J. 唐纳德·休斯：《什么是环境史》，梅雪芹译，北京大学出版社 2008 年版，第 2 页。梅雪芹教授在 2012 年 7 月 4 日首都师范大学全球史中心举办的“全球史研究在中国：理论、方法与实践”研讨会上坦言“环境史与‘大历史’有一种天然的亲缘关系”（natural affinity）。另可参见梅雪芹《环境史与当前中国世界史学科的发展》，《全球史评论》2011 年第四辑，第 124—134 页。

② ［瑞典］杰森·W. 摩尔：《荷兰资本主义与欧洲的前沿：大十七世纪人类对自然的征服》，《全球史评论》2011 年第四辑，第 272—295 页，尤其是第 273 页。

③ 宁可：《什么是历史？——历史科学理论学科建设探讨之二》，《河北学刊》2004 年 11 月第 24 卷第 6 期，第 145 页。同时可参见黄留珠《论司马迁的“大历史”史观》，《人文杂志》1997 年第 3 期，第 72—75 页；黄留珠《广义史学说》，载《传统历史文化散论》，广西师范大学出版社 2005 年版，第 205—208 页。

④ 宁可：《什么是历史？——历史科学理论学科建设探讨之二》，第 146 页。

⑤ 比如齐涛主编《世界史纲》，泰山出版社 2012 年版，但此类著作却不多见。可参见本人为该书所作的书评，见孙岳《中国人的大历史?》，《光明日报》2012 年 7 月 29 日第 5 版。

司马迁“究天人之际、通古今之变”[①]的史学观念虽出自2000多年前，但却成就了中国人自信时代联结自然史与人类史的史学传统，其核心在“天人合一”的哲学理念。当然，“天人合一”的理念从不是固定的，而有一个嬗变的历史过程。比如有学者指出，在早期的五帝时期，“天”以自然为主导；在夏商，以宗教为主导；在殷末与西周，以道德为主导；在春秋战国时期，以人事为主导；而到了秦汉之际，则以时势为主导。[②]“天人合一”既是一种世界观，又被作为一幅有秩序生活的蓝图。它既是自然法则或宇宙秩序，又是社会和道德准则或格局的总体描述，还可以用来解释人生际遇的根由。而且“天人合一”是一种贵“人”的哲学。《郭店楚墓竹简》载：“天生百物，人为贵。”（语从一）又载：“天大，地大，道大，王亦大。国中有四大焉，王居一焉。人法地，地法天，天法道，道法自然。”（《老子甲》）[③]儒者的至高境界是“通天地人”，而“通天地而不通人曰伎”[④]，至后世宋代大儒张载（1020—1077）发出“为天地立心，为生民立命，为往圣继绝学，为万世开太平”的宏愿，应属“究天人之际”传统的延续和“天人合一”理念的崇高体现。[⑤]

事实上，“究天人之际、通古今之变”正构成中国史学的优良传统和最大优势。中国史学，从最初自信时代对“周边区域和国家历史”的密切关注，[⑥]经过近代“数千年未有之巨变”和“救亡图存”的阵痛催生出中国的“世界历史”，再到近年来兴起的充满理想和自信的“全球史”，肯于在“互动”的

① （汉）班固撰、（唐）颜师古注：《汉书》，中华书局2005年版，《卷六十二·司马迁传第三十二》，第2049—2071页，其中《报任安书》见第2061—2069页，引文见第2068—2069页。

② 可参见王振红《〈史记〉“天”之观念的与时递嬗》，《湖南科技学院学报》2008年5月第29卷第5期，第64—66页；程金造：《〈报任安书〉“究天人之际”释》，《人文杂志》1984年第1期，第95—98页等。

③ 可参见Shirley Chan, “Cosmology, Society, and Humanity: Tian in the Guodian Texts (Part 1),” *Journal of Chinese Philosophy*, Special Issue: Confucian Philosophy: Innovations and Transformations, Vol. 38, No. 1 (Supplement) (Dec., 2011), pp. 64 - 77; Shirley Chan, “Cosmology, Society, and Humanity: Tian in the Guodian Texts (Part, 2),” *Journal of Chinese Philosophy*, Vol. 39, No. 1 (Mar., 2012), pp. 106 - 120。

④ 扬雄：《法言·君子卷第十二》，王以宪、张广保注释，华夏出版社2002年版，第121页。

⑤ 相关评析可参见何炳棣《儒家宗法模式的宇宙本体论——从张载的〈西铭〉谈起》，《哲学研究》1998年第12期，第64—65页；林乐昌：《“为天地立心”——张载“四为句”新释》，《哲学研究》2009年第5期，第58—63页等。

⑥ 于沛：《中国世界史学者的社会责任——〈中国社会科学〉和新时期的世界历史研究》，《中国社会科学》2010年第6期，第23—27页。

核心理念[①]下为未来世界的建构作出自己的一份贡献，这其间无不浸润着中国传统的恢宏和气度。时至今日，当代众多中国学者均指认“究天人之际、通古今之变”及“天人合一”联结自然与人类的史学及哲学传统，[②] 黄留珠教授明白指出司马迁的“究天人之际、通古今之变、成一家之言”乃中国“大历史”传统的肇端，[③] 而叶文虎教授更试图在“天人合一”观念中挖掘“可持续发展提供一种必要的伦理学基础”[④]。近年来，又有耄耋之年的哲学家钱穆、冯友兰、唐君毅独立得出相同的结论：“天人合一”观念乃传统儒学甚或中国文化对世界共同体的最大最有价值的馈赠。[⑤]

另外，如同“天人合一”是贵人的哲学一样，中国史学从来都是关于人的历史，哪怕是大量借鉴了西方的自然科学成果和“大历史”观之后。著名科学史家董光璧的一席话分明是中国现代版的“究天人之际”说的完美总结：

> 近三个世纪以来，随着科学发展而产生的宇宙故事，是科学献给人类的厚礼。一个不断膨胀和发展着的宇宙，怎样演化成为人类家园的地球，这创造故事能使我们彻底而及时地认识到我们存在之根据，把我们的生命和文明置于宇宙故事之中。我们正处在宇宙奥秘被大量揭示的时代，若艺术家与科学家一起讲述这个故事，把人类故事纳入宇宙故事之中，让宇宙的伟大历程进入人类的自我意识，使人们的精神健全起来，不再自命不凡，停止彼此争斗，天空会变得清洁，土地会恢复肥沃，生活也会洋溢情趣。

---

① 刘新成：《互动：全球史观的核心理念》，《全球史评论》2009 年第二辑，第 3—12 页。

② 费孝通：《从反思到文化自觉和交流》，《读书》1998 年第 11 期，第 3—9 页；另载费孝通《费孝通文集》（第 14 卷），群言出版社 1999 年版，第 371—378 页；费孝通：《“美美与共”与人类文明》，《学习与研究》2006 年第 5 期，第 37—44 页；吴承明：《究天人之际，通古今之变》，《中国经济史研究》2000 年第 2 期，第 3—7 页；瞿林东：《天人古今与时势理道——中国古代历史观念的几个重要问题》，《史学史研究》2007 年第 2 期，第 1—6 页等。

③ 黄留珠：《论司马迁的“大历史”史观》，《人文杂志》1997 年第 3 期，第 72—75 页。

④ 叶文虎、陈剑澜、邓文碧：《中国传统的天人关系理论与可持续发展的伦理学基础》，《中国人口·资源与环境》1999 年 7 月第 9 卷第 3 期，第 15—19 页。

⑤ See Tu Weiming, “The Ecological Turn in New Confucian Humanism: Implications for China and the World,” *Daedalus*, Vol. 130, No. 4, Religion and Ecology: Can the Climate Change? (Fall, 2001), pp. 243 –264.

是什么主宰着人类的命运？是“天地之初”和“人的灵性”![①]

克里斯蒂安的“大历史”对人类未来的预测是向太空移民,[②] 但即使移民太空，作为人类依然会面对存在的意义和价值问题，遇到如何与自身生存环境互动共存的问题，依然会重新思考“天人关系”问题。所以说人虽“本是尘土，仍要归于尘土”（《创世记》3：19），但问题恰在于“从尘土到尘土”之间的这一段“天人合一”的宝贵经历。

结语与讨论

“大历史”虽有多种，但以目前在西方兴起的“大历史”观念更为新颖、视野更加宏阔，对传统史学的启示也更多且颇为深刻。相比之下，专攻人类史的“世界史”或“全球史”都成了“小历史”。但人生宇宙间，人与自然之间的关系不能不成为“大历史”学者亟须思考的课题：人虽属自然，但人却具有能动性，且这种能动性及随之而来的情感和信仰很难用物的尺度加以衡量，所以虽说“小历史”中的人不免褊狭，“大历史”视野中的人类却显得遥远和抽象。比如，读完《时间地图：大历史导论》我们又能得到什么呢？对宇宙生成的敬畏？对渺小人类的轻蔑？[③] 对人类未来太空移民的近乎绝望和恐惧？[④] 其实，人类的生存与整体毁灭对宇宙而言根本可以忽略不计，但宇宙是人洞见或幻化出来的。人有人的宇宙，人有人的世界。哪怕有一天世界终须毁灭，我们还会盼望着人类相亲相爱地步入虚无境界。人类的意义恐怕只在这其间的经历和秩序，或如波普尔所言，“试图判别历史真伪的一切努力，都不过是一种判

---

① 董光璧：《引言——创序的自然与文明的危机》，载董光璧、田昆玉《天地之初——自然的演进和生命的诞生》，东北林业大学出版社 1996 年版。

② ［美］克里斯蒂安：《时间地图：大历史导论》，第 503—527 页。

③ 最近有学者指出，使人认识到人类在宇宙间的渺小并非“大历史”的初衷，重要的是因此能够觉悟到人与无限宇宙的密切关联和由此带来的开放和关联的认识，见 Todd Duncan, “The Value of a Cosmic Perspective,” March 26, 2012, http://www.metanexus.net/blog/value-cosmic-perspective, accessed Aug. 12, 2012，系作者在 2012 年 8 月 2－5 日在国际大历史协会第一届年会上的发言。

④ Fred Spier, *Big History and the Future of Humanity*, Malden, MA: Wiley-Blackwell, 2010, pp. 202－203.

断或信念而已”[①]。作为中国人，我们很难免又回到儒家的信条，就是要过“人义”的生活，所谓“父慈，子孝，兄良，弟悌，夫义，妇听，长惠，幼顺，君仁，臣忠”（《礼记·礼运》）。

故此，“大历史”目前最成功之处是其联结“自然史”与“人类史”的努力，具体体现在“小大历史”的理念和研究思路上。“小大历史”就是要廓清人与自然的互动及其对人类历史发展的启示，在此，中西方学者竟然有着异曲同工的追求和作为。而中国人独有的“天人合一”理念及“究天人之际”的史学传统，相信会对“大历史”的未来构建产生良好的借鉴作用。换言之，人与自然和睦相处的“天人合一”理念确可弥补“大历史”当中透露出的物质主义倾向，因此，它属于中国，更应属于全世界。历史，尤其是近代以来的历史，常以专注民族国家的命运为己任，现在是该回到整体思考人类在自然演化中的地位的时候了，只有如此，方有望实现可持续生存。

但历史终究只是历史，历史能够给人的是纷扰中的秩序、迷失中的信念、无望中的抉择、懵懂中的智慧。历史，哪怕是“大历史”，也没有现成的一成不变的灵丹妙药。当代著名歌手那英有一首歌名叫作《雾里看花》，歌中唱到“雾里看花水中望月你能分辨这变幻莫测的世界”，因为身处“变幻莫测的世界”的困境，所以诚挚地呼吁“借我借我一双慧眼吧，让我把这纷扰看得清清楚楚明明白白真真切切”，那么究竟是谁有能力赋予我们的歌手“一双慧眼”呢？是多个版本的“大历史”？还是各式各样的“小历史”？抑或是专注人世的传统历史？很难说。很可能从事历史研究者也只是提供更多的选择，而非真正的“一双慧眼”[②]。对人类而言，西方兴起的“大历史”究竟是人类的一首挽歌呢？还是奏响了太空之行的号角？这个问题恐怕要整个人类去回答，[③] 用言语，更要用行动。

---

① 转引自［瑞士］许靖华《大灭绝：寻找一个消失的年代》，任克译，生活·读书·新知三联书店1997年版，第16页。

② Barry Schwartz, *The Paradox of Choice: Why More is Less*?（Pymble, NSW: HarperCollins Publishers, 2004）.

③ 用波普尔的话说：“乐观是我们的责任。但对未来我们都负有责任。”（Optimism is our duty. We are all co-responsible for what is coming.），转引自Filipe Duarte Santos,（ed.）*Humans on Earth: From Origins to Possible Futures*（Dordrecht: Springer, 2012）, p. ix。

小大历史研究

天安门的小大历史

[荷] 埃丝特·奎黛克斯 著 孙岳 译*

摘 要 本文的主题是大历史，但关注的主体却很小：只是一座建筑物，天安门。大历史的视角和叙事框架都异常宏大，往往从宇宙大爆炸讲起；相比之下，天安门只是宇宙大爆炸之后非常短暂的一个瞬间至今的存在物。但本文独辟蹊径，把天安门与大历史几个主要时段——无生命的历史、生命的历史和人的历史——相联系，从而构建出了一部小大历史，既是思路或视角，也是一种研究方法。虽然小大历史的说法最初听来可能有些怪异（不怪异的话，我们又能指望整个宇宙的历史就天安门而言能有何新意呢？反之，天安门对整个宇宙史而言有何意义呢?），但它却足以让我们领悟大历史和小规模的研究主题，打开新的视角，甚至有茅塞顿开的觉悟。

关键词 小大历史、天安门、建筑、动物筑巢

英国浪漫主义诗人威廉·布莱克（William Blake，1757—1827）在一首诗中讲道："一花一世界，一沙一天国。"② 我想这就是小大历史能够成立的理由之一。事实上，小大历史确实能够帮助我们从一粒沙子中窥见整个世界，一粒沙的小大历史会讲述无生命的物质塑造沙子的过程，因为沙

* 作者简介：埃丝特·奎黛克斯（Esther Quaedackers），荷兰阿姆斯特丹大学跨学科研究所（FNWI）讲师。译者简介：孙岳，首都师范大学外国语学院副教授，《全球史评论》执行编辑。

② Blake，"Auguries of Innocence".

天安门城楼，2009 年摄。来源：维基传媒公共图片

子的主要成分是氧和硅原子，而后者最初是在星体的核心处酝酿而后凝结成体积更大的岩石并在大约 45 亿年前成为我们的这颗行星——地球——的一个组成部分。[①] 还会讲到后来生命体的活动如何影响到了这粒沙子的形成，因为菌类生物会令岩石粉碎，当然此外还有一些非生物的因素，[②] 而后来人类又学会了把沙子粘连起来，做成了砖、砂浆、水泥、玻璃等建筑材料并以此改变了整个地球的面貌。[③]

像上述这样考察任何主体，无论是一粒沙子，还是天安门，都会令我们觉察到主体在本质上的不同寻常。任何一个业已存在的主体都可能参与了数百万年的甚至有时更长达数亿年的宇宙、生物和文化演化并在这一过程中被塑造。我本人觉得这种考察令人瞠目，当然也坚信这种方法颇具用途。

要说明我的这一想法的缘由，得先交代一下小大历史研究法的来历。我最初想到“小大历史”是在 2007 年，当时只是布置给大历史课的同学们的一项作业，至此，我与我的同事弗雷德·斯皮尔共同讲授这门课已有

① 为方便起见，这里认定这颗沙粒的主要成分为常见的硅元素。不过也有些沙粒包含其他矿物质元素。可参见 Hazen，*The Story of Earth*，chap. 1。

② Uroz et al.，“Mineral Weathering by Bacteria”，378.

③ Allen & Iano，*Fundamentals of Building Construction*，chap. 8，13 & 17.

数年。[①] 当时布置作业的想法很简单，是让同学们选择一个自己感兴趣的主体，然后将这一主体与系列课程每一讲的内容相联系。于是，同学们便开始把自己选定的主体，如啤酒、量子计算机或达芬奇的名画《蒙娜丽莎》等，与太阳系、生命的起源或人类的进化等联系起来。当然最开始同学们显得有些困惑（如有人问“你真的是让我们这样做吗?”），大多数同学感到兴致盎然。同学们在自己感兴趣的主体中洞察到了抽象的大历史概念，反过来，这对他们加深对概念的理解颇有裨益。也许最重要的是，他们看到了先前从未想到过的各种密切关联，从而对每一研究主体的丰富和卓越有了更深刻的认识，他们还因此提出了更多有益的问题。从某种意义上说，同学们的兴致一点儿也不令人感到惊讶，因为他们正以前人从未有过的视角和方法审视自己选定的研究主体，他们很容易发现此前科学家和学者们忽略掉的问题，然后寻找自己的答案，这本身便激动人心。

同学们的动人经历让我相信了小大历史研究法的价值。有些同学好像能够驾轻就熟地步入此前从未有人探索过的自然科学和人文知识领域，这令我兴奋不已。于是我就想：既然小大历史作为教学方法异常成功，那么能否把它改造成一种研究方法呢?[②]

经过几年的考察和实践，现在我坚信：小大历史完全可以被作为一种研究方法。首先，我发现，有一种非常类似小大历史的研究方法已经被成功应用于原子、石子、草等多个主体的研究。比如，2002 年，天体物理学家劳伦斯·克劳斯（Lawrence Krauss）发表了一本名为《原子：一粒氧原

① 弗雷德在我从事大历史教学和科研的过程中曾给予我非常大的帮助。本文的撰写同样深受其 2010 年出版专著《大历史与人类的未来》的影响，参阅 Spier, *Big History and the Future of Humanity*。不过，对于小大历史，是我本人最先有了想法，然后弗雷德将其命名为“小大历史”。大约同时，美国加州的乔纳森·马科力也在他的大历史课上尝试一种类似的做法，我是在 2010 年的一次会议上了解到这一点的，据乔纳森说他最初在一门有关食物史的课上要同学们尽量把时间向前推，去寻找他们所能想到的最早的食物，结果，同学们也是自己先确定一种食物，然后追溯其大历史发展的几个主要阶段，总之与我们的小大历史大同小异。

② 就在此时，我一直在努力思考：是否有可能在自己所教学科的领域进行研究，若可能，又如何进行呢？大历史显然是个极为宽泛的领域，所以研究者很容易陷入浩瀚的相关资料之中摆布不清，而小大历史的思路首先有一个明确的关注点，然后可以从宇宙、地质、生物、文化等多个层次过程的角度予以梳理，所以我认定这种思路对大历史研究颇有助益。

子从宇宙大爆炸到地球上生命诞生的历程》的专著，其研究方法显而易见，[①] 而近年更有古生物学家简·扎拉西维奇（Jan Zalasiewicz）发表专著《从一颗石子看整个行星：地球的深度历史》，该书讲述的内容便是数十亿年历史如何塑造了一颗石子的多个性能。[②] 我的大历史同事乔纳森·马科力（Jonathan Markley）目前正在撰写一本有关草的大历史专著，其前身是他在2009年发表的一篇论文，名为《有幼童问："草是什么?"——关于禾本科的大历史反思》，[③] 文中尽现不同类的禾科植物如何为争得统治世界的地位而展开斗争并因此塑造了人类历史。上述研究异常精彩，让人大开眼界，为研究世间万物提供了一个崭新的视角。只不过这些研究均有关某种由来已久的大尺度存在，而这种"眼见为实的研究思路"（eye-witness approach）却不适用于类似天安门这样历史不太悠久的人工制作。当然可以肯定的是，研究者把这座门在过去数世纪的所见、所闻、所感，如同上述研究中的原子、石子和草一样，都汇编到一起，就可以写出一部令人如醉如痴的小说来，但这段经历却只能关乎大历史的最后一个阶段，所以很难称得上是大历史。从大历史的界定来说，书写天安门的小大历史也必须要处理类似天安门甚至任何建筑、建筑行为存在之前的漫长时段。当然我的学生中间有人确实将研究扩展到主体存在之前的时段，但此前确乎未曾见任何丰满的类似研究。因此说这篇有关比较浅近的存在主体——天安门——的小大历史研究颇有一些实验的色彩，而正是这种实验性质是促成我撰写本文的一个重要原因：笔者的目的就在于考量小大历史研究思路的限度。当然还有一个更为简单的原因，就是我非常喜欢天安门这座建筑物。我从最初来中国撰写我的有关建筑史的硕士论文时就开始对天安门着迷。还有，我深信小大历史作为研究工具的实用价值，所以潜心地想要做好这个实验。我也希望这个实验会令你感到信服。

宇宙、太阳系和地球历史视野中的天安门

要在天安门和无生命的历史、生命史和人类史之间建立联系，我们不

① Krauss, *Atom.*

② Zalasiewicz, *The Planet in a Pebble.*

③ Markley, "A Child said: 'What is the grass?'"。

可能一一关注宇宙生成以来 138 亿年当中所有的重要过程;[①] 相反，我们只能选择一些与主题更为相关的话题展开讨论。[②]

讨论当然要从宇宙的开端讲起，因为最基本的力都是在最初不足一秒的时间内形成的，不同形式的力从宇宙大爆炸之后瞬间的统合力（grand unified force）中分离，首先是引力，然后是强核力，最后是弱核力和电磁力。[③] 最初的引力和最后的电磁力与天安门的故事最为相关。事实上，任何一座建筑都可以被看作是这两种力之间某种不甚牢靠的平衡所致。这听起来颇为抽象，所以容我解释一下。

引力的作用是让万物相互吸引，吸引的强度取决于物体所处的高度。因此说引力是一种大范围作用的力，恒星、行星等能够聚在一起便有赖于此。电磁力比引力要强得多，其作用的原理是同性相斥、异性相吸。不多，电磁力虽强，却只能在小范围发生作用，因为电磁力的作用会导致电荷的均匀分布，最终彼此抵消了。所以，电磁力的作用是制造原子、分子和分子群并把它们聚合到一起。[④]

通常情况下，建筑物比引力作用的幅度要小，却比电磁力作用的幅度要大，而缺少这两种作用力，建筑也就不可能实施了。但引力相对于电磁力的作用变得过大或过小，建筑同样会变得异常困难。

下面以天安门为例加以阐释。很显然，要建造天安门，引力和电磁力均必不可少。缺少引力，用以建造天安门的材料，如土壤中的硅、氧，砖，灰泥，瓷瓦和木料中的碳、氧则不可能凝结在地球上。相反，这种建材的要素前身可能会飘浮在太空中，根本碰不上其他要素并最终形成建材。[⑤] 不过光有引力还不足以建筑。缺少电磁力作用的地球可能是一个荒

---

① 也许读者可能还不知道，我们生活于其中的这个宇宙最近又变得寒冷了一些，参阅 Planck collaboration,“Planck 2013 results”。

② 我想要书写小大历史，这是一个必要的策略，毕竟不是所有的事情对每一个研究主题都那么相关。然而在开始做小大历史的时候，决定哪些事情与选题更相关却不是件容易的事，要弄清这一点需要大量的探索和广泛的集思广益的工作。在小大历史中加入这种探索和集思广益的过程颇有必要，但为简洁起见，本文暂时略去了这一部分。

③ Eric Chaisson, *Epic of Evolution*, chap. 1.

④ Trefil & Hazen, *The Sciences*, 282.

⑤ 这里使用了“要素前身”的说法，是因为缺少引力，类似碳、氧、硅这样的元素可能根本就不会存在，但作为其前身的氢和氦却有可能存在。毕竟，我们的这个宇宙还是相当空旷的，每立方米的空间平均只有四个质子。参阅 NASA,“What is the Universe Made Of?”。

芜无趣的所在，因为电磁力才有硅和氧及其他元素合成硅酸盐，而硅酸盐再进一步形成长石（feldspars）等矿物质，人们才能够将这些矿物质粘连成砖并建成天安门的灰泥墙和穹顶。[①] 此外，正是因为电磁力的作用，才有了碳、氧合成二氧化碳，有了生命体吸收二氧化碳而合成类似木质素之类的有机分子，木质素再与其他有机分子合成纤维素和半纤维素等复杂分子结构，正是这种复杂的分子结构赋予了天安门成楼建筑中的柱、梁以坚固的力的支撑。[②] 一句话，没有电磁力的作用，地球上就不会有类似天安门的各式建筑耸入天空，地球也因此会变成一个毫无特色和情致的球体。

至于引力相对于电磁力的作用为何不会变得过大或过小——这样才能成就建筑，我们现在还不是很清楚。但我们可以做一个思维实验，这有助于澄清上述事实的重要性。试想在一个远比地球质量大得多但与之类似的行星上建造一个天安门，比如在最近发现的红矮星格利泽 667C 超级地球上，后者同样环绕着一颗恒星运转，这颗恒星与地球的距离是大约 22 光年。[③] 这样一颗行星上的引力自然要高过地球，所以引力作用就会干扰到电磁力，致使某些重要的电磁键破裂，从而造成这里的天安门大部垮塌。在那些引力与电磁力的作用力方向恰好相反的地方，引力很容易克服电磁力。比如天安门的成楼就是如此，这里恰好是柱梁交错、上覆瓦顶的地方，结构的重量会导致大梁发生更大程度的弯曲，也就是说梁底部结构的分子键有可能被引力作用撕裂。如果发生过多的键合破裂，那么整个的大梁和屋顶就必然出现垮塌。要防止垮塌，就须确保引力与电磁力作用的方向相同。因此之故，中国古代天安门的建筑师在天安门的基底采取了拱形通道的形式，北向通往紫禁城。建筑师们努力使建筑本身的格局与自然力的分布相吻合，因而使整栋建筑具备合理的压应力，也就是说，整体结构与其所使用建材在引力和电磁力的作用方向上相同。[④] 天安门的建造者们部分采纳了这一策略，这是因为天安门的基底主要是硅氧矿物质构建的，而不像成楼大部分为木质结构，后者的成分主要是碳氧化合物。硅在化学

① Hazen, *The Story of Earth*, chap. 5.

② McDonald & Donaldson, “Constituents of Wood”.

③ Science Daily. “Three Planets in Habitable Zone of Nearby Star”.

④ 有关石拱中力的分布情况，可参见一个很不错的互动平台的解释，Nova，“Physics of Stone Arches”。

性能上与碳类似，只不过前者要重得多，因此在以硅为主要材料的建筑中，如果引力与电磁力的作用方向相反，引力很容易压倒电磁力。

作为一种策略，协调引力与电磁力的作用方向可以避免建筑物的垮塌。其实不止天安门的建造者们，即使大多数动物在用土石筑巢时也会使用这一策略。当然，动物不会像人那样建造复杂精巧的拱门、穹顶或圆顶，它们的主要手段是挖洞。① 相比用土石建筑，挖洞似乎是更为省事的策略，所以被许多节肢动物、鱼类、鸟类和哺乳类动物所采纳。② 挖洞对动物来说可"随机"进行，因为它们只需在拱顶下面掏出一定的空间就可以了。对大多数动物而言，挖洞比在地面上筑巢可能是更好的一个选择，因为挖洞相对技术上要容易得多，而要建造一个拱形建筑却相当复杂，其部分原因是拱形建筑往往需要先有一块拱心石之类的东西支撑，否则通常会不稳定。有了拱心石，建筑内部的引力就会依整体结构分布，使建筑本身具备适当的压应力，而在拱心石或类似的东西就位之前，建筑主体必须有另外的支撑，免得建筑尚未完成就垮塌了。所以说要从事建筑往往需要先要有某种提前规划的能力，而这一能力恰恰为大多数动物所不具备。③ 因此，就土石建筑而言，动物除了挖洞之外很少有其他的选择，虽然挖出的洞与地面上的拱形建筑相比有不少缺点。还有一点，挖洞比从事建筑往往需要更多的劳动或消耗更多的能量，因为拱形或穹顶建筑的内部空间要比外围的壁壳大许多。

我们现在再回到格利泽超级地球，显然在那里要建造天安门的基底比戍楼更为容易，因为前者的组成要重一些，与超级地球的引力作用高于地球相适应。但我总觉得在那里，建筑者搬运建材需要花费的精力太多了，虽然人在地面兴建相比动物挖洞需要搬运的材料还要少一些。所以我们可

---

① 有学者认为类似泥蜂（mud dauber wasps）或紫崖燕（martin）之类的燕子也能够建造类似人造的穹顶式建筑，参见 Hansell，*Bird Nests and Construction Behaviour*，64－67。但这些动物所使用的技术与人类的建造技术颇为不同，因为前者更多是依靠电磁力的键合作用锁牢整个建筑，而不是靠引力。

② 比如可参见 Hansell，*Built by Animals*。

③ 这里倒不是说动物需要更大的脑容量才能够从事建筑；Mike Hansell 曾在多部著作和多篇文章中证明这些动物并不需更大的脑容量就可以进化出根深蒂固的复杂的建筑行为能力。不过我倒觉得要进化出建造拱形、穹顶和圆顶式建筑的能力不是那么简单，因为此类建筑非常容易垮塌，所以进化的路途上经常出现无功而返的现象。

以想象：在一个比地球质量轻一些的行星上——比如火星——建造太空版天安门的概率可能会高一些，只不过那里的引力可能过弱，不足以约束电磁力，从而造成另类烦心的问题。

引力过小会导致生命体不愿去从事建筑。要弄清缘由，我们有必要先思考一下建筑究竟是怎么一回事。许多词典的界定都强调建筑是使用某些材料以造成某种结构，但我个人觉得这些定义缺少了非常重要的一个元素。[①] 建筑诚然是使用某些材料以造成某种结构的过程，但此一结构却须是建筑者能够轻松分离的结构。如此便可排除某些生命体依靠自身成长然后蜕掉的外皮，因为后者不是生命体建造的，还可以排除生命体的衣物。这一建筑的界定可涵盖各式各样的网络、巢穴、器具、水坝、桥梁和一般意义上的建筑物，因为这些都是人或动物动手兴建的。

那么，这样一个界定与建筑必需一定强度的引力有何关联呢？答案实际上非常简单。如果引力足够强，那么生命体就更有理由与自身兴建的建筑物分离。这是因为，虽然强引力会导致建筑本身要投入大量的精力，但要把建筑一直随身携带着肯定需要更多更大的精力。如果相反，引力不是那么强，把建筑物随身携带着却可能是一个更合情理的选择，因为随身携带着建筑物使用起来就更方便，由此带来的益处足以抵消随身携带的费用，尤其是考虑到随身携带的费用并不高。

现在我们思考一下在火星上从事建筑。那里的引力作用要比地球上弱，所以显然，即使火星上有类似人类的复杂生命，他们也不大可能会建造类似天安门的建筑物。相反，他们可能会选择随身携带的建筑，而且可能那里的生命体本身会进化出随身携带建筑物的机制而不须另行建造。理由是地球上就有不少动物选择了随身携带的机制，如动物会长出长长的绒毛以抵御严寒而不须另行建筑，长出尖刺、毒牙或快腿以防卫自身或抵御强敌，长出利爪或尖嘴以捕获食物而不须制造陷阱或捕捉器，长出漂亮的羽毛以吸引同类而不须建造“丰碑”。所以说老旧的科幻小说或影视系列剧

---

① 比如根据 *New Oxford American Dictionary*，建筑是“建造某物的过程或行当”（the process or business of constructing something）；根据 *Merriam Webster*，建筑是“将材料组装成某种结构的艺术或行当”（the art or business of assembling materials into a structure）；而依据 *Collins English Dictionary*，建筑的意思是“将部件或材料组建或组装成某种东西”（to make，construct，or form by joining parts or materials）。参阅 *Merriam Webster* 和 *Collins Dictionaries* 中的相关词条。

把火星人描写成瘦小无毛、肢体简单的绿怪很有可能是想错了；如果火星上真有生命体进化的话，那么他们很可能长着厚厚的五颜六色的绒毛，甚至会遮挡住他们用以防卫自身或袭击敌人的有用器具。

这听起来有些神奇，其实这本身真的就很神奇。有关火星上的生命或格利泽超级地球的情况，我们目前还缺乏足够有力的证据。上述的有关思考很可能忽略了使之变得更为复杂的多个因素。但这种思维实验却有助阐明地球建筑的一些根本观念。下面就谈一谈地球上的建筑。

生命史视野中的天安门

在我们生于斯的行星，生命体乐于从事建筑，这主要是因为这里的引力作用足够强却又不是那么强，在以下三个方面的表现尤为突出。

首先，生命体要防范敌人，建筑就显得特别重要。此时的建筑物一定要相当沉重才能更好地发挥作用，因为建筑物轻了就很容易被掠夺者或对手抢走或很容易被摧毁，所以重了就会安全得多。这类建筑物还非常不易移动，所以建筑者与建筑物能够分离就会更为有利，这样，动物要出去觅食或寻偶就不需随身携带。相比之下，长在动物身上、不能分离的厚重的保护结构会严重妨碍此类活动，比如蜗牛的壳和乌龟的盖就必须随时携带，妨碍活动，难怪此类动物行动都那么迟缓!①

这可能就是动物在防护性结构之外不再建造其他建筑的原因。只有人类和其他一些无脊椎动物，如蜘蛛和幼虫，才会制造陷阱或捕获器，② 只有人类、黑猩猩、鸟类（如新喀里多尼亚乌鸦）、蜘蛛之类的动物会制造工具，③ 只有两类动物，即人类和花亭鸟（bower bird，或称园丁鸟）建造装饰性结构。④ 大多数动物之所以不会建造更多类型的结构，有人将其归因于缺乏必要的认知能力，但我却不这么看。虽然有些建筑——如土石结

---

① 我的意思不是说乌龟和蜗牛因为背着盖壳所以走得很慢。我倒觉得它们没有必要大步前行，新陈代谢的节奏又慢，这些因素与它们身上的盖或壳是同时进化出来的，但我还没有找到相关的证据支撑这一点。

② Hansell, *Built by Animals*, 149 – 150.

③ 另有几类动物也使用工具，如大猩猩、某些猴子、海豚和一些昆虫。但这些动物并不制造工具，它们仅使用木棍、石头等随手捡到的东西，也从不进行少许加工。同上书，chap. 7。

④ 同上书，chap. 8

构建筑——确实需要一定程度的高级认知能力，大多数陷阱或捕获器或工具的制造原理其实都很简单，所以上述状况很可能另有原因。也许在大多数情况下，只有保护性建筑对动物的生存才至关重要，因此也只有保护性建筑才值得兴建，且须沉重并能够与建造者分离。而对动物而言颇为重要的其他结构可能本身就很轻，所以易于随身携带，携带着可以随时享用。这样，随身携带的轻型结构未尝不是一个好的选择，这一点在上面谈到火星人状况时已少有交代。

建筑的轻松享用问题直接引出建筑重要性的第二种表现。动物要长久待在一个地方，建筑就成为颇为值得的选择，因为这样，动物就不必劳神费力赶赴留在某个地方的建筑，享用固定的建筑因而变成一件很经济的事情。也许正是出于这种考虑，久居一地的动物才开始挖洞或筑巢，它们在那里可以轻松地蜕变或休眠。有些动物需要照顾自身无法移动的幼崽或生活在某个完全社会性的群体中，这一点也有助于建筑行为的发生。而另外一些动物为求生存必须在大面积的区域觅食或寻找配偶，所以不倾向于建造固定的居所。当然，对于后一假说我还不甚确信，迄今尚未找到足够的证据加以证实或证伪。

不过，对动物及其活动区域的思考让我形成了另外一个不同类型的假说，即动物制造工具的起源假说。有证据表明，人类在开始制造并使用石质工具时，往往把一大堆的工具集中放到某个地方。有学者指出，早期的人类之所以这样做，是因为放置工具的地方往往是食品加工中心，这样他们就不用总是搬运沉重的工具了。[①] 这一见解与上述观点非常吻合，部分解释了为何人而很少有其他动物要制造工具。其他许多动物可能也像早期人类一样具备制造工具的潜能，但它们可能不大具备预先计划和使用工具的能力，也就是说能够想到既可以轻松使用工具又不需时刻随身携带着。而正是这种预先筹划的能力使人类学会了更加灵活地使用建筑并制造出各种不同类型的捕获器、工具和防护性结构，然后把它们放在提前想好的地方，这样在使用时就不需要太多的取放的麻烦。根据古人类学家理查德·帕兹（Richard Potts）的研究，这种灵活应变的能力可能是我们的早期祖先

---

① Potts, "Why the Oldowan" and "Variables versus Models of Early Pleistocene Hominid Land Use".

成功度过更新世时期频繁的气候突变的原因之一，而早期的其他许多动物，包括早期的一些人科动物，可能就是因为不会使用工具，所以灭绝了。[①]

文章写到这里好像有点离题太远了，但事实上，上述有关人类进化的经历对天安门的建造至少有三点相关。第一，显然，要建造天安门，缺少人类发明出的多种多样的精巧的工具是完全不可能的。第二，如果我的有关人类建筑行为的假说被证明是正确的，那么此类初级的建筑行为为建造天安门的极为重要的空间构想奠定了基础，天安门的设计非常细致缜密，其为数众多的组成部分都有着不同的象征意义。[②] 第三，可能也是最重要的，人类在建筑中表现出了灵活多样的特点，这一点在我个人看来是区分人类与动物建筑行为的真正分水岭，这一特点同样也赋予了人类的建筑以独特的活力，从而对天安门的建造产生了决定性的影响。本文在有关天安门与人类史的部分还将对此深入讨论。

对于只待在一个地方的动物，无论是生息还是使用工具，或是蜕变、冬眠、照看幼崽、满足群体的社会性需求等，自我保护会变得特别重要，因为采取这种生活方式的动物很容易成为他者的猎物或攻击目标。不过这种状况也完全可以反过来（即攻击他者），尤其是添加了防护性建筑之后。既然自我保护变得重要，那么建造防护性结构就成了良好的选择。防护性建筑一到位，动物就更容易长期待在那里，尤其是在防护建筑内添了宝宝或储藏了粮食之后。就这样，长期待在一个地方会使自我防护变得更加重要，建筑的需求也因此提高，动物们也就更乐于待在一个地方，以至形成了一种积极建筑的反馈循环，甚至可能因此牵引了一些动物生活方式的进化，如昆虫织出了茧，鸟筑起了巢，啮齿动物挖出了洞，海狸建起了窝。这种生活方式还可能促进了社会性物种中某些成员进化出专业技能。[③] 我觉得这种说法很有道理：要不是有一个固定的有充分粮食储备的防护性居所，那么要养活这样一群不事食物采集或种植的阶层是非常苦难，甚至是完全不可能的。事实上，专业化——无论是简单形式的生产与非生产成员

---

① Potts, *Humanity's Descent*, 121.

② Zhu, *Chinese Spatial Strategies*, chap. 2

③ 这里不包括基于性别差异进化出的专业技能。

的区分，还是后来更为复杂的包括生产者、军人、皇族等的划分——正是在早已掌握防护性建筑技术的社会性动物中出现的，他们的祖先建起了防护性建筑，并在那里存储、种植或至少能够获得足够充裕的粮食。① 此类动物包括白蚁，膜翅目家族的黄蜂、蜜蜂和蚂蚁，某些甲虫、虾、鼹鼠，当然还有人类。非常有意思的是，此类动物中盛行的专业化又进而导致更大规模的建筑问世。白蚁建造的窝很大，其高度相对白蚁就如同世界上最高的建筑相对于人的高度一样，而类似天安门之类的皇城更是精巧异常，而所有这些建筑都是存在专业化分工的社会性动物建造的。②

至少是在人类中间，专业化分工又进而导致了建筑重要性的第三种表现：由于引力等因素的共同作用，建筑的费用变得不菲，所以建筑物的成本竟成了凸显某些特权阶层地位的极好手段。拥有特权地位的阶层常能掌控更大的能量流，有时候他们就是要进行炫耀性消费，以显示自己的地位。③ 显示地位当然有多种方法，但建筑似乎是一个很好的选择，部分是因为大型建筑往往需要很大的力量去搬运沉重的建材。比如，明朝的皇帝敕令：皇城主要建筑中所有的柱子都必须是珍稀的四川硬木，而这些硬木必须千里迢迢地运到北京。④ 此外，所有大殿和重要门厅的地面都必须是苏州的“金砖”铺就，而苏州在北京南面竟有一千多公里远。⑤ 当然，除了用自己克服引力（即长途搬运建材）的能力炫耀自身地位之外，还有其他通过建筑自我标榜的手段。比如把建筑建得高大，让城里人都能看见，也不失一个好的办法。当年北京的城里人在全城多地都能看到天安门的鎏金大顶。

---

① 比如，白蚁似乎是从寄居在树上巢穴的蟑螂进化而来；膜翅目家族的黄蜂、蜜蜂和蚂蚁可能是更为古老的社会性膜翅目昆虫进化来的，它们会集体建造用以防卫的巢；澳大利亚象鼻虫（Austroplatypus incompertus）是一种社会性甲虫，在树上建巢，靠自身“种植”在树上的菌类为生；“王国虾”（Synalpheus regalis）在海绵中群居并嗜食海绵；某些鼹鼠会挖洞并在里面储存块茎之类的东西。参阅 Nowak，Tarnita & Wilson，“The evolution of eusociality”，1062；Korb，“The Ecology of Social Evolution in Termites”，162；Kirkendall，Kent & Raffa，“Interactions among Males，Females and Offspring in Bark and Ambrosia Beetles”，Duffy，“Eusociality in a Coral-Reef Shrimp”，513；Jarvis & Bennett，“Eusociality Has Evolved Independently in Two Genera of Bathyergid Mole Rats”，253。

② 这里的估算依据 Hansell，*Built by Animals*，93 中的数据。

③ “炫耀性消费”一词是 19 世纪经济学家/社会学家托斯丹·凡勃伦（Thorstein Veblen）发明的，参阅 Veblen，*The Theory of the Leisure Class*。

④ Barmé，*The Forbidden City*，32，33，159.

⑤ Lou & Li，*The Architectural Art of Ancient China*，22.

谈到“金砖”和鎏金，倒不妨回过头再思考一下整个宇宙的历史。类似黄金的大多数贵金属都是很久以前在恒星死寂的过程中形成的，这些恒星的质量都要比太阳大得多。这类恒星的燃料行将枯竭，便开始在自身重力的压迫下开始收缩，收缩的过程会产生大量能量，甚至引起自身的爆炸。比铁元素还要重的那些重金属，如铜、银和金，都是在短暂的恒星爆炸中形成的。① 正因为其形成的条件非常稀微，所以此类重金属颇为罕见，而罕见的东西通常更难获得，因而身价提升，成为一个人在社会上显示其地位的标志。有很多学者——包括查尔斯·达尔文——都曾指出，正因如此，人类进化出了一种以稀为贵的审美习惯，包括珍稀的重金属。② 所以说，死寂的恒星决定了天安门的建造者们选择了“金砖”和鎏金屋顶作为建材和装饰，甚至决定了中国人把金黄作为最重要的颜色，而在天安门最初建造期间，金黄色只可用于皇家建筑或皇族。③ 既然金黄色只可用于天安门等皇家建筑，那么中国更多的其他建筑则只能是其他颜色了，这一点可谓显而易见。④

人类是我所知的唯一一类使用奇异的、稀少的重金属装饰建筑以显示自身社会地位的动物，但通过建筑消费凸显自身地位的却不止人类。有时候——虽然并不多见——其他动物也会如此行事，但它们要显示的更多是自身的生物适应性而非社会地位。比如澳大利亚和巴布亚新几内亚的花亭鸟。这类鸟的家族有好几种建筑师，但褐色花亭鸟最热衷建筑。褐色花亭鸟往往先在苔藓的地面上做一个平台，然后在上面立起一个由多条树枝编成的立柱，平台和立柱上面盖上草屋，有的竟达1.8米高，0.8米宽。⑤ 好像这还不够，体长只有25厘米的褐花亭还为小屋加载了大量的装饰，包括五颜六色的水果、鲜花、彩石、昆虫躯干等。具体的装饰当然取决于不同褐花亭鸟的口味。装饰物根据类型和颜色摆放在草屋里面或周围，必要时

---

① Chaisson, *Epic of Evolution*, chap. 3.

② Miller, *The Mating Mind*, chap. 8.

③ 当然这一选择可能还有其他理由。比如李约瑟就曾提出，黄色成为中国文化中最核心的颜色可能是由于黄土之故，因为数百年来，黄土高原一直是中华文明的核心地带。参阅 Needham, *Science and Civilization in China*, vol. 2, 261。

④ 不过也有例外。比如，清朝皇帝的前身——明朝皇帝——就打破了这一传统。参阅 Guo, “Shenyang”, 350。

⑤ Gould & Gould, *Animal Architects*, 241.

还会更换新的饰物。[①] 此类复杂的装饰显然要花费大量的能量，不过雄鸟如此卖力就是要向雌鸟证明自己的适应力极强，所以是天生的佳配。褐花亭鸟的做法与中国皇帝的作为颇有一比，因为后者也是叫人把珍稀的建材从遥远的地方运到北京，然后建造高大、绮丽的皇宫，目的就是向人们证明他的权高位重，完全可以持续其统治地位。褐花亭鸟与中国皇帝的作为有共同的物理基础，即都要平衡引力和电磁力，都仰仗恒星造成的各类元素。

据我所知，只有花亭鸟和人类学会了通过建筑消费招摇。这里有一个问题：花亭鸟和人类与同样能够实施复杂的建筑但行为理念却完全不同的其他动物究竟有什么差别呢？对此，可能有好几个答案。花亭鸟生活环境的一个突出特征是周围很少有与之争夺食物的物种，而且很少有掠夺者；[②] 而人类，尤其是有特权、有地位的社会阶层，往往也生活在与之类似的环境中。这种环境本身可能就造就了花亭鸟和人类通过奢华建筑浪费能源的行为。花亭鸟和人类不只居住环境类似，而且二者都有相对较大的脑容量。就鸟类而言，建花亭的鸟一般要比不建花亭的鸟脑容量大，而且能够建造复杂花亭的鸟，其大脑内部负责观察学习、经历和探索新情况的区域也往往较大。[③] 如前所述，一般意义上的建筑并不需要特别大的脑量，但要灵活建造更为多样的建筑，尤其是那种向他者炫耀的建筑，就非有超大的脑量不可了。同样如前述，人类的特征之一是能够非常灵活地建造各式建筑，这其中的部分原因可能是人类总在一个地方放置工具、设下陷阱或建造防护性建筑使得他们总想离取用工具的地方更近，或更轻松地使用这些建筑。只不过人类在这一方面可能做得有些太过了。我认为，在历史的某一时刻，人类超越其他动物的灵活多变的建筑能力事实上为人类的建筑师提出了全新的挑战。详情请看下节。

人类史视野中的天安门

人类灵活多变的建筑能力之所以为人类的建筑师造成了问题，这一点

---

① Gould & Gould, *Animal Architects*, 241 – 246.

② Diamond, "Experimantal Study of Bower Decoration by the Bowerbird Amblyornis Inornatus, Using Colored Poker Chips", 650.

③ Hansell, *Built by Animals*, 244.

是我作为建筑师亲身体验到的。面对一项设计任务，设计师总有成千上万种不同的解决思路。这是因为，过去几千年的建筑经历在人类的集体记忆中积累了无数种先例，[①] 结果，任何一个建筑师都会遇到古今各式各样的建材、建筑技术、空间布局方案、审美效果、象征意义、经济效益等，建筑师的职责是以无数种不同的方式对此进行综合考虑，然后拿出一套方案来。所有不同的方案对当代建筑师而言都是既往人类不可思议的精巧和智慧的见证，都是美妙的设计资源。但对某一个建筑师来说，问题是该选择哪套方案呢？究竟哪些方案的组合在某一具体情形能够产生最佳的效益？这样的问题并不是很好回答，但却是建筑学的核心问题。当然，在具体的设计中完全可以拿出一套方案而不须回答上述难解的问题。

当然，我个人的经历可能相当主观，可能对整个人类的建筑事业无关痛痒，因为这毕竟只是人类史上某个具体而短暂的时刻某个个体人遇到的一个问题。只不过我相信，历史上的建筑师可能也遇到过同样的问题。[②]

在人类史的早期，有关建筑的观念都包含在具体的建筑物中，此外还有相关的故事、人物、图像和手册指南等，且后者往往能够长播远布、广为人知。中国早期的许多建筑未能流传至今，原因是这些建筑的原料大多是木材，能够流传至今的建筑物很少，且往往只有几个世纪或稍长一些的历史。石质建筑自然要比木质建筑的寿命长，在中国，流传至今的最古老的石质建筑据说可以追溯到公元220年汉帝国覆亡后不久。[③] 好在还有其他有关建筑信息的渠道。比如，甚至在现存最古老的建筑还没有开始动工之前，有关中国古代帝王的各式建筑的故事早已世代相传。汉代甚至更早时期制造的古老建筑精巧的陶瓷模型同样经受住了时间的考验，丝绸之路上莫高窟中收藏的古代建筑壁画同样流传至今。[④] 不过最重要的，可能是

---

① 这不只是因为对人类而言，伴随着进化的推进，抵达并使用建筑变得愈发轻而易举。最主要的原因可能在于克里斯蒂安所说的“集体知识”，当然上面我所说的原因也可能影响到“集体知识”，反之亦然。参阅 Christian，*Maps of Time*，chap. 7。

② 历史上建筑师的苦苦挣扎可能不像现在这般激烈。我想，现代建筑学自20世纪后半叶便开始经历的“危机”可能部分是这种苦苦挣扎所致。有关这场危机的情况，可参见 Heynen et al，*Dat is Architectuur*。不过在最近一些年，我倒没有觉察到类似的危机出现，前述危机的特点是业界人士对学术充满怀疑，并感到发展失去了方向。

③ Fu et al，Chinese Architecture，61.

④ Guo，*The Mingi Pottery Buildings of Han Dynasty China 206 BC - AD 220*，1；Shatzman Steinhardt，“The Tang Architectural Icon and the Politics of Chinese Architectural History”，pp. 228 -254.

经各种渠道和各式各样的手册、文稿流传至今的古代建筑观念，这其中完好至今的最有名的一部手册要算是《营造法式》了。该书 1103 年由宋代将作监少监李诫所作，此后为历代建筑师所参用。[①]《营造法式》全书共 34 章，包括用料、技术操作、装修及组织用工等多方面的信息，可谓有关中国古代建筑知识的一部百科大全。[②] 来自《营造法式》及其他建筑手册和其他渠道的信息完全可以结合起来，成就建造天安门的多种方案。但出于某种原因，天安门的建筑师只采纳了一种方案。为什么会是这样呢？

关于这个问题，我并没有一个明确的答案，不过，对此我有一些假说。我认为，伴随人类史的发展，有越来越多的建筑方法累积到不同社会的记忆中，但与此同时，有两件标志人类建筑事业的事情发生了：建筑成为一个行业，建筑呈现出多种风格。随着多种建筑方案的累积，专业的建筑师变得愈发重要。建筑方案多了，要全部掌握就变得愈发困难，而最困难的是在某个具体的情形找出最适合的方案组合。因此，在历史的某一时刻，出于某些建筑工程的需要，专业的建筑师问世了，他们的职责是帮助人们做出合理的，且有时颇有意味的建筑方案选择。同样显而易见的是，建筑风格的出现为人们的超负荷选择问题提供了另外一条路径。简单地说，选用某种建筑风格就是严格遵守某种在结构、社会接受、审美、象征意义和经济成本等方面都被证实可行的某种建筑方案而不再做大的改动。因此，选用某种建筑风格往往是一种颇为安全的设计方案，虽然这一方案在某个具体情形并不一定是最佳的方案。无论如何，在非常多的情况下，人们似乎更喜欢这样一种安全的解决方案，而不愿去尝试某种全新的、实验性质的建筑方案，因为后者的结果要么是精彩绝伦，要么是彻底惨败。

从这样的角度理解建筑风格，建筑风格的原理就好像动物世界的标准化建筑一样。大多数动物总使用固定的方法，有时甚至是标准的建材，去搭建自己的巢穴，原因很简单：总要去重新发明轮子总是有风险，而且重新发明轮子费用甚高，因为要发明总要有耗能甚大的“发明家大脑”（inventor brains）。相比之下，由于非人类的动物使用固定的方法和材料从事

① Guo, “Yingzao Fashi”, 1.

② Ibid., 4 - 6.

建筑，而且这种程式性的行为根深蒂固，所以并不需要更大的脑容量。[1]在人类世界，不遵守固定的建筑风格就必然需要昂贵的星级建筑师，而采纳文化上由来已久的建筑风格造价就会低廉一些，因为后者不需太多创新，更不需多少富于创新的专家。

谈到建筑师与建筑风格的关系，很有意思的是，总的来说，天安门的主建筑师似乎是那种很拘谨的人，尤其是在注重传统建筑风格这方面。如果比较一下欧亚大陆另一端的状况，这一点就更清楚了。在欧洲，建筑风格同样非常重要，但相比中国人的传统，欧洲的建筑风格确实显得变化多端，后者在一百年左右的时间里足可发生急剧的变化。这种急剧变化的显例包括从朴实的罗马式转到奢华的哥特式，然后再转到文艺复兴时期的古典风格。[2] 在中国，建筑风格要稳定得多。这倒不是说中国的建筑风格不会发生变化，但变化幅度较小，且往往是渐进式的，比如屋顶弧线的曲度。[3] 建筑师在中国社会中的作用可能与此密切相关。中国的建筑师，包括负责皇城修建的蔡信和阮安，多多少少属于官员阶层，然后才是知识分子，负责大型建筑的设计和策划。[4] 这些建筑师一般不负责个体建筑的设计，简单的任务交给匠人就行了。匠人们设计个体建筑的时候通常要参考上述《营造法式》之类的建筑手册，手册中往往详细交代各种建筑体例及各种体例具体应用的细节。比如，手册会说明不同类型建筑——如宫殿、公馆或凉亭——的准确尺寸并附有各自的结构细节。[5] 匠人们也因此没有多少实验创新的余地。所以建筑格局在中国可以数世纪基本保持不变，而且不像在西方，中国人也从来没有建筑师属于创新的艺术家的概念。

东西方对待建筑师和建筑风格的态度迥然相异的原因可能有几个。在此，我认同其他众多学者的见解，即在中国历史的大部分时期，人们都特别看重群体或集体而同时轻视个体，与欧洲有显著不同。[6] 而对群体的重

---

① Hansell, *Built by Animals*, chap. 3.

② Kostof, *A History of Architecture*, chap. 14 and 17.

③ Boyd, *Chinese Architecture and Town Planning* 1500 *B. C.* – *A. D.* 1911, chap. 2.

④ Zhu, *Chinese Spatial Strategies*, chap 2; Mallas, "Vatican City and the Forbidden City", 42 & Mote & Twitchett, *The Cambridge History of China*, vol. 7, 240; Boyd, *Chinese Architecture and Town Planning* 1500 *B. C.* – *A. D.* 1911, chap. 2.

⑤ Guo, "Yingzao Fashi", 8.

⑥ 有关概述可参见 Nisbett, *The Geography of Thought*。

视又与中国社会的农业本质或至少以农业为主导相联系，农业社会中的人比其他社会的人更依赖群体。[①] 另外，对群体的重视可能与中国所处的地理位置有关。打开地图看中国，就会发现这个国家的西面是地球上最高的山，东面是地球上最大的洋，北面是只有游牧民族才能生存的巨大的干旱草原，南面是荆棘丛生、极难穿越的山峦。因此，中国在历史上很少受来自外部的影响，至少与欧洲不断接受外来观念的影响相比程度要小。这一点使中国的文化较容易保持统一，并在最初的帝国形成后使中国社会保持稳定。在中国历史的大部分时期，这里既有重群体的传统，又有统一的文化和稳定的社会结构，中国的建筑也因此受到极大影响，因为在此没有太大必要把自己与先前的民族或竞争者加以区分。事实上，把自己与群体或社会的其他成员加以区分反倒容易产生不好的后果，因为这样会从负面影响群体动力，甚至威胁到社会稳定。这正是中国人——包括敕令建造天安门的中国皇帝——选择坚持传统建筑风格的真正原因。而另一方面，欧洲的统治者选择把自己与前统治者和现竞争者通过建筑加以区分却是有好处的，所以就有了法国王室资助早期哥特建筑师阿伯特·苏歇（Abbot Suger）、意大利商人和银行家成为文艺复兴早期建筑师菲利波·布鲁内列斯基（Filippo Brunelleschi）的保护人之类的事情。[②]

对个体建筑师和建筑风格不同的态度使得欧洲与中国的建筑史走上了各自不同的道路。但不同路径在起点处可能并没有多大差别，所以当我发现古希腊或罗马建筑与中国古代建筑颇多一致时总是惊叹不已。那时的建筑通常都只是一两层高的居所或厅堂，众多房间围绕着一个或几个庭院，然后是一道围墙将其与外界隔离。除了屋顶的支撑和内部装饰有一些差别之外，中国古代建筑与欧洲古代建筑非常相像。[③] 但此后，西方的建筑发展出了许多不同的样式和风格，且伴随着社会结构的变化加入了不少新观念和变动不居的风格。而在中国，人们总喜欢在原有风格的基础上精雕细刻，结果，中国许多的传统建筑——包括寺庙和宫殿——与传统的庭院建

---

① 有关概述可参见 Nisbett, *The Geography of Thought.*, 34 – 35 and McNeill & McNeill, *The Human Web*, pp. 32 – 33。

② Kostof, *A History of Architecture*, 329 & 403.

③ Ibid, 141, 197 – 201 & 232 & Boyd, *Chinese Architecture and Town Planning* 1500 *B. C.* – *A. D.* 1911, chap. 2 & 4.

筑颇有几分相像。

天安门恰好符合这样的一个传统：在某种意义上，天安门就是一个围墙环绕的皇家大院，里面又有很多小院，如紫禁城、花园、祭坛、宫殿、办公场所、作坊和仓库。[①] 当然，这个皇家大院的规制规模、用料的讲究和装饰的奢华是寻常的庭院无法比拟的，但皇城的空间布局、厅堂的格局和应用的建筑技术却是根本相同的。另外，皇城的戍楼与传统庭院的门廊也非常接近：一根立柱，一个横梁，上面是曲线的屋顶，下面是一块独立的空间。

很想由此再进一步讨论天安门的诸多建筑细节，看它们是否也可以归入上述传统。但出于篇幅所限，以上的描述大致也就足够了。本文的重点只有一个，即将天安门的建筑格局与更为宏阔的发展趋势相联系，比如建筑师与建筑风格的问世，人类发展出的灵活多变的建筑策略，生命体的一般意义上的建筑策略以及影响所有建筑策略的更为根本的力和过程。我希望通过以上的论述我已经做到了这一点。

几点反思

现在，我们讲完了 138 亿年的一段历史，似乎该做几点反思了。

平心而论，有时候要把小大历史梳理清楚绝非易事。此间遇到的最大问题是研究所必需的材料既要有广度，又要有深度。我的专业是建筑大历史，对于宇宙学、生物学甚至人类史也绝算不上内行，所以很容易遗漏、误读、误解相关材料。有时候不知不觉地偏离了主题，或径直走向死路。哪怕做小大历史也常是耗时费力却令人沮丧。

我这样说绝不是打击别人从事小大历史的研究。事实上，能够发现前人未曾发现的问题并试图给出自己的答案，这其中的兴奋足以弥补小大历史耗费的时间和由此带来的沮丧之情。就我个人而言，能够在我自己的研究领域发现此前从未有专家和学者发现并解答的根本性问题着实令人振奋。比如，我虽是一名建筑师，但在我从事建筑的小大历史研究之前，却从未想到过引力和电磁力之间存在着某种微妙的平衡关系，正是这种关系

① Zhu, *Chinese Spatial Strategies*, chap. 2.

才使人类有能力去从事建筑，也没有想到过为何动物——包括人类——要去筑巢或建房，或为何存在一个建筑行业。在我开始研究天安门的小大历史之前，我熟知能量方面的考虑对于早期人类制造工具、从事建筑非常重要，却从来没想过这一点竟然塑造了人类的进化和整个人类的历史，哪怕是在我从事大历史教学好几年之后也从来没有想过。只是在我真正理解了"一花一世界，一沙一天国"，或更准确地说，是在我开始研究天安门的小大历史之后，所有这些问题才如梦初醒般浮现在自己的眼前。虽然我对这些问题的解答还大多是尝试性的，但小大历史的研究方法确实使我学会了以新颖的视角看待天安门和大历史，常有茅塞顿开的觉悟，正如我在文章开头所说的那样。

参考文献

Edward Allen & Joseph Iano. *Fundamentals of Building Construction: Materials and methods*. Hoboken: John Wiley & Sons, 2009 (Kindle edition).

Geremie R. Barmé. *The Forbidden City*. London: Profile Books, 2008.

William Blake. "Auguries of Innocence", *The Pickering Manuscript*. New York: Morgan Library and Museum, 1807. Accessed May 6th 2013, http://www.blakearchive.org/exist/blake/archive/object.xq? objectid = bb126.1.ms.13.

Andrew Boyd. *Chinese Architecture and Town Planning 1500 B.C. – A.D.* 1911. Chicago: University of Chicago Press, 1962 (digital edition).

Eric Chaisson. *Epic of Evolution: Seven Ages of the Cosmos*. New York: Columbia University Press, 2005 (Kindle edition).

Collins Dictionaries. "Building". Accessed July 4th 2013, http://www.collinsdictionary.com/dictionary/english/building.

Christian, David. *Maps of Time: An Introduction to Big History*. Berkeley: University of California Press, 2004 (Kindle edition).

Jared Diamond. "Experimental Study of Bower Decoration by the Bowerbird Amblyornis Inornatus, Using Colored Poker Chips", *The American Naturalist*, 131 (1988), 631 – 653.

Emmet Duffy. "Eusociality in a Coral-Reef Shrimp", *Nature*, 381 (1996), 512 – 514.

Fu Xinian, Guo Daiheng, Liu Xujie, Qiao Yun, Sun Dazhang & Nancy Steinhardt. *Chinese Architecture*. New Haven: Yale University Press, 2003.

James R. Gould & Carol Grant Gould. *Animal Architects: Building and the Evolution of Intelligence*. New York: Basic Books, 2007.

Guo, Qinghua. "Yingzao Fashi: Twelfth-century Chinese building manual," *Architectural History*, 41 (1998), 1 – 13.

Guo Qinghua. "Shenyang: the Manchurian ideal capital city and imperial palace, 1625 – 1643", *Urban History*, 27 (2000), 344 – 359.

Guo, Qinghua. *The Mingi Pottery Buildings of Han Dynasty China* 206 *BC-AD* 220: *Architectural Representations and Represented Architecture*. Portland: Sussex University Press, 2010.

Mike Hansell. *Bird Nests and Construction Behaviour*. Cambridge: Cambridge University Press, 200.

Mike Hansell. *Built by Animals: The Natural history of Animal Architecture*. Oxford: Oxford University Press, 2007.

Robert M. Hazen. *The Story of Earth: The First* 4.5 *Billion Years, From Stardust to Living Planet*. New York: Penguin Group, 2012 (Kindle edition).

Hilde Heynen, André Loeckx, Lieven de Cauter & Karina van Herck. *Dat is Architectuur: Sleutelteksten uit de Twintigste Eeuw*. Rotterdam: 010 Publishers, 2002.

J. U. M. Jarvis & N. C. Bennett. "Eusociality Has Evolved Independently in Two Genera of Bathyergid Mole Rats-but Occurs in no Other Subterranean Mammal", *Behavioural Ecology and Sociobiology*, 33 (1993), 253 – 260.

Lawrence R. Kirkendall, Deborah S. Kent & Kenneth F. Raffa. "Interactions among Males, Females and Offspring in Bark and Ambrosia Beetles: The significance of living in tunnels for the evolution of social behavior," in *The Evolution of Social Behavior in Insects and Arachnids*. Cambridge: Cambridge University Press, 1997.

Judith Korb. "The Ecology of Social Evolution in Termites", in *Ecology of Social Evolution*. Berlin: Springer, 2008, 151 – 174.

Lawrence M. Krauss. *Atom: A Single Oxygen Atom's Journey from the Big Bang to*

Life on Earth... and Beyond. New York:Back Bay Books,2002 (iBook).

Lou Qinxi & Li Zhurun. *The Architectural Art of Ancient China*. Beijing:China Intercontinental Press,2002.

Lauren Mallas. "Vatican City and the Forbidden City:St. Peter's Square and Tiananmen Square:A comparative analysis",*Asia Pacific Perspectives*,1 (2001), 39 -46.

J. R. McNeill & William H. McNeill. *The Human Web: A bird's-eye view of world history*. New York:W. W. Norton & Company,2003.

Geoffrey Miller. *The Mating Mind: How sexual choice shaped the evolution of human nature*. New York; Anchor Books,2001.

Frederick W. Mote & Denis Twitchett. *The Cambridge History of China*, Volume 7: *The Ming Dynasty*,1368 - 1644, part I. Cambridge:Cambridge University Press,1998.

NASA. "What Is the Universe Made of?". Accessed May 27th 2013, http://map. gsfc. nasa. gov/universe/uni_matter. html.

Joseph Needham. *Science and Civilization in China*, volume 2: *History of scientific thought*. Cambridge:Cambridge University Press,1956.

Richard. E. Nisbett. The Geography of Thought: How Asians and westerners think differently... and why. New York:Free Press,2003.

Nova. "Phsyics of Stone Arches". Accessed July 4th 2013, http://www. teachersdomain. org/asset/nv37_int_arches/.

Merriam Webster. "Building". Accessed July 4th 2013, http://www. merriam-webster. com/dictionary/building.

Jonathan Markley. A Child Said: "What Is the Grass?": Reflections on the big history of the Poaceae. *World History Connected*,6 (2009),3. Accessed May 6th 2013, http://worldhistoryconnected. press. illinois. edu/6. 3/markley. html.

A. G. McDonald & L. A. Donaldson. "Constituents of Wood", *Encyclopedia of Materials: Science and Technology*. Amsterdam:Elsevier,2001.

Martin A. Nowak, Corina E. Tarnita & Edward O. Wilson. "The evolution of eusociality",*Nature*,466 (2010),1057 - 1062.

Richard Potts. *Humanity's Descent: The consequences of ecological stabili-*

ty. New York:William Morrow & Co,1996.

Richard Potts. "Variables versus Models of Early Pleistocene Hominid Land Use", *Journal of Human Evolution*, 27 (1994), 7 – 24.

Richard Potts. "Why the Oldowan? Plio-Pleistocene Toolmaking and the Transport of Resources", *Journal of Anthropological Research*, 47 (1991), 153 – 157.

Planck collaboration. "Planck 2013 results". I. Overview of products and scientific results. Submitted to Astronomy & Astrophysics, 2013. Accessed May 6th 2013, arxiv. org – 1303. 5062.

Science Daily. "Three Planets in Habitable Zone of Nearby Star: Gliese 667C reexamined". Accessed July 4th 2013, http://www. sciencedaily. com/releases/2013/06/130625073544. htm.

James Trefil & Robert M. Hazen. *The Sciences: An integrated approach*. Hoboken: John Wiley & Sons, 2010.

Nancy Shatzman Steinhardt, "The Tang Architectural Icon and the Politics of Chinese Architectural History", *The Art Bulletin*, 86, (2004), 228 – 254.

Stéphane Uroz, Christophe Calvaruso, Marie-Pierre Turpault & Pascale Frey-Klett. "Mineral Weathering by Bacteria: Ecology, actors and mechnisms", *Trends in Microbiology*, 17 (2009), 378 – 387.

Thorstein Veblen. *The Theory of the Leisure Class*. Project Gutenberg, 2008.

Jan Zalasiewicz. *The Planet in a Pebble: A journey into Earth's deep history*. Oxford: Oxford University Press, 2010 (Kindle Edition).

Zhu Jianfei. *Chinese Spatial Strategies*. London: Routledge Curzon, 2004 (Kindle Edition).

大历史教学

荷兰的大历史教育

［荷］埃丝特·奎黛克斯 著　孙岳 译*

摘　要　大历史尝试以现有最为可靠的经验知识和学术方法为依托，把有关宇宙、地球、生命和人类进化的历史整合在一起加以考察。荷兰的大学自1994年便开始教授大历史。② 本文对荷兰大历史教学的最初展开及发展历程给予简要介绍。

关键词　大历史、教育、荷兰、大大历史、小大历史、框架

荷兰的大历史教学发端于荷兰社会学家约翰·古德斯布洛姆（Johan Goudsblom）1992年赴澳大利亚悉尼麦考瑞大学的一次考察。在麦考瑞大学，古德斯布洛姆了解到了大卫·克里斯蒂安自1989年起一直在讲授的大历史课。受此启发，古德斯布洛姆回国后便邀弗雷德·斯皮尔同他一道在阿姆斯特丹大学组织一门类似的课程。经过一年时间的筹备，大致仿照克里斯蒂安的教学模式，大历史教学自1994年在荷兰正式展开。③

将近20年后，阿姆斯特丹大学的大历史课程依然健在。自1997年起，该课程由弗雷德·斯皮尔负责组织和讲授，其后不久，笔者也加入了进来。这门课通常由24—28个讲座构成，每个讲座两小时，分别由从宇宙学

---

* 作者简介：埃丝特·奎黛克斯（Esther Quaedackers），荷兰阿姆斯特丹大学跨学科研究所（FNWI）讲师。译者简介：孙岳，首都师范大学外国语学院副教授，《全球史评论》执行编辑。

② 这里是国际大历史学会提供的定义，读者可参见 International Big History Association，“Home”。同时可参见 Spier，“The Small History of the Big History Course at the University of Amsterdam”.

③ Spier，“The Small History of the Big History Course at the University of Amsterdam”. 有关克里斯蒂安对当时所教授大历史课程的概述，可参见 Christian，“The Case for Big History”，235－238。

家到社会科学家再到史学家等各相关领域的专家讲授。该课面向的是大学二年级的学生，为全校公选课。① 年复一年，大历史业已成为阿姆斯特丹大学最受欢迎的选修课程之一。每年有 200—300 名学生选修大历史课。假如公选课的礼堂再大一点儿的话，选修大历史课的同学肯定还会更多，因为每年正式开课前的数周，选课的名额就已经满员了。

为什么大历史课如此受欢迎呢？根据每学年末各种正式和非正式的教学评估，以及我们在学期末总要收到的大量的感谢信，我的结论是：大历史受欢迎主要是因为它为同学们通过其他途径学到的零散片段的知识提供了一个整合的框架。其中有一位同学这样写道：

> 以前我从未上过这样一门鼓励我思考根本的大问题并最终改变了我的世界观的课程。通常是情况是，我自己也懂得一些，或者读到过一些有关大历史中的某些具体细节或大致过程的东西，但大历史的整体概述令我能够把平时学到的零碎知识都联结起来，让我对自己所知的和不知的有关自身的历史及世界的历史有了更深入的理解。从这个意义上说，这门课上所学到的东西我会终身受用。

这位同学的观点与 2009 年比尔·盖茨在访谈中讲到的观点非常相似，后者在访谈中描述了他在听了大卫·克里斯蒂安的大历史音频讲座之后一下子就喜欢上了大历史，并且决定资助建立面向全世界的高中学生的免费网上大历史课程。②

大历史在荷兰受欢迎也不只是在阿姆斯特丹大学。从 2001 年起，弗雷德·斯皮尔就开始在埃因霍芬理工大学（Eindhoven University of Technology）上一门与大历史类似但授课时数稍微少一些的选修课，每次有 150—200 名工科的学生选课。我最初就是在这里接触到大历史的，当时我还是建筑史专业的一名硕士生，但一下子就迷恋上了这个新的领域。几年以后，我开始给弗雷德当助教，共同组织大历史的课堂教学，2006 年起，我

① 有关大历史课程更为详细的描述，参见 University of Amsterdam，“Big History”。

② YouTube，“Bill Gates on Big History”；Big History Project，“Big History：An introduction to everything”.

开始独立讲授大历史。

到了此时，弗雷德肯定是需要有同事帮其独当一面了，因为大历史课在荷兰的需求量出现了激增。我们在阿姆斯特丹大学和埃因霍芬理工大学讲授几年的大历史荣誉课程之后，新成立的阿姆斯特丹大学学院邀我们为全校所有入学新生上一门必修的“根本大问题”课程，这就意味着每年要几度开设大历史课。[①] 最近，又有一个名为 HOVO 的高校机构联盟发现了我们的大历史课，该机构主要负责为55 岁以上的学员提供大学教育，于是就邀请我们在荷兰的好几所大学里开大历史选修课。这样过了两个学期之后，阿姆斯特丹自由大学和乌得勒支大学的 HOVO 组织决定把大历史改设为必修课。最近的邀请则来自鹿特丹的伊拉斯谟大学学院（Erasmus University College in Rotterdam），校方要求所有入学新生一开始就先要集中上为时六周的大历史课，[②] 第一次将于 2014 年 9 月开始。

因有这些不同的课程让我们有机会实验各种形式的教学。最初在阿姆斯特丹大学和埃因霍芬理工大学开设大历史课的时候，我们采取的是传统的客座系列讲座的形式，礼堂的容量比较大，总有很多的同学一起上课，而在规模较小的阿姆斯特丹大学学院，则是每班 25 人的小班授课。后者要采取讲座的形式显然要困难得多，因为这就意味着客座专家频繁出场。因此，我们决定在阿姆斯特丹大学学院直接自己讲授。这样问题就来了：我和弗雷德都不是宇宙学、地质学、进化生物学甚至人类史方面的专家。结果有同学在开课之前就担心整个的授课内容会过于浅薄，不过随着课程在此后几年的深入展开，他们很快就发现，我和弗雷德实际上早已成为这方面的专家了，这倒不是说我们是某一特殊领域的专家，我们的强项是把各个不同学科领域的知识联系起来并在联系的过程中提出新问题、寻找新答案。在我个人看来，这正是所有大历史课必须展现的重要特点，而以上引述的同学的评价同样反映出我们大历史授课的这一特点。大历史课绝不只是简单介绍大历史重要过程的一些入门知识，如大爆炸、核合成或国家的

① 在阿姆斯特丹大学学院，所有的同学都必须选修一门有关根本大问题的课程。而大历史课，或如原来所称的那样，叫作“历史中的大问题”课程，就是一种选择。参阅 Amsterdam University College，“Big Questions”。

② 在伊拉斯谟大学学院（Erasmus University College），大历史课程被称作“万物起源”（Origins），参阅 Erasmus University College，“An Education for World Citizens”。

行程之类的东西，而要把重点放在所有这些过程的背景化和相互联结上面。比如，在有关国家起源的课上，我就向同学们阐释恒星的核合成如何影响了早期国家的形成，我跟他们讲，因为铁是所有化学元素中最稳定的，所以在许多恒星上，铁的产量都特别大，[①] 而这又使得铁成为供应相当充足的一种元素。正因为铁的供应充足，所以一旦人类学会如何从矿石中提炼出铁，就很容易把它打造成相对廉价的攻击性武器。而相对廉价的铁质武器就意味着很多人都可以在市场上买到，因而直接影响到国家对合法使用武力和税收的垄断，对后者不啻为一种挑战。[②] 人类转入铁器时代的这一形势削弱了许多早期的国家，有些甚至因此被瓦解了。[③] 国家垄断衰落了，便有了中东、印度、中国和欧洲发展形态各异的多种哲学的余地，一方面是因为社会动乱激发了人们对新思想的追（需）求，而另一方面也是因为统治者很难再压制这些新思想。[④] 我想，类似这样的大历史不同发展阶段的联结为这门课赋予了深度和丰富的内涵，而这是传统的简单概述中根本缺失的环节。

较小的大学学院课程不只鼓励我们自己讲授大历史课，还容许我们尝试不同于大型讲座的教学方法。事实证明，小班授课，再加上各式各样的课堂作业，甚至比讲述故事的形式更为有效。布置高水准的作业能让同学们提出自己的问题并试图找到自己的答案，这往往比让他们被动地听课和接受知识更有助于培养深入理解根本问题的能力。但怎样才算是大历史课上高水准的作业呢？在此，我们没有先例可循，所以就尝试着在差错中学习。迄今，我们仍处在这一阶段。我们发现，对同学们而言，最好的办法是在课堂讲授之前先向同学们布置有关某个主题的作业而不是相反，这样就可以避免同学们对既有的大历史内容形成某些先入为主的思维定势。有时在课堂上讲解同学们知之不多的主题时就会发生这种情况，显然，这为同学们批判性地思考这一主题制造了困难，因为他们会把课本上或课堂上

---

① Spier, *Big History and the Future of Humanity*, 60.

② Ibid, 156.

③ 我的意思并不是说廉价铁质兵器的增多是所谓青铜时代瓦解的主要原因，但称前者对后者没有一点儿影响也很难想象。

④ 我还没有来得及充分论证这一观点，因此在给同学们讲课的时候只当作一个假说而非历史事实，当然同学们可以自愿继续探讨。

讲解的内容看作是完全正确的。另外一种激发同学们批判性地思考大历史主题的方法是先为他们布置一项作业，要求他们自己提出假说并想象联结，之后才让他们阅读相关的资料。这种方法一般收效不错，因为相关的大历史资料往往特别的宽泛和庞杂，常使同学们感到难以消化，很难让他们有独立思考的余地。最后，也许是最重要的，我们发现让同学们把抽象的大历史观念与周围的日常生活世界相联系特别的重要，这一方面有助于理解抽象观念，另一方面又使得这些观念生动可感，因而充满乐趣。

小班授课使重视学生的作业成为可能，而过去几年出版的第一批大历史教材——比如我们在所有的大历史课上都要使用的弗雷德·斯皮尔著《大历史与人类的未来》——则使这种可能得以迅速转化成现实。① 这部教材为学生提供了一个简要的理论框架，他们可以用来归纳自己的大历史发现。学生在家里阅读了教材，来到课堂时就会有相当清晰的理解，能够领悟大历史不同发展阶段的主要内容。这样，我们在课堂上就不必总是解释基础性的概念，而可以更有创意地讨论各式各样极富挑战意义的作业。此外，弗雷德著作的问世还使我们得以布置一项非常特别的作业，这项作业甚至成为荷兰所有的大历史课的一个特色。②

《大历史与人类的未来》一书的理论框架可谓是"大大历史"，涵括大历史的一般理论，适用于大历史发展的所有层面和阶段，其理论假定是能量流和金凤花条件乃复杂性涌现的必然条件，有时甚至决定复杂性是否能够存在。③ 如上所述，"大大历史"非常抽象，对学习大历史的同学而言，学会把这些抽象的理论与自身的生活经历相联系非常重要。因此，作为对"大大历史"框架的补充，我在课堂上为同学们布置了"小大历史"的作业，要他们自选一个主题，然后系统地联系每一堂课上所讲授的大历史原理。④ 于是，同学们开始在日常生活中寻找主题并试图建立其与太阳系、生命起源或人类进化之间的联系，比如啤酒、量子计算机或达芬奇的名画

---

① Spier, *Big History and the Future of Humanity*.

② 更准确地说，是弗雷德·斯皮尔发表的《大历史原理》一文激发了我们布置这项作业，参见 Spier, "How Big History Works"。本文后来经过大力拓展变成了一本书，即2010年出版的那本书，出版前我们一直当作教材使用。

③ Spier, *Big History and the Future of Humanity*, chap. 2.

④ 虽然是我最先布置同学小大历史的作业的，但发明"小大历史"一词的人是弗雷德·斯皮尔。

《蒙娜丽莎》等。虽然一开始感到有些混乱（比如，他们会满腹狐疑地问："你确信是想让我这么做吗?"），但过了这一阶段，他们往往会感到无限的乐趣并能够发现有趣的关联，此时，我又让他们拿有同行评议的正规期刊或其他可靠文献支撑自己的观点。[①] 从 2007 年正式引入"小大历史"的方法以来，我们已经批阅过数千篇小大历史的学生论文，这些论文通常读起来都很有意思。显然，这一简单的作业形式确实调动了同学们的积极性并让他们学会了创造性地思考大历史的基本概念。

也许正因此，小大历史的方法迅速传遍了全世界，比尔·盖茨资助的大历史项目（Big History Project）和数所大学也都采纳了这一方法。小大历史的方法之所以能够迅速传播可能与近年来大历史团体经常不断的网络交流有直接关系，学者们和同学们经常通过网络就大历史教学和科研交流经验或看法。这其中的一个团体就是 2010 年成立的国际大历史学会（International Big History Association），学会的成立使学界和越来越多的人了解到大历史，而这可能是近年来大历史在荷兰的需求量不断增大的原因之一。[②]

在过去的一年里，大历史的需求量更是迅速增长。申请开设大历史课的学校之多，让我们应接不暇。需求量增大可能还有另外一个原因，那就是我们身处其中的数字电子时代：如今，因为有了计算机和互联网，我们几乎可以接触到有关任何事物的任何信息，只不过这些信息往往都是片段的。我们比以往任何时候都更亟须一个大的知识框架，而大历史恰恰就提供了这样的一个网络时代的知识框架，它使浏览者能够更轻松地评价各式各样的片段信息，然后将其做背景化处理。正是基于这个原因，我个人认为，大历史应当成为所有学校课程中的一个重要组成部分，因为它为人们提供了一个非常重要的工具，能让他们在 21 世纪的数字时代获得繁荣、发展。现在有越来越多的学生认识到这样一件工具的重要性，而全世界各地的大学也开始意识到了这一点。

---

① 自此，我一直在运用"小大历史"的方法从事研究，读者可参看本卷中的专文《天安门的小大历史》。

② International Big History Association，"Origins".

参考文献

Amsterdam University College. "Big Questions". Accessed July 28th 2013, http://www.auc.nl/academic-programme/programme-structure/big-questions/big-questions.html.

Big History Project. "Big History: An introduction to everything". Accessed July 28th 2013, http://www.bighistoryproject.com/Home.

David Christian. "The Case for Big History", *Journal of World History*, 2 (1991), 223 – 238.

YouTube. "Bill Gates on Big History". Accessed July 28th 2013, http://www.youtube.com/watch? v = lyQiS – QGRc8.

Erasmus University College. "An Education for World Citizens". Accessed July 28th 2013, http://www.eur.nl/euc/academics/year_1/academic_core/.

International Big History Association, "Home". Accessed July 28th 2013, http://www.ibhanet.org.

International Big History Association, "Origins". Accessed July 28th 2013, http://www.ibhanet.org.

Fred Spier. "A Small History of the Big History Course at the University of Amsterdam", *World History Connected*, 2 (2005), 2. Accessed July 28th 2013, http://worldhistoryconnected.press.illinois.edu/2.2/index.html.

Fred Spier. *Big History and the Future of Humanity*. Chichester: Wiley-Blackwell, 2010.

Fred Spier. "How Big History Works: Energy flows and the rise and demise of complexity", *Social Evolution and History*, 4 (2005).

University of Amsterdam. "Big History". Accessed July 28th 2013, http://www.bighistory.nl.

大历史成为文理教育[①]的核心内容

［美］莫伊甘·贝赫曼德 著　王玖玖 译*

摘　要　2010 年，加利福尼亚州多明尼克大学开展了一项为期一年的"大一新生项目"，本项目以"大历史"为基础。对"大历史"的采纳以及随后的"课程设计"都是以美国高等教育协会制定的 21 世纪文理教育成果标准为指导的。在学校领导和全体教师的支持下，"教师共同学习组织"应运而生，它运用"逆向设计"原则，制定明确的项目目标，撰写课程说明，将教学和评估相结合。"教师共同学习组织"的这种"协同合作"已成为"集体学习"的一个鲜活例子，而"集体学习"恰是大历史的主题之一。因此，在多明尼克大学，大历史在文理教育中已占据了一席之地，同时也为多学科综合和跨院校合作提供了一个绝佳的平台。

关键词　大历史、大一新生体验、文理教育、通识教育、课程设计、逆向设计、大历史教学、评估、教师共同学习组织、多明尼克大学

大历史正快速成为一个新的全球性的学科。[②]教育家、企业家、环境学

---

① 由 Liberal Education 译来，这个术语在大陆学界无统一译法，主要有"文理教育"、"博雅教育"、"心智教育"等几种，而台湾学者习惯将其译为"通才教育"。本人倾向于译成"文理教育"，关于 Liberal Education 的定义详见下文。——译者注

* 作者简介：莫伊甘·贝赫曼德（Mojgan Behmand），博士，副教授，加州多明尼克大学教学副校长。译者简介：王玖玖，首都师范大学历史学院全球史研究中心博士生。

② 事实上，笔者斗胆认为大历史正在成为一门独立的学科。

家、艺术家等各方人士都倡导将大历史运用到各种教育模式之中。大历史——这种记述宇宙故事的广阔叙事，在各个层次的教育中都有讲授：蒙台梭利学校通过宇宙教育课程①将大历史同初级教育相结合；比尔·盖茨资助的网络课程“大历史项目”② 已将大历史带进了世界各地的中学；澳大利亚、荷兰、韩国、加拿大及美国的很多高等教育机构也将大历史引入大学校园。这些呼吁将大历史教学纳入高等教育的声音，无一例外都主张将大历史纳入到四年制高等院校的通识教育（general education）体系之中。加州的多明尼克大学就是这样一所迈出拓荒性一步的教育机构，大历史在这里成为每位大一新生的必修课。这所有着123年历史的综合性大学传承了其文理教育（liberal education）的历史，并深信大历史将有助于实现学校的教育目标。

多明尼克大学的教育目标是什么？又是什么促使多明尼克大学将大历史纳入新生教育项目？多明尼克大学在2000年以前是一所文理学院（liberal arts college），③ 一直践行着文理教育。所谓文理教育，是指美国的一种高等教育模式，其渊源可追溯到新中国成立时期的开国元勋。1778年托马斯·杰斐逊曾通过法案支持这种教育模式，法案的序言中写道：“那些生来就拥有天赋和美德的人们应该得到人文理学教育的馈赠，他们要有能力捍卫其同胞神圣的权利和自由，这将有助于促进公众的福祉。”④ 这种教育理念帮助受教育者树立道德责任感，并致力于促进集体利益，这同多明尼

---

① Jennifer Morgan and Dana Lynne Andersen, Born with a Bang, From Lava to Life, and Mammals Who Morph (Nevada City, CA: Dawn Publications, 2002) 是著名的讲授幼儿大历史课程的三部曲。

② The Big History Project, “Big History: An Introduction to Everything,” Big History Project/bgC3. May 24, 2013, https://course.bighistoryproject.com/en/Sign-In.

③ Association of American Colleges and Universities, “What Is a 21st Century Liberal Education?”, Association of American Colleges and Universities, last modified 2013, http://www.aacu.org/leap/What_is_liberal_education.cfm. 这个网站还提供了以下两个概念的定义：“文理”（Liberal Arts），即具体学科（如人文学科、科学、社会科学等）；“文理学院”（Liberal Arts College）：是一种特殊的教育机构，通常规模不大、采取寄宿制，这样便于学校内部院系间和学生间的交流，讲授的课程通常为文理科课程。

④ Thomas Jefferson, “Preamble to a Bill for the More General Diffusion of Knowledge,” *The Papers of Thomas Jefferson*, ed. Julian P. Boyd et al. (Princeton: Princeton University Press, 1950—), *The Founders' Constitution*, Volume 1, Chapter 18, Document 11, (Chicago: The University of Chicago Press, 1987), last modified 2000. http://press-pubs.uchicago.edu/founders/documents/v1ch18s11.html.

克大学教育工作者传统的“学习、反思、团体、服务”的教育理想不谋而合。

传统意义上的文理教育以文理科（liberal arts）为基础，人文科学、科学和社会科学等具体学科构成了文理科的核心。然而多年之后，在文理教育的预期目标不变的前提下，我们需要重新评估和修订文理教育的课程内容。美国高等教育教育协会（AAC&U），这个领导着1300家国内外成员机构重点关注研究生教育的组织，[①] 于2005年发起了“国家倡导、校园行动和研究计划”来“捍卫21世纪文理教育的重要地位——无论是对于个人，还是对于依靠经济创造力和民主活力的国家”[②]。21世纪文理教育在此项计划中有明确的定义如下：

> 21世纪文理教育是一种能够增强并培养个人应对复杂性、多样性和变化能力的教育方法。它向学生提供更广阔世界的渊博知识（例如：科学、文化和社会知识），同时也强调学生在感兴趣的特定领域内取得深入的专业成就。文理教育不仅帮助学生树立社会责任感，还帮助他们获取可用的渊博知识和实践技能（比如交际能力、分析和解决问题的能力）以及在现实社会事务中运用知识与技能的实际能力。[③]

21世纪文理教育的上述特征也得到了教育家和企业家的称赞。美国施乐公司（Xerox）前首席执行官、前教育部长大卫·卡恩斯（David Kearns）在2002年曾断言：“文理教育是唯一能帮助我们应对变化的教育模式。在不断变革的时代，狭隘的专业化让我们变得僵化不堪，这实则非我们所需。我们需要的是能为我们解决问题和能让我们继续学习的灵活的知识工具。”[④] 多明尼克大学开始思考如何培养这种急需的、符合21世纪需要的知识变通能力。美国高等教育协会制定的文理教育“基本学习成果”为其

---

① Association of American Colleges and Universities, “Who We Are,” Association of American Colleges and Universities, last modified 2013, http://www.aacu.org/membership/index.cfm.

② Ibid., “Liberal Education and America's Promise (LEAP),” Association of American Colleges and Universities, last modified 2013, http://www.aacu.org/leap/index.cfm.

③ Ibid., “What Is a 21st Century Liberal Education?”

④ 卡恩斯引用了美国高等教育协会“What Is a 21st Century Liberal Education?”中的内容。

指出了方向。“成果”规定，学生要获得“1. 人类文化知识和物质、自然界知识；2. 智识和实践技能；3. 个人和社会责任感；4. 综合性和应用型知识”[①]。事实上，“学习成果”的第一条原文表述如下：“通过学习科学、数学、社会科学、人类学、历史、语言和艺术等，获得人类文化知识和物质、自然界知识。关注对当代的和持久的重大问题的参与。”[②] 大历史在这一点上是无与伦比的，因为大历史的内容既包括人类文化知识，又包括物质、自然界知识，且允许这些学科超越其传统的学科界限。大历史的叙事范围从 13.7 亿年前的宇宙大爆炸起，直到当今世界，并延续至未来，因此大历史为涉及当代的和永恒的问题创造了研究空间，并推进了人们对这些问题的关注和参与。

因此，多明尼克大学于 2009 年决定将大历史设为文理教育的基础内容，学校认为只有学习大历史才能应对 21 世纪的各种挑战。大历史从此成为多明尼克大学通识教育[③]课程之一，成为每位大一新生的必修课。教师们同时也希望大历史能够为学生提供一个庞大的知识结构框架。这一点对于在学术机构和工作场所内因日益专业化而造成的知识持续碎片化来说，十分必要。知识变通能力的培养必需一个庞大的参照体系，因为这是运用相互联系和跨学科的方法对我们所处世界的过去和现实复杂性进行的研究。大历史学家弗雷德·斯皮尔（Fred Spier）曾明确阐述“过去”与“现在”的关系：“只有知道人类的‘现在’如何区别于在生物和文化意义上塑造了人类的‘过去’，我们才能有效地改善人类目前的境况。”[④] 多明尼克大学希望能为人类境况的“改善”作出贡献，于是采纳了大历史。

毫无疑问，此次课程修订野心勃勃，甚至有些激进；但大历史教学最终被成功采纳，其关键在于这一过程本身具有的包容和合作精神。教师、

① Association of American Colleges and Universities, “Essential Learning Outcomes,” Association of American Colleges and Universities, last modified 2013, http: //www. aacu. org/leap/vision. cfm.

② Ibid.

③ 美国高等教育协会在“What Is a 21st Century Liberal Education?”中将通识教育定义为：“文理教育课程的一部分，为所有学生共享。它提供广泛的接触多学科的机会并构成了训练基本的智识、公民和实践能力的基础。通识教育可以有多种形式，并逐渐将引导性学习、高级学习和综合性学习等形式包括在内。”

④ Fred Spier, *Big History and the Future of Humanity* (Oxford, UK: Wiley-Blackwell, 2011), xi.

高级管理层以及董事会都是其推动力量。总的来说，采用大历史教学需要领导层和管理层的支持，但是教师的兴趣和热情却是最终成功的保证。教师和管理者共同参与讨论了课程改革计划，很多时候讨论冗长乏味，有时也会很热烈，但大家都同意大历史应该从一个无人知晓且令人望而生畏的东西，变成一个为人熟知的东西。讨论会本身不仅突出了大历史的多学科性，同时有助于辨别教师在多学科合作中固有的兴趣。最终，这些教师受邀参与到项目中来。

值得注意的是，根据最终决定，大历史不必取代其他学科，而是被视为对某些思想和学科的探索，这在日后的科学和世界史等课程中将会得到深入的补充和完善。在多明尼克大学开展大历史项目要相对容易些，因为在文理教育模式下的通识教育部分中，有一块领地不为某一个院系所专属，即“大一新生项目”。我们知道，在美国高等教学协会所称颂的“高效实践活动”[①] 中，“新生研讨班”位列其中，所以我们才推出了“大历史新生体验”作为所有大一新生的必修课。

无疑，我们已经确定了新生项目的教学内容，那它的目的和学习目标又是什么呢？我们都知道，要想对大历史进行有价值、有效的整合，必须要有一个明确的、符合学校使命的目标表述。我们逐渐采取了麦克泰（Jay McTighe）和威金斯（Grant Wiggins）于 20 世纪 90 年代提出的逆向设计（backward design）原则来设计、编制课程。在课程编制中逆向设计的三个步骤分别为：（1）明确预期学习成果；（2）确定恰当的、能证明实现预期学习成果的依据；（3）制定能实现预期学习成果的学习指导和具体行动。[②] 教师们集体合作撰写了“新生课程描述”，制定了“学习目标”。他们实行小组合作，并慢慢扩大小组规模，他们对大历史项目的表述如下：

大历史新生体验项目为期一年，它带领学生进行一次漫长的时间之旅，见证宇宙的初期、星球的产生、地球上生命的形成直到人类的出现，以及人类作为地球主导物种的演化故事。在学习人类文化演进的过程中，学生

---

① George D. Kuh, *High-Impact Educational Practices: What They Are, Who Has Access to Them, and Why They Matter* (*Washington, D. C.: AAC&U*, 2008).

② 我对“逆向设计”的介绍源自 Jo Beld 组织的美国高等教育协会的一次会前工作坊，“Beginning with the End in Mind: Backward Design in General Education Assessment,” AAC&U Annual Meeting, Washington, D. C., January 20, 2010。

将会参与讨论涉及宇宙本质的问题，以及我们在塑造地球未来过程中所扮演的重要角色等基本问题。

这个项目的目标如下：

本项目旨在促进：

（1）对大历史故事的个人、集体和政治含意的认知；

（2）以一种能激发好奇心和增强对多种观点开放态度的方式进行批判性和创造性思考；

（3）培养阅读、思考和研究能力，加强判断并明确表达对个人在无限宇宙中所处地位理解的能力。

我们从这个过程中学到两个宝贵的经验：第一，每一个机构最好都要制定明确的、符合其需要和使命的学习目标；第二，合作完成的项目表述促进了本项目师资力量的发展，也促进了项目评估和项目质量的不断提高。

大历史新生体验项目的充实和完善也是教师们努力的结果。教师们合作编写新课程，撰写"课程说明"及"学习成果标准"，并制定合适的评估工具。如今，这个为期一年，分两阶段进行且包括众多辅助活动的项目在世界上尚属首例。第一学期学习大历史概论，通过长达14亿年的漫长叙事强调在宇宙的自然和人类历史语境下的全球联系。所有的学生使用同样的教学大纲，上课内容也相同，采取20人为一个小型研讨班的上课形式。第二学期所设课程建立在不同的学科基础之上，学生可以从中任选一门，这些课程仍然反复重申大历史叙事和大历史的主要概念，然而是通过与专业学科或研究领域对话的形式进行的。课程设置如下：

第一学期

□ FYE①1000：大历史：从宇宙大爆炸到当今世界的自然和文化

第二学期，可从以下课程中任选其一：

□ FYE 1100：透过大历史看视觉艺术

□ FYE 1200：透过大历史看人类文明和政治体制

□ FYE 1300：透过大历史看神话与隐喻

□ FYE 1400：透过大历史看贸易

□ FYE 1510：透过大历史看哲学：人类对生命意义的探索

---

① FYE 即 First Year Experience（新生体验）的缩写。——译者注

□ FYE 1520：透过大历史看宗教：现代人及其宗教体验

□ FYE 1600：透过大历史看性别

□ FYE 1900：大历史可视化：艺术

□ FYE 1910：书写大历史：创造性写作

我们的辅助活动包括客座专家的讲座、天文学家主办的观星活动、关于科学和宗教交叉知识的小组讨论、实地考察和徒步旅行、观看电影以及跟进式讨论等。

要启动这个项目，接下来的准备工作是培养师资力量。大历史可以采取客座专家轮流讲座的形式，主要的讲座会邀请专家讲授各自领域的专业知识；或者也可以采取学生研讨班的形式，教师会全程跟踪指导。无论采取何种形式，教师们都要接受大历史培训，因为没有任何一位教师精通大历史主题所涵盖的所有领域。即便是一位成功的客座讲师，我们也要求他具备将某一主题性讲座与更宏大的叙事相结合的能力。无疑，管理层对大历史负有的责任以及是否愿意投资教师共同学习组织十分关键。多明尼克大学的资金分配合理，且每年的“大历史暑期学校”已经成为“合作学习”——大历史的核心理念——的鲜活例子。

大历史教师共同学习组织的创建应遵循什么原则？这样一个团体的目标又是什么？师资的组成应该尽可能多样化，因为大历史绝不能仅由科学家或历史学家讲授；相反，我们欢迎对此感兴趣的所有学科的教师加入我们。多明尼克大学的大历史暑期学校已有来自艺术、艺术史、生物、商业、创造性写作、英语、历史、人类学、文学、数学、音乐、康复治疗学（Occupational Therapy）①、哲学、政治学、心理学、宗教学、社会文化研究以及妇女和性别研究等学科的教师加入。这个由教师和客座专家组成的共同学习组织主要目标有四：（1）制定项目目标和项目成果；（2）制定课程描述和学习成果；（3）讲授大历史；（4）讲授大历史教学法。并非每一位共同学习组织的成员都必须授课，他们更多的是一个多学科团队，尤其在初期，能够为项目提供丰富的前期输入。当然，同事之间达成统一意见、

① 简称 OT，是应用有目的的、经过选择的康复活动，对由于身体上、精神上、发育上有功能障碍或残疾，以致不同程度地丧失生活自理和劳动能力的患者，进行评价、治疗和训练的过程，是一种康复治疗学科。——译者注。

提高大历史在学校里的名声、为大历史创造广泛支持等都会产生副作用，尤其当这个团体有一个可以依赖的推动者时更是如此。

多明尼克大学如今已举办过三次暑期学校，中间也有多次退却，但如今很明显，我们需要将大历史和大历史教学区分开来。教师首先要精通大历史的内容；其次还必须精通成功讲授大历史内容的方法。大历史课程的成功与否同大历史教学直接相关，因为学生在年龄、水平、参加课程的原因等方面各不相同。对于年青的学生，需要采取诱导的方式，首先让他们对大历史逐渐热身，因为大历史独特的内容挑战了原有的学科名称，这对一个年青学生来说，有时会太过抽象而难以理解。我们的方法是在每年的暑期学校中，将最成功的教学实践在经验丰富的教师以及新的内、外部师资中分享，这使我们能将重点放在共同改进实践和教学质量上来。这种合作的方式明显加速了我们的发展，并让我们对大历史教学拥有了独一无二的、卓越的见解。① 这一切还赋予了我们强烈的目的感和潜力。正如一个参与者说："大历史课程非常好，它不仅能帮助学生成功实现学校追求的目标，而且还能帮他们制定并实现未来的目标。我对自己对文理教育所承担的责任有了全新的认识，并且对下一代学生们的发展前途感到激动。"②

在完成大历史课程设计并启动大历史项目之后，最关键的就是要保证学生们确实在学习，并确保我们的行动符合国家的目标。因此，拥有一个健全的并且能不断提高教育质量的评估体系至关重要。多明尼克大学对大历史课程的评估方式是多样的，可分为两类：（1）使用"学生产出成果"（student generated artifacts）进行评估；（2）通过学生的感知能力和自我评价进行评估。第一类评估是认知性的，因为它集中关注学生的智识能力和能证明学生学习的东西；第二类是情感式的，因为它衡量的是学生的参与和自信。

测验，期中、期末考试，以及最后的论文都是最适合做认知性评估的"学生产出成果"。每次测验和考试都会出现相同的问题，测验和考试也有

---

① 笔者同理查德·西蒙（Richard Simon）以及托马斯·伯克（Thomas Burke）一起最近正在编撰一本多明尼克大学的教员对大历史教学贡献的书，名为《讲授大历史》（*Teaching Big History*）。

② Mojgan Behmand, Big History Summer Institute Evaluations, June 2012.

着相同的任务即都可以计算通过率。测验和考试让我看到了学生既能获得关于大历史主要概念的知识，而且能够运用这些知识。通过论文，我们也能评判出学生的智识能力，因为我们根据作业、课程和项目的预期学习成果制定了评估标准。对我们来说，这些成果包括大历史叙事和大历史概念已证明的知识，以及诸如写作和信息素养（information literacy）[①] 等技能。评估的结果令人振奋，因为我们发现学生竟然掌握了大一以后才需要掌握的知识和技能。同时也认识到我们需要调整教学以适应这些千禧年之交的学生：比如信息素养的教学应该包括以下方式，即以一种促进学生参与研究过程的方式激发他们对全球和当地事务的好奇心；讲授大历史意味着不断地将所有的主题和讨论放在大历史的广阔框架这一语境中考虑，以此来帮助学生整合信息 。

情感评估旨在测评学生的积极性、态度和参与，为此我们制定了大历史专用的学生调查问卷，成立了学生集中小组（student focus groups）。起初两年，我们的大历史调查问卷主要调查学生的满意度，以此促使我们快速改正在新项目中发现的问题。我们会时常收集一些关于学生好恶的信息，并且了解到绝大多数学生对大历史的反应是积极的，这同教师精通大历史教学直接相关。同时，学生的专业同学生的教育作为一个整体，二者之间应该建立某种联系，这一点已经非常明显。此外，有时学生会相信科学和宗教之间是对立的，教师们认为这是一个错误的前提，也是一种障碍。

在过去的一年里，我们试着将大历史作为一种变革性体验（transformative experience）来评判其价值,[②] 并使用“变革性体验”的特征开展了新的问卷调查。佩什（Pugh）以杜威（Dewey）的观点为依据，定义了“变革性体验”的特征：a. 有目的地使用，b. 感知能力的发展，c. 体验性

---

① 信息素养（Information Literacy）的本质是全球信息化需要人们具备的一种基本能力。信息素养这一概念是信息产业协会主席保罗·泽考斯基于 1974 年在美国提出的。简单的定义来自 1989 年美国图书馆学会（American Library Association ，ALA ），它包括能够判断什么时候需要信息，并且懂得如何去获取信息。——译者注

② 我们要感谢澳大利亚麦考瑞大学大卫·克里斯蒂安（David Christian）的博士生理查德·布兰德尔（Richard Blundell），他将他的大历史专项调查问卷同我们分享，并允许我们根据需要稍作改动。

价值。[1] 这些特征体现在调查问卷中所设问题上。[2]

□你是否思考过从大历史课程中学到了什么，或者是否在课堂以外（日常生活中）同他人谈起过大历史？

□大历史体验是否改变了你看待或了解世界的方式？

□大历史课程是否改变了你对自己在整个世界中所处地位的看法？

本学期共有 241 人学习大历史，其中 89 人上交了问卷，参与率为 37%。一个学期的大历史学习后，80% 的学生在课堂外思考或谈起过大历史；72% 的学生表示大历史体验改变了他们看待或者理解世界的方式；48% 的学生认为大历史改变了他们对自己在整个世界中所处地位的看法。一位学生这样写道："每一次我仰望天空，无论是夜晚还是其他时间，我总会和家人谈起宗教以及宇宙起源的问题。"学生们观点的改变各不相同，有的看到了"更大的图景"，或看到了所有的事情都是何等的复杂和相互联系，有的学生认识到"在广袤的宇宙中自己的角色"，也有的认识到了"地球或者人类的未来"。一个学生这样描述他的/她的角色："大历史使我开始关注'我们如何到了这里'、'我们的未来会是什么样子'等问题。它还从历史的角度告诉我'我身处何处'。它改变了我自我定位的方式，因为我意识到我所处的位置同其他一些事物都有关联。"[3] 多明尼克大学的教师们理所当然希望看到这样的结果，但从未想到能获得如此明确的证据来证明大历史是一种变革性体验。

为推进情感评估，我们在 2013 年春成立了学生主导的集中小组。目的在于通过评估准则和调查问卷收集一些数据以外的信息，这十分必要，因为学生对大历史的反应所涉及的范围十分广泛。我们的调查范围包括：（1）学生对大历史产生兴趣的原因；（2）学生学术基础的重要性；（3）大历史对学生的影响。我们共有七个集中小组，包括 1 名领导者和 20 名参

---

① Kevin J. Pugh, "Transformative Experience: An Integrative Construct in the Spirit of Deweyan Pragmatism," *Educational Psychologist* 46, no. 2 (2011): 107.

② 这些问题最初由理查德·布兰德尔起草，后根据多明尼克大学的情况，由笔者和珍妮弗·卢科（Jenifer Lucko）稍加改动。

③ Mojgan Behmand and Jennifer Lucko, Big History Survey, Dec. 2012.

与者。在分析数据的过程中，我们了解到大历史项目成功地让学生意识到自己受到了大历史课程的影响。如果课程能将以下内容融入其中，那么这就变得更为可能：（1）对价值观和信仰的考察和讨论；（2）相互关联的和多学科的内容；（3）突出与未来的联系。目前项目的目标强调相互关联和相互依存，这同预期的关注重点相一致，所以目前我们正处在完善评价标准的阶段，为的是能将更多内容纳入评价标准。

很明显，大历史新生体验项目的目标野心勃勃，而在设计项目过程中，必须时刻考虑学生。大历史叙事范围如此广阔，这对于年青的学生来说也许太无关联，而对于年龄大的学生来说，可能因为在学习大历史之前学习过其他课程，比如科学或历史，而对这门课程带有偏见。然而，多明尼克大学的全体教师一致认为，大历史叙事要大于各组成部分相加的总和。各研究领域之间的紧密结合有助于跨越学科边界，也使大历史成为跨学科的学科。因此，不断重复大历史包罗万象的叙事、相互关联和相互依存等主题十分必要。十分显著的是，这个建立在大历史基础之上的项目有着十分细致的课程设计，师资力量也得到发展，而且评估也为学术界难以实现的目标，即多学科融合和跨院校合作，创造了一个绝佳的平台。通过这些，多明尼克大学欣然接受了关于教与学的21世纪文理教育模式，这种教育模式承认并体现了新世纪的复杂性。

参考文献

Association of American Colleges and Universities. "Essential Learning Outcomes," Association of American Colleges and Universities. Last modified 2013, http://www. aacu. org/leap/vision. cfm.

——. "High Impact Educational Practices," Association of American Colleges and Universities. Last modified 2013, http://www. aacu. org/leap/hip. cfm.

——. "Liberal Education and America's Promise (LEAP)," Association of American Colleges and Universities. Last modified 2013, http://www. aacu. org/leap/index. cfm.

——. "What Is a 21st Century Liberal Education?", Association of American Colleges and Universities. Last modified 2013, http://www. aacu. org/leap/What_is_liberal_education. cfm.

——. "Who We Are," Association of American Colleges and Universities. Last modified 2013, http://www.aacu.org/membership/index.cfm.

Behmand, Mojgan. Big History Summer Institute Evaluations. June 2012.

Behmand, Mojgan, and Jennifer Lucko. Big History Focus Groups. March-April 2013.

——. Big History Survey, Dec. 2012.

Beld, Jo. "Beginning with the End in Mind: Backward Design in General Education Assessment." Presentation at AAC&U Annual Meeting, Washington, D. C., January 20, 2010.

Big History Project, The. "Big History: An Introduction to Everything," Big History Project/bgC3. May 24, 2013, https://course.bighistoryproject.com /en/Sign-In.

Jefferson, Thomas. "Preamble to a Bill for the More General Diffusion of Knowledge." *The Papers of Thomas Jefferson.* Edited by Julian P. Boyd et al. Princeton: Princeton University Press, 1950——. *The Founders'Constitution.* Volume 1, Chapter 18, Document 11. Chicago: The University of Chicago Press, 1987. Last modified 2000. http://press-pubs.uchicago.edu/founders/documents/v1ch18s11.html.

Kuh, George. *High-Impact Educational Practices: What They Are, Who Has Access to Them, and Why They Matter.* Washington, D. C.: AAC&U, 2008.

Morgan, Jennifer, and Dana Lynne Andersen. *Born with a Bang, From Lava to Life*, and *Mammals Who Morph.* Nevada City, CA: Dawn Publications, 2002.

Pugh, Kevin J. "Transformative Experience: An Integrative Construct in the Spirit of Deweyan Pragmatism." *Educational Psychologist* 46, no 2 (2011): 107 – 121.

Spier, Fred. *Big History and the Future of Humanity.* Oxford, UK: Wiley-Blackwell, 2011.

韩国的大历史教育

[韩] 金绪炯*（Haebuyl Choi 译）

摘　要　“大历史”一词是大卫·克里斯蒂安教授1991年创造的，指一种全新的治史方法，它最大限度地拓展了史学的视野，使其涵括整个人类以及自138亿年前“大爆炸”宇宙最初生成以来的整个宇宙的历史，并采用跨学科的方法从不同的时空层面分析人类与其星际大环境之间的互动，旨在廓清历史的大框架、大格局和不同层面历史发展的异同。大历史提供了帮助人们理解宇宙起源、星系成形、地球诞生、生命源起和进化、人类出现及其对地球发生影响的一整套的观念图谱，其中最主要的线索是不断增加的复杂性及其生成的“金凤花条件”。大历史倡导自然科学和多种人文学科的融合，因此有助于学术和思维视角方面的创新。韩国的大历史教学科研正在不同层面陆续展开。其中，大历史教育与美国旨在普及大历史的大历史项目有着密切的合作关系，但同时也展现出鲜明的特点。首先，它是全球首个非英语国家开展的大历史教学项目，鼓励“融合教育”，即在教学中体现自然科学和多个人文学科知识间的平衡和融合。其次，韩国的大历史教育在大学、高中和初中三个层面同时展开，旨在帮助不同层次的学生理解人与环境之间的互动，尤其是人类当今所处的这个独特历史阶段的重要性，从而使他们认识到人类社会群体的差异性、多样性

* 作者简介：金绪炯（Seohyung Kim），博士、教授，在韩国梨花女子大学世界史与全球史研究所供职，并同时兼任韩国大历史协会执行主席。本文主体部分由梨花女子大学教师 Haebuyl Choi 翻译成中文，摘要部分由孙岳翻译。

和共通性，并基于此为未来做好准备。大历史教育的本质是跨学科的交流和融合并以此廓清人类和生命体在整个宇宙中的位置及演化过程，因此，大历史实为整个全球社会所必需的一种知识和视野。

关键词 大历史、大卫·克里斯蒂安、融合教育、大历史项目、一切的故事

一 绪论

“大历史”（Big History）是20世纪80年代由DavidChristian教授第一次使用的概念，它是一种历史研究的新方法，主要是为了克服已往以人为中心的历史叙述的界限，把历史的起源追溯到137亿年前宇宙的开始，即大爆炸（Big Bang）。它强调多层次的时间、空间的单位，在跨学科的基础上，对人和围绕着人的自然环境进行研究。David Christian把大历史定义为“从宇宙的视野分析过去”①，更具体地说，“在自然科学的基础上试图解释近代的起源”②。

按照他的说法，大历史强调从多层次的时间、空间的单位，理解和分析具体的历史事件，最后尝试以不同的方式了解历史的重要性。也就是说，通过把时间、空间的范围扩展到地球和宇宙，我们认识到多种共同体之间的相互作用及关联性，而这种认识让我们更深入了解人类社会、地球、宇宙的意义。虽然人类社会有不同时间、不同空间所引起的多样性，但它也保有很长时间以来的共同点。③ 在人类历史上，“交换”和全球化的“网络”越发展，人类社会越被认为是一个共同体。在这种社会变化的背景下，大历史试图了解作为“全体”的人类历史。

试图更宏观地把人类历史看作一个“全体”的大历史研究受到欧美以

① David Christian, “What's the Use of ‘Big History’?”, *World History Connected* Vol. 3: 1 (2005), p. 3.

② David Christian, “Big History & The Big History Project.” 2011年，科学创意年会的主题发言（主办：韩国科学创意财团，2011年11月30日，Sheraton Grande Walkerhill Hotel, Seoul）。

③ David Christian, “새로운 상상의 공동체 : 종족사에서 인류사로（新的想象共同体：从宗族史到人类史）”《梨花史学研究》40（2010），p. 6。

及其他国家的关注，如美国、澳大利亚、荷兰、俄罗斯以及印度等地。在国外学界的影响下，近来韩国也开始关注大历史研究和教育。其实，韩国是在母语不是英语的国家当中唯一实行大历史研究和教育的国家。韩国的大历史研究和教育，在2008年12月，由韩国研究财团资助的“世界级研究中心大学”（World Class University，WCU）课题而开始进行。从2008年到2013年，大卫·克里斯蒂安（David Christian）在梨花女子大学通过“暑假小学期”的方式，用英文上有关大历史的课。另外，他还跟梨花女子大学全球史研究所进行合作研究。

特别是在2011年，大卫·克里斯蒂安和比尔·盖茨（Bill Gates）开始共同主办“大历史项目”（Big History Project），美国和澳大利亚把大历史开设为正课，在课堂上向9年级和10年级的学生讲授有关大历史的内容。Bill Gates说，大历史“把所有的学科（包括自然科学）统合在一个框架里”①，他还强调大历史是超越自然科学和人文学之间的界限的研究方法，它通过交流和沟通而达到各个学科之间的相互作用。所以，“大历史项目”的最大目标是：通过网络媒体普及大历史的视角和方法论，以期让学生们深入了解在不同时间、空间上出现的多样性、差异性以及普遍性。

韩国的大历史教育，基本上跟上述的“大历史项目”统一步调。与此同时，大历史还作为近来韩国政府提出的“融合教育”的具体方案，受到教育界的关注。大历史教育确实是通过自然科学和人文学之间的融合而“分析人和人所处的自然环境的相互作用，最后重新了解到今天‘人’的重要性及历史意义”②。本文将考察在韩国不同层次的学校，即大学、高中、初中，实行大历史教育的现状，并希望对于大历史教育的必要性和可能性进行更深层次的讨论。这一工作对我们更好地了解全球化时代的今天并设计和平共存的未来是非常必要的。

---

① “What Bill Gates is learning online,” School News（January，24th，2010），http：//www.eschoolnews.com/2010/01/24/what-bill-gates-is-learning-online/（2013.4.5.检索）.

② 金绪炯，“거대사 교육과 융합영재 교육프로그램，（大历史教育和融合英才教育课程）”《梨花史学研究》44（2012），p.259。

二　“关于大爆发以后一切的故事”

在2009年的夏天，有关大历史的课正式开给韩国的大学生。在韩国研究财团的资助下，作为“WCU”项目的一环，梨花女子大学邀请大卫·克里斯蒂安教授在五年的时间内进行有关大历史的研究和教育。当时，梨花女大开设“关于大爆发以后一切的故事”（A History of Everything after the Big Bang）的课目，[①] 讲授大历史的主要内容。从此以后，梨花女大成为在韩国第一所开设大历史课的大学，也对在韩国的大历史教育和研究作了表率作用。

在梨花女大的大历史教育，分别用英文和韩文两种语言而进行。用英文讲的大历史课，从2009年开始，由大卫·克里斯蒂安以暑假小学期的形式进行；用韩文讲的大历史课，从2010年开始，由梨花女大全球史研究所金绪炯教授进行。英文和韩文课同样强调要克服已往以人为分析对象、以人为绝对标准的研究倾向。在此，本文将简单介绍英文和韩文两门课的内容和特点。

“关于大爆发以后一切的故事”课程的内容从通常被认为宇宙起源的大爆发（Big Bang）开始，设定更广泛的时间、空间的范围，关注其中的具体历史现象及发展模式。在这个意义上，这门课与一般的历史课有很大的不同。大历史试图“超越民族和国家的界限，观察连接各个不同地区人民的历史”[②]。大卫·克里斯蒂安在课堂上强调，为了应对今天的全球化时代，有必要将其作为全体的人类历史。他还指出通过大历史的视角和观点，可以考察到历史演变的大模式。因此，大历史的最后目的应该是，在最大的范围里追求“普遍史”。他说，“普遍史不是从特定的关系或倾向来

---

① 在梨花女大，原来有在韩国研究财团资助下进行的“世界级研究中心大学”（World Class University，WCU）项目中的一门课，叫“新的世界史、地球史和大历史”（A New World History, Global History, and Big History）。“关于大爆发以后一切的故事”课是在这门课的基础上有所改变的。“关于大爆发以后一切的故事”课，从大爆发讲到今天，还包括人类的未来，从宏大的框架和多层次的视角，分析历史的各种现象。可以说具有挑战性的课程，学生们对这门课的反应非常不错。

② David Christian 著，金绪炯、金龍友译，“거대사 : 세계사의　새로운　대안（This fleeting world: a short history of humanity）”，书海文集，2009，p. 9.

观察，而是从丰富性及总体性的角度来观察人类的过去生活”[①]。在这个意义上，大历史课确实追求与以往历史学不同的方式：关注地球、太阳系以及宇宙，考虑多层次的时间、空间单位，多角度分析历史现象，最后追求人类历史的普遍性。

当然，大历史不只是把分析对象扩大到宇宙的范围，大卫·克里斯蒂安还强调把各个不同研究领域分别讨论过的细节化的论题，统合为历史学，他指出，通过大历史的方法“尽力从全体的角度把握现实，从中我们会发现满足人的欲求的力量”[②]。也就是说，我们通过大历史，总体地把握原来很多样的、重叠的过去，这有利于我们提高以新的方式重新构建我们的过去、现在以及未来的能力。

大历史课还强调，从更广泛的时间、空间的范围分析历史事实和事件，从而发现“历史上不同时间单位通过一贯性及统一性而互相对话”[③] 的事实。最终，他强调有必要通过大历史的视角和方法论，实现不同学科之间的沟通和合作。为此，大卫·克里斯蒂安还引用曾经获得诺贝尔物理学奖的莫瑞· 盖曼（Murray Gell-Mann）的论点，强调对现实进行总体讨论的必要性。即“我们活在极端专门化的时代……是因为各个学科不断积累专门的知识，学科越专门化，相关知识越细节化……但是，现在逐渐要求通过整合和统合而克服专门化所带来的限制和界线”[④]。

在这样的问题意识下，大历史讲座从宏观的视角，不仅关注人类，还关注地球、宇宙。从更广大的框架中，观察历史现象和历史事件。为此，“关于大爆发以后一切的故事”课以八个主要临界值（thresholds）[⑤] 为中心，超越不同学科之间的界限，试图交流和合作，具体内容如下。

首先，大历史课从大爆发（Big Bang）开始。虽然这门课承认大历史

---

① David Christian 著，李根英译，“시간의 지도 : 빅 히스토리 (Maps of time)”，심산，2013，p. 23.

② 同上书，p. 26。

③ 同上。

④ 同上书，pp. 27—28。

⑤ 大历史课所涉及的八个主要临界值（thresholds）如下：大爆发（宇宙的开始）、星星的诞生、元素的出现、太阳系和地球的诞生、生命体的出现和进化、人类的出现及集团学习（collective learning）、农耕的开始以及人类世（anthropocene）等。关于临界值（thresholds）的具体内容，参看“大历史项目”的网站（https：//course. bighistoryproject. com/syllabus，2013 -6 -3）。

以科学知识为根据观察和解释各种历史现象，但是大历史不把这样的科学知识看作为绝对不变的真理，而把它看作像其他的创世神话一样解释世界的方法之一。当然，大历史课以科学的根据说明大爆发理论，如哈勃定律（Hubble's law）、赤方偏移（redshift）、多普勒效应（Doppler effect）、宇宙背景辐射（cosmic background radiation）等，但同时也强调大爆发理论所具有的限制，并明确地指出大爆发理论也属于“现代的创世神话”①。这对近代以后快速发展的科学以及人们对科学的信赖是一种挑战，试图要克服以往知识体系，从更宏观的视角及更大的框架，分析宇宙的各种现象。

其次，大历史课讲星星、银河、太阳系的形成以及地球的起源，此时，这门课更加集中讲到复杂性（Complexity）的增加问题。大历史课通过各种科学的根据来说明最初星星的诞生、各种元素的出现以及太阳的形成等问题，但是，这门课不停留在罗列相关的科学知识，还对星星与人类进行比较，重新关注星星从诞生到消灭的过程。这样的方式与以往天文学或宇宙学的观点完全不同，从人文学的方法出发，通过“讲故事”（Story telling）的方式，让人们了解宇宙的各种现象，这种方式确实引人注目。

再次，关于地球的起源和历史，这门课还关注地球的形成过程以及地球上存在的各种元素和水对这一过程起的作用。除此之外，通过复杂性（complexity）与金凤花条件（Goldilocks condition）来说明太阳系的行星中为何只有地球出现生命体，以及这些生命体不断进化的背景和理由。也就是说，太阳系的许多行星中只有地球拥有生命体能出现并进化的条件。而且，数十亿年以来，这一金凤花条件也对700万年前在非洲东部第一次出现人类并且这些人类不断进化，起到了前提条件的作用。②

最后，为分析人类出现以后更复杂的人类历史，大卫·克里斯蒂安试图通过与以往不同的方式分析历史。一般的历史家把整个历史分为几个阶段，如，史前和史后时代或古代—中世—近代。但他与此不同，把人类历史分

① 大历史课所涉及的八个主要临界值（thresholds）如下。大爆发（宇宙的开始）、星星的诞生、元素的出现、太阳系和地球的诞生、生命体的出现和进化、人类的出现及集团学习（collective learning）、农耕的开始以及人类世（anthropocene）等。关于临界值（thresholds）的具体内容，参看“大历史项目”的网站（https://course.bighistoryproject.com/syllabus，2013-6-3），p.78。

② Cynthia Brown 著，이근영 译，“빅히스토리 (Big history : from the big bang to the present)”，프레시안북，2009，p.77。

为三个阶段，即狩猎采集时代、农耕时代和近代。[①] 在大历史课堂上，这种时代区分有利于我们脱离以人为中心的观点，更关注人和人所处的自然环境之间的相互作用。特别是，我们关注自然环境对人类的影响以及近代以后人类对自然环境的影响，从中我们能观察到这些影响所导致的文化的、技术的变化，最后使我们了解其中所反映的人类历史的普遍性和多样性。

大历史课追求超越现代学界的专门化、细节化的倾向，通过跨学科的方式，强调学科之间的沟通和相互关联性。最重要的是，大历史从宏大的分析框架，观察过去，了解现在，展望未来。为此，大历史比较重视了解"整体像"及其中存在的各要素之间的相互关联性，最后追求的是重"普遍史"。在国际化越来越加速的情况下，这种问题意识及方法论有利于我们应付国际化的各种现象，并以新的方式定立自己的位置。这一点在听课学生的反应中有所表现。2012 年秋季，有一位上这门课的学生说："因为经济萧条，就业的机会减少，我自然很担心将来。但是在上大历史课后，我认识到应该从更长期、宏观的视野反省自己的现在并设计未来。"[②] 另一位学生说到，她通过大历史课"认识到为应付如今的全球化时代，除了积累各个方面的知识，还应该了解它们之间的相互关联性"[③]。大历史强调在广泛的时间、空间上认识人类共同体多种层位的沟通和相互关联性，在这个意义上，大历史课不仅在韩国，在其他正努力应付全球化时代的世界各地都有开设的必要。

三　大历史与融合英才教育课程

"关于大爆发以后一切的故事"是在大学开设的课程，在韩国初中开设的大历史课是"以大历史为中心的融合英才教育课程"。这个课程在韩国科学创意财团的资助下，从 2011 年 9 月到 11 月，由梨花女子大学的全

---

① 参看 David Christian 著，金绪炯、金龍友译，"거대사 : 세계사의 새로운 대안 (This fleeting world : a short history of humanity)"，书海文集，2009。

② 2012 年秋季，上"关于大爆发以后一切的故事"课的学生作为对象，实行问卷调查。这句话是其中一个答案。这次问卷调查是 2012 年 12 月 12 日实行的。

③ 同上。

球史研究所进行，前后共五次。授课对象是对数学和科学方面有才能的33个英才初中生。

在韩国率先开展大历史教育的梨花女子大学全球史研究所，除了给大学生开设课目以外，还关注给初中、高中学生开设的课目。全球史研究所认识到，像美国或澳大利亚的大历史教育一样，为了更加启发学生的创意力，也需要对初中、高中学生实行大历史教育。因此，在国内第一次开设了“融合英才教育课程”。这一课程有两个目的：第一，在如今的全球化时代“通过融合和沟通更深入了解自己及自己所处的周围环境”①；第二，从大历史的视角和框架，“通过融合和沟通，培养宏观的观点及多样的视角，最后养成全球化时代所要求的知识及德性”②。总之，融合英才教育课程试图超越各个学科之间的界限，追求沟通和共存，最后更容易地扩展到专门化的科学教育。

特别是，“融合英才教育课程”同样设定137亿年前大爆发以后的时间、空间范围，进而观察宇宙、地球以及全体人类历史，从中强调自然科学和人文学之间的相互作用及关联性。若我们要观察作为全体的人类，考虑地球共同体，应该首先需要从不同的层位及脉络上更明确地了解我们的现实，用更多样的视角分析我们所面临的现象。

最重要的是，“融合英才教育课程”是以学科之间的融合为基础，了解创意性的本质。为了启发更高水平的创意力，这种融合教育课程更加受到关注。“以大历史为中心的融合英才教育课程”所强调的融合的创意性，是基于多种形态的学问及知识之间的融合，这种融合能总体地包括不同规模的时间、空间的多样性。就是说，所谓融合的创意性，应该在包括宇宙、地球以及人类全体社会在内的广大视野里进行启发。在137亿年前，随着宇宙形成，人类所处的自然和生态环境也不断变化，人与周围环境以各种形态进行相互作用。在这些相互作用的过程中，人类不断启发多样的创造性。在这一点上，大历史的教育方法与今天为了学科之间的沟通和融合而推进的STEAM（Science，Technology，Engineering，Art and Mathemat-

---

① 金绪炯，“거대사 교육과 융합영재 교육프로그램（大历史教育和融合英才教育课程）”，p. 271。

② 同上书，p. 272。

ics）教育或 STS（Science，Technology and Society）教育一脉相通，因为大历史也关注用多种角度和观点来分析人和自然环境之间的关系。

在这样的问题意识下，“以大历史为中心的融合英才教育课程”分为五个题目进行上课：“大爆发和宇宙的起源”、“在地球上生命体的出现和发展”、“狩猎采集时代”、“农耕时代”和“全地球化时代”。这五个题目是按照 137 亿年的时间和空间中复杂性增加的程度以及知识和技术的发展程度而区分的，更具体的内容如下。

首先，“大爆发和宇宙的起源”讲道，通过宇宙开始的“大爆发”，先以科学的根据来观察宇宙的创造过程，然后了解今天的人类对宇宙的时间、空间的范围上所具有的意义，最后了解到大爆发所具有的历史意义。不仅如此，这节课观察星星、银河、太阳和地球等的形成过程，不仅追求科学的知识，还试图在人文学的脉络中充分了解 Goldilocks condition 及复杂性越来越增加的现象，以及这些现象所具有的历史意义。

“在地球上生命体的出现和发展”这节课，关注太阳系的许多行星中只有在地球上出现生命体的特定条件，从生物学、遗传学、化学、物理学等视角进行分析。最后的目标是，发现和了解地球的历史和人类的历史所具有的共同点。特别是，通过观察生命体的出现和进化，讨论、分析历史的最合适的模式是什么样的。并且，我们通过了解复杂性增加的现象，进而对于宇宙和地球的历史，以及人类历史，其复杂性增加具有什么样的意义。

“狩猎采集时代”主要从地理学、地质学以及历史学的观点，重叠地观察非洲东部地区第一次出现人类的背景。我们还观察人类向全地球移动的过程，从复杂性的角度考察这时期技术的发展程度。尤其是，通过观察人类向全地球的移动现象，我们可以关注以往史学界以及世界史研究中被排除的非洲，重新考虑非洲在历史上的重要性，这样能克服今天以欧洲为中心的历史教育的现实。与此同时，还分析狩猎采集时代的生活模式和特点，了解此时期技术的发展程度，讨论狩猎采集时代在人类历史中的意义所在。

关于“农耕时代”，我们在历史学、政治学、社会学、遗传学、生态学等人文学和自然科学的交流基础上，分析“作物化”和“家畜化”在全地球上出现这一现象，讨论人和人所处的自然环境之间的相互作用。特别

是，观察作物化和家畜化过程中出现的普遍性和特殊性，从中了解农耕的重要性。这使我们宏观地分析人类历史，从中确实反映出大历史的重要观点和视角。不仅如此，我们还观察到随着农耕逐渐扩散，复杂性也逐渐增加，最终导致都市、国家的出现。对于如此多样的条件，我们在充分认识到学科之间关联性的基础上，追求历史的普遍性和多样性，最后能发现这些现象所含有的历史意义。

最后，“全地球化时代”的课堂，要观察人类历史中出现的全球化网络的形成和发展。我们批判像欧洲中心主义等各种具有排他性的“中心主义”，关注“多中心”及各种“中心”之间的相互关联性。一边宏观地观察人类历史，一边微观地观察其中的差异和共同之处。特别是，我们考察在宇宙和地球以及全体人类的历史中，作为单一种的人类对周围环境的影响。人类的这种影响力，尤其是与产业革命以后出现的近代科学技术的发展和革新所带来的复杂性不无关系。这种分析确实有助于我们摸索方法来解决全球化时代所面临的问题。

参加“以大历史为中心的融合英才教育课程”的 33 个学生当中，大部分学生之前几乎都不知道强调学科之间融合和沟通的大历史。他们在数学或自然科学方面具有特别的才能，都是韩国科学创意财团所属的大学附属科学英才教育院以及首尔市教育厅英才教育院所属的学生。① 他们对人文学和社会学等方面几乎不感兴趣。因此，这些科学英才通过“以大历史为中心的融合英才教育课程”认识到自然科学和人文学之间沟通和合作的可能性，并了解到不同学科之间融合教育的必要性。在这个意义上，这一课程符合追求自然科学和人文学之间融合的大历史的最终目的。

这种大历史的最终目的，还在以科学英才作为对象实行的问卷调查中有明显的反映。通过共 5 次的“以大历史为中心的融合英才教育课程”，大部分的学生认识到自然科学和人文学不是截然不同的研究领域，而是拥有不少的相同之处。尤其是，科学英才中 75% 以上的学生通过大历史开始对人文学和社会学感兴趣。这一问卷调查的结果证明，大历史的视角和方法，对于引起学生们对不同学科的兴趣和关心是非常有效的方法。这都是

① 参加“以大历史为中心的融合英才教育课程”的 33 个学生都是初中生，其中有 23 位男学生，10 位女学生。二年级的学生有 8 位，三年级的学生有 25 位。

因为大历史试图融合自然科学和人文学的结果。

科学英才通过大历史而得到的新认识不限于此。大历史教育为了让学生积累137亿年宇宙时间和空间里的科学知识，并从人文学的角度对此进行反省，积极利用“讲故事”（Story Telling）的教育方式，学生们对此表示兴趣。对他们来说，大历史不仅是得到新知识的手段，还是对以往知识进行重新解释和分析的途径，进而以自己的经验为基础，重新建构自己的知识体系，最后总体认识宇宙、地球、人类全体的历史。[①] 像大卫·克里斯蒂安所主张的一样，大历史对于科学英才重新建构以往的知识是非常有用的方法。

参加“以大历史为中心的融合英才教育课程”的一位女学生说道，以前从来没有想过人文学和自然科学有共同之处，而通过上大历史课却了解到，自然科学和人文学之间可以进行沟通和融合。有一位男学生说道，通过上课认识到许多课目互相连接。另一位学生说道，他本来只对科学感兴趣，上课后，对历史、地理学等其他课目也有了兴趣。

这些学生的反应证明，大历史教育对于他们重新结构既往知识，以及重新认识自然科学和人文学之间融合的可能性，起到了很好的作用。而且，对他们从宏观角度了解历史的普遍性和多样性，启发与以往不同形态的创意力，有非常重要的作用。当然，“以大历史为中心的融合英才教育课程”的授课对象是以往受过英才教育的学生，而且只有五次课，显然存在一定的限制。虽然如此，但这是第一次在韩国给初中生实行的大历史教育，并试图进行自然科学和人文学之间的融合教育，在这两点上，它具有一定的意义。

四　大历史放学后课程

“大历史放学后课程”以普通的中学生作为对象，试图更广泛地实行大历史教育。大历史放学后课程是给思考方式还未固定的初中生和高中生进行的，仍然关注从大爆发到未来的不同时间、空间范围的大历史主题。

---

① 参加的学生当中，75%以上回答说：对于以往的知识，从新的方式进行建构并解释，这就是大历史课的主要特点之一。

大历史放学后课程有如下三个具体目标：

第一，培养创意地融合自然科学和人文学的认识能力。从大历史的视角和方法论关注宇宙、地球及人类全体的历史所具有的普遍性，从总体的视角分析作为构成地球一部分的人类，强调人和自然的相互关联性。因此，当然需要通过创意地融合自然科学和人文学，预测地球和人类的未来，以及改变未来。为此，“大历史放学后课程”要开发学生们对自然科学和人文学的融合认识能力。

第二，了解全球化时代的特点和本质。相互关联性越来越增加的全球化时代，要求分析人类所处的不同层位的环境，并了解从中出现的相互作用和相互关联性。大历史教育关注超越学科之间的界限、民族或国家的界限，重视不同学科之间、不同民族及国家之间的交流和共存，进而实现融合和协力。在这个意义上，大历史教育有助于学生们了解全球化时代的特点和本质。通过这一课程，学生们在多层次的时间、空间的框架里进行分析并讨论人和自然的相互作用，这些内容非常符合全球化时代的教育。

第三，认识并讨论全地球的议题。通过大历史教育，学生有机会了解今天人类所面临的问题，如贫困、疾病、战争、核问题、全球变暖等问题。其实，这些问题不是一个国家或民族所能解决的。这些问题需要通过摸索人类共存的方法而达到国际的相互协力才能解决。在这个意义上，大历史教育一方面从广泛的时间、空间范围里追求普遍性，一方面承认多样性和差异性，有助于形成讨论全地球议题的良好环境。

为实现上述目的，我们开设了“大历史放学后课程”。这一课程从2012年秋季开始，在两所初中和两所高中，以及一所据点学校，[①] 总共10次进行上课。“大历史放学后课程”不仅实现自然科学之间的融合，还进行自然科学和人文学之间的融合，可以说是一种新的教学方式。这一课程与在美国、澳大利亚进行的“大历史项目”同步进行，也就是说，在国际合作的基础上进行，这符合于全球化时代的要求。

“大历史放学后课程”共10次进行。每节课分别有一个小时的讲课和

---

① 在2012年秋季学期，在韩国实行过“大历史放学后课程”的学校如下：대원 国际初中学、 성수 初中学、 서초 高中学、 하나 高中学。另外，梨花女子大学地球史研究所在首尔市三十所高中学校当中，招收30个学生，以据点学校的形式，进行大历史放学后课程教学。

一个小时的体验活动。为此，我们在大历史项目所提供的八个主要临界值（thresholds）的基础上进行补充，最后设定10个主题。① 为了顺利进行，梨花女子大学全球史研究所实行共9次教师工作坊。② 在教师工作坊，教师们了解大历史的主要概念，如金凤花条件和复杂性（complexity）等八个临界值，这有助于他们在教育现场更有效地进行大历史融合教育，特别是，大卫·克里斯蒂安也参加教师工作坊，给教师们讲授大历史教育的目的和本质以及效果等。

"大历史放学后课程"的具体内容如下。首先，初中的大历史教育分别在一般初中学校"Sung-Su中学"和特殊目的学校"Dae-Won国际中学"施行。在不同学校分别进行的主要目的，是为了观察大历史教育在不同水平、不同层位学校的学生中会有怎样的效果，从而考虑如何以不同的方式启发不同学生的创意力。

在Sung-Su中学，每周二下午，在科学教师的主导下进行上课。在Dae-Won国际中学，每周一，在科学教师和历史专业研究生的共同主导下进行。授课对象是二年级、三年级的学生。每次讲课，主要通过"讲故事"的方式，比较全面地、有机地说明大历史的主要内容、框架和概念。与此同时，还实行体验活动，通过表演、画画、mind map等方式，表现他们理解的主要概念。

其次，在高中学校实行的大历史教育，也分别在一般高中学校Seo-cho高中和自立型私立高中学校Ha-na高中进行。前者是遵守韩国教育科学技术部所制定教课过程的学校，后者是比较自由选择教课课程的学校。我们给两个不同学校的学生进行大历史教育，观察和比较两所学校学生有如何不同的反应。尤其是，在韩国高中一年级上"共同科学"这一门课，它的内容只不过是罗列物理、化学、地球科学、生物学的相关知识，在教育现场进行融合教育是非常困难的。因此，"大历史放学后课程"被期待着能

① "大历史放学后课程"的十个主题如下：大爆发（宇宙的诞生）、星星和元素的形成、太阳系和地球的诞生、生命体的出现、生命体的进化、人类的出现及移动、农耕的开始和发展、都市和国家的形成、全球化的网络形成和发展、人类世。

② "大历史放学后课程"的教师工作坊针对如下的九个主题进行：什么叫大历史、大爆发和星星的诞生及元素的出现、太阳系和地球的诞生以及板块构造学（plate tectonics）、生命体的诞生、生命体的进化、人类的进化、农耕的开始和都市、国家的诞生、全球化的网络形成和发展，以及人类世。

克服“共同科学”这一门正规课程的限制并弥补其不足之处。

“大历史放学后课程”以主要临界值（thresholds）为中心，共10次进行。通过这一课程，学生们认识到自然科学和人文学之间融合的必要性，了解各领域研究的对象具有相互连贯性。我们认识到有必要开设“大历史放学后课程”的历史意义。为此，梨花女子大学全球史研究所，以实行“大历史放学后课程”的四所学校和一所据点学校的学生作为对象，进行事前和事后的问卷调查。通过问卷调查的结果，我们认识到作为融合教育的“大历史放学后课程”所具有的重要性和意义。

事前问卷调查，以两所高中学校的学生作为对象进行，[①] 具体的问题如下：(1) 你最感兴趣的课目是什么？(2) 是否上过融合教育课的经验？(3) 是否听过有关大历史的课？(4) 是否感觉到有必要学习大爆发、宇宙、地球、生命体以及人类全体的历史等？问卷结果显示，50%以上的学生对自然科学感兴趣，90%的学生认为有必要进行融合教育和大历史教育。但是一般高中学校的学生，对于是否听过或受过融合教育和大历史教育这一问题，3/4的学生回答“不知道”；而在自立型私立高中，2/3的学生回答曾听过有关大历史和融合教育的信息。一般高中和自立型私立高中之间出现一定的差异。

如果我们将事前问卷调查和事后问卷调查进行比较，可以了解到韩国教育的现状，也认识到自然科学和人文学之间融合及合作的大历史教育的必要性和意义。参加共10次“大历史放学后课程”的学生当中，50%的学生觉得大历史教育有助于他们培养融合的视角，通过学习大历史主要临界值和参加各种体验活动，他们不仅对自然科学，还对人文学感兴趣。尤其是，通过画画、手工、表演等，他们不仅把大历史的主要概念作为抽象的知识，还按照自己的视角和观点，把这些概念以各种各样方式体现出来，对这些过程，他们觉得有意思。可见大历史作为融合教育的具体方案有一定的意义。

问卷调查同时给参加的八位教师实行。主要问题如下：(1) 参加“大历史放学后课程”工作坊的动机；(2)“大历史放学后课程”的教课内容

---

① 事前问卷调查，在2012年8月20日，以书梢高中一年级25位学生、何罗高中一年级133位学生作为对象进行。

中有哪些最感兴趣等。[①] 40%的教师回答，作为融合教育的一环，因为对大历史感兴趣而参加工作坊。50%以上的教师说道，不要把科学知识视为绝对真理，而是将其视为某一种主张（claim），这种认识上的变化，有助于他们反省和克服只不过是罗列相关科学知识的现行高中科学教材的限制，在这个方面，大历史对他们有所挑战。

除此之外，他们还说道，通过“大历史放学后课程”，他们在韩国第一次实行自然科学和人文学的融合教育，他们对此感到自豪。参加教师工作坊和实行“大历史放学后课程”的教师们都是来自物理、生物、历史、地理专业的。他们通过大历史教育，在自己专业的基础上，亲自体验到不同课目之间交流和融合的可能性，而且在教育现场具体实践，最后认为自己做到了融合教育。另外，大历史教育讲到大历史的结构和模式时，对于137亿年的宇宙时间和空间规模，他们不是通过罗列相关知识及信息，而是通过“讲故事”的方式进行，这样容易引起学生的兴趣，启发他们的创意力，结果，教师们更积极摸索教育的新方法。

当然，为了将“大历史放学后课程”这样的通过大历史实现融合教育的方法，不仅在韩国，而且在世界各地进行普及，还应该补充很多方面。参加的教师们曾经指出，为了自然科学和人文学之间更深层次的融合，有必要提供更加系统化的教育材料。另外，为了把讲课和体验活动有机连接，还要进一步开发体验活动的具体内容。与此同时，他们还指出，有必要将大历史课程作为融合教育的一环，制定成为正规教育课目。不管如何，“大历史放学后课程”是在韩国第一次实行的自然科学和人文学的融合教育。通过讲课和体验活动，学生们不再把自己学到的知识作为抽象的概念，而是把它认识为已经消化的知识。这些都充分证明了在教育现场中融合教育的必要性。

五 结论

大卫·克里斯蒂安正式开大历史课程之后，至今大历史扩展到全世界，并

---

① 关于“大历史放学后课程”的具体教课内容，我们以教师作为对象，实行问卷调查。这次调查在2013年1月21日进行。问卷内容共有4个项目。

达成了一定的共识。不少人开始关注大爆发以后137亿年的时间和空间中出现的普遍性和多样性，试图超越以人为中心的历史分析法，认识到人和人所处自然环境之间的相互作用以及相互关联性。全世界已认识到，如今的全球化时代，为了和平共存，非常有必要了解人类全体、地球、太阳系以及宇宙的相互作用。

大历史是把分析对象扩展到宇宙并研究其中出现的普遍性及多样性的学科，我们通过它，可以认识到更大的框架及变化模式。大历史还给我们提供了比以往更加多样、多层的地图。它作为新的历史方法论，从 Goldilocks condition 以及复杂性（complexity）增加的层面上，考察宇宙的开始、星星的诞生、地球的诞生、生命体的出现和进化，以及人类的出现及其影响力等。除此之外，大历史还扩大了自然科学和人文学的交流空间，而在扩大的过程中，能让我们找到新的视角和观点。总之，它是一种启发创意力的融合学问的方法论。大历史统合了自然科学的各个学科，在此基础上，以更加均衡的视角分析人文学的内容，从这个意义上，大历史可以说是跨学科研究的精髓。

今天的韩国社会更加关注跨学科的融合教育的必要性。融合教育试图超越不同学科之间的界限，并摸索沟通和共存的可能性。一方面承认相互的差异和不同，一方面摸索共同的问题意识，最后，融合教育要了解人类社会所面临的现实，并共同设计和平共存的未来。大历史重视统合的视角及观点，分析人和生命以及宇宙的历史。从这个意义上，以大历史为中心的融合教育，不仅对韩国社会，也对全地球社会是恰合时宜的。

从中国角度看全球性：中国在世界历史和史学史中的作用

［美］戴福士 著　方　强 译*

摘　要　研究世界史、特别是最近以来研究全球史的历史学者们基本上都同意：不同文明之间以及人类与环境之间的交流互动对人类的历程和记载有着深刻的影响。同样，研究中国的学者或许也把着重强调历史和现实、中心和边缘之间的互动当成理解人类共同起源和终极命运的钥匙。有一种中国历史的理论预设了五个不同政治秩序或国体的排序，这一系列的秩序或国体在以后的两个阶段中再次重复。通过借鉴这一历史理论，本文也勾勒了一个有关世界历史的理论。在这个理论里，自远古到今天，五大不同的世界区域演变成了五个具有继承性和鲜明特性的世界中心。正如中国历史上存在的五个不同国体那样为目前中国的政体提供了各种不同的模式，这五个带有鲜明特性的世界中心也为当今的全球社会为建设一个更为有效的世界秩序提供了各种不同的先例。尤其是当我们寻求创造一个和平的、公正的及可持续发展的全球社会时，中国历史里面有关文化国家的遗产理应成为有益的文化资本。

关键词　中国历史、史学史、世界历史、全球性、世界区域、中心、帝国、文化国度

---

* 作者简介：戴福士（Roger Des Forges），美国纽约州立大学布法罗分校历史系教授。译者简介：方强，美国明尼苏达大学历史系讲师。

一　中国历史上的三种模式

在20世纪，中国历史研究主要存在三种模式。① 先看第一种模式，日本历史学者把属于西欧的“古代”、“中世纪”和“现代”等标志应用于研究中国历史上面。② 根据东京学派的说法，中国的古代社会一直延续到汉朝（前206—220年），中国的中世纪则从魏晋开始一直到清朝（1644—1911年），而中国的现代社会仅仅出现在20世纪。

而据京都学派的说法，中国的中世纪应该终结于唐朝晚期（618—907年），现代性应该从宋朝（960—1279年）开始。京都学派的学者认为中国居于世界的中心长达1000年，不过他们这样做是采纳了欧洲的标准。他们最终认为，中国没有赶上与欧洲工业革命相联系并且波及世界各地的后现代性。

第二种模式也是以两种思潮形式出现的马克思主义模式。该模式的第一种思潮认为：亚洲通过河流控制和灌溉产生的生产方式决定了中国是一个长期暴政的国度。这种观点在20世纪初期曾经影响过一部分中国人，并且在毛泽东以后的时期再次出现。即便如此，这种思潮在中国和西方还属于非主流的思潮。占据主流的思潮仍是马克思、列宁、斯大林主义的框架，就是五种逐渐进化的社会阶段，从地方自主到奴隶制度、封建主义、资本主义和社会主义（最终到共产主义）。③ 第二种思潮曾经在学术和政治上影响极大，即使在当今中国学术界，这种思潮仍继续以不同的方式存在

---

① 尽管人数太多而不能在此一一道来，我希望感谢在首都师范大学、中央民族大学、中国社会科学院、河南大学、南京大学、台湾大学、中国人民大学以及纽约州立大学布法罗分校工作的很多历史学者。这些学者都不仅聆听了本文的中、英文版本而且还进行评论。我还感激福布赖特基金会的一个学术奖使我能够在2009年秋季和2011年于中国举办的讲座中宣读本文。方强教授把英文本翻成中文，我也很感谢。

② Miyakawa Hisayuki, “An Outline of the Naito Hypothesis and Its Effects on Japanese Studies of China,” *Far Eastern Quarterly*, 1954 – 1955, 2: 533 – 552; Harriet T. Zurndorfer, *China Bibliography: A Research Guide in Reference Works about China's Past and Present* (Honolulu: University of California Press, 1999), pp. 1 – 55.

③ Arif Dirlik, *Revolution and History: The Origins of Marxist Historiography in China*, 1919 – 1937 (Berkeley: University of California Press, 1978)；范文澜：《中国通史简编》（人民出版社1954—1965年版），三编。

着。这一思潮还对那种认为国家资本主义是终极群集的观点予以沉重的打击，不过它始终在欧洲框架内运营。

第三种模式是“现代化”理论，这一理论建立在马克斯·韦伯的以日趋增加的“理性”来取代“传统”的观点之上，而这种“理性”与科学、技术和官僚体制密切相关。虽然韦伯对未来的看法不像马克思那么乐观，但他和马克思一样都相信欧洲的历史进程放之四海而皆准。这种模式在细分为“早期现代”和“后现代”两个子分类中再次得到进一步的阐述。这两个子分类也都被应用于中国。其中，早期现代的模式促进了研究中国明清时期（1368—1911 年）的学者与研究欧洲从宗教改革到启蒙运动时期的学者之间的交流。而后现代的模式正确定位了历史上的现代性和现代主义，并且增加了日后出现更为开放文化的可能性。同时，现代化的设计也允许存在多种现代性和非线性的发展。然而，与日本和马克思模式相同的是，现代化的设计保持了欧洲中心和目的论。①

二　有关中国历史的一种理论

要对中国历史有一个带有较多中华中心而较少目的导向的解释，或许应该以“帝制”中国自秦朝（前 221—前 206 年）一直延续到清朝这一看法开始。② 帝制模式所强调的是由一个强人，依靠着中央化的官僚系统来统治一个生活在广大领土内的多民族国民，并支配着足够多的财富和权力。这种观点有助于把秦朝到清朝之间的朝代从秦以前尚未大一统的国体（如夏——约前 2070—前 1600 年、商——约前 1600—前 1046 年、周——约前 1046—前 371 年）和清朝以后种族关系更为明确的政体（如民国——

① Gilbert Rozman, ed., *The Modernization of China* (New York: The Free Press, 1981); Arif Dirlik and Xudong Zhang, eds., *Postmodernism and China* (Durham and London: Duke University Press, 2000); Dominic Sachsenmaier, Jens Riedel, and Shmuel Eisenstadt, eds., *Reflections on Multiple Modernities: European, Chinese and Other Approaches* (Leiden: Brill, 2002)；罗荣渠：《现代化新论——世界与中国的现代化进程》（商务印书馆 2004 年）。

② 参阅最新著作：Timothy Brook, ed. “History of Imperial China series” (Cambridge: The Belknap Press of Harvard University Press)，开篇为 Mark Edward Lewis, *The Early Chinese Empires: Qin and Han* (2007)；终篇为 William T. Rowe, *China's Last Empire: the Great Qing* (2009)。有关“帝国”的重要思考而没有挑战其在中国的适应性这点可参见 Lyndia H. Liu, *The Clash of Empires: The Invention of China in Modern World Making* (Cambridge: Harvard University Press, 2004)。

1912—1949年和中华人民共和国——1949年至今）区分开来。即便帝制模式再好，也仅表示两千多年来中国政治和社会体制没有发生什么变动。如果使用不太谨慎的话，有关“帝制中国”的看法既可以延伸到先秦时期也可以延伸到清朝以后。最近一些年来，中国的帝制时代被细分为“早期”、“中期”和“晚期”三个阶段。在晚期帝制社会和早期现代社会之间可能存在的重叠强化了这两种模式。①

为了避免把“帝制中国”与停滞不前相联系，我们也许需要用一种更为普遍的中国式方法来对中国历史进行阶段划分。这种方法就是所谓的朝代周期制。② 根据这种方法，我们可以把中国历史划分为许多带有继承性的国体。这些国体由特殊血统组成并对不同领土进行过不同长度的统治。每个国体都由能力卓著的领袖建立，而且都经历了一段繁荣和强大的时期，并最终因为官僚腐败、民众不满、内部纷争及外来侵略等综合因素而衰亡。支持这一方法的人已经根据各个朝代是由“本土”占多数的民族还是由“边疆”少数民族来建立这一点进行过研究。他们还根据不同朝代的中央集权或地方自治程度的大小加以区分。这一理论或许把从商朝到中华人民共和国之间所有国体都考虑进去，但是它一般强调政治多过社会变迁，强调国内多过外交。

在考察这两种经过修正的中国式史学史的基础上，我们也许还要开发出另外两种不太熟知的中国视角。③ 第一个视角最早由20世纪早期的公共知识分子梁启超所提出。梁启超把中国历史因文化环境分为三个时段。其一是“中国之中国”，从远古到公元前221年。在这个时段里，中华文明基本上在那个于20世纪被称为中国的土地上逐渐发展。其二是“亚洲之中国”，大约从公元前221年到公元1770年。在这个时段里，中国吸收了

---

① 例如：*The Qing Formation in World Historical Time* edited by Lynn Struve（Cambridge：Harvard University Asia Center，Harvard University Press，2004）.

② Wang Yü-ch'üan，"The Rise of the Land Tax and the Fall of Dynasties in Chinese History，" *Pacific Affairs* 9.2（June，1936）：201 - 220；Lien-sheng Yang，"Toward a Study of Dynastic Configurations in Chinese History，" *Chinese Institutional History*（Cambridge：Harvard University Press，1961），pp. 1 - 17；Ray Huang，*China*：*A Macro History*（Armonk，N. Y.：M. E. Sharpe，Inc.，1988）.

③ 梁启超：《中国史叙论》，最早发表于1901年的《清议报》，并作为附录重印于梁启超的《中国历史研究法》（中华书局2009年版），第173页；蒋孝瑀等合著《几种中国史分期观念的介绍》于《中国通史集论》（长春树书坊1972年版），第5—24页。

南亚的主要文明，尤其是佛教。之后中国再把这些内外文明的混合体传播到东亚其他国家以及东南亚的部分地区。其三是“世界之中国”，从清朝乾隆年间（大约1770年）开始一直到20世纪。在这个时段里，中国受到世界主要是来自欧美地区的冲击。经过慎重的取舍，梁启超认定要保留中国（中央国家或国家群）这一最普通的名称。不过他明确表示，在中国人热衷成为中心的这个世界会长期不断地扩张直至变成我们今天所叫的全球。

梁启超不怎么关注中国历史三个时段中不同朝代的性质和兴亡。当我教授几年中国通史以后，我被汉朝、明朝和中华人民共和国这三个政体之间的共性所吸引。另外我还发现周朝、唐朝和清朝之间存在的密切关联。同时，我也注意到邹衍（约公元前305—前240年）曾经提出的五行理论。① 邹衍通过五个以不同的、可以重复的顺序相互承继的行或德来解释宇宙万物。根据一种“征服”周期，这些阶段由依次排列的土、木、金、火、水所组成。中国人最早用邹氏理论去解释物质现象，但是不久以后就把它用于合法的政治权威和国体变更上面。② 我可以确信，如果把这种征服顺序适当地提炼和使用，有助于说明中国历史上出现在早期、中期和最近的各种国体。邹氏理论中五个阶段的出现都是依次的、带有周期性的，就像重复出现的序列。然而，正如车轮一样，这五个依序出现的阶段可以推动历史“前进”而不需要或者甚至允许某个特定的终极目标。由于这个理论曾帮助中国人了解他们的历史，我想它也许能够给我们带来同样的帮助。

在对中国历史上出现的所有国体加以比较以后，我总结出了以下这个

---

① Joseph Needham with Wang Ling, *Science and Civilisation in China*, *volume* 2, *History of Scientific Thought* (Cambridge: Cambridge University Press, 1956, 1975 reprint), pp. 238 - 239, 256 - 259, 264 - 266；顾颉刚：《五德终始说下的政治和历史》（香港：龙门出版社1970年版）；John Henderson, *The Development and Decline of Chinese Cosmology* (New York: Columbia University Press, 1984)。

② Manfred Porkert, *The Theoretical Foundations of Chinese Medicine*: *Systems of Correspondence* (Cambridge: The MIT Press, 1974); Hok-lam Chan, *Legitimation in Imperial China*, *Discussions under the Jurchen-Chin Dynasty* (1115 - 1234) (Seattle: University of Washington Press, 1984); A. C. Graham, *Yin-Yang and the Nature of Correlative Thinking* (Singapore: The Institute of East Asian Philosophies, 1986); Aihe Wang, *Cosmology and Political Culture in Early China* (Cambridge: Cambridge University Press, 2000); Michael Puett, *To Become a God*: *Cosmology*, *Sacrifice*, *and Self Divination in Early China* (Cambridge: Harvard University Asia Center, 2002).

模型。[①] 其中第一个阶段是“王朝统一”（royal unification），由某个世袭的国王统一天下。这个阶段存在于早期的商朝，中期的隋朝（581—617年）和近期的以温和方式存在的由明末摄政张居正所推行的改革。第二个阶段是“精英改革主义的国度”（elitist reformist state）。在这个阶段里，一小部分贵族或以后出现的学者官员企图自上而下地对社会加以改良。这种政体存在于早期的周朝，中期的唐朝和近期的清朝。第三个阶段是“政治无序和文化危机”（political disorder and cultural crisis）。在这个阶段里，交战各国最终呼吁对文化承继做一个严肃的重估。这种政体或反政体存在于早期的春秋战国（前722—前256年），中期的五代十国和辽宋金（907—1279年）和近期的民国北京政府（1911—1927年）。第四个阶段是“专制中央化”（authoritarian centralization）。在这个阶段里，一个严厉的政权试图对一个不断扩张的社会和领土强加一体化。这种政体存在于早期的秦朝，中期的元朝（1279—1368年）和至少在理论上存在的南京政府（1928—1949年）以及早期中华人民共和国（1949—1979年）。第五个也是最后一个阶段是“平民平等主义政体”（populist egalitarian state）。在这个阶段里，出身平民的开国领袖想要建立一个能够为广大人民利益服务的政权。这个阶段存在于汉朝、明朝，以及至少在假想中存在过的由孙中山主政的早期民国和毛泽东及其继承者所领导的中华人民共和国。

尽管这一方案会被质疑为太完美而不可信或是存有太多的例外而不太有用，但是它也许可以作为一个精致而吝啬的理想类型、榜样或者神话，在捕捉中国历史上延续和变更之间相互作用方面具有某种启发意义。[②] 诚然，我已经建议把中国历史的基本范式看作一个螺旋状的物体，这个物体

① 戴福士：《中国历史的模范：一个螺旋性的理论》，刘东、谢维和翻译，《走向未来》第1卷第2期，1987年3月，第72—81页；另见戴福士 *Cultural Centrality and Political Change in Chinese History: Northeast Henan in the Fall of the Ming*（Stanford：Stanford University Press，2003），pp. 316–322。This theory seems to be consistent with that which Tu Wei-ming arrived at simultaneously and independently. 杜维明：《儒家第三期发展的前景问题》，载于《文化：中国与世界》（三联书店1987年版），第100—140页。

② 有关深化和历史之间的相互作用参见 William Mc Neill，*Mythistory and Other Essays*（Chicago：University of Chicago Press，1986）。

具有前进的动量和重复出现的含义。[①] 如果考虑到史学史和历史以及依照自然界和人类社会的模式，那么这一物体或许可以看作是一个双螺旋结构。[②] 正因为此，它能够反映从中国的经历和愿望之间的互动中所产生的生命原理（entelechy）。

有关五个世界中心的理论

这些年来大部分研究世界史的学者都回避欧洲中心主义和目的论。[③] 他们强调文明之间以及人类和环境之间的互动，并将其作为理解我们的亚属物种（智慧人种）和人类文化命运的钥匙。[④] 不过，即使欧洲并非总是占据世界历史的主导地位，我们还是需要说明欧洲曾经扮演的突出角色。同时要说明的是，尽管欧洲在 1945 年后相对衰落，这并不影响史学史里持续存在的欧洲中心主义。[⑤] 如果我们无法假定人类的进步会导向一个共同的目标，我们仍需相信，假使我们有任何理由向历史学习，还会存在某种特定未来的可能性。文明之间的交往是导致文化发展的一种途径，然而某些文明在某些时段会发展成相对的与世隔绝。[⑥] 拿中国作例子，如果不是更

---

① 根据某个观察家的言论，这种螺旋是向前运动中效率最高的形式 Jay Harmon on "World of Possibilities," National Public Radio, January 2012; http://www.youtube.com/watch? v = UmUONml-DETl, accessed June 2012。

② James D. Watson, *The Double Helix: A Personal Account of the Discovery of the Structure of DNA* (New York: Atheneum, 1968); Peter S. Stevens, *Patterns in Nature* (Boston: Little, Brown and Company, 1974), pp. 79 -91.

③ 能够证明这种规则的例外情况有：Francis Fukuyama, *The End of History and the Last Man* (New York: Avon Books, 1992); Samuel P. Huntington, *The Clash of Civilizations and the Remaking of World Order* (New York: Simon and Schuster, 1996); David S. Landes, *The Wealth and Poverty of Nations: Why Some are So Rich and Some So Poor* (New York: Norton, 1998); Niall Ferguson, *Civilization: the West and the Rest* (New York: Penguin, 2012)。

④ Jerry H. Bentley, "Cross-Cultural Interaction and Periodization in World History," *The American Historical Review*, vol. 101, no. 3 (Jun. 1996), pp. 749 -770; Patrick Manning, "The Problem of Interactions in World History," *American Historical Review*, 101 (1996): 771 -782; 刘新成：《互动：全球史观的核心理念》，载于《全球史评论》2009 年第二辑，第 3—12 页；Dominic Sachsenmaier, *Global Perspectives on Global History: Theories and Approaches in a Connected World* (Cambridge: Cambridge University Press, 2011), pp. 157 -170。

⑤ Georg G. Iggers and Q. Edward Wang with Supriya Mukherjee, *A Global History of Modern Historiography* (Harlow: Pearson Education Limited, 2008), pp. 2, 5.

⑥ Robert Tignor et al., *Worlds Together, Worlds Apart: A History of the World, 3rd Edition, Volume One, Beginnings Through the Fifteenth Century* (London: W. W. Norton & Company, 2011), xxxii-xxxiii.

为重要的话，与过去的互动也许比与其他文化的交往对激发中国社会的变革和保持连续性至少同等重要。[①]

今天，世界经济的逐步一体化和对可持续发展的顾虑促使更多人关注全球历史。[②] 在西方，有关全球化何时、何地开始的争论已经出现。有些人认为全球化始于人类的早期文明，另一些人则指出全球化伴随着 20 世纪 90 年代的“技术科学”文明的出现而产生。[③] 在中国，全球历史因其不同的内涵而与世界历史区分开来。全球史的内容似乎第一次包括了中国人的历程以及其他人类的历程。[④] 虽说历史学者仍然引用宽泛的空间分类，如东方、西方、北方、南方以及整个洲，如欧洲和亚洲、非洲和美洲，现在明显出现了一种新的研究世界各区域的趋势，就是把东亚和甚至小到家庭的区域放在它们的全球背景下来研究。这一值得表扬的对全球和地区间互动进行的考量有时被冠以一个非常枯燥的词汇：“全球本土主义”（glocalism）。[⑤]

我本人的思维受到两种思潮的影响，其一是长期存在于西方的观点即帝国按顺序出现；其二来自中国的合法正统政治。[⑥] 最近出版的很多成果既有研究中国历史上强力中心概念的内涵，也有关注世界经济中心的变迁。这些成果促使我们去探究世界历史里诸多中心的存在、地区和种类。[⑦] 由此产生的一个尚未成熟的理论是关于整个人类历史中五个接连出现的中

---

① W. G. Beasley and E. G. Pulleyblank, eds., *Historians of China and Japan* (London: Oxford University Press, 1961), p. 9; On-cho Ng and Q. Edward Wang, *Mirroring the Past: The Writing and Use of History in Imperial China* (Honolulu: University of Hawaii Press, 2005), pp. ix, xii, xiv, xix, xxii, 261, 264; Chun-chieh Huang and John B. Henderson, eds., *Notions of Time in Chinese Historical Thinking* (Hong Kong: The Chinese University Press, 2006), ix, xii, 50 – 51.

② Sachsenmaier, op. cit., 65 – 109.

③ Wolf Schafer, “Reconfiguring Area Studies for the Global Age,” *Globality Studies Journal: Global History, Society, Civilization*, 22 (Dec. 2010): 1 – 28.

④ “World History vs. Global History? The Changing Worldview in Contemporary China,” in *Chinese Studies in History: A Journal of Translations*, edited by Q. Edward Wang, 42. 3 (Spring, 2009).

⑤ Martin W. Lewis and Karen E. Wigen, *The Myth of Continents: A Critique of Metageography* (Berkeley: University of California Press, 1997); Roland Robertson, “Glocalization: Time-Space and Homogeneity-Heterogeneity,” *Global Modernities*, edited by Mike Featherstone, Scott Lash, and Roland Robertson (London: SAGE Publications, 1995): 25 – 44.

⑥ Ernst Breisach, *Historiography: Ancient, Medieval, and Modern* (Chicago: University of Chicago Press, 1983), pp. 61 – 63, 143, 148; Chan, op. cit.

⑦ André Gunder Frank, *RE-Orient: global economy in the Asian Age* (Berkeley: University of California Press, 1998).

心的兴亡。[①] 纵然我在形成世界五个中心这一观点上可能受到中国的五行理论的影响，我以为这种共性的存在是偶然的。其实，我认为五个世界中心说与我们之前谈到过的中国五个政体说是相似的，都是从历史和史学史的研究经验出发的。与中国的五个政体一样，世界的五个中心也相互承继并且随着历史进程的加速而明显缩短。同样，正如中国的五个不同的政体分别对中华文明作出过同等贡献，世界的五个中心也对世界文明贡献相同。但是，两者之间也有不同。世界的五个中心各自仅在历史上存在过一次而已。虽然五个世界中心在积极向外拓展它们影响力方面和中国的五个政体一样，它们却不能像中国政体一样能够一统天下，更别说建立中央集权了。因此，相对于预测我们现在所称的世界东亚区域里中国核心的未来，世界的将来就更难以预测了。

东非洲人类和文化的起源（距今大约10万年到1万年以前）

古人类学家一般都认同我们智人（正如我们傲慢地称呼自己）在大约30万年前从居住在东非洲草原的早期人种进化而来。自从我们的祖先从非洲南方古猿人那里继承了较大的大脑，从早期东非能人那里继承了与其他四指对置的拇指和从直立猿人那里继承了双腿直立行走而控制火力后，他们就用言语和改进了的石器工具取代了属于智人亚属物种的尼安德特穴居人并开始向地球大部分地区移民。虽说很多这类小型的早期人类社区之间仅有很小的交流，它们可以说是实现了第一次全球化。从一个带有批判的角度看，这些早期人类还对与之相近的亚属物种进行了世界历史上的首次种族灭绝。无论是好是坏，人类的文化自他们那里开始了。[②]

距今10万年以前，我们的祖先以采摘水果、蔬菜及打猎为生。采集食

---

① 虽然我在了解“大历史”前就形成了这种观点，但是这肯定是向着同一目标所迈出的一步。David Christian, Cynthia Brown, Craig Benjamin, *Big History: Between Nothing and Everything* (New York: McGraw Hill, 2010).

② Howard Spodek, *The World's History, Volume 1, to* 1500 (Upper Saddle River: Prentice Hall, 2000), pp. 10 – 21. 某些中国学者之所以拒绝接受源于非洲的一元论或许是因为他们对遗传证据的重视度不足。James Leibold, “Filling in the Nation: The Spatial Trajectory of Prehistoric Archaeology in Twentieth-Century China,” in *Transforming History: The Making of a Modern Academic Discipline in Twentieth-Century China*, Brian Moloughney and Peter Zarrow, eds. (Hong Kong: The Chinese University Press, 2011): pp. 348 – 349.

物的妇女们或许能够比男性猎手们对家庭的营养吸收作出更多的贡献。这启示了我们应该以采集和打猎社会来代替早已惯用的名称打猎和采集社会。[①] 与日后人口更多的人类相比，那些人口虽少却居住在较大领土的人类享有更多的消费、空闲甚至更长寿。他们也因此作为世界上最早的富裕社会而受到尊重。[②] 这些早期人类发展了语言，却以可能导致窒息作为代价。他们的歌唱、跳舞、表演、涂漆和雕塑制作出了我们一般认为的“美术”和“高雅文化”。那些留在非洲的古人类与自然环境保持了密切联系，其中包括那些被允许保留“野性”而不是家养的动物。

距今一万年前，非洲的居民开始进行其他的活动如开垦土地、饲养动物、创造文字、开采金属以及建立城市、国家和帝国。在非洲东北部出现了主要的通常被称为国家甚至帝国的国体，如埃及王国、库什王国和阿克森姆王国；在西非出现了商业国家和帝国，如加纳、马里和桑海王国；在中非，班图族的移民为南非带去了农业；沿着非洲东海岸兴起了与西非和南非交往的商业城市。但是，除了尼罗河流域以外，非洲少有大的河流。而且非洲两条最主要的河流尼日尔河和刚果河都在注入大海前流经凶险的瀑布区。[③] 与东面的印度洋相比，非洲西海岸的大西洋难以航行。撒哈拉地区逐渐扩张，造成邻近的许多地区无法居住。中非浓密的热带雨林暗藏着病菌而且不利于开垦。在那些被开垦的地区，遭过滤的泥土很难产生出足够的作物。[④]

其结果是，东非最终把世界中心的位置拱手让给了世界其他地区。我们需要对这一转换以及以后出现的转换做一个全面的待考说明。我们可以假定，当世界上的某个区域在成为世界的中心以后与不断变化的环境相脱节，就会丧失中心的地位，即使这些不断变化的环境的一部分是该区域自己创造的。不管怎样，非洲作为一个重要的外围地区，通过提供大量的黄金和奴隶滋养并强化了日后的世界中心。非洲还为基督教和伊斯兰教的扩

---

① Fernandez-Armesto, *The World, volume one, to* 1500 (Upper Saddle River: Prentice Hall, 2010), p. 16.

② Marshall Sahlins, “La premiere société d'abondance,” *Les Temps modernes*, 268 (1968), pp. 641 – 680.

③ Adam Hochschild, *King Leopold's Ghost* (New York: Houghton Mifflin, 1998), pp. 7 – 62.

④ J. R. McNeill and William H. McNeill, *The Human Web: a Bird's-eye View of World History* (New York: Norton, 2003), p. 19.

张提供了场所，并接受了来自欧亚的移民。除了为我们进化到人类提供主要的场地以外，非洲还为全球文明作出了最重要的贡献，那就是证明了相互间的联络可以与包容性和谐共存，以及追求对自然界的其他部分或其他社区的支配地位应该有其局限性。[①]

美索不达米亚和地中海的强势文明，距今大约1万年到公元前400年之间

用一些流行却不太恰当的词汇，人类“文明”“发展”的下一“阶段”建立在带有辅助而又常具冲突性质的畜牧业和定居农业上面。这类文明几乎同时出现于世界上几个不同的河谷中。这似乎表明世界出现了多中心的局面。然而，如果最终的结果是多中心主义，那么此种文化阶段可以说在更早时期并以更强力量和影响力于美索不达米亚及地中海周边地区出现过。这一地区刚巧是世界大部分最有营养又容易培育的谷物尤其是小麦的原产地。[②] 正如东非不仅创造出完整的人类并赋予他们“更高”的文明因子，美索不达米亚也是除了资助更高的文明外还建立我们所称的“强势文明”。这些强势文明致力于无限提高对其他人类和自然界的控制。[③] 尽管东非财富和权力的积累有限而且大部分局限于该区域，但是美索不达米亚商品和服务的累积在很大程度上来自与周边地区的交往。[④] 如果有人把获取财富和权力看作是文明的本质，那么这将是人类“迈进”文明的重要一步。如果有人认为文明是以对人类关系和环境最小的损耗来满足人类的需求，那么美索不达米亚的功绩在世界历史中就是往后走的一步，或者至少是与世界历史中其他有问题的阶段和中心一样。

无论如何，美索不达米亚在寻求财富和权力上面还有其他的优势。不

---

① Patrick Manning, *Navigating World History* (*Historians Create a Global Past*) (New York: Palgrave Macmillan, 2003), pp. xi, 15, 161, 237; Sachsenmaier, op. cit., p. 241.

② Jared Diamond, *Guns, Germs, and Steel: The Fates of Human Societies* (New York: W. W. Norton, 1999), ch. 5.

③ Lewis Mumford, *The Myth of the Machine*, *Volume two*, *The Pentagon of Power* (New York: Harcourt Brace Jovanovich, 1964).

④ 其结果将导致有争议的观点，这个观点认为所有的中心都会欺压边缘。Immanuel Wallerstein, *The Modern World System*, 3 vols. (New York: Academic Press, 1974, 1980, 1989); André Gunder Frank and Barry K. Gills, eds., *The World System: Five hundred years or five thousand*? (London: Routledge, 1993).

像埃及那样只有尼罗河，美索不达米亚有两条重要的河流：底格里斯河与幼发拉底河。这两条河的存在又使该地区被称为“河流之间的陆地”。这些河流还与波斯湾相通，所以能到达横跨比较易于通行的印度洋北岸的南面和东面。而且，美索不达米亚与地中海、北非和东非都有现成的连接处。不过，这个世界区域同时面临着重大的生态危机，如逐渐强化的干旱和不太能够预测的河流泛滥。这些生态危机都迫使当地的居民大规模地调用资源来应付。[①] 耕种和放牧最早起源于两河流域北面的高地，然后再慢慢地向河谷延伸。在经过数个世纪的水利工程发展后，才把河谷地区变成了“富饶的月牙湾”。这无疑是人类的一个重要成就并在世界各国的历史教科书中得到了肯定。但是，这类情况也需要一种带有更多掠夺性因而也更为脆弱与最终不太可能持续的政体形式。这种为经济史学者吹嘘的人口增长与农业生产之间的“良性循环”，已经被研究大历史的学者斥为“定居的陷阱”[②]。

不管起因如何，美索不达米亚的居民最后对他们的经济自足并不满意。他们把这种经济自足贬称为“生存”。他们因而同时开发各种硬技术和软技术以便能获得更多的财富和权力。他们从金属中提取铜和锡并把它们融合成青铜合金。青铜制作的工具和武器比石头更锋利。这种金属在很多地方包括非洲都很常见，并且有人说是和社会发展到一个新阶段息息相关。[③] 美索不达米亚人驯化了马，发明了轮子，并把马和轮子结合为马车。他们创造出世界上最早的文字，方便了时间和空间上的交流。尽管这样做也付出了代价，比如人们变得较少依赖记忆，使记忆因为不常使用而衰退，而且社会偏见从口头形态变成了“文盲”[④]。美索不达米亚人创作了口头史诗如吉尔伽美什等，以及宗教超越如努力探索伟大未知的琐罗亚斯德教。他们建造的城市、国家和帝国都是为了把等级分类愈发明显的社会编组到各

---

① 有关这一主题可参见 Arnold J. Toynbee's *A Study of History*, 12 volumes (Oxford: Oxford University Press, 1933-1961)。

② Christian et al, op. cit., 133 – 135.

③ 有关青铜和铁技术为人类发展普遍阶段的这一过度概括所带来的问题可参见 Manning, op. cit., p. 222; Fernandez-Armesto, *The World*, p. 90。

④ 有关对写作优越性的怀疑可参见 Woolf, op. cit., pp. 107 – 108; James C. Scott, *The Art of Not Being Governed: An Anarchist History of Upland Southeast Asia* (New Haven: Yale University Press, 2009), pp. 226 – 234。

个易于管理的领土单位中。正因为此，城邦苏美尔演变成更为中央集权化并被称为世界第一个帝国的阿卡得。简而言之，城市巴比伦成为建立在法律之上的帝国的首都；亚述国发展成为一个依靠军事力量的帝国；而波斯国用政治手段建成了当时最大的帝国以及世界上第一个横跨欧亚大陆的帝国。①

无论是好还是坏，以上关于美索不达米亚文明的几个特点都在某种程度上注定具有普遍性。其他的一些特点则带有更多明确的消极面而且在该地区以外没有太多的影响。虽然抽象字母表的发明缩小了口头和书写语言之间的差距，但是却使经舌的（translingual）交流更复杂。这种交流在过去以及现在都由文字字符来辅助。② 有关单个的、极度超越的、拟人的、全能的、全知的、男性的、造物者神灵的概念要求人类的绝对忠诚，并且成为父权权威和人类统治自然界其他事物的象征。③

世界上的第一个民族国家（可以说是建立在种族特性上的以色列）至少带有不安的心理与更为普遍的早期帝国共处。这种同时出现并持续共存的两类政体显示两者之间有着比我们通常所认为的更多的相同之处。尽管某些早期的强势领袖雄心勃勃地试图统治天下，但没有一个成功。④ 其中的部分原因也许是当地存在着多元化的生态和种族。不过犹太教、基督教和伊斯兰教三大宗教的教派主义也起到一定的作用。纵然对同一神灵的信仰（不同的称呼如亚威、耶和华和安拉）也许能促使人们塑造成单一的政体，三大宗教的每一教派都遭受到内部纷争的破坏而且都把其他两个宗教视为异端。一旦多元化和冲突变得普遍和流行，它们就被当作是自然的和

---

① Fernandez-Armesto, *The World*, pp. 86, 126 - 129, 188 - 200; Neil MacGregor, *A History of the World in* 100 *Objects* (New York: Viking Penguin Group, 2011), pp. 69, 76, 133, 163, 165 - 170.

② 这里有人认为中国文字有助于中国、朝鲜、日本和越南之间的交流，并且在时间上超越了在当时欧洲起过同样作用的拉丁语。有关对中国字体具有容许和资助中国内部团结以及东亚各国间纽带的长期性这一看法可参见 John De Francis, *The Chinese Language: Fact and Fantasy* (Honolulu: University of Hawai'i Press, 1984), pp. 56, 58。其实，一些中国人已经认为政治在统一（和再统一）中国上比文字更重要，而这一看法具有某种合理性。同上书，第 201 页。

③ 有关犹太人对上帝的观念所带有的复杂性和多样性可参见 Jack Miles, *God, A Biography* (New York: Random House, Vintage, 1995)。

④ William McNeill 对美索不达米亚的各种政体有最好的看法，因为他把那些政体视为“伟大社会”的发源地并且在以后的欧洲达到完满。他的观点见于 *The Rise of the West: A History of the Human Community* (Chicago: University of Chicago Press, 1963) p. 57；以及 *The Rise of the West* after Twenty-five Years, *Journal of World History*, I. 1 (Spring, 1990), pp. 10 - 13。

常态的，而且被合理化为动态的和创造性的。[①] 在这个世界区域，那种以为可以把天下在某个单一政体下实现大一统的前景通常被当成了噩梦。

同样地，建立在被称为地中海的更大水域周边的城邦国家希腊和罗马不久就演变成帝国。它们统一了当地的大块领土，但还是没有达到它们某些领袖所期望的大一统。地中海居民特别强化不同的政治结构，其中包括君主国、贵族、财阀、寡头、荣誉政制、制海权、暴君、共和制和民主制。这些政治机构被看成是获得依次排列的财富、权力、稳定、公正和自由的载体。当共和政体通过并吞殖民地而变成帝国后，其所造成的一个结局是大量的商业交往与几近常态的战争行为。事实证明，菲利普和亚历山大对希腊城邦和大部分美索不达米亚地区的征服是短暂的。虽然恺撒对地中海、部分美索不达米亚地区以及北非的统治要长久得多，但是却需要长期的战斗。希腊和罗马对“西方”乃至世界文明的贡献非常之大，据此它们常被誉为“经典遗产”。当公认为“永恒”的罗马帝国在公元5世纪崩溃时，整个世界区域的“社会发展”据说倒退达20%。[②] 由多种原因造成的罗马帝国的衰败不仅反映了单一政体的衰亡，而且也预示了整个地中海和美索不达米亚地区被边缘化的开始。

其实，此后的“黑暗时期”和“中世纪”的声誉在日后被更多正面肯定为“文艺复兴”和“启蒙运动”时期的史学史里蒙受不当诋毁。有人曾说过：“在634年以后，穆斯林取得了作为旧世界网的监护人和建造者的中心地位。”[③] 穆罕默德统一了阿拉伯部落，他的继任者哈里发伍麦叶和阿拔斯在公元661年到850年间为当地的广大地区带来了和平。阿拉伯伊斯兰不仅大大地帮助了西方经典文化的复兴，而且用其本身在数学、理性和经验上的领悟资助了西方文化并把伊斯兰文化影响扩大到南亚、东南亚和东亚。由于种种原因，如受到宗派主义的削弱、不能在政权继承上达成一

---

① Jane Burbank and Frederick Cooper, *Empires in World History*: *Power and the Politics of Difference* (Princeton: Princeton University Press, 2010), pp. 17-18, 41, 61, 90, 445; MacGregor, op. cit., p. 525.

② Ian Morris, *Why the West Rules - for Now* (New York: Farrar, Straus and Giroux, 2010), p. 281. Morris 关于社会发展的观念（第24—28页）虽超出了仅限经济增长的范围，但仍是特别关注城市化、军国主义以及财富与权力的集中。他对发展的解释源自于人类的懒惰、贪婪和恐惧。这也引出一个问题：是否一个对于人类潜质更为正面的观点会导致对发展的不同定义。

③ McNeill and McNeill, op. cit., p. 88.

致、未能攻下君士坦丁堡、遭受塞尔柱土耳其人的侵略、面临北非阿穆拉维和阿尔摩哈德王朝的竞争以及阿拉伯位于巴格达的首都被蒙古人于1258年摧毁等，所以穆斯林不能建立一个可持续的帝国，更不要说期望以哈里发作为世界秩序的中心。然而，在地中海和美索不达米亚于长达万年的时间里以权力文明作为世界中心的努力中，穆斯林可算是一个有价值的压顶石（capstone）。

三　南亚和东亚的文化国体，约公元前400年到公元1800年

第三个在世界历史中被公认为中心的世界区域也照样建立了自己的“统治”地位，在规模上小于其前任，其长度是其前任的10%。第一个世界区域通过创造有文化人类而成为整个世界的中心，第二个世界区域则通过更为掠夺性的经济和军事手段在一个愈加局限的领土范围中行使着更强大的影响，而第三个世界中心通过有意或无意地对过去的经验进行更广泛和更具创造性的发挥，在一个无论是地域还是人口都比前面已确知的世界中心更广、更多的地区建立了更加持久的统治。不过，第三个世界中心与第二个有相同之处，它既拥有国家和帝国，也具有两个相邻的核心（南亚和东亚）。然而这一新兴世界中心的特点是具有一个鲜明的政体。我建议把这个政体叫作“文化政体”①。典型的文化政体一般控制着广大领土内的大量人口。它从历史中获取经验，在自己的领土范围内创造大部分的财富，并且主要依靠文官政府为建立一个和平的世界秩序作出榜样。②

---

① 对于文化国体的概念参阅 Tu Weiming, *The Living Tree: the Changing Meaning of Being Chinese Today* (Stanford: Stanford University Press, 1994), pp. 3—4; Martin Jacques, *When China Rules the World: The End of the Western World and the Birth of a New Global Order* (New York: The Penguin Press, 2009), pp. 13, 220, and ch. 7。

② 文化国体或许可以被看作为在东南亚出现过的宗教坛场的大版本，银河系国家或太阳系政体。有关著作如：Mary Somers Heidhues, *Southeast Asia: A Concise History* (London: Thames & Hudson, 2000), pp. 21 - 22, 28, 36, 46, 50, 54, 61, 108; Victor Lieberman, *Strange Parallels: Southeast Asia in Global Context*, *c.* 800 - 1830, *Vol.* 1, *Integration on the Mainland* (Cambridge: Cambridge University Press, 2003): 33。相比较而言，凡是强调经济发展和军事权力的国家与帝国被称作“高位现代”、“高位结点”或“财政军事”国。James C. Scott, *Seeing Like a State: How Certain Schemes to Improve the Human Condition Have Failed* (New Haven: Yale University Press, 1998), pp. 4 - 5. 我想强调这两类政体的空间位置甚于它们的暂时位置。

与东亚相比，南亚的文明出现得早些，但却是断断续续的。南亚第一个“较高级”的文明出现于大约公元前2500年，比美索不达米亚和地中海地区最早的文明晚些。这个文明包括很多（大约多达几百个）城邦，其中有哈拉帕。这些城邦都位于印度河流域。我们对哈拉帕文明知之甚少，原因在于它在几百年后消亡了。其文字在最近几个世纪才被考古学家们发掘出来而且大多数尚未被破解。不过，考古学显示哈拉帕文明拥有公共污水排放系统和儿童玩具。这提示我们该文明具有舒适的城市生活，而且它显然和中东地区有着广泛的贸易往来。虽说哈拉帕有着一些文化国家的典型特点，如内部各城邦之间似乎存在着的和平共处，但是它也缺乏其他一些东西，如一个中央政权国家。[①] 哈拉帕的沦亡也许与气候变化或印度河改变河道有所关联，这导致它在史籍中消失了4000年之多。因此，哈拉帕见证了一个相对的断层。对比东亚历史，这种断层可以说是南亚历史的明显特征。

南亚第二个文明出现在东面的恒河谷地，由说雅利安语的牧民所建立。这个文明在印度历史学家们看来像是共和国。[②] 他们口头上的婆罗门教在梵文中得到转录，并被有效地传播给了他们的后代。他们建立起一个叫作孔雀王朝（前321—前185年）的中央政权国家。这个王朝扩张到今天印度大部分地区并被公认为是一个帝国。王朝的开创者无疑是用武力来建立这个国家的，但是他之后退位并献身于宣扬非暴力的耆那教。孔雀王朝的第三任统治者阿育王以帝国的方式把边疆拓展到东南地区。但是他责备自己在战争中采取了暴力，所以转向信仰佛教并尊重佛教关于仁慈与和平的教义。有关这种零碎却非常有意识的软实力的具体细节在很长时间内不为人知，原因在于它们被记录在一个属于古文的婆罗米文中。直到最近，这种古文在其后的很长时间内曾被忘记而且得不到破译。

紧接着出现的中央政权国家是笈多王朝（319—467年），该国体的统治更多地像一个帝国而且为世界文明作出了重要的不朽贡献——如零的概念。但是，正因为笈多王朝非常了解其前代孔雀王朝，所以它用孔雀王朝

---

① Fernandez-Armesto, *The World*, pp. 71 – 73, 105 – 107; MacGregor, op. cit., pp. 80 – 81.

② Romila Thapar, *The Penguin History of Early India, from the origins to AD* 1300 (New Delhi: Penguin Books, 2003), ch. 4.

的宗祖作为自己王朝的名字。以后连续出现的来自西北方向突厥人、阿拉伯人和波斯人的入侵进入了南亚，并在首都德里地区建立了一系列的苏丹王朝。到了16世纪，一个名叫莫卧儿并且同时吸收了蒙古和波斯双重特征的民族征服了大半个南亚。莫卧儿国一般被认定为是个帝国。然而，与蒙古及其他一些伊斯兰国家相比，莫卧儿在南亚的统治采取了相对宽容的政策。在第三任统治者阿克巴及其儿子贾汉吉尔的统治下，莫卧儿王国除了使伊斯兰适应当地现在被称为印度教的多神教以外，还为南亚带来了长达两个世纪的和平与繁荣。① 其后的统治者如奥朗则布在继续把他们视为世界征服者的同时，却仍坚持一个更为独特的伊斯兰教形式。最近一个时期，尽管出现相对的、持久性的文化断层，印度人对早期国家的文化因素予以尊重，这点可以从政治领袖圣雄甘地为耆那教所鼓舞以及印度国旗上镶嵌的带有阿育王碑刻图案中看到。②

东亚文明比南亚文明出现得稍微晚些，但是不久就显露了比南亚文明更高程度的连续性。这种连续性使得东亚文明在世界历史上，尤其是公元400年后，成为更有效、更持久的中心。③ 在世界历史中的前两个时期，一个最终以中国著称的文明与东非以及美索不达米亚—地中海两个中心相隔甚远。其发展基本上是独立的。这个阶段就是梁启超所说的"中国在中国"。我们可以把这个阶段稍微变更为从远古到公元40 0 年。④

除了一些非常重要的例外如源于东非洲的人类和基础文化与来自美索不达米亚—地中海地区的小麦、轮子和文字，早期中国的物质和智力文化

---

① Sugata Bose and Ayesha Jalal, *Modern South Asia*: *History*, *Culture*, *Political Economy* (New York: Routledge, 2004), ch. 4

② 阿育王摈弃对无限财富和权力的追逐在今天阿育王基金会的活动中得到反映。David Bornstein, *How to Change the World*: *Social Entrepreneurs and the Power of New Ideas* (Oxford: Oxford University Press, 2007).

③ 有关以前对东亚和中国中心性的分析参阅 Warren I. Cohen, *East Asia at the Center*: *Four Thousand Years of Engagement with the World* (New York: Columbia University Press, 2000); S. A. M. Adshead, *China in World History* (London: Macmillan, 1988), ch. 2。

④ 梁启超以秦朝为这一阶段的终止，但是雷海宗把这一阶段延伸至公元383年。John Meskill, ed., *The Pattern of Chinese History*: *Cycles*, *Development or Stagnation*? (Lexington, Ma.: D. C. Heath and Co., 1965), pp. 42 – 43.

几乎主要在我们今天叫作中国的这片土地上产生。① 中国人在北方培育出了小麦，他们自行培育出或者也有可能从东南亚的大陆地区引种了水稻。中国人通过采用自己的劳动力密集型的半模工艺来铸造青铜器，并且用滑缸双动式膜盒铸造铁器和生产钢所需要的高温。这些工艺比西方同样的"发明"要早好几个世纪。他们还创造出了以语义学和声学相结合的字符。这些字符和古代其他文字如苏美尔语不同。② 虽然产生于埃及和美索不达米亚的写作被用于商业用途，中国字符的产生可能源自和神灵的沟通。中国文字不久变成了书法，中国文字之于中国美学的重要性比其他任何文明要大。

与世界其他大部分地区相比，中国在自我更新风力和冲积黄土上得到了上天的恩赐，这给中国带来了比世界其他大部分地区更高度的人口稳定和农业生产率。其结果是稠密而不断增长的人口，使移种水稻和集中密集的劳力生产丝绸、瓷器和漆器成为可能。中国人很早就强调家庭、家族和世系。并且尊重那些能够与祖先和其他神灵交流的人。在最早的文化时间如夏朝，地处中原的人们创造了测定时间的基本方法。这其中包括所谓的由 10 个根和 12 个枝通过平行回转产生的 60 周期算位法。他们还解决了通过四个主要方位和第五个中心来阐释空间的问题。"夏"成为第一个明确区分中国人自身与"夷"或其他人不同的方式。③ "夷"这个字由人和弓两个象形图案组成，这显然是参照了依靠狩猎为生的周边民族。

中华文化的鲜明性和连续性这两个主题及其具备某些文化国体的特征体现在早期中国历史中存在的五个原型政体中的大部分。第一个有着完整

---

① 关于古代中国与"西方"之间的关系，参阅 J. P. Mallory and Victor H. Mair, *the Tarim Mummies: Ancient China and the Mystery of the Earliest Peoples from the West* (London: Thames & Hudson, 2000)。

② Ho Ping-ti, *The Cradle of the East: An Inquiry into the Indigenous Origins of Techniques and Ideas of Neolithic and Early Historic China*, 5000 *to* 1000 *B. C.* (Hong Kong: Chinese University of Hong Kong and Chicago: University of Chicago Press, 1975); David N. Keightley, ed. *The Origins of Chinese Civilization* (Berkeley: University of California Press, 1983); Michael Loewe and Edward L. Shaughnessy, eds., *The Cambridge History of Ancient China: From the Origins of Civilization to* 221 *B. C.* (Cambridge: Cambridge University Press, 1999).

③ Kwang-chih Chang et al., *The Formation of Chinese Civilization: An Archaeological Perspective*, 由 Sarah Allan 编写并撰写前言，由 Peter J. Ucko 做弁言 (Beijing: New World Press, New Haven: Yale University Press, 2005), ch. 5。

历史的朝代是商朝（约前1600—前1046年）。在确定以长子继承权为基础的父系继承模式之前，商朝的王位继承是将王位从统治家族的某个分支转到另一个分支。[①] 商朝的国王把位于中原的很多小国统一起来组成一个单一国家，即最初的典型王朝统一国家。他们祭祀他们的祖先，而他们的祖先则向一个温和的超然上帝寻求指导。[②] 他们通过定期的打猎和军事行动来扩大国家的边疆。他们还雇用了许多人，如逐渐演变成文官的占卜者，行使愈益专业功能的军事官员，在骨头上、贝壳上、玉石上和青铜上创作艺术的艺匠，买卖羊骨头、龟背、铜和锡的客商（这些人最终变成了我们所知的商朝人或商人）以及穿着麻衣、吃着生食、住在地穴并为国家提供劳力的普通人。作为国家的商朝可以说是第一个中国。为了对付黄河的洪水以及/或者来自邻国的挑战，商朝在中原经常迁移。商朝人民把他们的邻居叫作夷、戎、狄、羌和苗，以显示他们的邻居比商朝人更为尚武和游牧。这样的话，商朝既是一个王国又是一种文化。然而商朝在民族单一上还不足以成为一个国家，其领土也没有大到可以称为帝国的程度。

公元前1045年前后，另一个族系夺取了王位并把都城建在渭河流域。这个族系建立的国家叫周朝。周朝原本位于西部平原，其上层与商朝的王族曾有着通婚关系。[③] 周朝声称商朝曾经拥有过天命，但是其残暴的统治使之丧失了天命。周朝建国者授予商朝王族的后裔以领地，使他们能够尊崇祖先以及上帝。但是，周朝建国者把天命作为他们统治天下或已知世界范围的基石。[④] 因此，天命有助于加强统治者，也就是现在所称的国王加天子的权威。不过，天命也可用于限制当权者，甚或为推翻当权者提供合法依据（通过革命或改变天命）。直到今天这些词语仍被用于翻译西方词

---

① David Keightley, "The Shang: China's First Historical Dynasty," in *The Cambridge History of Ancient China*, ch. 4.

② Frederick W. Mote, "The Cosmological Gulf Between China and the West," in *Transition and Permanence: Chinese History and Culture*, edited by David C. Buxbaum and Frederick W. Mote (Hong Kong: Cathay Press, 1972), pp. 3 – 22; 另见 Mote, *Intellectual Foundations of China* (New York: Knopf, 1971), ch 2.

③ H. G. Creel, *The Origins of Statecraft in China* (Chicago: University of Chicago Press, 1970).

④ James Legge, trans., *The Chinese Classics in Five Volumes*, *Volume III*, *The Shoo King* (Oxford University Press,): Book III. 天命具有民主成分，因为人民被认为是邦本。Chapter II, Paragraph 4, p. 158.

汇（revolution）。[①] 周朝的统治者不仅包括王族而且还有较低的王族旁支、姻亲亲戚、干亲亲戚和其他在宗法体系内的盟友。[②] 周朝也因此具备了一种包括世系主义、封建主义和官僚等使其长治久安的“混合宪纲”。总之，周朝用文武精英来统治中国，并推行诸如废除以人类为祭祀品与制定成文法律等改革措施。所以，周朝成为中国历史上精英改革主义政体的原型。从它依靠文化来对天下发号施令这个意义上说，周朝还是一个文化政体。

公元前771年，由于一个软弱的国王过度宠爱一个叫作褒姒而性格多变的妃子，周朝被来自西部边疆的邻族所击败。周朝被迫将首都从渭河流域向东迁至洛河谷地。从此西周正式结束，东周开始。

东周时期，中央政权名存实亡。真正的权力在春秋（前722—前481年）、战国（前403—前256年）时期落在许多诸侯手中。这两个阶段的名字得自记载它们历史的文献里。自从政治一统和文化自信在这一时期的中国成为常态，春秋、战国这一新时期被很多有影响的中国人视为我们所称的政治失序和文化危机。在春秋时期，分裂主义和战争仍然受到霸权体制的压制。霸权体制是由一个地方诸侯的国王通过其财富和权力捍卫软弱周王的合法性并约束其他诸侯国。到了战国时期，几个强大富裕的诸侯国并吞周围小国并互相之间发动全面战争以把领土重新归并到自己手中。在这种背景下，100多个思潮和学派产生了。其中有儒家学派，他们倡导回到传说中政府更加宽仁的周朝早期；道家学派则希望回到更早的想来是更为自然的群居/狩猎时期，或者是早期农业/牧业的社会；法家学派赞成用法律和强权建立一个更加富强的国家。[③] 尽管这些思想家所提出的问题和同时代（有时也叫轴心时代）的欧亚大陆哲学家们所考察的相类似，他们主要关注的是自己区域的历史惯例以及他们可以进行有效效仿的方法。虽然这一时期缺乏任何有效的文化国家和真正的民族国家之间争夺土地控制权，但是更多建立在共识而非暴力基础上的重建某种文化国体的愿望却在

① MacGregor, op. cit., pp. 151－152。将天命与西方民主概念相比较并估算，周朝的领土比商朝要大一倍。

② Edward L. Shaughnessy, “Western Zhou History,” in *The Cambridge History of Ancient China*, ch. 5.

③ Benjamin Schwartz, *The World of Thought in Ancient China* (Cambridge: Belknap Press of Harvard University Press, 1985); A. C. Graham, *Disputers of the Tao: Philosophical Argument in Ancient China* (La Salle, Illinois: Open Court, 1989).

很大范围内得以保持下来。

经过几个世纪的诸侯国之间的战争和文化动荡，一个位于西部边疆的富强国家——秦国最终于公元前256年攻灭东周，并在公元前221年打败了其余的国家。用一些简单的西方术语，我们可以说秦国这一民族国家建立了一个中华帝国。尽管保留了商朝的上帝概念和周朝的天子头衔，秦始皇通过采纳更受颂扬的身份——皇帝来证明其地位的新奇性。因此一点不奇怪，皇帝通常被翻译成“帝王（emperor）”。“帝王”一词是从被包括恺撒—奥古斯都在内的罗马统治者最终所采纳的（绝对统治者）这一头衔那里来的。同样，印欧语系的人用“秦”字的不同变种（包括最终使用的英语词汇——China）去描绘那个相对强大的国家。那个国家既能生产出许多价值不菲的丝绸和瓷器，还能对中亚国家（匈奴）施加压力。匈奴的邻居（Huns）最后威胁到罗马帝国。但是，作为胜利者的秦朝还统一了度量衡、货币、文字和武器。从这方面看，秦朝所起的作用和以后更晚出现的西方民族国家相近。[①] 与此同时，秦朝对社会的严加控制被认为疏远了贵族和文化人。秦朝和罗马一样，热衷于政治上的不朽。在这点上，秦朝与其声称的用五行中水的力量统治相悖。因为这个以及其他的原因，秦朝仅仅在统治中国一代以后就灭亡了。

以后的历史学家如司马迁曾批评秦朝为一个野蛮的边疆国家，并把秦朝排除在具有合法性的正统王朝之外。司马迁和以后的历史学者都把早期的国家如夏朝、经久不衰的概念如中央国家，以及稍晚的样板如汉朝作为中国人民（虽然中华民族这个词汇仅出现于公元19世纪，但是这一概念却在历史上有着深厚的根基）集体性格的典范。[②] 因而秦朝在中国和西方对这些词汇的理解中既不单是一个民族也不单是一个帝国。秦朝还是一个特殊的中国政体，这就是我们所称的专制中央集权国家。秦朝通过财富和强权统治了今天中国的大部分地区，但是它也通过援引文化来把它的权威和扩张合法化。公元前206年，一个名叫刘邦的村警带领起义军推翻了秦

---

① Victoria Tin-bor Hui, *War and State Formation in Ancient China and Early Modern Europe* (Cambridge: Cambridge University Press, 2005).

② Sima Qian, *Records of the Grand Historian*: *Qin Dynasty*, translated by Burton Watson (Hong Kong: The Chinese University of Hong Kong and New York: Columbia University Press, 1993)；高翠莲：《清末民国时期中华民族自觉进程研究》（中央民族大学出版社2007年版）。

朝，打败了出身贵族的敌人项羽，并建立了延续400年之久的汉朝。从一开始，汉朝就明显带有我们所称呼的平民平等主义的光环。刘邦的政府满布着随他造反的平民臣子。他的妻子吕后接替刘邦成为汉朝统治者，并且限制从男人的立场进行的离婚。吕后的继任者汉文帝和汉景帝建立了一代税收低、刑罚轻的良好政府。即使是较为尚武的汉武帝也削减了贵族阶级、宣扬儒教并通过口试录用官员。因此，即使是汉朝最具帝王气息的皇帝也被刘邦所领导的平民平等主义所束缚。当来自贵族家庭的外戚王莽篡夺了汉朝皇位以后，他也用土地国有化和废除奴隶制来实践平民平等主义。

公元25年，出生于皇族的刘秀重新夺回皇帝宝座并且恢复了汉朝，这在历史上被称为东汉。东汉从一开始就是一个带有更多贵族色彩的朝代。由豪强贵族所掌控的东汉远离了带有平民平等主义精神的西汉。但是东汉的统治也延续了两个世纪而且保持了相对的和平与秩序。东汉在农业、工业、科技、历史和史学史、经学和哲学上成就卓著。虽然汉朝经常被拿来与罗马帝国比较，但是汉朝的不同之处在于强调文治而不是武功，这也导致汉朝的疆域受到限制。汉朝与罗马帝国的另一个区别在于其接受了五行的理论，这也最终限制了汉朝统治的时间。因为年轻的皇帝、强大的宦官、外戚的存在、激进的太学生、地方宗派的造反、地方的强人和边疆的敌人等多种因素，东汉最后衰落并且于公元220年灭亡。① 正如我们所见，尽管稍后灭亡的罗马帝国造成了西方“社会发展”减少了20%，但是在3世纪亡国的东汉似乎仅给东方的社会发展带来10%的下降。②

确实，虽说罗马的灭亡象征了西方的相对衰落，汉朝的终结对于相对上升的东方仅仅是个短暂的挫折。在魏晋南北朝时期（221—581年），中国再一次分裂成许多国家并且遭到边疆外族的统治。但是中国在文学和艺术等文化领域依旧蓬勃发展。在历史上少数几个文化得到最广泛也最和平交流的时期，中华文明受到来自南亚佛教的滋养。佛教保证所有能通过静

① Michael Loewe, ed. *The Cambridge History of China*, *Vol.* 1 *The Ch'in and Han Empires*, 221 *B. C. – A. D.* 220 (Cambridge: Cambridge University Press, 1986); T'ung-tsu Ch'ü, *Han Social Structure* (Seattle: University of Washington Press, 1972); Etienne Balazs, *Chinese Civilization and Bureaucracy* (New Haven: Yale University Press, 1964), chs. 13 – 14.

② Morris, op. cit., p. 281.

思限制他们的欲望并与物质世界隔绝的人以救赎。[①] 在北方，野心勃勃的中国统治者自称是佛（如来佛）的转世；在南方，更多的温和的国君仅仅自称是佛教的赞助者（如阿育王）。在位于西北边疆的库车国有诸如鸠罗摩什的伟大译者，而在位于东南的越南有像牟子那样的伟大辩护士。虽然佛教作为一个单独的信仰在南亚逐渐衰落，但是它在中国兴盛起来并和许多其他中华文明的要素一起被传播到东亚的其他地区。[②] 正如夏朝的文化视阈为早期的中国历史提供了发源地，这一时期也为中国历史的中间阶段打下了文化基础。

与地中海地区不同，那里的罗马帝国和君士坦丁堡（以后变为伊斯坦布尔），巴格达和大马士革为了权力而互相竞争。在东亚，中国再一次被统一，而且其首都靠近中原地区。一位名叫杨坚的佛教徒将军和他的儿子隋炀帝杨广建立了隋朝。隋朝和早期的商朝一样同属王权统一。隋朝采用三个主要手段统一了中国。其一，是王权种族杂交体。杨坚是汉族和突厥族的后裔。他本人又和一个说突厥语的鲜卑女子成婚并生有一子，即隋炀帝杨广。其二，是官方意识形态的混并。隋朝政府资助三个主要思潮流派（儒家、道家和法家）外还加上一个佛教。虽然隋朝的统治者仍被称为天子和皇帝，但是他们还采纳了其他的皇权名称如圣王像（转轮者）和皇帝菩萨（令人敬畏的主子菩萨）。其三，或许也是最重要的，隋朝学者官员信奉历史折中主义。他们通过以汉朝的长安作为他们都城的榜样，而土地制度则模仿周朝的井田制度。此外，他们对高句丽的三次远征也是效仿传说中的商朝对东北地区的征讨。[③] 或许是部分因为历史前代的神话性质以及高句丽本身的军事力量，隋朝对高句丽的第三次征讨失败了。这一失败所造成的中原地区的叛乱最后推翻了隋朝。可是在那时，隋朝已经统一了

---

① Kenneth Ch'en, *Buddhism in China: A Historical Survey* (Princeton: Princeton University Press, 1964).

② 关于牟子参见 William Theodore de Bary, Wing-tsit Chan, and Burton Watson, ed., *Sources of Chinese Tradition* (New York: Columbia University Press, 1961), pp. 314 - 320；关于东亚洲见 Charles Holcombe, *The Genesis of East Asia*, 221 *B. C - A. D.* 907 (Honolulu: Association for Asian Studies and University of Hawai'i Press, 2001)；关于中印关系参见 Tansen Sen, *Buddhism, Diplomacy, and Trade, The Realignment of Sino-Indian Relations*, 600 - 1400 (Honolulu: University of Hawai'i Press, Association for Asian Studies, 2003)。

③ Arthur F. Wright, *The Sui Dynasty: The Unification of China, A. D.* 581 - 617 (New York: Alford A. Knopf, 1978), p. 193.

大部分其所继承的领土，鼓舞了新罗去统一朝鲜半岛，并促使日本本州东部地区的倭族产生建立一个中央政权国家的想法。这个国家最终采纳了以中华为中心（也许是朝鲜为中心）的国名日本（意思是太阳的根基）。[①]

在617年，一个名叫李渊的王子和他的儿子李世民利用了据说产生于周朝初期的“流行”民谣，他们号称到了李氏为王的时候了。由于担心无论造反与否都可能给他们带来处罚，李渊父子就组织了一个武装力量推翻了隋朝统治并建立了唐朝。[②] 唐朝有意识地效仿周朝而且不久以后就变成了另一个精英改革主义政体。当能力强、野心大的李世民通过迫使其父退休并杀死其兄弟而自己称帝后，他明确引用了周公的先例。周公在周初时担任幼主周成王的摄政。当他的两个兄弟和忠实于商朝的人联合造反反对周朝的时候，周公就杀了他们。李世民的太庙谥号为太宗，据说他的不孝顺的行为和周公一样，为“国家带来了安全和给人民带来了福祉”[③]。当时和日后的历史人物和历史学者都称赞唐太宗能够聆听谋士的建议和实行改革。唐太宗还被誉为东亚的模范君主。[④] 他对朝鲜和中亚的军事行动无疑带有帝国征服目的，但是唐太宗的军事征服与他能够鼓舞其他领袖实行善政的统治风格相比就来得逊色了。唐太宗驾崩后，他最宠爱的妃子武曌爬上权力的顶峰，并最终成为她自己所建朝代的皇帝。武曌给自己的朝代取名周朝，其用意也许是为了压制仅是建立在周朝之上的李氏皇朝。

尽管被称为武则天的皇帝从最初只是一个妃子到最后变成残忍的执政者，她通过扩大科举考试资助学者的方法来保留唐朝的精英改革主义本质。[⑤] 武则天的支持者中有著名的史学史学家刘知几。刘知几认为经学对

---

① 有关这一时期“亚洲就是世界”的说法有所夸张，但是或许可以说这个时候有“亚洲世界”而亚洲是世界历史和史学史的中心。Stewart Gordon, *When Asia was the World* (Philadelphia: Da Capo Press, 2008); Roger V. Des Forges and John S. Major, *The Asian World*, 600 – 1500 (New York: Oxford University Press, 2005); Joshua A. Fogel, *Articulating the Sinosphere: Sino-Japanese Relations in Space and Time* (Cambridge: Harvard University Press, 2009), pp. 19 – 20.

② Woodbridge Bingham, *The Founding of the T'ang Dynasty* (New York: Octagon Press reprint of 1941 edition, 1970), pp. 51 – 52.

③ Howard J. Wechsler, *Mirror to the Son of Heaven: Wei Cheng at the Court of T'ang T'ai-tsung* (New Haven: Yale University Press, 1974), p. 24.

④ Denis Twitchett, "*How to Be an Emperor*: T'ang T'ai-tsung's Vision of His Role," *Asia Major*, Third Series, IX. 1 – 2 (1996), pp. 1 – 102.

⑤ Denis Twitchett and John K. Fairbank, eds., *The Cambridge History of China*, *Vol.* 3, *Sui and T'ang China*, 589-906, *Part I* (Cambridge: Cambridge University Press, 1979): pp. 290 – 332.

包括周朝的三代的记载要比其后史学的记载精确。[①] 在武则天建立自己的周朝并用铁腕治国的大背景下，刘知几的观点已经不只是学术上的了。武则天死后，李氏家族恢复了唐朝。唐朝前期被公认为是另一个诗人辈出的盛世，这好像也是为了遵从周朝的经学——《诗经》。简而言之，唐朝的诗人有道家的李白、儒家的杜甫和佛家的白居易。唐朝还是一个具有世界主义的时期，其中包括从西方借鉴东西（如从波斯引进伊斯兰和马球）和向东方输出东西（如向日本输出儒家思想和文字）。在唐朝中期，文化皇帝唐玄宗遭受了索格代族将军安禄山的叛乱。而侍臣安禄山造反的理由是唐玄宗过分迷恋宠妃杨贵妃。"安史之乱"和周朝中期由美妇褒姒造成的危机惊人的相似。与东周一样，晚唐最后步入了一个漫长而缓慢的衰落期。其间遭受了外敌边疆渗透、地方军阀主义、财政危机和流民土匪等侵害。

907 年，地方军事将领朱温在结束了唐朝统治后于中原建立了梁朝。朱温废唐不意开启了中国另一个长期的动乱年代。从今天的观点看，这个年代最好被看作是一个政治动荡和文化危机的时期。首先，北方五个接替存在的朝代从中国历史中寻找统一的模板。而南方十个国家以春秋时期的诸侯国命名。这种命名方式似乎和南方十国的割据地位相符。[②] 960 年，后周将军赵匡胤起事并以中原中心开封为首都创建了宋朝。宋朝的疆域比在战国时期同名的宋国要大得多。然而，与宋国一样，宋朝从建国初始就在中原地带遭遇到其他几个国家的挑战。正因为此，宋朝仅实现了"小规模的再统一"。宋朝领土不包括曾经被并入汉朝或受到唐朝影响的朝鲜、越南和中亚地区，因此宋朝只是一个小统一。[③] 政治的混乱看来促使了社会

---

① "Liu Chih-chi, Understanding History, the Narration of Events," trans. by Stuart H. Sargent, in George Kao, ed., *The Translation of Things Past: Chinese History and Historiography* (Hong Kong: Chinese University Press, 1982), pp 27 – 33; E. G. Pulleyblank, "Chinese Historical Criticism: Liu Chih-chi and Ssu-ma Kuang," in Beasley and Pulleyblank, eds., op. cit., pp. 135 – 151; Ng and Wang, eds., op. cit., pp. 121 – 134.

② Wang Gungwu, *The Structure of Power in North China During the Five Dynasties* (Stanford: Stanford University Press, 1963).

③ Frederick W. Mote, *Imperial China*, 900 – 1800 (Cambridge: Harvard University Press, 1999): Parts One and Two; Herbert Franke and Denis Twitchett, eds., *The Cambridge History of China*, *Vol.* 6, *Alien Regimes and Border States*, 907 – 1368 (Cambridge: Cambridge University Press, 1994), chs. 1 – 3.

和经济的变化，比如宋朝人口增长超过一亿人，农业繁荣部分建立在早熟的水稻上面，工业发展集中在以煤为能源的钢铁业以及比世界其他地区更为城市化和商业化。除此以外，宋朝还发明了印刷、火药和罗盘技术。其中的罗盘技术被传播到欧亚大陆的其他地区。用法兰西斯－培根的话来说，罗盘改变了整个世界。①

虽然有这些成就，但在很多生活在当时的中国人眼里，宋朝仍面临着两大危机：佛教入侵带来的文化危机和持久的分裂。在北宋，学者官员范仲淹和王安石试图通过改革使国家变得更公平和更有效。历史学家欧阳修和司马光在研究了五代和自战国以降的所有历史材料之后，希望找到国家和平与团结的钥匙。② 到了南宋（1127—1279 年），学者朱熹、陆九渊和陈亮为了对付佛教的挑战，通过引入道家、法家和其他学派的思想而重建了儒教。③ 当南宋重新收复北方领土被证明不可能后，一些中国人便把希望放到中亚草原上正在崛起的宋朝替代者身上。

铁木真是一个说突厥语的军人，他在把草原上的各民族统一到一个叫作蒙古的新部族以后，于 1206 年被推举为成吉思汗（凶猛的统治者），其使命是要统一整个世界。④ 尽管蒙古人起先被视为外族（胡人），

① John Winthrop Haeger, ed., *Crisis and Prosperity in Sung China* (Tucson: University of Arizona Press, 1975); Morris, op. cit., pp. 373 - 382; William Mc Neill, *The Pursuit of Power: Technology, Armed Force, and Society since A. D.* 1000 (Chicago: Chicago University Press, 1982), ch. 2; Morris Rossabi, ed., *China Among Equals: the Middle Kingdom and its Neighbors*, 10th - 14th *Centuries* (Berkeley: University of California Press, 1983). 有些人观察到这一时期欧亚大陆的“水运进步”，而且认为“中国是 1000 到 1500 年间导致社会和经济发生变换的主要地区”。McNeill and McNeill, op. cit., 117.

② James T. C. Liu, *Reform in Sung China: Wang An-shih and His New Policies* (Cambridge: Harvard University Press, 1959); Ouyang Hsiu, *Historical Records of the Five Dynasties*, 由 Richard L. Davis 翻译、作序 (New York: Columbia University Press, 2004); Ji Xiao-bin, *Politics and Conservatism in Northern Song China: The Career and Thought of Sima Guang* (*A. D.* 1019 - 1086) (Hong Kong: Chinese University Press, 2005).

③ Hoyt Cleveland Tillman, *Utilitarian Confucianism: Ch'en Liang's Challenge to Chu Hsi* (Cambridge: Council on East Asian Studies, Harvard University Press, 1982); Peter Bol, *"This Culture of Ours": Intellectual Transitions in T'ang and Sung China* (Stanford: Stanford University Press, 1992); James T. C. Liu, *China Turning Inward: Intellectual-Political Changes in the Early Twelfth Century* (Cambridge: Council on East Asian Studies, Harvard University Press, 1988).

④ Ruth W. Dunnell, *Chinggis Khan, World Conqueror* (Boston: Longman, 2010); Jack Weatherford, *Genghis Khan and the Making of the Modern World* (New York: Three Rivers Press, 2004).

但是部分中国人认为他们是可培养的而且是潜在的合法统治者。当成吉思汗在印度北方征战时，有一个敬佩蒙古族俭朴生活的中国道士常春子丘处机专门拜访了他，并劝说蒙古人即使在征服世界以后也要保持自己的朴实。[①] 在成吉思汗第三个儿子窝阔台征服北部中国以后，契丹佛教徒耶律楚材建议他向中原的农民征税而不是把农民的农田变成牧场。[②] 当窝阔台的侄子蒙哥在哈尔和林即位称大汗的时候，中国儒生姚枢批准了他的一系列的中央集权政策。其中包括一个成文法、官方货币、统一的税收和男性征兵制。[③] 在蒙哥的弟弟忽必烈于1260年继承他成为大汗以后，一个赞成三教合一（儒释道）的刘秉忠用《易经》为新的朝代起了名字“元朝”。刘秉忠还建议元朝采用名字“中统（中央统治）”以及为太子取了汉名真金。[④] 当真金问他的老师是否应该遵从秦朝时，他的老师告诉他最好仿效唐朝。[⑤] 虽说真金老师的观点或许是正确的，真金有关元朝正在复制以前秦朝所创建的中央专制国家的观点仍可得到原谅。

因为人口稀少，蒙古人不得不像唐朝那样间接地统治中国。但是他们在一片比中国历史上任何时期都更广阔的土地上推行程度更高的中央集权。[⑥] 忽必烈于1279年征服了中国南方，这是三个多世纪以来中国首次重新得到统一。继承忽必烈的元朝皇帝之庙号为元仁宗。陪侍仁宗的是学者艺术家和宋朝皇室后裔赵孟頫。虽然赵的作用主要是象征性的，

---

① Jeanette Mirsky, ed. and intro., *The Great Chinese Travelers* (Chicago: University of Chicago Press, 1964), pp. 119 – 174.

② Igor de Rachewiltz, "Yeh-lü Ch'u-ts'ai (1189 – 1243): Buddhist Idealist and Confucian Statesman," in *Confucian Personalities.* Arthur F. Wright and Denis Twitchett, eds., (Stanford: Stanford University Press, 1962), pp. 189 – 216.

③ Thomas T. Allsen, *Mongolian Imperialism: the Policies of the Grand Qan Mongke in China, Russia, and the Islamic Lands*, 1251 – 1259 (Berkeley: University of California Press, 1987), chs. 3 – 7; Franke and Twitchett, op. cit., pp. 408 – 409, 415, 417 – 418.

④ Hok-lam Chan, "Liu Ping-chung (1216-1274): A Buddhist-Taoist Statesman at the Court of Khubilai Khan," *Toung Pao*, 53: 1 – 3 (1967), pp. 98 – 146.

⑤ Herbert Franke, "Wang Yün 1227 – 1304: A Transmitter of Chinese Values," in *Yüan Thought: Chinese Thought and Religion Under the Mongols*, eds. Hok-lam Chan and Wm. Theodore de Bary (New York: Columbia University Press, 1982), p. 165.

⑥ Elizabeth Endicott-West, *Mongolian Rule in China: Local Administration in the Yuan Dynasty* (Cambridge: Harvard University Press, 1989), chs. 4 – 5.

但是他的存在证明了元朝是一个合法的中国朝代。在汉人的合谋之下，元朝最终在历史以及从某种程度上说在史学史里成为另一个专制的中央集权国家。元朝首创了省级政府机关。省级机关所代表的“中国本部”与边疆地区相对应。元朝除了派遣中央官员巡查地方政府，还用由蒙古人、中亚人、汉人和南人组成的新的社会等级来取代由士、农、工、商所组成的承继性理想社会等级。元朝对朝鲜重新进行控制，而对越南的控制则要差一点。元朝首次将亚洲腹地并入到中国内部。通过资助犹太教、基督教、伊斯兰教以及儒教、道教和佛教，元朝确立了自己是欧亚大陆中心的地位。[①] 也许是为了证实其与秦朝是一丘之貉，元朝最后遭受了对其专制统治、不良管理、外来性和过度扩张的指控。[②] 对元朝的致命一击则是全球变冷以及导致其人口从一亿减少到六千万的瘟疫。[③]

1350 年以后，一个叫朱元璋的乞丐僧在中原地带参加了反抗元朝的白莲教起义军。当地知识分子李善长劝说朱元璋仿效汉朝的平民开国皇帝刘邦。[④] 和刘邦一样，朱元璋打败了其他非平民出身的起义者，其中有一个曾经建立了真切以“汉”字为国名的地方政权。[⑤] 朱元璋建立的新朝代的名字叫明朝，这个国名是儒家的明德概念以及摩尼教的光明战胜黑暗思想的结合体。朱元璋为自己的统治起名洪武，意思是广大的武力。他把蒙古人赶回到大草原，但是他发誓要避免导致隋朝和元朝灭亡的过度扩张。朱元璋还保证不侵略周边的 15 个国家。这些国家包括了曾经遭

---

① *The Travels of Marco Polo* [*The Venetian*], Marsden 的翻译本改写并 Manuel Komroff 翻译、编辑和作序（New York：Norton，1982），pp. 120 – 121；Morris Rossabi，“Foreigners in China，” in John D. Langlois，Jr. . ed. *China Under Mongol Rule*（Princeton：Princeton University Press，1981），p. 272.

② 17 世纪学者黄宗羲认识到秦朝和元朝历史作用的共性。Meskill，op. cit. ，p. 10.

③ Morris，op. cit. ，p. 396 – 398.

④ Mote，*Imperial China*，pp. 541 – 552. 明初学者宋濂（Woolf，op. cit. ，209）和清朝中期学者赵翼都认识到汉朝与明朝之间具有的类同。赵翼参见《二十二史札记》，1796 年前言（台北光文书局翻印，1972 年），第 32 卷，第 591 页。

⑤ Craig Clunas，*Empire of Great Brightness*：*Visual and Material Cultures of Ming China*，1368 – 1644（Honolulu：University of Hawai'i Press，2007），p. 11.

受过元朝侵略的朝鲜、越南、日本和爪哇。

作为另一个类似汉朝的平民平等主义国家，朱元璋任命他的早期追随者为政府高官，而且在他们贪污不法后对他们进行处罚。他制定了详细的法律条文、建立了公立学堂、扩大了科举制度、用太学生监管政府官员和在中原地区恢复农业和工业。当然，朱元璋在镇压白莲教、废除宰相制度及设立秘密警察和监狱上是一个专制国君，① 但是他把这些措施描述为针对蒙古族专横统治的临时解毒剂，并且要求他的后代取消这些措施。②

由于太子早逝，朱元璋的第一个继承者是他的孙子建文帝。建文帝试图效法西汉削藩的做法来削减其叔父的权力。其中一个叔父朱棣也仿效西汉的诸侯国王们起来造反。然而，与反叛的西汉诸侯国不同，朱棣推翻了建文帝的统治自己当上了明朝皇帝。正如建文帝按照西汉的先例把元朝从合法继统中除名，朱棣，年号永乐，也把建文帝从皇籍中抹去，并把自己的登基时间提前到了1398年。与汉武帝一样，永乐是一个军事扩张帝王。他派军到越南并按照汉朝做法将其重新命名为交趾。他还与日本建立了联系并且遣派穆斯林元帅郑和进行了六度海军远航。郑和的远航舰队到达南洋以及西面的印度、阿拉伯和东非。同样，和汉武帝一样，永乐用资助编纂浩繁的历史和经书赢得了学人的支持。尽管永乐部分地受到元朝开疆拓土的激励，他的继承者更多了解汉朝的前车之鉴。他们在进行最后一次海军远航后就终止了，而且把海军和武器库都拆除了。他们还追引汉朝从海南岛撤军的先例从越南撤军，说是越南不值得

---

① John Dardess, *Confucianism and Autocracy: Professional Elites in the Founding of the Ming Dynasty* (Berkeley: University of California Press, 1983); Edward Farmer, *Zhu Yuanzhang and Early Ming Legislation: The Reordering of Chinese Society Following the Era of Mongol Rule* (Leiden: Brill, 1995); Jiang Yonglin, *The Mandate of Heaven and the Great Ming Code* (Seattle: University of Washington Press, 2011).

② Timothy Brook, *The Troubled Empire: China in the Yuan and Ming Dynasties* (Cambridge: The Belknap Press of Harvard University Press, 2010), pp. 86 – 91. 朱元璋有矛盾：他同时是"军阀"而"相信所有人都应该受过教育"。MacGregor, op. cit. p. 467. 印加和帖木儿用剑进行统治；奥特曼和明朝用笔统治而且统治时间更长。Ibid., p. 458.

明朝去费心统治。[①] 明朝的这种“集体沉默”的做法在世界历史中被称为“非凡的”[②]。在以后的一个半世纪里，明朝主要是通过外交和贸易的手段把东亚连通起来。与汉朝一样，明朝也最终垮掉了。[③] 其灭亡的原因在于软弱的皇帝们、强大的宦官、学者的活动、民众的起义和边疆的对手们。[④]

到了明朝晚期，中国的高度一体化使其避免了汉朝以后出现的分裂状况。换言之，我们或许可以说明朝后期没有出现一个皇权一统国家的需要。不过在16世纪70年代，作为年轻皇帝万历的摄政王，内阁首辅张居正以商朝相国伊尹为例来证明他的权威和财政改革的合法性。张居正的财政改革将使明朝政府能在中国不断膨胀的财富中获得更大的分成。[⑤] 然而，和伊尹一样，张居正死后也被诬蔑为企图篡夺皇权以及没有在他父亲去世后按照儒家礼节的要求退休和哀悼。在这样一起明显的文化国家战胜潜在民族国家的事件中，张居正的改革政策仅有一部分得到了贯彻。

作为替代，明朝反对派反倒直接而且显然非常有意识地建立起承继周期的下一个阶段：一个精英改革主义政体。17世纪30年代，一个失业邮政工人李自成打起了造反的旗帜。像唐朝开国皇帝李渊一样，李也

---

① Jung-pang Lo, "Policy Formation and Decision-Making on Issues Respecting Peace and War," in Charles Hucker, ed., *Chinese Government in Ming Times: Seven Studies* (New York: Columbia University Press, 1969), pp. 41–72, 关于海南模范参见 p. 60; Louise Levathes, *When China Ruled the Seas: The Treasure Fleet of the Dragon Throne*, 1405–1433 (New York: Simon and Schuster, 1997); Shih-Shan Henry Tsai, *Perpetual Happiness: the Ming Emperor Yongle* (Seattle: University of Washington Press, 2001); Geoffrey Wade, "The Zhenghe Voyages: A Reassessment," *Journal of the Malaysian Branch of the Royal Asiatic Society*, 78.1 (2005): 37–58; Edward L. Dreyer, *Zheng He: China and the Oceans in the Early Ming Dynasty* (New York: Pearson Longman, 2006).

② Fernandez Armesto, *Millennium: A History of the Last Thousand Years* (New York: Scribner, 1995), p. 150.

③ Morris, op. cit., pp. 401, 404, 406, 407, 410–417.

④ John W. Dardess, *Ming China, 1368–1644: A Concise History of a Resilient Empire* (Lanham: Rowman & Littlefield, 2012).

⑤ Robert Crawford, "Chang Chu-cheng's Confucian Legalism," *Self and Society in Ming Thought*, Wm. Theodore de Bary, ed. (New York: Columbia University Press, 1970), pp. 367–414; Ray Huang, 1587: *A Year of No Significance, The Ming Dynasty in Decline* (New Haven: Yale University Press, 1981), p. 38.

是陕西人而且也得益于李氏将成皇帝的预言。李自成和他的侄子李过吸引了许多其他李姓的人加入他的队伍。在这点上也和李渊及其儿子李世民相同。17 世纪 40 年代，李自成父子在西安建立了一个临时都城，并按照唐朝的首都改名为长安。他们还给不断增长的政府各部门起了唐朝的名字。据说李自成有一个叫李岩的谋士，他的身世和唐朝的李靖相似，以后传说李自成和李岩提出均田制度，与唐朝制度相似。最后李自成暗杀李岩也类似唐初的李密被杀死。李自成能够推翻明朝并宣告建立一个叫大顺的新朝代，但是他未能巩固他的统治并且最终被追杀。① 与此同时，女真族的首领努尔哈赤读了关于汉末的小说《三国演义》，在东北按照其祖先所建的朝代创立了一个称作后金的国家。努尔哈赤还给他自己的统治起名天命，这与周朝开创的合法性原则暗合。②

努尔哈赤死后，他的儿子皇太极在东北建立了六部制。这个制度在《周礼》中得到记载并在唐朝加以制度化。皇太极除了把女真族改名为满族外，还将后金改称清朝。“满”和“清”两个字中的三点水字旁象征着清朝的水德战胜明朝的火德。皇太极也用商末和周初的模范大臣太公望来激励明朝学者起来支持新政权（清朝）。皇太极把朝鲜重新纳入朝贡体系也在有些地方让我们想起了唐朝。③ 1643 年皇太极死后，他的兄

① Des Forges, *Cultural Centrality*, chs. 5 – 7; Ibid.，戴福士：《清代史学家为何接受李岩的故事?》，载于刘风云、董建中、刘文鹏编《清代政治与国家认同》（社会科学文献出版社 2012 年），第 781—801 页。

② Luo Guanzhong, *Three Kingdoms: A Historical Novel*（由 Moss Roberts 翻译，作序和后记）(Berkeley: University of California Press, Beijing: Foreign Languages Press, 1991); Mark C. Elliott. *The Manchu Way: The Eight Banners and Ethnic Identity in Late Imperial China* (Stanford: Stanford University Press, 2001).

③ Thomas Metzger, *The Internal Organization of Ch'ing Bureaucracy* (Cambridge: Harvard University Press, 1973), ch. 3, sec. 4; 孙文良、李治亭：《清太宗全传》（吉林：吉林人民出版社，1983），pp. 266—267, 408—412。朝鲜的新罗和唐朝之间的密切关系被拿来和朝鲜的李氏与清朝之间的关系相比。Anthony Reid, "Introduction: Negotiating Asymmetry: Parents, Brothers, Friends and Enemies," in *Negotiating Asymmetry: China's Place in Asia*, edited by Anthony Reid and Zheng Yangwen (Singapore: National University of Singapore, Honolulu: University of Hawai'i Press, 2009), p. 6. 有关明朝和清朝宗主国下的朝鲜具有高度的自治这一点参见 Seo-Hyun Park, "Small States and the Search for Sovereignty in Sinocentric Asia: Japan and Korea in the Late Nineteenth Century," in Ibid., op. cit., pp. 36 – 37; Kirk W. Larsen, *Tradition, Treaties, and Trade: Qing Imperialism and Choson Korea*, 1850 – 1910 (Cambridge: Harvard University Asia Center, Harvard University Press, 2008) chs. 1, 3, 4。

弟多尔衮成为他的小儿子福临的摄政，这也明显是效仿了被孔子所尊崇的最著名的摄政——周公。[①] 当多尔衮于1650年死后，福临得以亲政。他对一个外来宗教（现在是基督教）表达了带有国际主义的兴趣并极度热爱一个宠妃（现在称董鄂妃）。在这两个方面，顺治很像受人尊敬的唐太宗。这些事实如果不从清朝早期和周、唐更为紧密的关系上看的话，那么它们将比人情味好不到哪里去。[②]

在清朝盛世阶段，这种精英改革的事例普遍存在。该时期是中国作为东亚以及被公认的世界中心的最后一个世纪。摄政王鳌拜利用八旗贵族精英进行统治，而康熙则镇压了曾经胆敢自建所谓“周朝”的吴三桂。正如武则天过去曾挑战唐朝的统治一样，吴三桂也挑战清朝的统治。[③] 通过为清朝的反对派举办特别的科举考试，康熙赢得了大多数汉人精英的支持。康熙还默许温和的官员腐败和永久性地在底层解决了地税的问题。[④] 他的儿子雍正推行了其他精英改革。他解决了有关继承权的争论，这种争论伴随着他自身的皇权之路。雍正的办法是既不用满族的继承制度（tanistry）也不用汉族的确立太子的办法，而是把他自己选择的继承人秘密保留到自己去世。雍正用大幅提高官员的工资来打击腐败，用将八旗官僚化来防止军队违抗命令，以及用废除遭受社会和政治歧视的贱民来减少社会不公。通过提醒人们周朝也曾在边疆作为夷族兴起而最后被孔子誉为最好的政体，雍正驳斥了汉人和忠实明朝的人把满清统治标为“异族”[⑤]。

---

① Robert Oxnam, *Ruling From Horseback*: *Manchu Politics in the Oboi Regency*, 1661 - 1669 (Chicago: Chicago University Press, 1970), p. 44.

② Roger Des Forges, “Toward Another Tang or Zhou? Views from the Central Plain in the Shunzhi Reign,” in *Time*, *Temporality*, *and Imperial Transition*, *East Asia From Ming to Qing*, edited by Lynn Struve (Honolulu: University of Hawai'i Press, Association for Asian Studies, 2005), pp. 76 - 77, 85; 戴福士：《走向另一个唐朝或周朝？顺治时期中原人的观点》，《世界时间与东亚时间中的明清变迁》，［美］司徒琳主编，赵世瑜、杜正贞审校（三联书店2009年版），第88—138页。

③ 李治亭：《吴三桂大传》，江苏教育出版社2005年版，第416—432页。

④ Jonathan D. Spence, *Emperor of China*: *Self-Portrait of K'ang-hsi* (New York: Knopf, 1975), p. 88.

⑤ Jonathan Spence, *Treason by the Book* (New York: Viking, 2001), pp. 127 - 129; Huang Pei, *Autocracy at Work*, *A Study of the Yung-cheng Period*, 1723 - 1735 (Bloomington: Indiana University Press, 1974), p. 219.

雍正的儿子乾隆继续以自己的方式进行改革。他借用唐太宗的先例发动了十次军事行动、主持了大量书籍的编纂项目、在梵蒂冈罗马教廷禁止耶稣会士遵守中国礼节以后依旧雇用他们以及允许俄国人在北京留驻东正教堂和学校。乾隆还不顾朝鲜对明朝藕断丝连的忠诚仍与该国建立密切的关系。虽然清朝和日本没有正式外交关系，乾隆还是与日本通商。乾隆仅对越南进行短暂的军事干涉，而且清朝的迅速撤军赢得了越南人的尊重。①

虽然有些深信现代化模式的学者认为清朝和其他任何国家一样是一个"早期现代帝国"②，但是其他的专家却指出清朝在处理邻国关系上具有许多特色。③ 根据一个专家的说法："与西方帝国主义相比，中国扮演的角色是一个内部关系不平等却各自独立的母体的被动保护者，而不是一个主动的宗主国强权。"④ 清朝的律例、都察院、保甲和乡约体制都体现了周朝的

---

① Harold Kahn, *Monarchy in the Emperor's Eyes: Image and Reality in the Ch? ien-lung Reign* (Cambridge: Harvard University Press, 1971), pp. 128 – 129; Mark Elliott, *Emperor Qianlong: son of heaven, man of the world* (New York: Longman, 2009). 《四库全书》被描绘为"人类历史写作中最大的选集", MacGregor, op. cit., p. 591 – 592。有关越南参见 *The Cambridge History of China, Volume 9, Part One, The Ch'ing Dynasty to* 1800, Willard Peterson, ed. (Cambridge: Cambridge University Press, 2002); Truong Buu Lam, "Intervention Versus Tribute in Sino-Vietnamese Relations, 1788 – 1790," *The Chinese World Order: Traditional China's Foreign Relations*, John King Fairbank 编辑, (Cambridge: Harvard University Press, 1968), pp. 165 – 179; Alexander Woodside, *Vietnam and the Chinese Model: A Comparative Study of Vietnamese and Chinese Government in the First Half of the Nineteenth Century* (Cambridge: Harvard University Press, 1971); Alexander L. Vuying, "Operated by World Views and Interfaced by World Orders: Traditional and Modern Sino-Vietnamese Relations," in Reid and Zheng, op. cit., pp. 80 – 82。

② See Laura Hostetler, *Qing Colonial Enterprise: Ethnography and Cartography in Early Modern China* (Chicago: University of Chicago Press, 2001); James A. Millward, *Beyond the Pass: Economy, Ethnicity, and Empire in Qing Central Asia*, 1759 – 1864 (Stanford: Stanford University Press, 1998); Peter C. Perdue, *China Marches West: The Qing Conquest of Central Eurasia* (Cambridge: The Belknap Press of Harvard University Press, 2005); Joanna Waley-Cohen, *The Culture of War in China: Empire and the Military Under the Qing Dynasty* (London: I. B. Tauris, 2006).

③ See Emma Jinhua Teng, *Taiwan's Imagined Geography: Chinese Colonial Travel Writing and Pictures*, 1683 – 1895 (Cambridge: Harvard University Asia Center, 2004); Liam C. Kelley, *Beyond the Bronze Pillars: Envoy Poetry and the Sino-Vietnamese Relationship* (Honlulu: Association for Asian Studies and University of Hawai'i Press, 2005); Johan Elverskog, *Our Great Qing: The Mongols, Buddhism and the State in Late Imperial China* (Honolulu: University of Hawai'i Press, 2006); Victor Lieberman, "The Qing Dynasty and Its Neighbors: Early Modern China in World History," *Social Science History*, 32. 2 (Summer, 2008): 293 – 299.

④ Brantley Womack, *China and Vietnam: The Politics of Asymmetry* (Cambridge: Cambridge University Press, 2006), p. 135, cited in Reid and Zheng, op. cit., p. 12.

理想模式。[①] 政治反对派黄宗羲和顾炎武以周朝早期的批评家为榜样；[②] 哲学家颜元、艺术家石涛和书法家傅山等人都清楚他们可在周朝、唐朝和清朝找到同道；当发现耶稣会士的科学无法自圆其说后，[③] 学者方以智和梅文鼎顿时醒悟过来，他们再次到周朝的文化根基中替中国寻找另一个出路；[④] 小说家曹雪芹、吴敬梓和李汝珍从周朝和唐朝的原型中挖掘他们的英雄人物；[⑤] 诗人袁枚与唐朝的李白相通，哲学家戴震与孟子相通，历史学家章学诚与刘知几相通，而历史学家赵翼和韩愈相通。[⑥] 如果我们希望

---

① Derk Bodde and Clarence Morris, *Law in Imperial China Exemplified by* 190 *Ch'ing Dynasty Cases* (Cambridge: Harvard University Press, 1967), p. 63; Pao Chao Hsieh, *The Government of China* (1644 – 1911) (Baltimore: Johns Hopkins Press, 1925), pp. 87 – 88, 95, 142 – 143; John Watt, *The Magistrate in Late Imperial China* (New York: Columbia University Press, 1972), p. 96; Philip Kuhn, *Rebellion and Its Enemies in Late Imperial China*, *Militarization and Social Structure*, 1796 – 1864 (Cambridge: Harvard University Press, 1970), p. 27; Hsiao Kung-ch'üan, *Rural China*: *Imperial Control in the Nineteenth Century* (Seattle: University of Washington Press, 1960), p. 202.

② Huang Tsung-hsi, *Waiting for the Dawn*: *A Plan for the Prince*, 由 Wm. Theodore de Bary 翻译和作序 (New York: Columbia University Press, 1993); Wm. Theodore de Bary, "Chinese Despotism and the Confucian Ideal: A Seventeenth-Century View," in John K. Fairbank, ed., *Chinese Thought and Institutions* (Chicago: University of Chicago Press, 1957), 165 – 167.

③ Lawrence D. Kessler, *K'ang-hsi and the Consolidation of Ch'ing Rule*, 1661 – 1684 (Chicago: Chicago University Press, 1976), p. 160; Kai-wing Chow, *The Rise of Confucian Ritualism in Late Imperial China*: *Ethics*, *Classics*, *and Lineage Discourse* (Stanford: Stanford University Press, 1994); Jonathan Hay, *Shi Tao*: *Painting and Modernity in Early Qing China* (Cambridge: Harvard University Press, 2001); Qianshen Bai, *Fu Shan's World*: *The Transformation of Chinese Calligraphy in the Seventeenth Century* (Cambridge: Harvard University Asia Center, Harvard University Press, 2003).

④ Woolf, op. cit., 320 – 324; Benjamin Elman, *A Cultural History of Civil Examinations in Late Imperial China* (Berkeley: University of California Press, 2000); ibid, *On Their Own Terms*: *Science in China*, 1550 – 1900 (Cambridge: Harvard University Press, 2005).

⑤ C. T. Hsia, *The Classic Chinese Novel*, *A Critical Introduction* (New York: Columbia University Press, 1968), pp. 236 – 237, 290 – 291; Wolfgang Bauer, *China and the Search for Happiness*, *Recurring Themes in Four Thousand Years of Chinese Social History* (New York: Seabury Press, 1976), pp. 263 ff.; Arthur Waley, *Yuan Mei*, *Eighteenth Century Chinese Poet* (Stanford: Stanford University Press, 1969), pp. 23, 47, 59, 103.

⑥ *Tai Chen*: *Explorations in Words and Meaning*, *A Translation of the* Meng Tzu tzu-I shu-cheng, (由 Ann-ping Chin and Mansfield Freeman 作序和评论) (New Haven: Yale University Press, 1990), p. 72, 99. 戴震的《原善》和亚当·斯密的《国富论》、美国革命和建造商业上可行的蒸汽机都出现在同一年不仅是巧合而且重要。Woolf, op. cit., 219, 325 – 326; David Nivison, *The Life and Thought of Chang Hsüeh-ch'eng* (1738 – 1801) (Stanford: Stanford University Press, 1966), pp. 36, 42, 46, ch. 6, 219, 224 – 234, 242 – 243; Philip J. Ivanhoe, trans., *On Ethics and History*: *Essays and Letters of Zhang Xuecheng* (Stanford: Stanford University Press, 2010), pp. 3, 15, 17, 20, 60, 65, 76 – 77.

了解清朝英俊的内在思想，我们需要注意他们所援引的历史范例以及当时西方帝国在统治世界方式上所提供的另一种途径。

到了18世纪，许多西方人接受了清朝在文化、政治、经济乃至社会上的中心地位。葡萄牙人、西班牙人、荷兰人都为了能得到丝绸、瓷器和茶叶而向中国进贡或献出其他礼品。虽然英国人和中国政府没有任何官方约定，但是他们在广州的贸易利润丰厚。在一窝蜂崇尚带有中国风格的物品的情况下，法国人把中国的物质和精神生活加以理想化。[①] 用一个法国哲人的话说："中国为整个世界绘制了一幅令人欣喜的画面：那就是当中华帝国的法律成为整个世界的法律以后世界可能会变成的样子。"[②] 最近的研究证实，中国于1800年之前在很多方面是世界中心的这一广泛看法有着足够的证据。[③] 如果说非洲提供了大部分的奴隶，拉丁美洲提供了大部分的白银，而西欧则提供了大部分的武装运输，那么南亚和东亚依然提供着最多产的农业和工业经济以及最多的繁荣的文化国体。在超过一千年的时间里，南亚和东亚超越了美索不达米亚和地中海地区所带有的民族主义和帝国主义的特点，而探索如何在世界上找到秩序。正如我们前面所讨论的，这些地区的文化国家定期强调文化融合而不是多元化，政治团结而不是竞争，文官政府而不是军国主义，社会和谐而不是平等以及经济自足而不是增长。如果再加上虽较小但类同的东南亚国体，那么整个东亚、南亚和东南亚地区为当时日渐增长的世界文明乃至今天世界的治国方略作出了主要贡献。

---

① Mark Mancall, *China at the Center*: 300 *Years of Foreign Policy* (New York: The Free Press, 1984).

② Adolf Reichwein, *China and Europe*, *Intellectual and Artistic Contacts in the Eighteenth Century* (New York: Knopf, 1925), pp. 92 – 93; see also Jonathan D. Spence, *The Chan's Great Continent*: *China in Western Perspective* (New York: W. W. Norton, 1998), ch. 5, esp. pp. 84 – 85; Hobson, op. cit., pp. 194 – 195; MacGregor, op. cit., p. 559.

③ Frank, op. cit.; Hobson, op. cit., pp. 75 – 77; R. Bin Wong, *China Transformed*: *Historical Change and the Limits of European Experience* (Ithaca: Cornell University Press, 1997); Jean-Llaurent Rosenthal and R. Bin Wong, *Before and Beyond Divergence*: *The Politics of Economic Change in China and Europe*. (Cambridge: Harvard University Press, 2011); Kenneth R. Pomeranz, *The Great Divergence*: *China*, *Europe*, *and the Making of the Modern World* (Princeton: Princeton University Press, 2000); Ibid., *The World that Trade Created*: *Society*, *Culture*, *and the World Economy*, 1400-*the Present* (Armonk, N. Y.: M. E. Sharpe, 1999, 2006).

四　西欧的海洋型民族帝国，约1800—1945年

不幸的是，亚洲所作出的这些贡献被下一个掌控全球中心的主要世界区域——西欧所忽视、误解或者低估。西欧并非建立在亚洲已有的基础上，而是继承了美索不达米亚和地中海有关民族帝国的遗产并把它们向公海方向扩张。因此，我们所称的西欧海洋型民族帝国在1800年到1945年间的一个半世纪里控制了世界。[①] 西欧的崛起是从努力找回过去和创新开始。西欧的文艺复兴似乎是在重现昔日希腊和罗马的世俗成就，而宗教改革据称是为了重建早期基督教的真理。[②] 伴随着文艺复兴和宗教改革的是一些国家，它们试图重新统一的如果不是整个世界就是相关联的世界区域。这些国家包括欧洲的哈布斯堡帝国和中东的奥斯曼土耳其帝国。[③] 然而不同于东亚，自称为"现代者"的西欧人打败了"古代者"，其结果是科学、政治、社会和工业的几种"革命"。西欧所兜售的是现世的改变而不是周期的回归。西欧为该地区设定的路径与南亚和东亚有很大不同。[④]

有关西欧崛起的故事广为人知，所以能够简单地概括一下。西欧的崛起可以说是从1492年哥伦布"发现""新大陆"以及天主教把犹太人和穆斯林从伊比利亚半岛赶出去开始。这两个重要措施是西欧把商业和基督教作为其文明最主要要素而采取的有意识的步骤。由于不愿意与奥斯曼帝国共享商业利润，葡萄牙人发现了一条从非洲西海岸往下绕过非洲最南端然后横穿印度洋的替代路径。在沿途，葡萄牙人从穆斯林手里夺取了果阿和

---

① 关于欧洲巨像的渊源参见 Fernand Braudel, *Capitalism and Material Life*, 1400 – 1800 (London: George Weidenfeld and Nicolson, Ltd, 1973), 3 vols。

② 把科学和工业革命的这种欧洲现象加以复数化的努力仅仅部分地成功。参阅 Thomas Kuhn, *The Structure of Scientific Revolutions* (Chicago: University of Chicago Press, 1962); Steven Shapin, *The Scientific Revolution* (Chicago: Chicago University Press, 1996); Arnold Toynbee, *Lectures on the Industrial Revolution of the eighteenth century in England, popular addresses, notes, and other fragments* (orig. 1884, London: Longman, Green, 1908); Arnold Toynbee, *The Industrial Revolution* (Boston: Beacon, 1962)。

③ 都以罗马帝国作为它们的模范。Burbank and Cooper, op. cit. , p. 143.

④ Morris, op. cit, pp. 414 – 433, chs. 9 – 10; Woolf, op. cit. , pp. 204, 223 – 224; Prasenjit Duara, "Visions of History, Trajectories of Power: China and India since Decolonisation," in Reid and Zheng, op. cit. , pp. 120, 133.

马六甲，接着在澳门建立了一个通商基地。西班牙人采取了相同的方法，通过环球航行绕过南美洲到达吕宋，然后改其名为菲律宾作为与台湾进行通商和向东亚派遣天主教传教士的基地。因为与这些“佛郎吉”（Franks）相比，明朝更担心蒙古人和日本海盗的袭击。所以明朝无法保护它在马六甲和吕宋的属国。明朝允许葡萄牙人和西班牙人在进献政治贡品及满足中国金融和商业所需的白银以后可以购买中国的丝绸、瓷器和茶叶。① 不久，大西洋北面的新教国家荷兰和英格兰用强化结果状态的措施联合对它们的统治者加以限制。这些措施有赤字金融和武装商业，目的是为了在非洲、美洲和亚洲建立殖民地。荷兰人用国际法的概念（塞缪尔—普芬道夫和格劳秀斯）来为他们的共和国和殖民地提供合法依据。荷兰人在长崎和中国台湾进行通商并且向明朝和清朝政府定期进贡。英国人以合同法和自然法（托马斯—霍布斯和约翰—洛克）使他们权力有限的君主和强大的国家合法化。英国人控制了大部分的北美洲和南亚还有部分东南亚地区。与此同时，英国人还在和清朝政府没有签订任何正式合同的情况下，于1683年后在中国的四个口岸进行通商。清朝政府那时更多地担心准格尔的蒙古人而不是红毛（英国人）。只要是和英国人的贸易不多而且互惠互利，清朝仍同意和荷兰和英国人通商。②

在17世纪和18世纪，英国成为西欧世界中心的主要核心。弗朗西斯·培根在哥白尼、布拉赫、开普勒、伽利略等欧陆科学家研究的基础上，做出了一种对宇宙的完全机械的幻想，艾萨克—牛顿制定出可以由试验考证的自然法则，而威廉—哈维通过观察和比喻揭示了血液的循环。鉴于较

① Hobson, op. cit., ch. 7; Morris, op. cit., pp. 459 – 464; William Atwell, “International Bullion Flows and the Chinese Economy circa 1530 – 1650,” *Past and Present*, 95 (1982): 68 – 90; Richard von Glahn, *Fountain of Fortune: Money and Monetary Policy in China*, 1000 – 1700 (Berkeley: University of California, 1996).

② Morris, op. cit., pp. 465 – 475; Hobson, op. cit., chs 9 – 10; John E. Wills, Jr., *Pepper, Guns, and Parley: The Dutch East India Company and China.* 1622 – 1681 (Cambridge: Harvard University Press, 1974); James Hevia, *Cherishing Men from Afar* (Durham: Duke University Press, 1995); Lydia H. Liu, *The Clash of Empires*, pp. 25, 27 – 29, 38, 133, 251n14; Paul A. Van Dyke, *The Canton Trade: Life and Enterprise on the China Coast*, 1700 – 1845 (Hong Kong: Hong Kong University Press, 2005); Tonio Andrade, *How Taiwan Became Chinese: Dutch, Spanish, and Han Colonization in the Seventeenth Century* (New York: Columbia University Press, 2008); Ibid., *Lost Colony: The Untold Story of China's First Great Victory over the West* (Princeton: Princeton University Press, 2011).

少但增长的人口和日渐减少的森林，英国带头依赖一种新能源。这种新能源是中国在几个世纪里很少使用的不可再生的化石能源——煤。到了1650年，英国的一般能源来自煤。到1776年，英国造出了经济上可行的蒸汽机并用于从煤矿中抽出水。英国用武力和政治计谋占领了南亚。英国人用各种关税把高质量和廉价的印度棉花织物推销到世界其他地方，并用机器生产可以与印度产品在本国及世界市场上竞争的纺织品。这种商业主义政策的结果是英国在1760年到1815年间将其纺织品的出口扩大了100倍。[①] 曾经自中国向耶稣会士学到了劳动力分工的亚当·斯密，在《国富论》一书中指出居住在“文明社会”的人民能够通过“自由”的货物交易追求个人利益并将生产和财富最大化。这里的“自由”意思是没有政府的支持或制约。托马斯—马尔萨斯把最初财富由亚洲到欧洲的转移说成是亚洲无节制的人口增长（该观点大多是捕风捉影）与欧洲理性而带预防性生育节制的不同功能所导致。[②]

在19世纪早期，英国领衔西欧进入全面的工业化，而这一切都以牺牲在其不断增长的人口中比例愈来愈大的城市工人为代价。根据某个研究，“1780年到1830年间，每个英国工人创造的产值增加了25%，而工资仅增长了5%”[③]。1848年，马克思和恩格斯在《共产党宣言》中写道，“资本主义”在世界历史中生产出了最高程度的物质商品，而且也在其自身埋下了一个叫作“社会主义”的更加平等社会的种子。[④] 可是到了19世纪50年代，英国的工资与利润一样增长迅速。为了保持和增加利润，英国不得不减少白银的流出。拉丁美洲的革命也增加了白银的价值，迫使英国寻找其他商品来支付中国产的价廉物美的瓷器、丝绸和茶叶。[⑤]

---

① Braudel, op. cit., vol. 3, pp. 352 - 385, 556 - 618; Morris, op. cit., pp. 468 - 472, 485 - 489, ch. 10.

② Robert Nisbet, *History of the Idea of Progress* (New York: Harper Basic Books, 1980), pp. 161 - 162, 184, 187 - 193, 218, 220; James Z. Lee and Wang Feng, *One Quarter of Humanity: Malthusian Mythology and Chinese Realities* (Cambridge: Harvard University Press, 1999).

③ Morris, op. cit., pp. 504 - 505.

④ Karl Marx and Friedrich Engels, *The Communist Manifesto*, 由 David McLellan 编写，作序和注解（Oxford: Oxford University Press, 1998）.

⑤ Van Dyke, op. cit., p. 175; Sarah Rose, *For All the Tea in China: How England Stole the World's Favorite Drink and Changed History* (New York: Penguin, 2010).

英国找到的商品是他们在印度已经大规模生产的鸦片。举个例子，在1832年，英国商人卖给中国12吨的鸦片以满足200万—300万中国瘾君子的需求。该年鸦片销售为英国带来400吨的白银收入。[①] 当清政府试图坚持以承认中国为中心的朝贡体系来换取通商特权以及加强对鸦片进口的长期禁令时，英国和法国于1840—1842年和1858—1860年用他们最新的坚船利炮打败了清朝。战后签订的条约结束了中国的朝贡体系，把英国商品的关税降低至接近自由贸易的关税并且使鸦片贸易合法化。有了机器生产的纺织品和对印度和中国单边的自由贸易，英国将其自身的关税从1825年的50%降到1875年的少于10%。由于这些条约是强加于战败的中国身上并且含有商业上的不利条款，所以中国将它们视为“不平等条约”。但是欧洲人和美国人却认为这些条约是向亚洲的等级制度介绍威斯特伐利亚条约中所包含的民族平等概念。[②] 他们兜售曼彻斯特自由主义理念中的“自由贸易”，这是为了掩盖他们用关税及强迫中印两国去工业化以达到日后把亚洲巨大的财富转到欧洲的做法。[③]

以牺牲世界大部分地区为代价，西欧的民族帝国汇聚了前所未有的财富和权力。一些欧洲学者把这一财富和权力的聚集描绘成温和的、普遍的而且是不可避免的。普鲁士哲学家黑格尔设想了历史从只有一个“自由”人的亚洲转到有几个自由人的古代西方，再转到所有人都自由

---

① 抵制鸦片让人入瘾本性的努力至今依然持续。Frank Dikotter, *Narcotic Culture*: *A History of Drugs in China* (Chicago: University of Chicago Press, 2004). 印度小说家阿米塔夫—戈什 (Amitav Ghosh) 在他的三部曲中提供了一个更为可信的说法，其中包括最近的 *River of Smoke* (New York: Farrar, Straus, and Giroux, 2011)。近来的一个成熟看法认为，一般的全球贸易比鸦片贸易更可能导致中国的货币危机，参阅 Man-houng Lin, *China Upside Down*: *Currency*, *Society*, *and Ideologies*, 1808 - 1856 (Cambridge: Harvard University Asia Center, Harvard University Press, 2006)。

② 这个辩论依旧存在，参见 Dong Wang, *China's Unequal Treaties*: *Narrating National History* (Lanham: Lexington Press, 2005); Zheng Yangwen, “The ‘Peaceful Rise of China’ after the ‘Century of Unequal Treaties’: Will History Matter?”, in Reid and Zheng, eds., op. cit., ch. 7。

③ 1750年，西欧、俄国、北美和日本的财富总和不过350亿元，而中国和世界其他地方的财富几乎多了四倍达到1200亿元。到了1880年，两者之间的关系颠倒过来，欧洲和以上其他地区的财富总和为1760亿元，中国和世界其他地区只有1690亿元了。Braudel op. cit., vol. 3, pp. 534—535.

的现代欧洲。历史学家利奥波德·冯·兰克则期望威斯特伐利亚体系所建立的名义上平等的民族国家将成为全世界的标准。社会学界马克斯·韦伯认为，不管西方所创建的合理化（或现代性）的过程是更好还是更坏，都应该成为全世界通行的准则。① 英国的查尔斯—达尔文在思考了当时欧洲体系内相互竞争的国家以及他自己对植物和动物所做的亲身考察以后，得出物种通过无序的突变而使个体能够或多或少地适应不断变化的环境。赫波特—斯宾塞和其他一些人捡拾了达尔文的理论，不仅将其简化成“物竞天择”和“适者生存”等标语，而且还把它用于社会为多种思想意识如民族主义、帝国主义、种族主义、自由主义和无政府主义等进行辩护。②

在18世纪重新解释埃及/美索不达米亚和希腊/罗马那个世界区域两部分之间的关系以后，西欧人发展了一个种族等级的概念。这种建立在肤色上面的概念被用于为欧洲在19世纪控制大部分非洲和亚洲提供合法性。③ 在东亚，英国用帮助清朝政府镇压太平天国来证明其权力和实用主义。英国这一行为的理论根据在于太平天国的意识形态是一个“混合宗教”。英国还通过帮助日本的一个大名政府推翻德川幕府的统治来建立一个受西方影响的更为“自由主义”的明治政权。日本的明治政权接着以西欧为榜样制定了宪法、建设一个强大的军队，打败了清朝、掌控了琉球国和台湾省、战胜俄国以及吞并了朝鲜。④ 一个以胜利者姿态出现的日

① Woolf, op. cit., pp. 367 - 374, 382 - 384, 468 - 469. Breisach, op. cit., pp. 230 - 234; Georg W. F. Hegel, *The Philosophy of History*, translated by J. Sibree (Amherst, N. Y.: Prometheus Books, 1991); Nisbet, op. cit., p. 320; Hayden White, *Metahistory: the Historical Imagination in Nineteenth-Century Europe* (Baltimore: The Johns Hopkins University Press, 1973): ch. 2, 4. 关于德国学者对世界历史作用的起源、局限和持续影响参阅 Sachsenmaier, op. cit., pp. 22 - 23, 113 - 114, 121, 155。

② Nisbet, op. cit., pp 172 - 173. 关于达尔文在中国的复杂接受，参见 James Pusey, *China and Darwin* (Cambridge: Harvard University Press, 1983)。

③ Martin Bernal, *Black Athena: The Afroasiatic Roots of Classical Civilization* (New Brunswick: Rutgers University Press, 1987, 1991), 2 volumes; Marilyn Lake and Henry Reynolds, *Drawing the Global Colour Line: White Men's Countries and the International Challenge of Racial Equality* (Cambridge: Cambridge University Press, 2008.

④ Morris, op. cit., pp. 520 - 521, 525; Seo-Hyun Park, "Small States and the Search for Sovereignty in Sinocentric Asia: Japan and Korea in the Late-Nineteenth Century," in Reid and Zheng, op. cit., ch. 1.

本被欧洲看作是“荣誉白人”。一些中国人也用西方的“种族”分类来解释中国的困境。[①]

到了20世纪早期，西欧体系中的民族帝国主义导致了第一次世界大战。第一次世界大战持续了4年之久并且给西方文明带来了危机。欧洲世界史学家奥斯瓦尔德·斯宾格勒与阿诺德—汤因比抨击了造成灾难的西方文明。[②] 与威尔逊自由主义和列宁社会主义的命运相同，哈布斯堡帝国和奥斯曼帝国解体了。但是英国和法国利用了它们的胜利及托管制保持并扩张了它们的帝国。[③] 尽管中国不满德国在山东的势力范围被转让给日本以及日本不满凡尔赛决议中未取消种族主义，这两个东亚政体显现出深刻的统一与和平的文化倾向，并且站在国联的最重要支持者之列。[④] 虽然苏联放弃了它在中国的特权，但是由于美国和苏联受各自的民族主义、帝国主义和反帝国主义所羁绊，两国都没有加入国联。

在这种背景下，日本人受内藤湖南呼吁救助中国免遭西方帝国主义侵略的鼓舞，不仅保持了对琉球、台湾和朝鲜的控制，而且将其影响扩张到了他们称为“满洲国”的中国东北地区。[⑤] 怀念神圣罗马帝国和恺撒帝制的德国意识到英国继续统治印度。在种族的和法西斯种族灭绝责任的驱使下，德国人采用赤字金融和重新武装的政策使工业生产倍增。他们还在战时与日本联合反对英国和俄国，其结果是第二次世界大战。[⑥] 第二次世界大战还包括东亚中国和日本之间以及西欧德国和英国之间的

---

① 有关将中文的“族”和“民族”翻译成“种族”对讨论所造成的伤害参见 Frank Dikotter, *The Discourse of Race in Modern China* (Stanford: Stanford University Press, 1992)。

② Woolf, op. cit., pp. 461 – 462; McNeill, *Mythistory*, chs. 7, 9.

③ Erez Manela, *The Wilsonian Moment: Self-Determination and the International Origins of Anticolonial Nationalism* (Oxford: Oxford University Press, 2007); Morris, op. cit., pp 526 – 528.

④ Thomas Burkman, *Japan and the League of Nations: Empire and World Order*, 1914 – 1938 (Honolulu: University of Hawai'i, 2008).

⑤ Woolf, op. cit., pp. 430 – 432; Joshua Fogel, *Politics and Sinology: the Case of Naito Konan* (1866 – 1934) (Cambridge: Harvard University Press, 1984); Stefan Tanaka, *Japan's Orient: Rendering Pasts into History* (Berkeley: University of California Press, 1993); Ramon H. Myers and Mark R. Peattie, eds., *The Japanese Colonial Empire*, 1895 – 1945 (Princeton: Princeton University Press, 1984).

⑥ Morris, op. cit., p. 532; Woolf, op. cit., 390 – 393; Burbank and Cooper, op. cit., p. 399; Sachsenmaier, op. cit., pp. 147 – 149.

"内战"①。东亚的内战更加削弱了该地区在世界的地位，而西欧的内战则使该地区丧失了作为世界中心的地位。② 和以前一样，西欧居于世界中心的统治所持续的时间在程度上要比先前的世界中心要低，但是它却足以让西欧有时间对世界其他地区施以强大的影响力。这点有助于解释为何在西欧堕落为一般世界区域后的很长一段时间里，欧洲中心主义论和英语的文化霸权依然在世界历史和史学史中具有持久性。③

五 北美的唯一世界霸主，1945 年到现在

新大陆，尤其是美国占据核心的北美洲取代了西欧的地位。正像新大陆的名称所包含的，西半球曾经长期与世界其他地区相隔离。北美是新大陆最不发达的地区之一，然而美国却至少是世界历史中出现过的世界中心的潜在继承者。美国到了 20 世纪跃升为世界首屈一指的海洋型民族帝国。自 1991 年以来，美国一直是世界唯一的超级大国而且在全球具有前所未有

---

① 这里我用的"内战"一词是为了点明存在于东亚的一个假设，这个假设认为邻国之间尤其是当邻国间交往愈加融合的情况下应该和平共处。

② 有关英国作为世界首屈一指霸权的精确兴亡时间和重要性的不同观点可参见 B. J. C. Mckercher, *Transition of Power*: *Britain's Loss of Global Preeminence to the United States*, 1930 – 1945 (Cambridge: Cambridge University Press, 1999); Niall Ferguson, *Empire*: *The Rise and Demise of the British World Order and the Lessons for Global Power* (London: Penguin, 2003); John Darwin, *The Empire Project*: *the Rise and Fall of the British World System*, 1830 – 1970 (Cambridge: Cambridge University Press, 2009)。

③ Iggers, Wang, and Mukherjee, op. cit., chs. 6 – 8; Woolf, op. cit., p. 18, ch. 8; Sachsenmaier, op. cit. passim; Arif Dirlik, "History without a Center? Reflections on Eurocentrism," in Eckhardt Fuchs and Benedikt Stuchtey, eds., *Across Cultural Borders*: *Historiography in Global Perspective* (Lanham, Md: Rowman & Littlefield), 2002)。pp. 247 – 284. 有关缩减欧洲至当前规模的努力参阅 Dipesh Chakrabarty, *Provincializing Europe*: *Postcolonial Thought and Historical Difference* (Princeton: Princeton University Press, 2000)。对欧洲中心论持续到 20 世纪发表观点的有前联合国秘书长安南。他假定殖民地人民必须"从刮擦开始"用自治来代替欧洲统治。MacGregor, op. cit., p. 642. 不同观点可见 Alison Des Forges, *Defeat is the Only Bad News*: *Rwanda under Musinga*, 1898 – 1931 (Madison: University of Wisconsin, 2011); 他的 *Leave None to Tell the Story*: *Genocide in Rwanda* (New York: Human Rights Watch, 1999) 和研讨会本 *Remaking Rwanda*: *State Building and Human Rights after Mass Violence*, edited by Scott Straus and Lars Waldorf (Madison: University of Wisconsin Press, 2011)。

的霸权地位。[①] 许多美国人（正如他们有点误导性地称呼自己）为他们多种族、多文化的文明感到自豪。他们还把自己看成是可作世界其他地方样板的“山巅之城”。毫无疑问，美国多种族的特性不仅是其最伟大的优势之一，而且为其自称的世界中心提供了基础。不过，美国的所作所为也经常像以前的“西方”海洋型民族帝国一样，以国家利益和国家安全为由在世界各地到处积极干涉。美国的双重身份可以理解为它的“西方”前辈及其自身特殊的历史和史学史。

新大陆最早的居民在大约 2 万年前抵达该大陆。到了公元 15 世纪，其人口在墨西哥增加到了 2500 万人，而在秘鲁增加到了 1200 万人。[②] 有些人如奥尔麦客人和玛雅人的行为似乎像南亚和东亚的文化国体，而另一些人如阿兹特克人和印加人与美索不达米亚及地中海的居民一样建立起强势文明。[③] 阿兹特克和印加人积累的大量黄金引起了西班牙人的垂涎。由于遭受民族仇杀的削弱、军事技术的低劣和新式疾病的大量杀戮，中美和南美洲被西班牙以天主教的名义并通过武力加以统治。北美的原住民最初人口就较少。与中南美洲的印第安人一样，他们除了被西班牙、英国和法国的军事武力所征服外，还死于新式的疾病。[④]

欧洲商人把非洲奴隶带到美洲从事开矿和种植业。到了 1650 年，奴隶的人数超过了北美土著印第安人和欧洲移民的人数。尽管黑奴的劳力富有价值而且遭到剥削，但是他们的文化受到 18 世纪和 19 世纪人口急剧增长

---

① 20 世纪美国上升为全球霸权与增长的化石燃料，特别是石油的消费碰巧同时并存。John R. McNeill, *Something New under the Sun: An Environmental History of the Twentieth-Century World* (New York: Norton, 2000). 使用霸权一词，我的意思是结合中文里象征强迫力量的“霸”和在怪相感觉中的说服力量。前者见诸 Hui, op. cit., pp. 25, 52, 62 - 66, 68, 72, 85, 110, 234, 236；后者见诸 Antonio Gramsci, *Selections from the Prison Notebooks* (London: Lawrence and Wishart, 1971), pp. 12 - 13, 206 - 208, 333, 416 - 418。

② 根据一种说法，1500 年时，就所估测的领土面积来说，印加统治了“世界上最大的帝国”。MacGregor, op. cit., p. 471.

③ 不幸的是，比较研究有时把这些政体变为非历史的水力暴政或农民社会。如：Karl A. Wittfogel, *Oriental Despotism: A Comparative Study of Total Power* (New Haven: Yale University Press, 1957); Eric R. Wolf, *Europe and the People without History* (Berkeley: University of California, 1982).

④ Alford W. Crosby, *The Columbian Exchange: Biological and Cultural Consequences of 1492* (Westport: Westview Press, 1972); Ibid., *Ecological Imperialism: The Biological Expansion of Europe, 900 - 1900* (Cambridge: Cambridge University Press, 2004; Burbank and Cooper, op. cit., 446. 有关美洲人口在 1492 年到 1890 年间大量减少的地图参见 Cynthia Enloe and Joni Seager, *The Real Estate of America Atlas* (New York: Penguin, 2011), pp. 16 - 17。

的欧洲人的诋毁和压制。鉴于当时的西欧占据了世界有效的中心地位，来自欧洲的移民自然保留了许多欧洲文化的特点以及美索不达米亚的宗教和地中海的政治。有了两大洋的保护和对辉格党阐释历史的乐观主义，大部分美国人主要关注他们本国的当代史。① 虽说美国宣布脱离英国而独立而且拉丁美洲也自西班牙和葡萄牙手里解放出来，但是两者依然被迫在英国统治的世界经济体系内部运作。② 美国追随英国废除了奴隶制而且非洲美国人学者杜波伊斯则庆祝非洲的遗产，然而吉姆—克劳（Jim Crow）种族隔离现象增多而且专业的历史学者依旧忽视非洲的历史。③ 亚洲移民到北美修建了横跨美洲大陆的铁路并且开发了农业和矿产，可是他们不久就面临歧视并被美国有效地排斥在外。④ 由于这段民族全史的存在，所以很多美国人包括一些历史学者还是很难接受非洲、亚洲和拉丁美洲在世界历史和史学史中扮演过主要的角色。对于这点，我们不应该有什么奇怪。⑤

诚然，很多美国人继续认为他们的历史是独一无二的。承继了历史学者佛雷德瑞克—特纳的观点，美国人强调欧洲移民和西部扩张是他们亲身经历的特征。⑥ 有些美国人已经把 1846—1848 年美国夺取墨西哥土地和 1853 年美国迫使日本“开放”看成是一种“天定命运”。这种“天定命

---

① 有关海洋对塑造美国和世界所起的重要性参见 Thomas Bender, *A Nation among Nations*: *America's Place in World History* (New York: Hill and Wang, 2006), chapter 1; *The Atlantic in Global History* 1500 - 2000, edited by Jorge Canizares-Esguerra and Eric R. Seeman (Upper Saddle River, N. J.: Pearson Prentice Hall, 2007)。

② Gordon S. Wood, *The Radicalism of the American Revolution* (New York: Vintage, 1991); Walter LaFeber, *Inevitable Revolutions*: *the United States in Central America* (New York: Norton, 1984).

③ Toyin Falola, "Nationalism and African Historiography," in Q. Edward Wang and Gorg B. Iggers, *Turning Points in Historiography*: *A Cross Cultural Perspective* (Rochester: University of Rochester Press, 2002), pp. 209 - 235.

④ Lynn Pan, *Sons of the Yellow Emperor*: *A History of the Chinese Diaspora* (New York: Kodansha International, 1994); Alexander Saxton, *The Indispensable Enemy*: *Labor and the Anti-Chinese Movement in California* (Berkeley: University of California Press, 1971); Yong Chen, *Chinese San Francisco*, 1850 - 1943: *A Trans-Pacific Community* (Stanford: Stanford University Press, 2000).

⑤ 关于例外的著作有 Jorge Canizares-Esguerra, *How to Write the History of the New World*: *Historiographies*, *Epistemologies*, *and Identities in the Eighteenth-Century Atlantic World* (Stanford: Stanford University Press, 2001); 而且关于非洲见 Sachsenmaier, op. cit., pp. 39, 41, 129 - 130, 145, 178, 181, 226, 235。

⑥ Frederick Jackson Turner, *The Frontier in American History* (New York: Henry Holt and Company, 1920); Bender, op. cit., chs. 2 and 3.

运”导致美国与西班牙作战，并夺取波多黎各、古巴、夏威夷和菲律宾以及1901年派远征军去中国。[①] 虽然美国在19世纪公开寻求霸权和信奉帝国主义，但它既不愿意承认自己的帝国主义角色，也不愿意看到自己对他国造成的威胁促使别国因此视美国为敌人。无论是威尔逊的“十四点”计划还是罗斯福的“四大自由”都未能预见美国作为一个民族帝国的解体。当德国人企图统一欧洲以对付英国以及日本试图统一亚洲大陆以对付美国时，美国的反应是一种全面的战争和无条件投降。[②] 尽管美国兜售由平等的主权国家来组成联合国的理想和全球范围内的法治，它支持建立一个由二战胜利者控制的安理会。而且，美国所操纵的纽伦堡和东京战犯审判在很多人眼里也许只是胜利者的审判。[③]

1945年，建立于1917年的苏联及其华沙条约组织同盟国成为美国所领导的北约的替代物。尽管斯大林相信“社会主义在一国”，但是他和他的盟友还是希望新的世界秩序是社会主义的。对于这种可能性，某些西方人曾经确实惧怕过。1949年的中国革命以及朝鲜和越南坚决反对日本、法国、英国和美国帝国主义的行为加深了此类希望和恐惧。[④] 但是到了20世纪50和60年代，当美国采取以“遏制”做伪装而实际上是为了“中止”社会主义的政策时，很显然苏联只有两种方法与美国竞争：更多的坦克和更多的想象力。苏联除了在坦克和想象力方面，它和盟友在任何其他经济和军事指数上都要落后于美国。[⑤] 从另一方面看，那个颇具吸引的幻觉：即所谓社会主义国家努力应付美国及其盟友对之从未减退的敌意被现实所击碎了。经过60年代与中国的分裂和70年代与美国的军备竞赛，苏联丧失了反制美国寻求全球霸权的任何机会，更不要说挑

---

① William Appleton Williams, *The Roots of the Modern American Empire* (New York: Vintage, 1969); Bender, op. cit., ch. 4.

② John W. Dower, *War Without Mercy: Race and Power in the Pacific War* (New York: Pantheon, 1986); Gar Alperovitz, *The Decision to Use the Atomic Bomb and the Architecture of an American Myth* (New York: Knopf, 1995).

③ 我明白“胜利者的正义”一词曾被否定德国种族灭绝以及日本帝国主义的人所使用，但是该词还有用处，理由是该词的内容还存在，最近的一个事例是卢旺达的国际犯罪法庭。

④ Morris, op. cit., pp. 532 – 535.

⑤ Paul Kennedy, *The Rise and Fall of the Great Powers: Economic Change and Military Conflict from 1500 to 2000* (New York: Random House, 1987), pp. 357 – 395.

战和击败美国了。[①]

任何错觉，即美国在1945年后实行的战略完全是为了防卫苏联明确的世界革命的野心，都被美国于1991年苏联解体后所作出的反应所粉碎了。美国非但不解散北约并把“和平红利”用于国内外亟须的社会项目上，反而扩大了北约的成员国和使命，并继续扩充军事预算以寻求财富和权力的永久霸权。可以料想，这种做法的结果是得到报应。这点从2001年针对世贸大厦和国防部五角大楼的袭击中可以得到证明。美国反过来误用这次袭击为其领导的对伊拉克、阿富汗、利比亚等国的报复战争以及对叙利亚和伊朗威胁使用军事干预提供合法依据。[②] 美国不仅持续干预日本（如冲绳的军事基地）、朝鲜（2万韩国驻军）和中国（向台湾售武）的内部事务，而且最近又在东南亚建立新的军事基地。这一切都证实美国自己所宣称的“不可或缺之国”的意图是为了用军事手段尽可能长久地保持美国的经济支配地位。

美国拒绝承认其延续20年之久的全球单一霸权正在减退，这说明美国似乎还不愿在面临中国逐渐“崛起”为主要“世界力量”的时候重新考虑其在世界的地位。[③] 当不加鉴别地继承了来自美索不达米亚、地中海和西欧的宗教、民族和帝国主义的遗产后，一些美国人好像热衷于把美国模式看成是世界通用的，却把美国类似的传统归咎于中国。[④] 正因为此，有些美国的分析家倾向于将今天的中国视为另一个醉心于帝国和全球霸权的国家。他们还认为中国所追求的利益最终会导致与美国的竞争

---

① Noam Chomsky, *Deterring Democracy* (London: Verso, 1991), pp. 9 - 68; ibid., *World Orders Old and New* (New York: Columbia University Press, 1994): 26 - 74.

② Chalmers Johnson, *Blowback: The Costs and Consequences of American Empire* (New York: Henry Holt and Co., 2000); ibid., *The Sorrows of Empire: Militarism, Secrecy, and the End of the Republic* (New York: Metropolitan Books/Henry Holt, 2004).

③ 有关美国霸权之衰退可见于 Andrew J. Nathan and Robert S. Ross, *The Great Wall and the Empty Fortress: China's Search for Security* (New York: W. W. Norton, 1997); David M. Lampton, *Same Bed Different Dreams: Managing U. S. -China Relations, 1989 - 2000* (Berkeley: University of California Press, 2001); Ezra Vogel, *Living with China: U. S. /China Relations in the Twenty-first Century* (New York: WW Norton and Co., 1997); Lyle J. Morris, "Incompatible Partners: The Role of Identity and Self-Image in the Sino-U. S. Relationship," *Asia Policy*, no, 13 (Jan. 2012), pp. 133 - 165.

④ Ross Terrill, *The New Chinese Empire: and What it Means for the United States* (Cambridge: Basic Books, 2003).

和冲突。[①] 另一些美国人则预见到一个与前面观点大相径庭而其前景却并不怎么更光明的可能性。这种可能性在于美国和中国将能消除它们在一些问题上的不同看法（如：台湾、西藏、贸易、人权）。与此同时，中美两国将可合作造成一个共管全球的局面。这种共管是以牺牲世界其他地区及人类生态环境为代价来实现高标准的生产和消费。[②] 第三种可能性是，迄今为止世界历史的进程加速发展并且在未来也不太可能减退，而美国也已经享用了15年位居世界中心的地位。如果美国还没有为其在不久的将来失去中心地位做准备的话，现在是该做的时候了。[③] 2008年的金融危机和经济衰退以及后续的政治僵局和文化伤痛都或许印证了这一点：不管其接受与否，美国都可能步先前海洋型民族帝国之后尘。如果出现那样的情况，中国将需要在盘算其自身于21世纪其余岁月中的地位时予以考虑。[④]

结　论

近来欧美通过海洋型民族帝国的手段成为世界历史和史学史的中心。虽然这一做法的结果让欧美变成了一个单一霸权，但是亚洲、东亚特别是中国以文化国体作为世界中心另一选择的这种可能性依然存在和可行。[⑤]

---

① Richard Bernstein and Ross H. Munro, *The Coming Conflict with China* (New York: Knopf, 1997); Bill Gertz, *The China Threat: How the People's Republic Targets America* (New York: Regnery, 2000); Peter Navarro's feature documentary film *Death by China*.

② Jacques Leslie, "The Last Empire: Can the world survive China's headlong rush to emulate the American way of life?", *Mother Jones*, Jan./Feb. 2008: 28 – 39, 83 – 85.

③ George Soros, *The Bubble of American Supremacy: Correcting the Misuse of American Power* (New York: Public Affairs, 2004); Emmanuel Todd, *After the Empire: The Breakdown of the American Order*, 由 C. Jon Delogu 翻译，Michael Lind 撰写前言 (New York: Columbia University Press, 2003).

④ 有关中国人对这些情况的反映参见 Gloria Davies, ed., *Voicing Concerns: Contemporary Chinese Critical Inquiry* (Lanham, Md: Rowman & Littlefield, 2001); Sachsenmaier, op. cit., pp. 197 – 206; 黄平、崔之元编《中国与全球化：华盛顿共识还是北京共识》(社会科学文献出版社2005年版); Zhang Yunling, *Rising China and World Order* Singapore: World Scientific Publishing Company, 2010.

⑤ Jacques, op. cit.: pp. 139 – 140, 289 – 299, chs. 10 – 12; David C. Kang, *China Rising: Peace, Power, and Order in East Asia* (New York: Columbia University Press, 2007); Charles Horner, *Rising China & Its Postmodern Fate: Memories of Empire in a New Global Context* (Athens, Georgia: University of Georgia Press, 2009).

对这一点，我们可以从中国对一个不断变化而扩大的世界进行持续的考量以便保持或恢复其中心位置这点上看到。正像中国人曾经接纳和适应来自印度和其他西部地区的佛教、摩尼教和伊斯兰教一样，他们最近也同样从欧洲和更远的西方引进了基督教、达尔文主义、马克思主义和韦伯主义。中国人有时在接受这些明确来自西方而又属于通用范式的主义方面比他们的前辈走得更远。比如，太平天国企图建立一个基督教的神权国家，严复把进化论看成是屈从于人类的意志，毛泽东号称建成了共产主义，以及邓小平为一举实现中国现代性、现代化和后现代所作的努力。尽管中国成为中心或恢复中心地位的目标依然持久，其达到目标的手段可谓五花八门，而且中国的国家认同尚处于不断的变化中。[①] 让那些曾经接受中国由“传统帝国”向“现代民族国家”“转变”这一假定的人更为惊讶的是，[②] 某些中国名人或自觉或不自觉、或明显或不明显地继续试图把曾出现在中国历史早期并且在中期又重现的政体序列重新加以界定。[③]

19 世纪中叶，当精英改革主义的清朝面临内外交困的时候，清廷和省督们联合努力实现“中兴”，这点和周朝中期和唐朝中期采取的措施一样。[④] 1898 年，学者康有为在与孔子结合起来又借用今文经学之后呼吁宪

① Reid and Zheng, op. cit. , p. 211.

② 有关民族主义的持久而多样的强调参阅 Reid and Zheng, op. cit. , “Part Three: The Long March from Empire to Nation”; Prasenjit Duara, *Rescuing History from the Nation: Questioning Narratives of Modern China* (Chicago: Chicago University Press, 1995); ibid. , *The Global and the Regional in China's Nation Formation* (New York: Routledge, 2009); Xiaobing Tang, *Global Space and the Nationalist Discourse of Modernity* (Stanford: Stanford University Press, 1996); Q. Edward Wang, *Inventing China Through History: the May Fourth Approach to Historiography* (Albany: State University of New York Press, 2001); Milena Dolezelova-Velingerova and Oldrich Kral, eds. , *The Appropriation of Cultural Capital: China's May Fourth Project* (Cambridge: Harvard University Asia Center, Harvard University Press, 2001); *Empire to Nation: Historical Perspectives on the Making of the Modern World*, edited by Joseph Esherick et al (Lanham, MD: Rowman and Littlefield, 2006).

③ 因此很多中国人与19 世纪欧洲人的想法不同，依然不把历史的“模范性”当作可以被任意断裂的“枷锁”（Woolf, op. cit. , p. 289），而是看作对某些人有价值的文化资本。这些人足够聪明，他们能选择最相关的模型并在其基础上加以创造性的发挥以便在他们自己的时代有效地行动。See “Introduction,” *The Politics of Historical Production in Late Qing and Republican China*, edited by Tze-ki Hon and Robert J. Culp (Leiden: Brill, 2007), pp. 6 – 7; see also Peter Zarrow, “The New School System and the New Educated Elite,” in Ibid. , pp. 23, 42 n. 66; Ibid, “Discipline and Narrative: Chinese History Textbooks in the Early Twentieth Century,” in Moloughney and Zarrow, op. cit. , p. 194.

④ Mary C. Wright, *The Last Stand of Chinese Conservatism: the T'ung-chih Restoration*, 1862 – 1874 (Stanford: Stanford University Press, 1952, 1962): pp. 46 – 48.

政改革。[①] 其他的学者为了让中国在外人主导的新形势下予以更新并改进中华文明而研究“国学”，并且引用了大量早期的中国思想。[②] 1911 年，孙中山和其他人推翻了清朝并建立了一个“Republic”，他们翻译为“共和国”，虽然他们想这个国体是新的从西方来的，但“共和国”的说法源自周朝中期存在过的集体统治。

紧接着出现的是一段“政治无序和文化危机”的时期。在这个时期中，强人袁世凯企图用武力来控制中国。但是袁世凯死后是军阀时代，各地军阀像战国时期一样互相进行征战。为了应付国内的混乱局势及发生于全球的类似混战——第一次世界大战，中国的年轻人参加了新文化和五四运动，重新评价他们所继承的传统观点并营造一个新型的能顶住外来压力的文化国家。[③] 尽管蒋介石在 1928 年实现了“较小规模的重新统一”，中国的领土仍然遭受多种形式的占领。大多欧美人在通商口岸和势力范围内继续享受着特权，比如英国人在尼泊尔和西藏，俄国人在蒙古和新疆而日本人在台湾和满洲（1931 年）。当时中国的历史学者以及日后的外国历史学者都承认这段时期与战国时期及五代十国，辽、宋、金等时期相同。[④]

---

① Woolf, op. cit., pp. 433 – 436; Hsiao, op. cit. pp. 44, 66, 140, 194; 另见世界史学者 Xia Zengyou 和 Liu Shipei. Tze-ki Hon, “Educating the Citizens: Visions of China in Late Qing History Textbooks,” in Hon and Culp, op. cit., pp. 92 – 95, 98 – 101。

② Q. Edward Wang, “China's Search for National History,” in Wang and Iggers, op. cit., ch. 8. 与此同时，有些人赞同一个汉朝和明朝式的民族主义来反对满族旗人，而且还描绘了史学史的折中主义。这种折中主义不仅在以前而且在当时都保有可能性。

③ Woolf, op. cit., pp. 437 – 439. 看的清楚这个平行参阅 Brian Moloughney, “Zhang Yinlin's *Early China*,” in Hon and Culp, op. cit., pp. 160 – 161; Martin Bernal, “Liu Shih-p'ei and National Essence,” and Guy Alitto, “The Conservative as Sage: Liang Shu-ming,” in Charlotte Furth, ed., *The Limits of Change, Essays in Conservative Alternatives in Republican China* (Cambridge: Harvard University Press, 1976), pp, 106, 236; Zarrow, “Discipline and Narrative,” p. 188.

④ Laurence Schneider, *Ku Chieh-kang and China's New History* (Berkeley: University of California Press, 1971), p. 280; 俞大维:《谈陈寅恪》(台北: 传记文学出版社 1970 年版), 第 67 页。另外一个先例就是魏晋南北朝，参见 Jonathan Spence, *The Search for Modern China* (New York: W. W. Norton, 1999), p. 426。有关蒋介石对宋朝将军岳飞的认同参见 Wai-keung Chan, “Contending Memories of the Nation: History Education in Wartime China, 1937 – 1945,” in Hon and Culp, op. cit., pp. 193 – 194, 204。当林语堂批判王安石所谓的专制作风时，他显然在想着蒋介石。See Lin Yu-tang, *The Gay Genius* (New York: The John Day Co., 1947)。

到了南京政府时期（1928—1937年），当国民党内的一些年轻党员面对内部的腐败和外来的帝国主义时，建言恢复法家政策并吁请蒋介石像秦始皇一样成为另一个专制中央集权者。①

崇拜秦始皇的民国历史学者罗相林和赵玉森指出，统一的代价是独裁政府。② 当民国无法实现重新统一中国并重新施行中央控制的目标后，这一任务落到了1949年建立的中华人民共和国的身上。在其个人生涯的某些时段，杰出领袖毛泽东曾明确地把自己比作秦始皇。即使其他人不愿公开谈论这一点，他们实际上也注意到了这两个统治者之间的共同点，③ 毛泽东本人明确把自己比作秦始皇是个双刃剑。在某一事件中，据说毛用这个比喻败坏了与他争夺党内领导权的主要对手刘少奇的名声。④

事实上，毛泽东年轻时经常崇拜的是平民平等主义政体汉朝和明朝的平民开国皇帝刘邦和朱元璋。⑤

明史学者及担任过北京副市长的吴晗是毛泽东的主要评价者。他有时把毛与明朝开国皇帝相比，有时又把毛和粗疏的明朝万历皇帝相比。⑥ 这种把明朝早期和中华人民共和国早期相比的做法在中国和其他地方都受到

---

① 当时的法西斯领袖墨索里尼和希特勒都被引以为榜样。Lloyd Eastman，*The Abortive Revolution*，*China Under Nationalist Rule*，1927 - 1937（Cambridge：Harvard University Press，1974）：ch. 2，esp. pp. 45 - 46；汉夫：《对法西斯“战国册”派的斗争，“战国”派的法西斯主义实质》，载于北京师范大学中文系现代文学教学改革小组编《中国现代文学史参考资料，中国革命文学的产生和发展（五四—1942）》，北京师范大学，第一部，第二卷，第696—703页；Joseph Esherick，*Reform and Revolution in China*：*The* 1911 *Revolution in Hunan and Hubei*（Berkeley：University of California Press，1976），p. 239。

② 赵玉森似乎有可能有意识地选择团结而非分裂。他这样做代表了中国历史和史学史中存在的普遍生命原理。

③ Li Yu-ning，op. cit.：pp. xlviii-liii，1.

④ Ross Terrill，*Mao*，*A Biography*（New York：Harper，1980）：pp. 274，302.

⑤ Ibid.，pp. 54，189，239，407. Stuart Schram，ed.，*Chairman Mao Talks to the People*：*Talks and Letters*：1956 - 1971（New York：Random House，Pantheon，1974），pp. 165 - 166，204；Frederic Wakeman，Jr.，*History and Will*：*Philosophical Perspectives of Mao Zedong's Thought*（Berkeley：University of California Press，1973），p. 48.

⑥ 吴晗：《朱元璋传》（三联书店1949年版）。修订版由生活·读书·新知三联书店于1965年出版；James Pusey在*Wu Han*：*Attacking the Present through the Past*（Cambridge：Harvard University Press，1969）研究了吴晗的《海瑞罢官》；Clive Ansley，*The Heresy of Wu Han*：*His Play* “*Hai Rui's Dismissal*” *and Its Role in China's Cultural Revolution*（Toronto：University of Toronto Press，1971）。

广泛的关注。[①] 与明太祖一样，毛泽东先把他的早期追随者安排到政府当官，当他怀疑他们腐败和叛国时又反对他们。与明太祖一样，毛泽东试图重建汉族的主权地位但又不坚持把外蒙古并入中国。与明太祖让建文帝继承皇位一样，毛泽东也让华国锋继承他的位置。在被更强的人取代之前，这两个继承者所进行的改革都只持续了很短的时间。永乐皇帝和邓小平都吸引知识分子并实行更为开放和扩张的边疆和外交政策。两者都与外部世界建立了联系并短暂地反击越南施以"教训"。如果明朝的模式得以延续，那么中国应该可以在世界上扩大自己的角色。不过这种扩大需要中国在追逐可持续的影响上有相当大的自我克制。[②]

由于历史进程的不断加速以及"天下"在全球的扩张，我们很难预测中国将来在世界历史和史学史中的作用。其中一个极端的可能是，历史可能变动的太快，所以任何未来的世界中心都会速兴和速亡，在我们几乎尚未意识到它们存在的时候，它们已经消亡了。[③] 其结局是一个没有可确定的中心和外围。这种情形也许接近西欧威斯特伐利亚的理想体系。在这个体系中，很多国家都享有平等的主权并且首次实现法治下的相对和平。[④] 另一个极端的可能是，五个世界中心的序列也许能够按照中国历史上的五个政体序列一样自我重复。我们甚至可以把东非与"土德（土坯房）"相连，美索不达米亚/地中海与"木德（去森林化）"相连，南亚和东亚与"金德（出色的锻造）"相连，西欧与"火德（武装船运）"相连，北美与"水德（两大洋）"相连。假定这个序列能够自我重复，东非可能会重新成为下一个世界中心。个中原因有可能是东非将会更好地适应主要发生于北

---

① Anita M. Andrew and John A. Rapp, *Autocracy and China's Rebel Founding Emperors: Comparing Chairman Mao and Ming Taizu* (Lanham: Rowman and Littlefield, 2000); Sarah Schneewind, ed., *Long Live the Emperor! Uses of the Ming Founder across Six Centuries of East Asian History* (Minneapolis: Society for Ming Studies, 2008), chs. 8 – 9. 有关毛泽东政权对平民主义的认识参见 Anbin Shi, "Mediating Chinese-ness: Identity Politics and Media Culture in Contemporary China," in Reid and Zheng, op. cit., pp. 199 – 200。

② Horner, op. cit.: 137, 183 – 185; Jacques, op. cit.: pp. 27, 390.

③ Morris, op. cit. pp. 613 – 622, 不管该书的小标题，有关不可逆反的加速参见 Jean-Louis Servan-Schreiber, *Trop Vite! Pourquoi nous sommes prisonniers du court terme* (Paris: Albin Michel, 2010)。

④ 一个关于这一体制的中国模本或许是宋朝。中国文学刊物《读书》的前主编和公共知识分子汪晖就对宋朝产生了兴趣。See Wang Hui, *The End of the Revolution: China and the Limits of Modernity* (London: Verso, 2009), pp. 82, 107 – 108, 118 – 130; Sachsenmaier, op. cit., pp. 207 – 209.

半球的第三次世界大战后的核冬天；还有可能是东非将会更好地在全球变暖中生存下来，而全球变暖将会给世界上以前寒冷的地区带来巨大的变化。① 虽然非洲在当今世界属于最穷和最弱的地区之一，然而非洲在另一个重新认可公平及生产力需要的世界里再次获得复兴的机会也许仅仅是时间上的问题了。②

也许，可行性更大的是我们这里概括的中国和世界历史的范式将继续得到发展。平民平等主义的中华人民共和国在衰落之前还可以使国内的发展持续数十年；而美国依靠其财富和权力得以继续主导世界，但是与此同时美国也逐渐屈从于其他一些世界地区。③ 当中华人民共和国最终消亡了，取而代之的也许是一段分裂期，类似于汉朝末期。或者说更有可能被一个像明末出现的精英改革主义的政体所取代。鉴于最近江泽民和胡锦涛治下出现的儒家复兴和对周朝、唐朝和清朝的重新尊重，我们也许能够在中华人民共和国的框架内看到以往精英改革主义政治的再现。④ 同时期的美国好像也热衷于统治全世界，其途径是用美国依然卓著的财富和权力把国家利益最大化。在这些条件下，中华人民共和国可以把美国看成一个类似中国历史中秦朝和元朝那样的霸权，并准备在一旦美国衰落后继承其世界上的领导地位。具有讽刺意义的是，如果出现那种情形，美国将会成为一个

---

① 有关美国对北半球的核战略焦点参见 Daniel Ellsberg，“U. S. Nuclear War Planning For a Hundred Holocausts,” the first installment of his on-line book，*The American Doomsday Machine*，Truthdig. 有关全球变暖的研究，可参见 J. R. McNeill，op. cit.，pp. 109 - 110。

② 有关显示非洲相对贫弱的地图可见于 Daniel Dorling，Mark Newman，Anna Barford，*The Atlas of the Real World*：*Mapping the Way we Live*（London：Thames and Hudson，2009），passim。有关近来与中国发展密切相连的非洲经济发展，见 Padraig Carmody，*The New Scramble for Africa*（Malden，Ma.：Polity Press，2011）。

③ 也许拉美或东南亚将有机会成为世界的中心。Craig Lockard，*Southeast Asia in World History*（Oxford：Oxford University Press，2009）.

④ 有关儒家的复兴参阅 Daniel A. Bell，*China's New Confucianism*：*Politics and Everyday Life in a Changing Society* Princeton：Princeton University Press，2008；John Makeham，*Lost Soul*：“*Confucianism*” *in Contemporary Chinese Academic Discourse*（Cambridge：Harvard University Asia Center for the Harvard-Yenching Institute and distributed by Harvard University Press，2008）；有关唐朝的时尚，见 Xiaoping Lin，“Amid Crumbling Chinese Walls：The Changing Roles of Family and Women as Revealed in Wang Chao's *Anyang Orphan*，” in *Chinese Walls in Time and Space*：*A Multidisciplinary Perspective*，edited by Roger Des Forges，Minglu Gao，Liu Chiao-mei，Haun Saussy，with Thomas Burkman，eds.（Ithaca：East Asian Program，Cornell University，2009），p. 388，n. 32；Willy Wo-lap Lam，*Chinese Politics in the Hu Jintao Era*：*New Leaders*，*New Challenges*（Armonk，N. Y.：M. E. Sharpe，2006），p. 221。

自己曾经付出巨大努力加以摧毁的类似“极权”的政体。而中华人民共和国将有机会在全球的竞技场上扩大自己带有平民主义和平等主义的精神。中国可以通过现成的国际组织或尚未实行的全球民主做到这一点。① 不管出现哪一种情况，中国的庞大人口及其授权理论的合法性（mandate theory of legitimacy）都使中国为一个更为民主的世界作出巨大贡献。② 无论如何，中国承继了天下中心性的概念并且在试图“统治国家并为天下带来和平”中取得了丰富的经验。这些都应该成为我们和我们的子子孙孙在有生之年集体追求一个更为平和和更为公正世界的主要财富。③

---

① Jacques, op. cit., p. 11; John Boli and George Thomas, *Constructing World Culture: International Nongovernmental Organizations since* 1875 (Stanford: Stanford University Press, 1999); Dorothy Jones, *Toward a Just World: The Critical Years in the Search for International Justice* (Chicago: Chicago University Press, 2002); Mary Kaldor, *Global Civil Society: An Answer to War* (Cambridge: Polity Press, 2003); Mark Mazower, *No Enchanted Place: the End of Empire and the Ideological Origins of the United Nations* (Princeton: Princeton University Press, 2009).

② *Chinese Democracy and the Crisis of* 1989: *Chinese and American Reflections*, edited by Roger Des Forges, Luo Ning, and Wu Yenbo (Albany: State University of New York Press, 1993); *Civil Society in China*, edited by Timothy Brook and Bernard Frolic (Armonk, N. Y.: M. E. Sharpe, 1997); Chih-yu Shih, *Collective Democracy: Political and Legal Reform in China* (Hong Kong: The Chinese University of Hong Kong, 1999); Michael Hardt and Antonio Negri, *Multitude: War and Democracy in the Age of Empire* (New York: Penguin, 2004); Hyun-Chin Lim, "Globalizing Asia: Towards a New Development Paradigm", *Globality Studies Journal, Global History, Society, Civilization*, 9 (August, 10, 2007), 1 – 30 paragraphs.

③ Manning, op. cit., 187; Jacques, op. cit., p. 220; 赵汀阳：《天下体系，世界制度哲学论》，江苏教育出版社 2005 年版；Zhao Tingyang, "Rethinking Empire from a Chinese Concept [of] 'All-under-Heaven' (Tian-xia, 天下)", *Social Identities*, vol. 12, no. 1 (Jan. 2006): pp. 29 – 41. 关于中国及其近邻近来的关系，见 Xiangming Chen, *As Borders Bend: Transnational Spaces on the Pacific Rim* (Lanham, Md.: Rowman and Littlefield, 2005)。

具有特色的世界史宏观理论

陈志强*

提　要　吴于廑先生的整体世界史观对世界史宏观理论作出了重大贡献，该理论以世界历史纵横发展来说明人类的发展进程，特别是对前资本主义时代的世界历史作出了最合理、最系统、最完整的解释，并明确指出近现代以来工业文明发生发展及其全球性扩张的性质，合理地回答了当下世界历史的发展趋势问题，破解普遍存在的疑惑，准确预测世界历史未来发展的美好前景。这一理论具有坚实的马克思主义历史唯物论作指导，凝聚了全国世界史学界几代人的思想成果，充分集中了我国世界史学者特别是改革开放以后老中青学者的集体智慧，因此可以认为，吴于廑先生提出的理论是具有中国特色的世界史学科重大理论。

关键词　吴于廑、整体世界史、纵横发展、理论

什么是全球史？它与我们一直以来常说的“世界史”有何不同，学界对此解读不同，回答各异，但比较一致的共识还是认为，它大体相当于我们所说的世界史宏观理论。无论是苏联大通史还是本特利的全球史等，涉及的基本理论问题都是如何看待和处理人类世界整体发展的问题。吴于廑先生最后十余年利用不同场合、通过一系列文章，比较完整地提出了他的世界历史纵横发展理论，明确系统地阐述了对相关重大问题的见解。该理

* 作者简介：陈志强，南开大学历史学院教授、博导。本文系作者为中国世界史研究论坛第七届学术年会暨吴于廑学术思想研讨会提交的论文，在此发表，已经作者授权。

论充分吸收了前人在此领域的思想成果，在全面回顾历史上多种世界史发展理论并详细分析其优劣得失的基础上，充分吸收了马克思主义世界史理论和我国世界史学界几代人长期探索的思想结晶，特别是改革开放以后世界史学者勇于创新取得的最重要的理论成果，可以说这个理论是最具有中国特色的世界史发展的宏观学说，其解决的理论问题恰好与当下“全球史”理论相合。吴于廑先生去世前经过认真筛选、亲自确定篇目，集结出版了自选文集，对这个理论进行了十分准确的集中阐释。吴于廑先生去世后，我国世界史学界继续完成先生生前未竟的事业，吴、齐本《世界史》教材于次年问世，至今畅销不衰。笔者反复阅读，仔细思考，深为前辈学者提出的理论所折服，并认为吴于廑先生对世界史宏观理论的贡献主要表现在以下几个方面，值此纪念先生百年诞辰之际，冒昧提出浅见，与学界同仁共同切磋。

一

对于整体世界史理论，吴于廑先生曾给出了非常清晰而准确的表述，他说：“人类历史发展为世界历史，经历了一个漫长的过程。这个过程包括两个方面：纵向发展方面和横向发展方面。这里说的纵向发展，是指人类物质生产史上不同生产方式的演变和由此引起的不同社会形态的更迭……它们构成一个由低级到高级发展的纵向序列。这个纵向序列并非一个机械的程式，不是所有民族、国家或地区的历史都不一例外地按着这个序列向前发展……马克思主义史学在阐明人类历史的纵向发展方面已经作出了不少可贵的成绩。所谓世界历史的横向发展，是指历史由各地区间的相互闭塞到逐步开放，由彼此分散到逐步联系密切，终于发展成为整体的世界历史这一客观过程而言的。”① 这一理论表述不仅明确了相关的理论概念和理论界定，而且提出了合理的理论框架。

吴于廑先生整体世界史观的理论框架表现在时间与空间两个维度上的完整性，前者涵盖了资本主义工业文明产生前、后的人类历史发展，后者

① 吴于廑：《中国大百科全书·外国史卷》“世界历史”；见吴于廑《吴于廑学术论著自选集》，首都师范大学出版社 1995 年版，第 62—63 页。

则把人类活动遍及全球的足迹纳入其中。资本主义工业文明发轫前的世界似乎杂乱无章，各个地区的人类活动表现得复杂多样，似乎无章可循。为了说明混乱中的世界，马克思主义以对资本主义社会的研究为基础，力图从世界历史发展的内在结构和发展动因上解释人类整体发展的问题，对世界历史的纵向发展问题做出了唯物主义的说明，形成了人类社会阶段性进化发展的宝贵理论。吴于廑先生在充分吸收马克思主义相关理论的基础上，进一步深入说明了在人类漫长的发展进程中，世界历史在横向联系方面的发展。

世界历史纵向与横向发展的辩证关系在此得到充分的展示。“在历史发展为世界历史的漫长过程中，纵向发展和横向发展并不是平行的、各自独立的。它们互为条件，最初是缓慢地、后来是越来越急速地促成历史由分散的发展到以世界为一整体的发展。纵向发展制约着横向发展。纵向发展所达到的阶段和水平，规定着横向发展的规模和广度。处于较低社会发展阶段的人类，不可能形成复杂的社会分工，不会有程度较深的生产社会化和专业化。与此相应，人们就不可能在较广阔的范围内进行经济上的以及其他方面的交往。不达到较高的物质生产水平，没有程度较深和方面较广的生产社会化和专业化，历史就只能是各个地区相互闭塞的历史，而非联系密切的，结为一体的世界历史。”“从这个意义上说，历史从野蛮到文明、从低级社会阶段向高级社会阶段的纵向发展，制约着它从部落到国家、从分散的各地区到联结为一体的世界的横向发展。横向发展一方面受纵向发展的制约，一方面又对纵向发展具有反作用。横向发展与一定阶段的纵向发展相适应，就往往能促进和深化纵向发展。”“可见，历史的纵向发展和横向发展是历史发展为世界历史过程中的两个基本方面。它们共同的基础和最终的推动力是物质生产的进步……物质生活资料生产的发展，是决定历史纵向和横向发展的最根本的因素，它把历史的这两个方面结合在一个统一的世界历史发展过程之中。”①

这一理论的合理性鲜明地表现在它对现有世界史宏观理论困境的突破。如何才能合理地描述人类发展变化的历史，古今中外的史学家们给出了不

① 吴于廑：《中国大百科全书·外国史卷》“世界历史”；见《吴于廑学术论著自选集》，第64—66页。

同的答案。但是，他们或者因为其所在时代知识水平的局限，或者因为缺乏认识世界历史的环境，提出的各种关于人类历史发展框架的宏观解释都存在缺陷。这些宏观解释的一个重要理论困境在于难以将人类不同文明发展的多样性纳入整体的世界历史框架中。吴于廑先生明确提出把世界当作一个整体看待，“这里说的以世界为一全局，并不是说，只要把各个国家、各个地区的历史全部汇编起来就行了……世界史并不等于国别史和地区史的总和……必须超越国别史和地区史，绝不是把国别史、地区史以一定的结构汇编在一起就是世界史了”①。要以超越地区史和国别史的视野，对若干涉及不同时代世界历史发展趋势的重要课题进行综合的比较的宏观研究。这种世界历史整体发展的观念，在理论上涉及观察世界历史的宏观视角，把历史发展过程的多样性、阶段性和各地之间联系的结构性有机结合起来。“在历史尚未发展成为世界史之前，曾经存在于各民族、各地区间长期闭塞的状态必然影响人们对历史观察的广度，不是限于这一国、那一国，就是限于这一地区、那一地区。……要使世界史这门学科真正做到以世界全局而不是任何一个局部作为历史考察和研究的对象。”②

吴于廑先生突破的另一个重要理论困境是研究主体的立场和视角的局限性。他对已经出现的各种世界史宏观理论进行全面细致的分析后，认为这些理论常常将其各自所在的地区或国家当作世界的中心，忽略其他地方。其中影响最为深刻且有典型意义的是所谓的“欧洲中心论”。“欧洲的史学家们习惯于以欧洲为主体，囿于传统，而更多地是囿于种族和阶级成见，不能以世界为一全局，因而也就不能如实地考察世界的历史。”在其1964年完成的《时代和世界历史——试论不同时代关于世界历史中心的不同观点》中逐一分析了希罗多德、波里比阿、司马迁、塔巴里、伊本·赫勒敦、奥古斯丁等十五六世纪以前的作家，特别是欧洲近现代史家和思想家如赫尔德、黑格尔、威廉士、汤因比、巴拉克拉夫等人的世界史理论，一针见血地指出：“不论地理知识如何扩大，历史文献如何积累和传播，都不能保证近代西方对于世界史的研究具有全面的世界观点。”③ 为了克服

① 吴于廑：《关于编纂世界史的意见》，《吴于廑学术论著自选集》，第24—28页。

② 吴于廑：《世界历史上的游牧世界与农耕世界》，《云南社会科学》1983年第1期。

③ 吴于廑：《时代和世界历史——试论不同时代关于世界历史中心的不同观点》，《江汉学报》1964年第7期。

观察历史的偏见，切实把握世界历史发展的“整体性”，就要使世界历史表现出的纵向发展和横向发展辩证地结合起来。不仅如此，吴于廑先生在多处行文中还对单纯或者过分强调“国际贸易体系”、“区域间交通联系”、“思想文化、宗教信仰交流”等世界史宏观理论框架提出了商榷意见，认为应该将这些因素统统纳入到整体世界史观中去。

二

从上述世界历史整体发展的观点观察问题，吴于廑先生对前资本主义时代世界历史的发展进行了深入分析，提出了关于农耕和游牧两个世界及后者对前者的三次大冲击理论，构成了吴于廑先生整体世界史观最具特色的部分，也是其最主要的理论贡献。

他首先提出了农耕和游牧两个世界的划分及其基本特征的理论，即农耕世界与游牧世界及它们之间的关系和性质，“世界上先后出现了几个各具特色的农耕中心。最早的是西亚……其次是包括中国在内的东亚、东南亚……还有一个农耕中心是墨西哥……秘鲁……还有撒哈拉沙漠以南的非洲内陆，可能也有独自发展起来的农耕中心……农耕中心形成以后，农业生产技术就缓慢地向其他宜于农耕的地方扩展……就亚欧大陆而言，经历了好几千年的发展之后，中国由黄河至长江，印度由印度河至恒河，西亚、中亚由安那托利亚至伊朗、阿富汗，欧洲由地中海至波罗的海，由不列颠至乌克兰，还有与亚欧大陆毗连的地中海南岸，都先后不一地成为农耕地带……我们不妨称此长弧形地带为亚欧大陆上的农耕世界”①。“农耕世界的经济是以农为本的经济。它的基本特征在于它是自给自足的自然经济，具有狭隘的地方性，彼此闭塞……以农为本，就总不能彻底改变各个民族和地区之间的闭关自守状态。”“在亚欧大陆，宜于农耕的地带基本偏南，即上面所说的从东到西的长弧形农耕世界。宜于游牧的地带基本偏北，几乎和农耕地带平行，东起西伯利亚，经我国的东北、蒙古、中亚、咸海里海之北、高加索、南俄罗斯，直到欧洲东境，也是自东而西……称

① 吴于廑：《世界历史上的游牧世界与农耕世界》，《吴于廑学术论著自选集》，第93—95页。

之为游牧世界。"[①] 两个世界的不同发展道路和前景在于，农耕生产的增长率大于游牧生产的增长率，"游牧地带的生产也在发展增长，但增长得缓慢，不能或很少能分出较多的社会劳动力用于游牧以外的各种活动……这两个并列存在的世界一个富庶先进，一个贫瘠落后；南农北牧，南富北穷"[②]。生产率在不同地区出现高低差异，首先取决于两个世界生态环境的不同，进而其攫取自然资源的方式不同，造成相对闭塞的各地区在转化资源的效率上产生区别，最终形成世界范围发展的不平衡性。吴于廑先生"两个世界"的分析将前资本主义时代纷繁复杂不断变动的世界格局纳入合理的框架，清晰地展现出那个漫长时期农耕和游牧两大世界的基本特征。

迄今为止，有关人类古代中古世界的各种描述都存在明显的缺陷，而吴于廑先生提出的前资本主义时代"两个世界"的观点就把"从一个全局"看待世界历史的理论落在了实处。这个理论不仅注意到游牧和农耕世界的区别，更揭示出这个相对闭塞的世界各地区也发生着大范围的横向联系，吴于廑先生将其归纳为游牧世界对农耕世界的三次大冲击。"亚欧大陆游牧世界和农耕世界的矛盾，爆发为暴力的形式，自古代起，直到公元十三、十四世纪，可以总括为游牧部族向农耕世界三次冲击的浪潮。"[③] 第一次冲击"约从公元前二千年代的中叶开始"，"在古代亚欧大陆整个农耕世界……都经历了由北方的以战车为武装的各个部族的入侵"。"第二次冲击浪潮将临未临之际，亚欧大陆东西两端兴起不久的两大帝国，即汉帝国和罗马帝国，对具有骑兵优势的北方游牧、半游牧或已趋于农耕的部族都基本上采取戒备防御政策。"匈奴、大月氏、嚈哒、突厥、日耳曼、斯拉夫、柔然（阿瓦尔）、阿拉伯等部族成为此次大冲击的主力。"阿拉伯人在出击后的一个多世纪，占有了亚欧大陆包括北非农耕世界将近一半的地区，建立了地跨亚非欧三洲的阿拉伯帝国。游牧世界对农耕世界第二次大冲击随之结束。""从古以来亚欧大陆两个并列地带的矛盾运动远未结束。北方的游牧民族要求从南方富庶的农耕地带取得他们所需要的财富、物产，特别是他们部族的上层。""到了十三世纪，又爆发了第三次游牧世界

---

① 吴于廑：《世界历史上的游牧世界与农耕世界》，《吴于廑学术论著自选集》，第95—96页。

② 同上书，第96—97页。

③ 同上书，第98页。

对农耕世界的冲击。这是最后一次，也是范围最广的一次。发动这次冲击的主要是蒙古人，投入冲击成为主力的还有大量的突厥人……其攻击力的旺盛，使分散的俄罗斯人、德意志人，衰落中的南宋和哈里发帝国，都对之难以形成有力的防御。”① “三次大冲击说”准确地描述了农耕和游牧时代世界范围内地区间横向运动的情况，弥补了包括马克思主义经典作家在内提出的所有世界历史理论的不足。

吴于廑先生不仅勾勒出前资本主义时代世界历史发展横向运动的宏大图景，而且分析了造成大冲击结果的原因，以及三次冲击造成的影响。他认为，由于游牧世界在金属冶炼和武器制造、军事机动性能、战车和骑兵等军事技术方面不亚于或者强于农耕世界，因此在暴力冲突中屡屡得手。“可以看出，三次冲击的部族构成有明显的变化。卷入的部族最多的是第二次……第三次则大大减少，主要只是蒙古人和与之联合的突厥人了。为什么会这样？我的初步解释是：每一次冲击浪潮的结果，来自游牧世界游牧、半游牧部族、倾向于农耕或开始从事农耕的部族，很多被吸收、融化于农耕世界之中……而在第三次冲击之后，来自游牧世界的游牧、半游牧部族多已融入农耕世界”，“公元前后共约三千年南农北牧矛盾的这一历史运动的结果，是农耕世界的日趋扩大，游牧世界的日趋收缩”②。游牧世界对农耕世界三次大冲击产生了深刻的影响，“游牧世界对农耕世界的冲击，为历史之发展为世界史带来了不少有积极意义的影响。首先是两者之间扩大了通道，彼此都向对方学得自己所缺少的某些技术……向游牧世界散布农耕世界经济文化的影响，为多少打开各个民族的闭塞，向程度越来越大的世界史发展尽到了他们自己意识不到的力量……进入农耕世界的游牧、半游牧部族，到头来很少例外，大都走上农耕化的道路，从以游牧为本的经济走向以农耕为本的经济，至于已经农耕的部族则更不待言。一旦走向农耕化的道路，他们就按照他们进入农耕世界时社会发展所达到的阶段和水平，逐步采取和适应了定居地的生产技术、生产方式、社会阶级制度、道德规范、思想、学术、艺术等等”③。“所有这一切都有利于在某种程度

① 吴于廑：《世界历史上的游牧世界与农耕世界》，《吴于廑学术论著自选集》，第101—105页。

② 同上书，第106页。

③ 同上书，第108—109页。

上打破各民族间的闭关自守，在历史发展为世界史的进程中有着不可忽视的积极意义。”[①] “从世界历史的全局着眼，来自游牧世界的各部族被吸收、融化于农耕世界，一批又一批接受农耕世界的先进经济和文化，也应该认为是历史的一种发展，尽管这种发展往往是经过野蛮破坏才获得的。”[②] 这样，吴于廑先生就完善了其“两个世界、三次冲击”的宏大理论，比较合理地解释了前资本主义世界历史的发展。吴于廑先生提出的理论不仅克服了长期存在的“欧洲中心论”，展示出弗兰克、沃勒斯坦等学者有意或无意忽略了的“古代世界体系”的表述，也弥补了马克思主义关于前资本主义时代人类历史横向联系的理论内容。

三

吴于廑先生的另一个重大理论贡献是关于近现代世界多种现代化模式之间竞争较量的理论。1982 年 10 月吴于廑先生在昆明举行的中国世界中世纪史研究会期间，做了“世界历史上的游牧世界与农耕世界”的演讲，[③] 首次公开阐释其长期思考的理论成果，两年后又发表了《世界历史上的农本与重商》，[④] 1987 年撰写了《历史上农耕世界对工业世界的孕育》，[⑤] 1992 年完成了《亚欧大陆传统农耕世界不同国家在新兴工业世界冲击下的反应》，[⑥] 进一步完善了其整体世界史观，其中对于工业文明产生后世界史发展的学说在其整个理论中占有极为重要的地位。

世界史纵横发展理论认为，世界历史最近数百年发展的基本性质就是人类社会的现代化进程，其核心内容是工业文明的发生与发展，这一结论建立在对资本主义工业文明兴起以来的世界史发展所进行的全局性观察基础上。该理论认为，正是工业文明在西欧一隅的发展，突破了人类社会农业文明长期形成的限制，并进行了迅猛的世界性扩展，进而导致全球性的

① 吴于廑：《世界历史上的游牧世界与农耕世界》，《吴于廑学术论著自选集》，第 110 页。

② 同上书，第 112 页。

③ 吴于廑：《世界历史上的游牧世界与农耕世界》，《云南社会科学》1983 年第 1 期。

④ 吴于廑：《世界历史上的农本与重商》，《历史研究》1984 年第 1 期。

⑤ 吴于廑：《历史上农耕世界对工业世界的孕育》，《世界历史》1987 年第 2 期。

⑥ 吴于廑：《亚欧大陆传统农耕世界不同国家在新兴工业世界冲击下的反应》，《世界历史》1993 年第 1 期。

重大变革。从世界历史长时段观察，经受过游牧世界三次大冲击并最终取得胜利扩张的农耕世界，在15、16世纪遭到自身内部产生出来的工业文明的冲击，并最终败下阵来。吴于廑先生明确提出“世界史”形成于15、16世纪的观点，认为“这两个世纪是历史发展为世界史的重大转折，也许是意义最深、最大的转折。这两个世纪是世界性海道大通的世纪。海道不仅取代了以往联结亚欧大陆东西两端的陆上通道，而且大大扩大了联结的范围，海流所至，无远弗届……各大地区间的闭塞从此获得世界性的突破。这两个世纪也是资本主义生产方式以其初生的姿态登上历史舞台的世纪。世界市场自此渐次形成，资本主义最初以其触角、其后以其超越前资本主义一切生产方式所能产生的巨大能量，伸入地球的每个角落，终之席卷世界……世界各民族间‘闭关自守状态’‘愈来愈彻底’地消失……十五、十六世纪以来四百年的历史说明，世界已经从根本上消灭各民族、各地区的闭塞，密不可分的全局已经形成”①。当代世界体系始于15世纪末海道大通或者1500年这个说法并不新奇，如今几乎成为学界共识，但是吴于廑先生不拘泥于个别历史事件，而是注意这两个世纪历史发展的趋势，注重分析农业和工业两种文明地位的历史性转换，细致剖析农耕世界如何孕育工业文明，以及由重商主义到工业革命之人类社会的重大转型。这就克服了施宾格勒、汤因比等文化形态史观学者观察各个时代不同文明间横向联系的视觉盲点，也克服了弗兰克力图以“世界贸易”结构解释1000年甚至5000年世界体系之缺乏历史感的不足，突出了历史发展的进步性和现代性。

在处理人类历史重大转折问题上，吴于廑先生准确地抓住了从农耕世界中孕育出工业文明这一要点，换言之，我们今天的现代化世界并不是凭空产生的。在两个世界的博弈中，工业文明优越于农耕文明。除了资本主义世界“特定的生产关系和剥削方式”外，吴于廑先生特别注意到两种文明基本观念、社会制度、生活需求，以及相应的思想方式的区别和优劣，提出近代工业世界是不断机械化，不断追求工效的世界，“又是一个不‘敬天’、不‘法祖’的世界。它从经济上变以衣食自足的社会为多消费的社会。经济上的传统一旦被抛置一旁，其他的传统准则也就跟着失去了威

① 吴于廑：《吴于廑学术论著自选集》，首都师范大学出版社1995年版，第578—579页。

灵。十六至十八世纪西方在宗教、法律、政治上的变革，都说明由新兴工业世界带来的种种特点，正以其所附生的社会力量，冲击农本社会的一切传统”[①]。在两大世界的较量中，优劣高下之势已经明朗，从农本向工业社会转化的历史趋势已经确定。正是工业文明在西欧一隅的发展，突破了人类社会农业文明长期形成的限制，并进行了迅猛的世界性扩展，进而导致全球性的重大变革。可以说，经受过游牧世界三次大冲击并最终取得胜利扩张的农耕世界，再度遭到工业世界的冲击并最终败下阵来。“近代的工业世界是对外扩张的世界，传统的农耕世界是固守闭塞的世界。近几个世纪西方向世界各地的扩张，其实质是世界历史上扩张的经济体系对闭塞的经济体系的冲击和挑战。”[②] 世界“其他地区，包括很多欧洲国家，都不得不在西欧工业巨大优势的影响和压力之下，先后不一地作出反应……反应的总的结果是新兴工业世界范围的扩大……由此而东，亚洲的几个主要国家……也各自作出不同的、后果不一的反应。……亚欧大陆农耕世界……各国对西欧新兴工业世界的冲击所作的不同反应，经历了新旧制度、新旧社会阶级、新旧思想意识的批判和斗争，是近二百年世界历史横向发展的一大主题”[③]。世界各地农业社会跟随欧洲工业化的步伐，以不同的方式和程度向工业社会转型，这是工业文明的胜利，也是全球闭塞封闭状态的消除和当代世界体系成长完善的过程。

当代世界复杂多变，国际局势剧烈变动，大国崛起衰落，超级霸权肆意横行，集团结盟瓦解，多种势力分合不定，宗教派别持续冲突，意识形态较量不断，民族国家或分或合，资源危机加剧争夺冲突，恐怖主义愈演愈烈，军国主义和法西斯势力抬头，和平与战争危险并存，资本主义各国债务和财政危机重重，中国在内的新型经济体发展难题深化，贸易保护和贸易摩擦频繁，公认的国际规则日益遭到破坏，生态环境加剧恶化，变态人群数量激增，各种世界性难题凸显，人类面临的共同问题和各国之间的利益博弈交织在一起，人们思想普遍陷入焦虑。如何从世界历史发展的长

---

① 吴于廑：《历史上农耕世界对工业世界的孕育》，《吴于廑学术论著自选集》，第178—184页。

② 同上书，第184页。

③ 吴于廑：《中国大百科全书·外国史卷》“世界历史”，《吴于廑学术论著自选集》，第78—80页。

时段观察当代世界的发展趋势，如何理解当代人类面临的诸多问题，怎样看待我们这个世界，存在一个整体的或称为一体的世界体系吗？这个世界体系的结构如何，它是如何形成的？存在一个固定不变的中心，还是没有中心的世界整体？应该如何清晰地理解当今世界全局的变化趋势？当今这个多变、多样、多元，且联系空前紧密的世界给我们制造了过于复杂的局面，令人眼花缭乱，难于把握。学者们都力图回答人们的现实困惑，无论是“后现代主义”、“文明冲突论”、“世界体系论”，还是多种“世界现代化理论”、“多元文化对话主张”等，都试图对现实的困惑做出合理的解释。在此方面，吴于廑先生的整体世界史观对当今世界历史发展的大趋势提出了清晰而合理的见解。

吴于廑先生在多次会议发言和若干文章中，对资本主义兴起以来的世界史发展进行过全局性的观察。他认为当前历史发展横向联系的作用越来越强烈，特别是殖民主义对整个世界的争夺导致了两次世界大战的爆发，造成以意识形态为特色的两大世界体系的对抗，冷战后表现为两种现代化模式的斗争并没有停止，以更为错综复杂的多种形式表现出来，既有南北两大阵营的博弈，也有三个世界的分化或发达与发展中国家之间的较量。他明确指出当代世界体系的实质在于工业文明的发展，以及以何种现代化方式完成全球的工业化进程。而认识现代化的共性与特性，就在于前者源于人类发展进化的共同要求，而后者源于全球人类社会发展的多样性和世界历史发展的不平衡性。“三四百年来，大体自易北河口迄莱茵河一线以外之东，都在经历这样的改造。这是社会进步阶级、阶层和人民为摆脱落后的农本经济及其传统统治的改造，亦即工业化和适应工业化的经济政治体制的改造……但这个改造至今还没有遍及全世界，世界还处于这个改造过程之中……这是迄今为止世界历史上最重要的横向发展的主题。”① 这一理论正确地预测了当前和今后相当长时间内世界范围两大工业文明体系的发展前景，具有前瞻性和现实性。

① 吴于廑：《世界史学科前景杂说》，《吴于廑学术论著自选集》，第50页。

四

马克思主义历史唯物论深刻揭示了资本主义的奥秘，指出人类社会发展的结构性演化趋势。但是冷战结束后，人们普遍产生了困惑，以为苏俄式现代化道路的失败也宣告了马克思主义历史唯物论的终结。吴于廑先生坚持马克思主义历史唯物论，深刻剖析了当今世界历史发展的本质特征，认为“两个多世纪以来，资本主义工业世界经历了自由资本主义、垄断资本主义以至国家垄断资本主义诸阶段。它以工业革命和现代科技的巨大动力，实现了人类历史空前未有的纵向和横向发展，不论是发展速度或规模，前资本主义的任何时代都无与伦比”。在系统地分析了资本主义制度深刻的矛盾及其表现后，他进一步分析了资本主义的世界性发展之必然结果，“这个斗争又发展为国际化斗争，形成有完整政治纲领的、联合全世界无产者的国际共产主义运动……殖民地民族解放运动与国际共产主义运动的广泛结合，形成对资本主义工业世界国际秩序的巨大威胁”。吴于廑先生认为，世界历史具有丰富的内涵，“谈‘世界体系’，考察贸易经济问题是很重要的，但还应该考察比此更广泛的其他方面。这个要考察的更广泛的方面，我想也可以称之为文明或文化的辐射。我们的祖辈习于用‘西学东渐’这个词。所谓‘西学’，涵义很广，包括近代的科学技艺、思想意识、经济和政治理论以及和这些理论相随的关于近代经济和政治体制的知识等等……这些主要起于西欧并最早盛行于西欧一带的‘学’，都随着从资本主义萌芽开端到工业革命而大为加强的西方经济和政治影响力、渗透力以至掠夺和侵略的暴力，向西欧以外扩散”。世界其他地区“都不能不受‘西学’和西方经济和政治势力‘东渐’的影响，都不能不受最先在西欧出现的工业世界的精神文明和物质文明的辐射”。社会转型的内容包括“传统的农本经济不可避免地要经历瓦解和改造，也就是到头来转向工业化的改造；建立于农本经济之上的政治上层结构也是不可避免地要经历瓦解和改造，到头来是封建专制终必让位于民主的改造”①。

① 吴于廑：《世界史学科前景杂说》，1985 年在呼和浩特召开的中国世界古代史研究会上的发言，见《吴于廑学术论著自选集》，第 48—49 页。

他明确地指明两次世界大战的性质是各大殖民主义国家之间矛盾的结果。自俄国十月革命胜利开始，“历史上就出现了一个与资本主义工业世界相对立的、以实现生产资料公有、消灭阶级剥削为特征的、方在新生阶段的社会主义工业世界”。“是资本主义工业世界的继续存在和发展，还是社会主义工业世界的成长壮大以至最后代之而起，成为当代世界全局性矛盾的焦点。”他正确地预测“两个世界正在由对抗转向对话，并存和互相竞争的局面，亦即从经济、政治、文化诸方面不断较量彼此的实力和影响力高低胜负的局面，已在逐步形成”①。“可以预期，这个并存和互相竞争的局面虽然会有这样那样的变化，但是作为一个历史的过程来观察，这个多变化的局面将不会短暂。……资本主义工业世界各国将实行缓和自身矛盾的改革，社会主义工业世界各国也将实行完善自身体制的改革。在并存和竞争的长过程中，任何一方实施的变革都将不可避免地受到另一方的制约和影响。因之可以设想，两个世界并存竞争的局面，同时也是两个世界在相互制约、相互影响下不断发生变革的局面。”②“在两个世界并存和相互竞争的局面下，两种社会制度的矛盾和斗争不会自然消失……两个世界各有许多历史不同、现状互异的国家，在历史新旧嬗递之际，各国变革的轻重缓急、进退成败，将呈现出纷繁多变，风波迭起的局面。”“世界历史的合理未来——合理地生产、合理地分配、合理地应用科学技术、合理地满足人类群体和个体不断提高的物质生活和精神生活的需要，不在于资本主义工业世界的补苴延续，而在于社会主义工业世界的更新继起，在这个更新继起之中，也包括资本主义制度自身的蜕变。”③

行文至此，笔者深为吴于廑先生的理论所折服。其对两种现代化道路趋同性的认识源于对当今世界历史发展性质的准确判断；其对两种工业化（现代化）和工业文明之间较量趋势的分析准确地概括了当今世界性经济政治冲突的现状；两个世界“并存竞争”、“相互制约、相互影响”的判断，也准确地说明了目前以美、欧为首的发达国家结成一方，千方百计阻遏以新型经济体国家为代表的发展中国家的现代化发展，它们虽然百般设

① 吴于廑：《中国大百科全书·外国史卷》“世界历史”，《吴于廑学术论著自选集》，第80—81页。

② 同上书，第81—82页。

③ 同上书，第85—86页。

置障碍却难挡社会主义工业文明崛起的现实情况；无论是苏东巨变，还是颜色革命，抑或中东乱局，都反映出“两种现代化道路和模式的较量”，后起的发展中国家要在现有发达国家为主导的世界体系内崛起，必须在吸收其成功经验的基础上，另辟蹊径，突破限制和制约，这样的斗争还会长期存在。鉴于世界资源的有限性，发展中国家在现代化崛起过程中，必须不断总结经验教训，寻找新的发展途径。而发达国家也必须改变称霸世界或固守世界体系中心地位的传统思维，改变自身不合理的制度。两种工业文明由对抗转化为对话，由“不同”趋向“相同”，求同存异，追求世界共同发展。而吴于廑先生提出的“世界历史的合理未来”包含着丰富的内容：合理地生产、合理地分配、合理地应用科学技术、合理地满足人类群体和个体不断提高的物质生活和精神生活的需要，这样的理想就是我们为之奋斗的“大同世界”即共产主义理想。

当然，我们说吴于廑先生理论的“完善”“合理”并不意味着这个理论没有补充的可能。譬如在考虑游牧民族大迁徙的动力方面还缺乏生态环境史的因素，因为经济结构更为脆弱的游牧民族在遭遇大范围恶劣气候变化后，其面临的险恶生存环境将迫使他们在部族存亡之际大举迁徙。又譬如，在农耕世界范围内逐渐形成的以信仰为特征的各个文明圈也是人类从分散向整体发展进程的一个中间环节，特别是各个文明圈形成的以大帝国为中心或“朝贡册封体系”，或者“朝贡贸易体系”的多种表现形式。还有一点需要提及，吴于廑先生生前（与齐世荣合作）主编的最后一部通史教材比较好地体现了其理论，但是在全面落实其理论方面，还需要未来进一步完善。①

---

① 与吴于廑先生长期合作的齐世荣先生主编的4卷本《世界史》比较好地贯彻了“世界史纵横发展理论”，参见齐世荣总主编《世界史》，高等教育出版社2006年版。

荷兰商船来华事件

——全球史视野下的中荷葡角力

陈旭楠*

摘　要　1601年（万历二十九年）荷兰商船来华事件是一次中荷葡三国在贸易全球化早期的角力，内向型的明王朝贸易体系受到外向型葡荷贸易体系的冲击，葡荷之间也产生了贸易冲突和碰撞，万历中央政府与粤府之间、粤府与葡荷之间在此事件中的关系亦是错综复杂，澳门是三方在贸易、政治等方面互相角力的中心位置，在全球史观的视野中在中外关系史上占有特殊的地位。

关键词　明朝、澳门、荷兰、葡萄牙

1601年（明万历二十九年）荷兰商船来华事件是一次中荷葡三国在贸易全球化早期的角力，内向型的明王朝贸易体系受到外向型葡荷贸易体系的冲击，葡荷之间也产生了贸易冲突和碰撞，万历中央政府与粤府之间、粤府与葡荷之间在此事件中的关系亦是错综复杂。明朝中央政府与地方政府（主要是粤府）方面，澳门是中外贸易及海防的咽喉锁钥之地，同时为两广地区带来最为丰厚的税款。在默许了葡萄牙居留澳门的情况下，葡萄牙受到两广总督的庇护，在荷兰叩关澳门后，因其"未具金叶表文"，从未有朝贡之举，万历政府曾在"以葡治荷"和"以荷治葡"之策中摇摆，力图将这些番夷拒之粤海之外，以求海疆平稳，却不自觉被动地陷入了世

---

* 作者简介：陈旭楠（1990—），男，福建建瓯人，中国人民大学历史学院中国近现代史专业硕士研究生。本文入选首都师范大学全球史研究中心《首届"全球史精英论坛——全球史视野下的中国与世界"学术研讨会论文集》。

界贸易体系的冲撞和整合中。葡萄牙方面自窃据澳门并在万历年间得到默许后，将澳门视为私地，荷兰人的到来使葡萄牙方面深感危机，坚决抵抗，视为1622年荷兰攻打澳门等多次荷侵入澳门的开端。荷兰方面在1601年的入侵中被先至澳门的葡萄牙人俘虏了20名船员，随后17名被处死，荷兰从此加强了对华的武装贸易和对葡竞争。中荷关系肇始于这次荷兰商船来华事件，同时也使得葡萄牙卷入其中，三方在政治、宗教、贸易等方面开始角力，不自觉地纳入了全球化的轨道中，三方在澳门角力的因素和结果使得荷兰商船来华事件因素多样化，在全球史观的视野中占有特殊的位置。

一 澳门开埠前的中国与世界

15世纪末至16世纪初，世界进入地理大发现时代，伴随着哥伦布发现美洲新大陆、麦哲伦船队完成首次全球航行、达伽马开辟西欧到印度次大陆的航线等的是西欧葡萄牙、西班牙等国家血腥的掠夺和暴力的殖民扩张。“展示出一幅背信弃义、贿赂、残杀和卑鄙行为的绝妙图画。”[①] 也正是在这种对殖民地的征服、奴役和剥削中，世界市场开始形成，促进了资本主义关系的产生和封建制度的日益解体，透出资本主义工业时代的曙光。与此同时东方的中国处于大明弘治朝至嘉靖朝时期，以洪武、永乐、洪熙、宣德时期国家的基本稳定和15世纪前后对社会直接劳动者的人身束缚为基础，明中叶以后的百余年间，中国的社会经济总体上处于发展不断繁荣时期。基本隔绝于外世、满足传统朝贡贸易的明帝国上下处于“天朝盛世”的美梦中，对西方迅猛突进的殖民扩张毫无察觉。

二 葡据澳门

澳门开埠始于葡萄牙。在葡萄牙国王曼努埃尔一世的励精图治下，葡萄牙迅速成长为殖民强国，建立了印度洋的海上霸权，正德年间开始染指中国，并将眼光投向了海路重镇——澳门。正德与嘉靖朝的海禁政策对葡

① 《马克思恩格斯选集》，人民出版社1972年版，第256页。

萄牙来说不堪一击，1535 年（嘉靖十四年），葡人向明朝指挥“黄庆纳贿，请于上官，移之濠镜，岁输课二万金，佛郎机遂得混入。久其来益众，诸国人畏而避之遂专为所据”[①]。在明政府地方官员与商人阶层等与葡萄牙殖民者不断勾结下，明政府将市舶司移于澳门，允许葡人在澳门进行贸易，澳门从此开埠。1553 年（嘉靖三十二年），葡人贿赂广东海防官汪柏“托言舟触风涛，愿借壕镜地曝诸水渍贡物，海道副使汪柏许之。佛郎机人同时至。蕃人入居壕镜，始于汪柏之时”[②]。从此，葡人正式踏入澳门，但并不准葡人将澳门作为居留地，葡萄牙人一般将 1557 年（嘉靖三十六年）作为占据澳门之始。最早可见的葡人史料是一份有争议的旅行家和编年史家菲尔南·门德斯·平托（Fernao Mendez Pinto）写于 1555 年的一封书信，他在信中提及“Amaquao”（即很多学者认为的澳门），在浪白澳和广州之间，距离浪白澳 6 里格。后来，平托在其著作《远游记》中说：“我们自上川出发，太阳落山时抵达往北六里格处的另一岛屿，该岛名为浪白澳。其时葡人与华人在岛上交易，直至 1557 年广东官员在当地商人的要求下，将澳门港划给了我们做生意。”[③] 在葡萄牙人中最为流传并较少争议的是“助剿海盗得赐澳门”之说，这在中国学者的研究中也有提及“嘉靖三十六年，有中国海盗围攻广一州，中国官吏乞求葡萄牙人援助，因其捕海盗有功，遂被准许长期居住澳门，以酬其劳”[④]。1560 年（嘉靖三十九年）葡人在澳门自行设置官吏，修筑城墙、炮台，形成自治机构。1573 年（万历元年）葡人将给广东地方官员每年 500 两自银的贿赂款转交明政府作为租金，表明明政府已经认可了葡人对澳门的租借。同年，为应付不堪其扰的来自民众对葡人拐卖儿童，贩卖华人为奴等几乎是无根据的指控，香山县在澳门与香山间的莲花茎修筑一道墙，唯留一道关闸以为来往通道，特别是随后建立了“议事厅”作为管理在澳葡人的正式机构，从而建立起一套完善的对澳门特别的司法、行政、财政制度。

葡萄牙逐渐占据澳门之后便视澳门为私产，澳门处于明王朝对外贸易

---

① （清）张廷玉：《明史》第 28 分册，中华书局 1974 年版，第 274 页。

② 冯承钧：《西域南海史地考证译丛五编》，中华书局 1965 年版，第 40—41 页。

③ 菲尔南·门德斯·平托：《远游记》（下册），金国平译，澳门：纪念葡萄牙发现事业澳门地区委员会、澳门基金会、澳门文化司署及东方葡萄牙学会，1999 年，第 698 页。

④ 李长传：《中国殖民史》，商务印书馆 1937 年版，第 133 页。

最前沿。广东又身处南海贸易走廊要冲，联系着南亚、东南亚、东北亚的商贸航运，其商业价值对葡萄牙来说在远东地区远甚于印度、东南亚等地港口城市，万历中后期日益成为其东方商贸枢纽。葡重视与明政府官员的关系，通过对广东地方政府官员的勾结，葡萄牙“已经从当地明朝官员那里获得了相当大的合法性”一开埠，葡人就可以前往广州，并从万历初年广州交易会肇始之际就取得了冬夏两季到广州互市的特权[①]，逐步不受制于明政府在 1564 年（嘉靖四十三年）和 1566（嘉靖四十五年）对闽广等沿海省份实施的海禁，贸易利益与日俱增，澳门在远东贸易乃至亚洲贸易的重要地位受到同处西欧的新兴强国荷兰的觊觎。

三　万历二十九年荷兰商船来华事件

1581 年（万历九年）尼德兰北部地区摆脱西班牙哈布斯堡王朝的统治成立联省共和国，为海外扩张奠定了基础。荷兰完全控制了北海和波罗的海的贸易，发展资本主义工商业主要是依靠在西欧各口岸进行的转口贸易，重中之重是来自葡萄牙里斯本的转口贸易，简单来说就是荷兰商人在里斯本购买香料等物品，再转销到北欧各国，充当西欧、北欧掮客的角色。荷兰在人口不足二百万的国情下却占欧洲商船总吨位的五分之四，远超英法总和，“它的渔业、海运业和工场手工业，都胜过任何别的国家。这个共和国的资本也许比欧洲所有其他国家的资本总和还要多”[②]，迅速崛起的“海上马车夫”对中国的认识发轫于达克·庞帕（Dirck Gpomp），作为有证可考的荷兰首位到达中国的人，他不断向荷兰民众谈论在中国的所见所闻，并因此而获得“达克·中国”的绰号，其次范·林斯豪登（J. H. van. Linschoten）在葡属果阿担任秘书期间的所见所闻尤其在著述《航海志》中对中国的描绘引起了荷兰对这个远东大国的极大兴趣，他写道：“说起那里制造的瓷器，令人难以置信，那些瓷器年复一年被销往印度、葡萄牙、新西班牙（指西属美洲殖民地）及世界各地！……他们制作

① 张天泽：《中葡通商研究》，华文出版社 2000 年版，第 89 页。

② 古·居利希：《关于现代主要商业国家的商业、工业和农业的历史叙述》，《马克思恩格斯全集》第 23 卷，人民出版社 1972 年版，第 822 页。

的是如此地精美细致，找不出哪一种水晶玻璃可与之媲美。”

当荷兰人只能做欧洲一隅的转口贸易时，他见证了葡西两国牟巨利于东方贸易之中，便迫切希望开辟到东方的商贸航线。外力因素在于1580年（万历八年）西班牙与葡萄牙合并后，兼任葡萄牙国王的菲利普二世出于打击荷兰的目的，便以荷兰人反抗天主教为名禁止荷兰船只驶进里斯本港口，以谋限制荷兰人在里斯本乃至葡萄牙的贸易。这使得荷兰更加紧实现到东方贸易的愿望。1601年（万历二十九年）荷兰叩关澳门，打开中荷关系史大门。这样葡萄牙在独占澳门近半个世纪之后迎来首位挑战者。范内克（Jacob van Neck）的船队在1601年9月27日抵达澳门，他们原本是想与明政府建立贸易关系，我们可以在荷兰商船来华事件的幸存者马丁·阿普的叙述中以窥一二：“我们是荷兰商人，来这里是为了通商，正如我们满载了价值连城货物的船队所表明的那样。我们还带来了我们的王子给中国皇帝的信函，因此我们非常恭敬地恳请得到他的恩典，让他派遣中国的船只与我们通商。”① 明张燮在《东西洋考》中记述荷人也自称：“不敢为寇，欲通贡而已。”②

久居澳门欲独占澳门贸易的葡萄牙殖民者自然不愿意与后来者分一杯羹，更惧怕荷兰人逐步吞食了他们在澳门的利益，不仅如此，从深层次上荷兰来澳威胁到葡萄牙在东方稳定的贸易地盘。张天泽认为：“一旦这个要地被占领，那么不仅中国的对外贸易将落入荷兰人之手，而且马六甲、日本与马尼拉之间的所有贸易也将在他们的掌握之中，因为荷兰人只要在每年的信风季节守候在这些地方之间的航线上就足够了。况且，占领澳门在政治上带来的影响是巨大的，因为倘若葡萄牙人失去了他们的对华贸易，他们就无法（在某种程度上，西班牙也是如此）保住他们在东南亚与南亚的贸易了。”③ 1599年（万历二十七年），神宗委任的市舶太监李凤将澳门的税额在二万二千两基础上又增派二万两，并亲自下澳督税，且私自向耶稣会搜刮需索，④ 葡人被激怒，打死了李凤随员，“香山军民、澳门汉夷恐大兵剿洗”。1601年（万历二十九年）葡人在明官员经翻译向荷人问

---

① Maarten Aap, “Incidente em Macau, 1601,” *Review of Culture* 12 (2004): 63.

② （明）张燮：《东西洋考》，中华书局2000年版，第127页。

③ 张天泽：《中葡早期通商史》，中华书局香港分局1988年版，第146页。

④ 汤开建：《澳门开埠初期史研究》，中华书局1999年版，第160页。

话时予以干扰，广东官员三次试图直接与荷人联系都被葡人或以语言阻碍或以行贿所阻止，葡人擁掇甲必丹末唐保罗（D . Paulo de Portugal）同意处死 17 个荷人。荷兰商船来华事件也到达高潮。这也促使明政府当时驻广东税使李凤采取以荷治葡政策，“万历二十九年八月，荷兰武装商船到中国海面进入珠江口，要求进贡……当时在广东执掌市舶大权的李凤认为这是一个对澳门葡人报复的良机，遂自作主张，热情邀请荷兰船首领进广州城”，企图“啗之以利，勾来灭澳”，他召见荷兰首领“游处会城，一月始还”[①]。但因朝廷有“自今海外诸夷及期如贡者，抽分如例，或不赍堪合及非期而以货至者，皆绝之”的规定，终究以“但因其从来未通朝贡，更无朝贡贸易所需的金叶表文等凭证”[②] 为由回绝了荷人的和平通商要求。此月中荷兰人一无所获，只好驾船离去。《明史》中详细记述道：“万历二十九年，驾大舰，携巨炮，直薄吕宋。吕宋人力拒之，则转薄香山澳。澳中人数诘问，言欲通贡市，不敢为盗，当事难之。税道李道（应为李凤——笔者注）即召其酋入城，游处一月，不敢闻于朝，乃遣返。澳中人虑其登陆，谨防御，始引去。”中荷关系史上的开篇之作对于当时的明人来说除了对于外貌有深刻印象外，其他几乎一无所知。明人王临亨在《粤剑编》中记述道：“辛丑九月间，有二夷舟至香山澳。通事者也不知何国人，人呼之为红毛鬼。其人须发皆赤，目睛圆，长丈许。其舟甚巨，外以铜叶裹之，入水二丈。香山澳夷虑其以互市争澳，以兵逐之。其舟移入大洋后为飓风飘去，不知所适。”[③] 同样的在万历年间修撰的《广东通志》中也记载道：“红毛鬼，不知何国。万历二十九年，二三大舶顿至豪镜之口。其人衣红，眉发连须皆赤，足踵及趾，长尺二寸，形壮大倍常，似悍澳夷。数诘问，辄译言不敢为寇，欲通贡而已，两台司道皆讶其无表，谓不宜开端。时李榷使召其酋人见，游处会城将一月始遣还。诸夷在澳者，寻共守之，不许登陆，始去。继闻满剌加伺其舟回，遮杀殆尽。”[④] 翌年明政府官员才知道这些来澳门的番人是谁，1602 年 4 月底，荷兰人在爪哇西岸擒获了一条葡萄牙大帆船。在船上他们找到了一札信件，信件记叙了一年前被

① 张天泽：《中葡早期通商史》，中华书局 1988 年版，第 146 页。

② 中央研究院历史语言研究所：《明实录》，上海古籍书店 1983 年版，第 302 页。

③ （明）王临亨：《粤剑编》卷 3，中华书局 1987 年版，第 92 页。

④ （明）郭棐：《广东通志》卷 69，海南出版社 1987 年版，第 70 页。

扣在澳门的荷兰水手被谋害的情况：葡萄牙人吊死了17个荷兰水手，免得要引渡给中国政府。幸存的4名水手被遣送到印度的果阿。①

荷葡矛盾在此之前还未有如此尖锐，荷人在王室认同和东方贸易中都倾向于支持葡萄牙和避免与葡发生正面冲突，但不可退避的是荷兰人向外扩张的贸易路线终究要与葡人通往东方的商贸路线重叠，1595年（万历二十三年）豪特曼航行就与葡人坐拥已久的香料路线叠合，威胁到了葡人利益，荷兰商船来华事件的前一年，矛盾的尖锐化已经趋于表面化，荷人在安汶与土著的希图人组成反葡联盟，目标也是葡人获利重要来源的香料贸易。在荷人周转于转口贸易时，荷人对葡萄牙的依赖性较强，故矛盾较少或不敢表现出来，而当荷人有意前往东方时，葡萄牙已经成为马车夫的海上阻碍，冲突一触即发，另外宗教因素也是催化剂，葡萄牙人的天主教信仰与荷兰人的新教精神的冲突日趋严重，久受葡萄牙影响下的澳门的天主教信仰极为浓厚，表现事件之一是1601年的澳门事件中，荷兰船员即使改变了自己的信仰，改信天主教依然被葡人坚决地处死。此次事件标志着荷葡对立的公开化，荷兰人正式摆脱葡萄牙，走上了独立开拓东方贸易航线争夺利益的道路。

明官员曾在“以葡治荷”和“以荷治葡”之策中摇摆，最终“以葡治荷”派的代表人物两广总督戴燿在与“以荷治葡”派代表人物税使太监李凤的争斗中占了上风，最后任由葡萄牙人处决了荷兰船员。笔者深究其原因，分析其一是明嘉靖以降地方军费政策，与举国之力兴办军事的荷葡不同，此时的明王朝在抗倭战争中，消耗大量军费，军费筹措不由户部而改由地方政府，这样给地方督抚留下了很大的财政空间，战争若打响，地方政府必须另加税项，而明朝的正赋与征派税项分离，意味着督抚们无法从正赋中筹措军费，另加征派与减少财政支出的地方财政原则是背离的，缩小了地方官员的财政空间以及容易引发民变。所以向来地方官员尤其地处边疆要冲的广东官员多采取以夷制夷的政策，力求减少财政支出。其次利玛窦入京以后，以他为代表的耶稣会在明廷中的影响日益提升，与明廷中枢官员的密集交往也左右着戴燿的决策。再次，戴燿素来与李凤不和，这

---

① ［荷］包乐史：《中荷交往史》，庄国土、陈绍刚译，荷兰路口店出版社1989年版，第35页。

自然在万历二十九年秋季的澳门事件中倾向于以葡治荷。他认为“今香山澳夷据澳中而与我交易，彼此据则彼此必争。澳夷之力足以抗红毛耶？是以夷攻夷也，我无一镞之费，而威已行海外矣；力不能抗，则听红毛互市，是我失之于澳夷而取偿于红毛也”。[①]

四　万历二十九年荷兰商船来华事件的全球史意义

西方纪元下的1601年，西欧踏入17世纪，世界逐步由分散走向统一，荷兰人整合并冲击着葡西开辟的东方贸易航线，在西欧至远东不断与葡萄牙发生着竞争与对抗，1580年后葡萄牙与西班牙共戴一主，但腓力二世的不断扩张与战争将葡萄牙拉入泥潭，逐步走上衰落的道路，1588年无敌舰队战败，从此海洋霸主地位易手于英国。1585年卷入法国雨格诺战争，最终四年后不得不撤军。最为惨烈的在于对尼德兰绵延几十年的战争，终究阻止不了尼德兰北部七省独立，由此荷兰走上了与葡竞争之路。连年的战争使得西班牙耗尽国力，1573年到1598年间，国债由3700万杜卡特增加到1亿杜卡特。在1575年和1596年两次宣布破产，财政几近于崩溃。在腓力二世造就的泥潭中无法自拔的葡萄牙走向衰败，欧洲三十年战争期间，西班牙不断失利，战争结束后在1659年前仍旧与法国纠缠不休。终于在1640年葡萄牙宣布脱离西班牙而独立，而为时已晚，积重难返，葡萄牙已失去了与新兴崛起的海洋大国荷兰竞争的实力。而早在1609年，腓力三世被迫与荷兰休战，已经在实际上承认了荷兰的独立。明纪元下的万历二十九年距离大明覆灭只有三十三年，万历政府告别了张居正执政下最为稳定的十年，自万历二十年（1592年）以后陆续发生了几件大事，军事上“三大征”（朝鲜之役、宁夏之役、播州之役），“共开支饷银11703000两”[②]。极度消耗了明朝国库；财政上万历二十四年（1596年）坤宁宫大火引发的矿监税使事件使得明朝南至云南北至辽东不断发生民变；政治上第一，万历十四年（1586年）万历帝以身体不佳为名很少上朝和接见大

① （明）王临亨：《粤剑编》，汤开建：《明清时期澳门问题档案文献汇编》第5卷，人民出版社1999年版，第371页。

② （明）王德完：《稽财用匮竭之源酌营造缓急之务以光圣德以济时艰疏》，（明）陈子龙等编：《明经世文编》卷444，中华书局1962年版，第371页。

臣，是为“九重渊默”。六部与内阁斗争激烈，言官弹章无数，纷繁无虚日。第二，万历厌倦于官员相争，缺官不补，国家行政能力大为降低。第三，万历十年（1582 年）以来的朝政败坏和社会危机引发了东林党争，虽意旨在于匡扶人心，兴利除弊，但不免流于偏激，促使党同伐异。上述事件进一步深化了万历政府的政治危机，社会趋于动荡，明王朝走上了衰败的道路。

就在此时外向型的全球性葡荷贸易体系与内向型的明季贸易体系发生了一系列的冲撞，不断冲击着传统的朝贡贸易体系，两个体系之间的着力点即为澳门。万历二十九年荷兰商船来华事件是全球史视野下的一个典型事例，虽然此时明王朝已开始走下坡路，但就国力尤其军事实力来说对付葡荷依然绰绰有余，但力求海疆平稳，内陆安定的明朝政府上至朝廷下至广东政府官员都追求息事宁人，政策偏于保守。这使得葡人不得不为保住澳门这块黄金飞地和深层次下的东方商贸航线利益而与荷兰发生正面冲突，改变了葡荷的政治关系。荷兰人也以此彻底摆脱表面对葡的支持和依赖，走上了公开竞争与对抗的道路，1601 荷兰商船来华事件给荷兰的启示之一是难以用和平通商的方式打开中国大门，两年后荷兰人在澎湖与明朝的对抗、1623 年（天启三年）二次侵占澎湖并屠杀澎湖岛民、1624 年（天启四年）侵占台湾的一系列对中国侵略行径即源于此。而中国民众也不断掀起抗击荷兰殖民者的斗争，直至 1662 年（清康熙元年）在郑成功的率领下，中国人民才真正驱离荷兰殖民者于中国。启示之二是荷兰人认识到：“中国海上的贸易大部分为葡萄牙人所控制，只有很小的一部分掌握在中国商贩手里。”① 1603 年，荷兰联合东印度公司又派出一支舰队前往东方以谋求结束葡萄牙人的这种优势和敲开中国通商大门。荷兰人野蛮入侵的行为在中国影响极为恶劣，不仅达不到通商目的，还使得明王朝联葡治荷，甚至影响远及清代，当荷兰人再派使者赴清要求通商时也只得到清统治者“八年一次”来华朝贡的回复。中荷之间无法建立正常的通商关系还有一个原因在于明政府发展对外贸易目的在于获取白银，而白银的最主要提供者是占据马尼拉的西班牙人，西班牙人正是荷兰人欲走上独立贸

① ［荷］C. J. A. 约尔格：《荷兰东印度公司对华贸易》，朱杰勤译：《中外关系译丛》（第 3 辑），上海译文出版社 1986 年版，第 78 页。

易道路的最大阻碍者和竞争者之一，这个目的上的冲突是难以平衡的。澳门作为当时明政府白银最大入境地和全球贸易航线和体系与中国对外贸易和海疆的要冲之地，必须应付着来自北方大陆和南面海洋上远来外夷的压力，促使澳门有了“双重效忠”的传统，以求在中西间寻求平衡，澳门以独有的方式将闭塞的明王朝与开放的西欧国家融合于世界中，清政府延续了这个政策，直到鸦片战争打响后英国人彻底打破了这个特有平衡系统。

开辟了全球史研究的麦克尼尔认为：“与外来者的交往是社会变革的主要推动力。”① 不同人种、不同群族、不同地域人们的接触是顺应历史发展潮流的，而因此产生的影响是直接多样化的，万历二十九年荷兰商船来华事件是中荷关系史的开端，从此荷人不断西来，中国先进的手工业生产技术通过荷兰传到西方，推动了荷兰和西北欧的手工业技术水平。荷兰人也带来了欧洲先进的生产技术，促进了明中后叶的手工业水平。从这一年后有中国学者和官员开始研究荷兰，经济文化交流虽然缓慢，但已经开始了交往。荷兰人掳掠了中国民众前往东南亚等地，客观上促进了当地经济社会水平，也因此巩固了荷兰人在东南亚的殖民统治。

荷葡因为1601年荷兰商船来华事件而开始公开化对抗，1601年荷兰东印度公司的成立，不断排挤葡萄牙人在印尼的势力，以求垄断香料贸易，在东印度荷兰人夺取了葡萄牙人在马六甲的贸易战，并在1621年夺取了班达群岛，从此完全控制了优质香料的供应，1621年，荷兰人成立了西印度公司，排挤走衰落的葡人，垄断了西非和美洲的贸易。荷兰人在占领了东南亚的热带土地和成为棉花的生产者后，影响了本国以及英法等西北欧国家走上相同道路，开始了南方化的发展过程，也由此而崛起为海洋大国。

美国的全球史学家唐纳德·怀特通过对冈比亚的“纽米国”的研究，写成了《世界与非洲的弹丸之地》一书，提出把“小地方放到大世界”中的全球史研究范式。万历二十九年的荷兰商船来华事件即为典型的事例，澳门即是全球史观下的一个小地方，但却举足轻重，折射出16与17世纪之交碰撞下的东西方世界与变迁，并深刻影响了其后的世界发展历程。

① William H McNeill, “The Changing Shape of World History”, *History and Theory*, Vol. 34, No. 2 (1995), p. 18.

书 评

作为伦理思考的大历史

——读大卫·克里斯蒂安《时间地图——大历史导论》

尉佩云*

一

在历史研究专业化和学科化之后，每每出现一种新的史学编撰形式时，我们总是要问这是一种新的史学类型还是一个新的历史视角，抑或兼而有之？

大历史作为新的史学编撰形式，在总体上是20世纪后半叶伴随全球化的紧密步伐而出现的，而克氏的《时间地图——大历史导论》（以下皆称《大历史》）可以看作对大历史这种历史编撰形式的初步尝试。大历史它主张历史的书写不能拘泥于人类作为智人产生之后人类的文明史，而是应该将时段拉长，以一个更加宏观的视野来观察整个宇宙、星系、地球、人类的历史，克氏将大历史的开端拉抵至宇宙大爆炸，从大爆炸开始，宇宙从最初的混沌逐渐进入有序的节奏，再到地球上出现最初的生命形态，从低等的单细胞生命到高等生命的出现，这是一个自然选择进化的过程。人类的出现作为地球上一个物种而言，显然是具有非凡的意义，人在进化的过程中学会使用符号、语言，通过大脑的思考能够传递更为精确和有效的信息和知识。进入现代社会，在人类社会中系统性越发明显，对统一性的追求不仅在知识界可见，而且也切实发生在人类这个物种的进化过程中。信

* 作者简介：尉佩云，首都师范大学历史学院史学理论和史学史专业西方史学史方向博士研究生。

息、知识的共享和高度发达人类的自我意识正在改变这个世界。信息传递的快捷使得现代世界具有了趋同性，民族国家作为典型的统治形式出现在地球之上，而且，在现代世界，人类对整个生物圈的影响是前所未有的，即克氏所言："20世纪的变迁成为这个星球的历史上十分突出的现象"。由此可见，大历史是一个融合了历史学、天文学、地质学、生物学、物理学、政治学乃至伦理学和未来学的综合性学科范畴。

在《大历史》的第6部分，作者提出了对"多种未来"的预测和关怀。在该部分他分别对"近期的未来：下一个百年"、"中期未来：下几个世纪和下一个千年"和"远期未来：太阳系、银河系以及宇宙的未来"做了思考和分析。众所周知，称之为"历史"，其本身暗含的时间取径是过去（The past），而克氏在此却提出思考未来，显然本书不是传统意义上的历史学著作。它对人类未来的关怀和人类存在的伦理性反思成为其最终鹄的。

作者在导论中提出，作为一部现代创世神话的大历史，它对整体性和综合性的追寻是非常重要、且贯穿始终的，"现在提出这些问题恰逢其时，因为许多学科都产生了一个日益滋长的共同观念，即我们要超越那些一个世纪以来主宰学术（同时服务于学术）的对现实支离破碎的叙述"。并且，各个学科领域对于知识大融合的希冀日益显现，"大统一理论"（grand unified theory）思想逐渐被接受和认可。然而，学科综合导致的必然结果就是二手材料使用的风险——"此项计划天然植入了差错"。对此，作者认为，大历史不必为它的局限性而感到抱歉，因为"它必然是从现代知识以及现代问题出发的，因为它是为生活在现代世界的人们所设计的。即使所付出的努力永远完全不可能成功，我们也要试着去理解我们所在的宇宙"，这个观点似乎和霍金所认为的哥白尼和爱因斯坦的理论体系都是对宇宙的正确描述有异曲同工之妙。所以，现在我们回到开头所提出的那个问题上，很明显，克氏主观上是偏向于后者在进行他的大历史的书写的。

二

任何学术思想都有其背后的现实性诉求与目标取向，当然大历史也不例外。作者在导论中明确提出，"在一个全世界都充斥着核武器和生态问

题的时代，我们迫切需要将人类看作一个整体。过去只是关注国家、宗教与文化分野之间的那些历史叙述，现在看来是狭隘的、错误的，甚至是危险的”。现代社会使人在工具理性和技术统治面前常感无力，物质的丰富与精神的满足间往往容易失衡。显然，热核战争和生态问题的威胁不仅仅是大历史的现实性基础，同时，全球史的理论架构的基础又何尝不是如上述这般呢？甚至，在史学界对于人文关怀和新人文主义的强调和重视都是我们在这个时代对自己群体重新发现的过程，譬如在环境保护中兴起的非人类中心主义成为蔓延到哲学伦理、政治主张乃至文化价值取向等各个方面都有涉及的理论形态。可以说，这些现实因素作为人类物种进化过程中的产物，又反过来在影响着人类的历史进程和塑造着人类的思维方式。

而其大历史背后的深层哲学逻辑也是值得我们注意的，克氏提出，不论任何一个阶段的人类社会，都会以不同形式提出“我是谁？我的归属何在？我所属的那个整体又是什么？”这样的原初性问题。对这些问题的解答就是人类群体对定位感和归属感的渴求。大历史正是以历史学的方式、以后哥白尼的内容、运用前哥白尼的叙事结构构建的一部现代创世神话，这种现代创世神话便是对上述问题的回应与解答。

在今天，几乎所有的人文学科都面临着一个问题——我们未来将往何处去？（或者说，这个问题已经包含在人文学科的学科因素之中，只不过在当今的情景下显得颇为突出。）在当代世界，工具理性主义和唯科学主义以及技术主义的泛滥，使得人类对自我的认识产生了蒙蔽，工具理性主义和唯科学主义的普遍存在一方面在塑造着现代人类的思维方式，使得现代人在价值取向上普遍忽视了生命价值这个问题；另一方面，唯科学主义的弥漫又促使了现代人乐观主义情绪的滋长，这种乐观主义是对人类自身聪明才智的志得意满和主体的自我膨胀——“上帝已死，人成为自己的上帝”。在这种状况下，人类在现有的视界和预设中对自己的认识是有偏差的、错位的，甚至像克氏所言是被隐藏遮蔽起来的。哲学家海德格尔对此有过精彩的论证，他认为人类历史一直都是言必称“我”狂暴行径，不仅哲学围绕单独存在者（人）转是一种错误，而且对人的过度关注导致了现代世界的危机。人类视自己为某种思维存在之物，然后个体地或集体地，当然地摆在世界的中心，万物都为我们存在——“人作为一种存在者相信存在的一切都是为它而存在”，世上所有的存在物，环绕我们的一切都被视为供我们消费之物，整个世界变成了仅仅为我们的目的而存在的“材料”。

上述情形在专业的历史学科领域内的表现便是专业史家对大历史或者从大范围来看的历史的拒斥，专业史家认为在如此宏大的时间范围内探索历史是一件根本不可能完成的任务，况且这会偏离历史学研究的初衷，历史会丧失细节、结构以及实质内容，显得干瘪而没有价值。克氏对此的辩驳是，从大范围来看历史，可能我们会丧失平常历史研究所熟悉那些主题和论点，比如法国大革命可能只是其中短暂的一瞬间而已。但是，随着时间范围的扩展，我们将会获得以往的历史视野中未曾看见的事件的意义和价值，那些曾经由于过于宏大而使我们无法概览其全貌的历史事件将会一一浮出水面。甚至我们在这个时间范畴中可以重新思考人类整个群体和地球的进化乃至这种进化在宇宙形成和演变的过程中所扮演的角色和所处的地位。这种大历史的重新思索有利于我们打破人类中心主义的迷梦，重新认识人类群体在宇宙中的位置，清理现代社会中由于工具理性主义、唯科学主义和技术主义的泛滥而导致的主体的自我膨胀及背后所持的不当观点。大历史的研究能够使我们认识到，人类在宇宙范围内地球上的出现具有重要契机和极其的偶然性，并不是一个命定的存在，抑或，在大历史的视野中，根本就没有命定的存在物。

克氏认为传统史学研究的框架不利于揭示人类族群的真正形态和历史进程，“任何框架中所隐藏的东西都比他们所显露的要多。而对现代编年史所使用的从几年到几个世纪的传统时间框架来说尤为如此，也许传统框架所隐藏的最令人吃惊的东西，正是人类本身。即使从长达数千年的时间框架来看，也很难提出人类历史在整个生物圈的进化中所具有的重要意义这样的问题”。克氏的此番论证颇有尼采的视界主义的风格，但其背后所隐藏是对现有的史学范式的不满。的确，像克氏所言，我们在现有的史学框架中确实无法理清人类群体在整个生物圈层面上进化中所具有的意义这样庞大而严肃的问题。因为从本质上讲，现有的史学范式不管是现代主义的确定论者还是后现代主义所倡导的各种研究范型，都没有脱离人类中心主义的视野。既然如此，我们如何奢望能够用自身内在拥有的评价标准来评价自身呢？否则，德尔斐的阿波罗神庙的箴言“认识你自己”也就不会如此让人警醒了。至此，大历史所提出的问题其重要性和价值就显现了出来。

三

我们该如何认识大历史？笔者认为，克氏的《大历史》所开启的视角和带给我们的伦理反思其意义远远大于其著作内容本身。每一个新兴事物在整体上势必不是尽善尽美的，新兴学科或者新兴的研究领域也是如此。大历史研究作为一个具有时间范围广、涉及内容多、学科跨度大等特点的新兴研究领域，它可能在内容结构和逻辑过渡上并不完善，用作者本人的话说，是“天然植入了差错”。但是，在当前的学术研究中，诚如作者本人已经提出的，大历史对人类进化历程的总体性观察具有天然的优势。在这种大历史的总体观察背后所隐藏的，正是人类对自身重新认识的伦理性和哲学性诉求。在面对现代世界的种种危机的时候，现有的历史学科范式受限而难以物尽其用，大历史的视角提出了我们以前未能注意的面相，这有助于我们重新认识人类群体作为一个物种意义在宇宙中的演化史。大历史在具体形式和逻辑上的不完善并不足以掩盖它提供给我们的伦理反思和哲学认识的光彩。或许，大历史本身就是在历史研究的外表下隐藏的对人类群体未来发展的历史社会学和历史哲学的诉求。

如果我们忽略其在具体研究上不足的部分，那么我们可以把它当作一个伦理性和历史哲学性的研究范式来看待，这便和汤因比的《历史研究》具有了相似性。汤因比在《历史研究》中所推出的“文明形态史观”，其意义和影响或远远大于它的具体内容。这使我不禁想到后现代史学理论家海登·怀特在《形式的内容》中提出的那个著名观点——叙事不仅是形式，也是内容，甚至形式和内容同样重要。在这笔者想说，大历史的这种历史叙事和书写不仅是“形式”，也同样是“内容”，甚至，它在“形式”这层意义上带给我们的伦理性和哲学性反思比它的具体“内容”对我们更有意义和价值。

评夏德明《全球视角下的全球史：在一个建立联系的世界中之理论与方法》

孟钟捷*

近年来，无论是西方学者对“去欧洲中心论”的恳切心态，还是中国学者在引介全球史观时对“（新殖民主义的）话语策略”保持的警惕之心，其核心实际上都多多少少地指向了当下全球化进程中极不平等的知识等级体系。英语世界的文献与观念如潮水般涌现，非英语世界的声音不仅被忽视，而且大有被湮没的可能。

不过，这种情势的出现，往往是同某些客观因素联系在一起的。且不论从历史发展而来的经济差距，语言障碍同样是单向度文化转移的推动力，即便在中国学界抱怨我们的全球史研究深受英美观念影响之时，又有多少人关注并引介过其他国家的全球史研究现状呢?② 事实上，在法语、西语、德语的学术空间中，全球史观便存在着因历史体验不同而带来的差异性。进一步而言，成为“全球人”的困难性不仅在于认识历史多元性的挑战，也在于当下获得全球性学术交流可能的稀少概率（甚或缺失一种愿意去了解的态度）。倘若无法感知“他者”在全球交往中的经历和总结，倘若没有发现“全球史”在地区/民族/区域历史文化中呈现内容及方式上的异同，倘若无心体验或无力创造各种“全球史”进行交往的平台，那么我们便不可能冲破全球史

* 孟钟捷，华东师范大学历史系副教授，主要从事德国社会史、全球化时代的历史教育研究。

② 由夏继果教授选编的《全球史读本》（北京大学出版社，2010年）为国内引介了全球史研究中的重要理论与实践。不过，除了英国和挪威各一位学者外，大部分作者都是在美国高校任教。这既反映了美国全球史研究的辐射力，也表明其他国家的全球化研究现状还未进入到中国学界的视野中。

研究中的知识等级制。

从这一点而言，多米尼克·萨克森迈尔（Dominic Sachsenmaier，中文名“夏德明”）正是凭借着惊人的语言能力和令人目不暇接的学术经历，才发现了目前全球史研究的重要软肋之一，完成了这本《全球视角下的全球史：在一个建立联系的世界中之理论与方法》（*Global Perspective on Global History*：*Theories and Approaches in a Connected World*，以下简称《全球视角下的全球史》)，从而在知识民主化的意义上，真正跨出了构建全球史观的关键一步。

萨克森迈尔出生在西南德意志地区。那里虽然受到法国文化的影响，不过在其成长期间，民族文化的影子始终相伴，超越欧美的知识几乎被排斥在中学教育之外（可能只有地理学偶尔提及“不发达国家”）。但是，与此同时，由“六八一代人”带来的社会冲击和现实存在的欧洲化与全球化浪潮，却仍然在不经意间促动了作者对于“欧洲之外”世界的好奇之心。他在英国的圣安德鲁学院和德国的弗赖堡大学学习古代史、中世纪史和古典学。随后，他获得奖学金，在台湾师范大学研习普通话和古代汉语。这是他进入汉学研究的前提。

1996 年，萨克森迈尔在弗赖堡大学进入他的博士研究阶段。他的导师沃尔夫冈·莱茵哈德教授（Wolfgang Reinhard）是享誉学术界的四卷本权威著作《欧洲扩张史》（*Geschichte der europäischen Expansion*，1983—1990）的作者，是德国史学界关注近代早期欧洲之外世界的研究者。他支持萨克森迈尔选择把欧洲史与中国史结合起来的选题，即“通过朱宗元（约 1616—1660）把欧洲因素整合进中国文化”（*Die Aufnahme europäischer Inhalte in die chinesische Kultur durch Zhu Zongyuan*：(*ca.* 1616 — 1660)，1999 年完成，2002 年出版）。朱宗元是一位明末清初信仰天主教的下层学者。萨克森迈尔没有从传统的汉学研究路径入手，把朱宗元思想作为中国文化现象或哲学观念来进行探讨，也没有简单地从欧洲文化对外传播的角度来考察，而是结合“更大的、跨文化的知识—社会和政治背景”来讨论这种文化转移中的复杂性和多层性。为此，他在中国、法国、比利时、德国与荷兰各地收集材料，阅读现代/古代汉语、拉丁语、德语、法语和英语的文献。作者后来回顾说，虽然第一部著作并非出于严格意义上的全球史观，但他愿意将之视作自己对世界史所作出的一种贡献。在他看来，传统的世界史是以空间观为基础的，而新兴的全球史则是对此类倾向加以批判性反思的努力。

虽然从学术的角度而言，萨克森迈尔的研究在德国学界可谓创新之举；但从现实的角度来看，这种研究倾向也可能让他找不到安身立命之所，因为德国的学术机制并不支持全球史的研究，如在2002年，德国大学历史院系中只有5%的教席是由“非欧洲历史”的专家承担的（第122页）。不过，他仍然“决定放弃对未来的担忧，不愿意把职业性的思考来束缚我在学术上的追求”。

他先后在美国哈佛大学燕京研究院、德国柏林社会科学研究中心、美国加利福尼亚大学圣巴巴拉分校、美国杜克大学、德国柏林自由大学、德国柏林洪堡大学、德国康斯坦茨大学、德国莱比锡大学和中国首都师范大学工作或访学。尤其在美国，他与不少历史学家（或以全球史为导向，或反对欧洲中心论）进行了密切交往，如布鲁斯·马兹利斯（Bruce Mazlish）、入江昭、杜维明、帕特里克·曼宁（Patrick Manning）。他还主持或参与如“多元现代性/贸易与社会”、“东亚的全球史”、“中印环境与健康”、“全球史：全球化”以及“东亚的批判性地区主义”等多个跨国研究项目和国际性系列讨论会。他是各类国际性学术组织的成员，如汤因比基金会（全球史）主席团成员、历史学与历史编纂学理论国际委员会成员，或全球历史研究期刊的编委，如《新全球史研究》（*New Global Studies*）、《中国历史研究》（*Chinese Studies in History*）、《历史指南针》（History Compass）等。目前，他在德国不来梅雅各布斯国际大学担任现代亚洲史教授，“欧亚的转型：市场、国家、社会”研究中心协调人。①

毋庸置疑，《全球视角下的全球史》一书正是作者以“全球人”的身份，在世界各地访学、进行全球性学术交往的成果。作者在自序中开门见山地指出了这一点：“倘若没有在世界不同地区（特别是在北美、欧洲和东亚）所进行的许多会议旅行和研究驻留，这样一本著作是无法完成的。”（第vi页）

当然，全球交往的经历只是作者付诸研究的动力之一。更为重要的灵感来自于作者一直以来坚持不懈的、对于“知识霸权”的批判立场。在导言中，作者首先以简单明了的标题“被忽视的多样性”（Neglected diversities），

---

① 以上有关萨克森迈尔的个人经历和学术思想，参见Dominic Sachsenmaier，“Why and How I Became a World Historian”，in：Douglas Northrop（ed.），*A Companion to World History*，Wiley－Blackwell，2012，pp. 32－42。另参见萨克森迈尔给笔者的邮件，2013年6月4日。在此，感谢萨克森迈尔教授的支持。

一针见血地指出了目前全球史研究中的不平等的知识/学术等级体制。在他看来，欧美的大多数全球史研究更多关注的是“关于世界的学识”，而非“存在于这个世界的学识”（第4页）。因此，该书的自我定位是“寻求进行一种理论上的介入”，以揭示对于全球史的不同研究兴趣和倾向同样是全球史“内在多样性的重要方面”（第2页）。他不是在狭隘的方法论意义上去讨论全球史的可能性与危险性，而是去挖掘全球史的实践者们所面对和生活的各种职业环境与史学文化，从而才有可能为“多元世界的全球史”提供一种平等交往的知识平台（第3页，第232页）。从某种意义上而言，这是一次全球史的史学史梳理。

接下去的篇章结构十分清晰：导言部分从纵向与横向的角度，勾勒全球史研究的发展和现状；针对美国、德国与中国的全球史研究，分三章进行了个案分析；在结语中为“多元世界的全球史”指出了方向。

从世界范围来看，全球史是全球历史发展与历史学科转向的共同产物，在各地都留下了共性路径。问题在于，即便当人们在全球史研究中认识到历史进程充满着中心和边缘的结构特征时，即便当学界试图改造历史叙述的西方中心论时，知识体系中的不平等性却仍然没有被全球史学家所意识到。全球史如传统的历史认识论与分析模式那样，借助英语的语言优势和西方文化的主导性，形成了理论与方法的单向度输出，并忽视甚至抹杀了全球化中“地方观念”形成的原因及其影响。因此，作者提出的问题意识是：“如何把‘地方性的’观念契入到当下复杂的智识和学术版图之中”（第11页），从而可以改变“等级化的全球知识图景”（第57页）。

作为一位在德国出生、长期在美国执教的中国学专家，萨克森迈尔颇为自然而正确地选择了这三个国家的全球史研究作为个案分析的对象。无论从政治、经济还是学术而言，美、德、中三国确实也具有一定的典型性。不过，作者也十分清楚，若从“全球史”的角度而言，他的选择又是远远不够的。正如他在结语中所承认的那样，对于全球历史编纂学的探索是无穷无尽的，“然而首要的是（认识到）这样一个事实：即全世界的全球史学家远远没有达成统一立场，甚至许多全球研究共同体实现了跨国联系，而在内部仍然是四分五裂的”（第232页）。

之所以会出现这种现象，是同各国全球史研究兴起的“小背景”密切相关。在美国，为应付冷战而出现的地区研究热潮、60/70年代批判性社会运动所带来的学术研究转向（特别是在种族认识上的突破）和多元社会的形成，成为全球史研究的主要推动力。在德国，学术兴趣则来源于人们对本国短暂殖民史的关切、大屠杀研究的国际化、比较研究的兴盛、跨学科趋势的出现以及民族构成多元化的结果。在中国，来自海外博士学位获得者的推动，近二十年来本国政治和经济地位的快速提升，以及后现代/后殖民思想的深刻影响，使西方中心论的世界历史叙述遭到批判，全球史的视角得到重视。

与此同时，各国的全球史学家都不得不应对本国的历史文化传统，从而在理论与方法上各有偏好。例如在德国，1945 年后，与纳粹历史打交道，业已成为关系到德意志民族自我认知与对外交往的敏感话题。以批判德国历史为己任的社会史学派，便未能同美国的同名思潮那样，有助于全球史观的形成，反而在某种意义上成为比较研究的最大阻碍，因为“大屠杀”一旦失去了“唯一性”的标签，便有可能落入右翼学者的逻辑之中，以致存在否定罪责的危险。由此可见，全球史研究中的某些思维定势，往往超越于学术之外，体现出一国的记忆文化，甚或认知禁忌。

萨克森迈尔在全书末尾处，点出了他的用心所在。在全球化的趋势中，“我们很难想象历史编纂学重返一国之内的场景”。全球史的挑战不仅在于超越民族史的视角，而且还在于如何把全球导向与地方导向的两种研究“日益纠缠在一起”，从而避免“零和游戏”而“相互促进”。“唯有如此，全球性的、历史性的（全球史研究）才是可以想象的。”（第 245 页）

从整体而言，这本《全球视野下的全球史》提出了极有价值的问题意识，充分认识到目前全球史研究中的知识等级制和非全球性的本质，并颇为娴熟和准确地展现了美、德、中三国历史发展与记忆文化建构的相互联系，从而为我们认识和反思真正全球意义上的全球史编纂学提供了一种参鉴。这种开创性的视角是目前书评所共同欣赏之处[①]，笔者也不例外。

当然，从个案角度而言，作者在史学思想史的梳理方面仍有进一步探索的空间。例如在解释全球史研究中的民族政治和文化维度之外，同样可以思

---

① 如 Pamela Kyle 的书评，载《中国文化研究所学报》（*Journal of Chinese Studies*）2012 年第 55 期第 326—332 页；Hartmut Kaelble 的书评，载 *Historische Zeitschrift* 2013 年第 296 卷第 579—582 页；Arif Dirlik 的书评，载 *American Historial Review* 2012 年第 117 卷第 2 期第 821—822 页。

考全球性知识流动的影响力，而不限于揭示和批判知识霸权；即便在民族史学文化的层面上，学界与大众之间的交往对全球史的影响也可以得到关注，特别是在自媒体时代中，公众史学的作用不可忽视；最后从历史学作为历史编纂、历史传授和历史实践的统一体而言，本书跨出了全球视野下思考全球史的第一步，若能引起各国学者对全球化历史教育和全球历史意识建构的重视，则不啻为题中应有之义。

人类学视域下的中国古史传承

——易华《夷夏先后说》书后

李鸿宾

易华博士《夷夏先后说》（民族出版社 2012 年版）一书初稿完成于 2007 年韩国访学期间，此前的构思亦将近 10 年，到 2012 正式出版，前后超出 15 年以上。实际上，根据该书后记所载，对中国古代的游牧与农耕文化之间的关系，作者早在硕士研究生阶段就已作为兴趣予以关注，尤其进入中国社会科学院民族学与人类学研究所成为职业研究者之后，这项思考就成了易华钻研的特定领域。此书的问世，对大陆中国学术同类研究无疑具有促动作用，抑或列为大陆学人中此项领域的最新研究成果，借用为其作序的美国学者梅维恒教授的话说，“这是迄今为止研究早期中国与其他欧亚文明互动的最重要的论著之一，可谓成就非凡”（该书序一，第 4 页）。这样描写此书作为赞赏之词未尝不是主流话语的言说形式，但我更愿意将我阅读之后对该书整体性的思考再做一次“思考”，目的旨在揭示本书背后蕴藏的含义。

一

在我看来，本书最富有价值的地方与其说是书中描述的内容，不如说是这样的描写给读者带来的思索。予人以再思考，看来是我们评论当下学术作品是否具有“意义”或“价值”的一个标尺。我之所以将此作为问题提出来，还是基于当下大陆学术界研究中令人生畏的所谓平庸的表现——问题意识不明晰指导下的重复性研究，或者基于没有新思路指引的资料堆砌式的罗列。与这类现象相比，易华的这部作品显然是作为相反的例子出现的。支撑我的这个说法的例证可以找出两个：一是该问题思考的长期性，二是对不同学界研究成果的广泛吸取，由此构建他自己对这个问题的基本思路。思考的长期性已如上述，对不同学术研究成果的吸收则体现在全书的各个章节里，按照他的设计，分别是“从夷到夏：历史人类学论证”、“从石器到青铜：考古人类学论证”、“蒙古人种与印欧人种：体质人类学论证”和“从语系到语海：语言人类学论证”，这正是流行欧美尤其后者学界所谓的人类学的四个分支。[①] 至少在今天的国内外学术界，这四个分支早已形成了各自独立的研究系统，彼此之间的关联固然密切，但分隔的深度足以让跨越者生畏。此书撰写的目标恰在贯通其间并能呵成一气，就此而言，我愿意将此书视作人类学的解读而非历史学的实证研究。此话怎讲？

人类学与历史学作为当今学术研究的分域，早已形成各自的逻辑话语和追寻的目标。历史学的主旋律仍旧是考证史事，将解释历史的相貌为第一诉求。在历史考证的语境内，是存在历史真相的，这种真相采用有的学者说法叫作“本相”，历史的本相就是通过表相去获得。[②] 历史学的中国古史研究，就是通过文献的记载与描写去追寻那个时代的基本相貌和构成相貌的具体情节。由于文献的缺失，历史学常常利用考古学的发掘与研究作为文献缺失的补充加以采用，[③] 目的还是复原历史“本相”。考古学的目标与此相近，但采用的手段和方法与文献的历史学有所差别，这是两个学科的技术造成的。与历史、考古“历史真相”诉求不一的是，人类学的追寻集中于文化意涵的阐释上面，历史学的文献只是以文本的形式作为分析的途径，既然文本的描写

---

① 作者：李鸿宾，男，中央民族大学历史文化学院教授。关于人类学、历史学、考古学、语言学的相互关系及人类学自身的再分类，是国内外学术界长期争论和歧见的问题。关于人类学与相关学科的联系，可参见［美］西德尔·西尔弗曼《美国的人类学》；［挪威］巴特等：《人类学的四大传统——英国、德国、法国和美国的人类学》，高丙中等译，商务印书馆 2008 年版，第 307—418 页；［美］艾伦·巴纳德：《人类学历史与理论》（修订版），王建民等译，华夏出版社 2006 年版，第 3—5 页。

② 参见王明珂《游牧者的抉择：面对汉帝国的北亚游牧部族》，广西师范大学出版社 2008 年版，第 237—244 页。

③ 与西方不同的是，中国的考古学从它产生的那一天开始，就作为历史学的一个分支存在。这样的安排反映的是中国学术界的主体性思维：考古学的成果是用来研究历史学的工具和手段，因为历史文献记载的有限性，史前的历史相貌无法从文献中获得，就只有求助于考古学。其根本点还是建立在历史学的基础上。直到 20 世纪 80 年代前期，以北京大学考古学系的单独成立，似乎标志着考古学学科自身属性的正式确立。这与欧美等考古、历史学科的情形是不一样的。考古学成果为历史学研究的补充，在相当多的历史学家意识里至今仍旧存在着。参见夏鼐《什么是考古学》，《考古》1984 年第 10 期。

出自具体的作者，那么作者自身对文献的构建就不能被忽略，这种语境下的文献显然具有强烈的主观动机性和描述的选择性，这正是人类学要考察的内容。它特别关注文本产生的动机与目的、内容的旨向与筛选，在人类学的眼下，文本的真实性是建立在“构建”的基础上，复原“本相”反倒不是人类学的主要追索。

易华此书的撰述，我想，就是依托于这四个学科构建的。它讨论的是历史相貌，具有历史学特征，但它追求的历史相貌又不是考证，或主要不是建立在考证的基础上，与其说是追求相貌本身，不如说是在追寻的过程中提出自己的想法，“建构”这类人类学的话语作为概括的精要，[①] 倒是本书的诉求。于是，本书的终极取向，围绕这个话题所采纳的逻辑分析及其框架的建构，就成为作者关注的焦点，也应当是我们理解该书的出发点。

二

但若将本书视为“正宗”的人类学作品，也会招致以此为专业研究者的异议。不可回避的是，本书撰述的动机始终有“历史本相”的诉求。这个目标就是作者依托于傅斯年的《夷夏东西说》那篇著名的论文。傅斯年这篇论文的核心观点就是商人与夏人是来自东西两个不同地域的人群。在他的研究中，他将“人群”与“地域”视为分析早期文明史的重要标尺，并将二者做了有意识的联系：商人与夏人地域差别的意义不啻为区域的不同，更重要的则是商人与夏人在族属上也应是两个迥然有别的群体。[②] 傅斯年之所以做出这样的区隔，诚如有学者指出的那样，这应当归结于他留学德国受到的学术影响，同样的影响也能在陈寅恪所谓“种族”、“文化”、“地域”的研究范式里展示出来。[③] 傅将商朝所展映的东夷与夏的地理方位区别的背后隐藏夏族群的有别，对古史的冲击还在于，它实际上颠覆了自先秦以来至 20 世纪

---

① 人类学述说的话语中，“构建”是一个经常被用来描写作者意图的词汇。

② 见傅斯年《夷夏东西说》，载《民族与古代中国》，河北教育出版社 2002 年版，第 3—60 页。

③ 参见王汎森《王国维与傅斯年——以〈殷周制度论〉与〈夷夏东西说〉为主的讨论》，贺照田、赵汀阳主编《学术思想评论》第三辑，辽宁大学出版社 1998 年版，第 473—492 页；又收入孙敦恒、钱竞主编《纪念王国维先生诞辰 120 周年学术论文集》，广东教育出版社 1999 年版，第 10—31 页。

前30年之间关于华夏古史所建构的一套系统。这个系统的主旨就是华夏自古以来的一体化叙述的模式。以古史研究殿军著称的王国维的《殷周制度论》为例，殷周之间的差异固然多种多样，但族群方面并非有明确的不同，[①]显然，在王的眼中，殷周的同质化构成了中国古史一体化的基础。以新史学思想著称的超越乾嘉诸老的王国维，在古史的叙述更加强化了中原中心论的解说体系。[②]

从这个角度讲，傅将夷夏分解所产生的学术影响，无疑具有解构成说的重要价值。而促使他打破一统化的动力，则是来源于顾颉刚为代表的对古史构造产生疑问的"古史辨"的启发，[③] 顾的贡献就在于，传世文献所作古史的记载，全部奠基于记载者的描写，这个描写随着后人的参与而不断增添新的内容，从而使记载趋于完善。它的意义就在于将古史记述的权威性及其隐藏的神性颠覆了。傅斯年的解说就是建立在这样的基础上，加上他吸收欧洲学术解释的传统，使他走向了超越前人的道路。那么，易华此书承袭傅的学说并做出超越，又表现在什么地方呢？

首先我们必须说明，《夷夏先后说》体系的建构，主要是继承和发展傅斯年的学术。易华在书中毫不讳言地说道："傅斯年系统考察夷夏关系，提出夷夏东西说，揭示了中国民族与文化形成的两元结构。令人遗憾的是许多人没有真正理解，就轻易地超越了。重新研究傅斯年的学说，我们发现夷夏不仅有东西之分，而且有先后之别。"（该书正文第1页）他在这里一方面指出了傅斯年研究的学术价值，另一方面又感觉到傅的学说尚存在问题，即他所做解释的依托仅仅局限在文献和史料中，易华认为"单一学科不可能系统地阐明这种关系。本项研究以夷夏东西说为起点，从人类学四大传统学科分别研讨夷夏关系，试图对此做一立体透视"（该书正文第35页）。

---

① 见王国维《殷周制度论》，《观堂集林》卷10《史林二》，中华书局1959年版，第451—480页。

② 中国古史，包括近年时兴的文明探源的研究，其基本诉求是：中国的文明存在着一个由初始向高层发展的线路，文献学提供的古史限于三代，此前的中国人类活动考察则由考古学甚至古生物学的学科承担。其基本指向就是中国文明有自己的源头和发展的进路。这样的旨向即支配了历史学、考古学乃至由此衍生扩大化的其他相近学科的研究，从古至今，亦成为这些研究的基本特质。如此治学，诚如有学者指出的那样，属于建构于"根基论"基础上的起源性研究。参见罗新《从民族的起源研究转向族群的认同考察——民族史族源研究的新发展》，《中国社会科学学术前沿（2008—2009）》，社会科学文献出版社2009年版，第253—264页。

③ 王汎森：《王国维与傅斯年——以〈殷周制度论〉与〈夷夏东西说〉为主的讨论》。

上文所述人类学的四大分支就是易华对中国夷夏的新阐释。在我看来，这正是该书精彩的部分。易华要做的工作就是对古史系统中最有活跃的因素——人群及其活动进行重新定位。它的突破在于：傅斯年突破了夷夏同源的陈说，易华则是将其视作先后。这先后的背面隐藏着早期人群活动与分布的两条线索，那就是至少我们称之为“华夏”、“中国人”的先民，他们都来自非洲，距今20万年前后从非洲走出，迁往亚洲东部，其中一支从南路沿着南亚、东亚海岸线北上进入中原东部；另一支则从西亚经中亚到北亚，进入草原地带。所谓“夷”就是前者，“夏”则是北方草原群体。夷夏之互动，构成早期文明史演化的中心内容。在作者看来，夷夏东西说并不能解释孰先孰后的问题，而先后有别则标识谁是“中国”的“第一个主人”。作者书中揭示出的一个核心思想就是“夷”先于“夏”来到中原，当夏人东南移动的时候，当地已经有了“夷”，因此赋予“夷”以土著的意涵，而“夏”则属后来者，然而吊诡的则是，正是这个后来者的南下，才揭橥了中国早期文明的进程。一部中国走向文明道路的描述就此开始了！

构成他学说的四个支撑点，就是所谓人类学的四个分支性的研究。

从文本记述中，他整理出夷、夏两支对应的群体，将前者视作东亚土著，他们多居东方；后者自西而来。夷、夏存在着先后次序。夏商周均系不同的夷人所建，群众基础亦是众夷。具体说，夏人则属西部的戎狄和文献所见之羌、月氏、吐火罗、大夏等，他们与“夏”有密切关联。夏商周三代就是夷夏争斗与转变的时代，从中心到边缘，中心的“夷”变成了“夏”，边缘则成了四夷，夏、夷观念亦随之出现了新的变化，前者成为汉人和汉文化的表征，后者亦转成为汉人的对应。

与文本即历史人类学相互对应的，作者采集考古学研究的成果，将粟、稻、菽、猪、狗、鸡、陶瓷、桑、蚕、丝绸、半地穴建筑、干栏式建筑、耒耜、舟船、土坑葬、瓮棺葬、玉器、祭祀、礼仪等作为具象，分析它们与相应群体之间存在的内属关系。他将这些创造归结于夷人，这些生产与日常生活器物的制作，表现出这些夷人的生活方式属于定居，正是他们创造了新石器时代定居的农业文化及其礼乐文明。而夏人则与青铜器及其技术联系在一起，大约从夏代开始出现青铜、黄牛、牛耕、家马、马车、山羊、绵羊、小麦、金崇拜、砖石建筑、支石墓、火葬、天与帝等，“夏”的意义在于，从此以后东亚社会开始融进了西来的文化要素，这个西来所指的就是戎狄乃至

其后隐藏的游牧文化和尚武好战的风习。对东亚的土著夷人而言，这是迥然有别的另一种文化。夏是新石器时代或传说时代与历史时代相互交接的过渡，正是这个时代出现了土著夷人和西部戎狄的相互碰撞和对接。

作者采纳体质人类学研究的成果，虽然篇幅不多，但此处的论述最具震撼力，也对成说的破解最大，招致的批评可能也最多。不过，我还是将其主要的观点表述如下：

本书意图说明中国人的来源并非土著，而是从非洲走出的。他们来到东亚大体上呈现两条路线，即南线和北线。南线进入东亚后再北上，成为后来的蒙古人种，并与传世文献中的“夷人”联系在一起；从北路进入者成为后来的高加索人种，与“夏”结成密切的关系。所谓非洲说，就是学界近年研究的人类从距今20万年前后开始分期分批地走向世界各地，5万年前分上述两支走向东亚，南路到达者在东亚本地发展，创造了旧石器晚期和新时期时代的定居文化，这奠定了东亚文化的基础。传说与历史记载表明三代之前的尧舜时期就是夷人的时代，他们较后来者早到，属于所谓的“土著”，大体上是蒙古人种。后来者就是上述路线中的北线者，与文献中戎狄有所关联，他们途经中亚向东发展，就势必与东亚的夷人接触，群体之间的交往与融合是民族形成的基本方式，这些东去的、与夷人蒙古种差异的另一种所谓印欧种类的群体，在今新疆塔里木盆地至河西走廊之间与蒙古人种相汇，出现了介于印欧、蒙古之间的群体，这些群体就是夏、周乃至戎、狄、羌等，他们再与夷人混合，构成了“华夏”与汉人。就此而言，该书明确阐述道：“人类起源与民族形成是性质不同的两类现象，前者是自然现象，后者是文化现象。”（第161页）东亚民族的出现，是文化多样化造成的结果，在这里，蒙古人种是基础，不同程度地混入了印欧人种的血液，正是夷夏混合才形成了中国人。

与上述分支学说相呼应，作者采纳的语言人类学的研究，同样将这两支的差异与交互做了辩证。南支进入印度次大陆转徙东南亚再北上的逐渐演化成为夷越语群或南亚、南岛语群，夷语群分布在淮河、黄河流域与环渤海，即东夷、淮夷等，百越语群居住在长江下游和东南沿海，夷越语是汉语形成的源泉，构成了汉语的底层。同时，汉语中又有大量印欧语文化借词，构成了言语的表层，因此汉语实际上就是混合语，这与东西两支的交往混合相得益彰。

三

按照作者在结语部分的撰写，我对全书论述的宗旨表述如下：

人类从非洲走出后，其中走向东亚的分成南北两个支系，南部支系较早从沿海北上进入现今中国的东部，形成了夷人系统，他们的活动在旧石器时代晚期和新石器时代诸多文化中体现出来，这些夷人构成了蒙古人种的主体；后来的北支从中亚东迁，与东部夷人接触中形成了既有别于印欧人种又不同于蒙古人种的介于二者之间的混合人种，与“夏”、戎、狄等关系密切。代表西部的“夏”与东部的“夷”之间的混合，最终形成了“华夏”即“中国人”的群体，其中以夷人即蒙古种为主，兼有西部印欧人种与过渡种系。所谓中华文化本土起源之说，主要是上述东西二元中的东部夷人的文化，这就是以定居农耕文化著称的新石器时代诸文化，它构成了中华文化的基础；与夏或戎狄有关的西部青铜文化则属后来者，但正是这个后来者东进之后与夷人文化混合进而超越了本土文化，促成了华夏文明。所谓华夏民族（或其后继者汉人）的形成，也只有在东西交融之后才能成立。而民族认同也只有在华夏民族群体形成之后也才得以浮现。

正如我在前文所说，本书不是一般意义上的古史实证性的研究，从全书的叙述到结尾的归纳，作者所秉持的一个基本精神，就是他将他所研讨的对象——夷夏及其关系看作与其说是史实的溯源，不如说是怎么认识、怎么看的问题。但这丝毫不能抹杀学术界有关中国古史实证性研究的基本诉求，在这种脉络中，中国古代文明总有一个自身的源头作为支配后来历史过程的起点，现今的中国学术界尤其考古和古生物学界，所进行的研究几乎都是在这个动机的支配下进行而其目的也是力图证明这个动机的成立。我们看到中国考古学界的李济、夏鼐、苏秉琦到当今刚刚去世的历史学家何炳棣等，都尽其功证明中国文明起源的本土化问题。[①] 这种认识的体系所描写的中国古史，

---

① 参见李济《中国文明的开始》，江苏教育出版社 2005 年版；《中国民族的形成》，江苏教育出版社 2005 年版。夏鼐：《中国文明的起源》，文物出版社 1985 年版，第 79—106 页。苏秉琦：《中国文明起源新探》，生活·读书·新知三联书店 1999 年版。何炳棣：《黄土与中国农业的起源》，香港中文大学 1969 年版。*The Cradle of the East*: *An Enquiry into the Indigenous Origins of Techniques and Ideas of Neolithic and Early Historic China*, 5000 – 1000 *B. C.* Chinese University of Hong Kong, 1976.

从古人类起源的追溯，可以拓展至少到170万年前的元谋猿人。但本书显然突破了这个成说，它将中国的本土文明放置在至少5万年前的南路北上者，就旧石器时代晚期和新石器时代而言，它具有土著性，此前时代的人群则与中国的本土没有关系，这建立在非洲说的散布基础上。促使易华走上与传统“对立”的路径，他认为，不论是本土还是外来，单方面的认知显然无助于解释中国文明既本土又外来的发展模式，那么最佳的解说方法就是二者的结合。正是从这样的角度，他摒弃了单一性起源的论述，将夷夏视作非澄清“本相”的认知问题。这也就是我所强调的人类学的相对性观察的意思，他的书写再次让我持有这样的想法。

与此对应的民族认同，这个令我们至少当下争论不衰的话题，在作者眼中更是一种相对主义的主观认识，用他的话表述就是，“民族认同本质上是一种信仰”（第200页），这本源于巴斯的主观认识论在重新解释“华夏”、“汉人”、“中国人”的概念时无疑具有与传统实证史学迥然有别的意味：[①]当你采取认同夷人及其文化的立场，你眼里的夷人文化映荫下的中国就处在不断“被侵略的历史”场景中（第201页）；然而你认同了夏与游牧人，同一个中国就呈现出“不断侵略和巩固的历史”相貌（第202页）。主观性认同所揭櫫认识主体的本质就在于，这种认识的出发点是建构在以“我”（或者“主位”）为中心的基础之上，这使我想起汉文叙述话语中的中原中心观的架构。虽然我们尚未出现欧洲中心论那般被学界明确标识出来的话语系统，[②]但传统史学构建的中原王朝中心的观念支配着中国的叙述系统，却是不争的事实。在这个叙说中，华夏是中国文明的核心要素而以夏商周肇始并贯通秦汉至明清，呈现出来的中原汉文化与随后形成的儒家思想支配中国人行事与国家政权建设的主旋律，成为“中国”自身、中国与周边外围乃至世界之关联的系统结构中的主轴，亦形塑了这个结构下的人们的认知和观念，

---

① 关于巴斯对族性认同的解释，参见 Fredrik Barth. Ed. *Introduction*，*Ethnic Groups and Boundaries*：*The Social Organization of Culture Difference*，Boston，MA：Little，Brown and Company，1969，pp. 9 –38。

② 作为学术研究的“欧洲中心论”的反思，最具有影响力的当属萨义德的《东方学》（王宇根译，生活·读书·新知三联书店2007年版）一书；就观察中国历史的角度而言，柯文的《在中国发现历史——中国中心观在美国的兴起》（林同奇译，中华书局1989年版）则是美国研究中国史观察思路突破欧美中心范式的典型。作为思考路径的批判式反思，这在欧美学术界屡有浮现，对于打破自我为中心观察和叙事模式的羁绊，具有积极意义。

以及由它羁制的不言自喻的习惯。在这个系统里，中原、农耕、汉人、儒家等成为话语表述的中心，与其相应的草原、游牧，或者次生的渔猎、非汉族群、非汉思想等则被置于与中心对应的边缘，而且我们发现，这不仅是汉地的认识路径，也贯穿于游牧社会和世界其他各处。① 这种认识路径的本质就是以“我”为中心，“我”之外的一切都围绕中心而成立。这样的叙述至少充斥了《春秋》一书，《史记》以后所谓四夷居于中原周边的套路则鲜明地反映了“中心”学说的基本特质。其好处是维系并凸显了中心说的架构，但亦以遮蔽周边作为代价，具有明显的扬抑功能。虽然大陆学术界亦已开始反省，出现质疑之声甚至重构中华56个民族共同创造国家的呼唤，② 但尚未达致反思西方中心论的程度。从这个角度说，易华此书不妨可以视为再有突破中原中心说的企图。他将夷夏视为中国文明标识的族群的二元论，就是对中原汉人说单一性的突破，倘若赋予这个描述以价值的话，我倒愿意以支持给予肯定。然而本书最终仍将落脚点放在了中原，他将蒙古人种的夷人看作中国文明的土著而将西来者的戎狄之夏视为第二者，夷夏混合互动的夏商周三代构成中国早期历史的主旋律，他一方面在说后来的夏“超越或掩盖本土夷文化”（第190页），可是另一方面则将文明落脚于本土的夷文化之上（夷文化恰是中国土著文化并决定后来的相貌），而二者之间相龃龉，但我仍旧关注的是二者的非对称：是什么促使他将“土著”的夷文化看成中国文化的主旋律呢？这个问题也成为我当下常思考的对象。我再说一遍，如果说中国早期文明是由中原农耕文化与北部草原游牧文化共同组成的话，为什么发展和演变的结果却是前者膨胀、后者缩减乃至最终在一统化中常常表现出前者超越后者的描述呢？易华此书并没有回答，这是否意味着他的书曾尝试突破中原中心观而最终未能实现、是否同样陷入旧有的叙述窠臼呢？我认为他至少有这样的诉求。

---

① 参见［美］刘易士、魏根《大陆的神话：元地理学批判》，杨瑾等译，上海人民出版社2011年版，第55—59页。

② 参见葛兆光《从周边看中国》，中华书局2009年版；《宅兹中国：重建有关“中国”的历史论述》，中华书局2011年版。姚大力从研究对象的自身进行主体性叙事，同时关注主体意识的学术主张，强调研究对象的自主性，亦突破了以往中心论的局限。参见蓝田《一个无专著的教授的学术观——访姚大力》，《中华读书报》2012年4月27日。

四

以上就是我阅读该书之后对易华著作的总结。如前所述，他是将四个学科的研究纠汇在一起，将中国早期人群分成南北两个系统，从二者碰撞、融合、互动最终抟成为一体并以“中国”命名的方式阐述文明的进程。多学科的汇聚应当是该书的一个鲜明的特点，作者的企图就在于：试图突破一个单一学科的限制，企求多学科的相互渗透去解释早期中国的文明。这样的想法也常常支配着不止本书的作者，以至于成为追寻古史相貌的学术通则。然而相应的问题也就同时出现令研究者不可回避：突破单一学科之后的研究，究竟采取怎样的方法进行？是以作者自身擅长的学术视域为基础，参考相关学科的方法、手段和成果做适当的填补，还是超越自身学术视域而将几个学科做整体性的观照？这是两个截然不同的方法。后一种方法显然是理论上的，在实际进行中似乎不可能出现。到目前为止的学术研究，基本上是建立在分层即分科、画地为牢的基础上，只有学科畛域尚未分化的早期研究，整体性的观察才有成立的条件。现今人们采取的通常是前者，以一个学科为基础，适当吸收其他学科的研究成果，再进一步的话就是吸收了其他学科的研究方法。但学理的逻辑要求吸收方法自身就蕴含着对吸收的其他学科的方法具有与以研究为业者同一的水准，更确切地说，采用历史学（文献考证为主）的学者，倘若吸收考古学、分子生物学的成果，学术的要求是使历史学家像考古学家和分子生物学家一样，对其成果与方法有贯通性的透彻了解，这样才可能真正吸入到文献考证的史学领域。但人的精力有限性使历史学家们对自身领域之外的吸收，大多处于那些学科的成果“简单”采用而已，结果则是大大消逝了其他学科蕴藏的丰富的观察资源。易华的这部作品同样属于这样的研究，较诸单一学科作品，易华对其他学科的吸收与借鉴显然更多也更加明显，因此所承受的其他学科的内在归属的负担也就越大。这既是其书的特色被我们所称赞，也是更容易招致批评的地方。换句话说，他的作品的优长之处，也是问题和矛盾的聚焦之点。优长的是该作品的思路、视野宽阔，短缺的则是作品呈现出来的逻辑、概念的矛盾和龃龉。

《环境与历史:美国和南非驯化自然的比较》评介

吴　强*

《环境与历史：美国和南非驯化自然的比较》（以下简称《环境与历史》）系由威廉·贝纳特和彼得·科茨这两位来自英国的著名环境史学家合作完成，并列入著名学术出版社“Routledge”的“历史联系丛书”于1995年出版。贝纳特系牛津大学圣安东尼学院非洲研究中心教授，专长为南非史和环境史，独自撰写或与人合作主编了多部关于南非历史以及环境史的著作，如《20世纪南非》（*Twentieth-century South Africa*）、《社会史和南非环境》（*Social History & African Environments*）、《环境与帝国》（*Environment and Empire*）。科茨则是布里斯托尔大学历史系美国历史和环境史教授，主要致力于19和20世纪美国史，尤其是美国环境史的教学与研究工作，现已出版《阿拉斯加大油管的争议》（*The Trans-Alaska Pipeline Controversy*）、《自然》（*Nature*）、《在大自然中的辩护》（*In Nature's Defence*），另有《六条河流的故事》（*The Story of Six Rivers*）一书将于2013年出版。中译本则出自北京大学历史学系教授，著名非洲史和环境史专家包茂红先生之手，作为凤凰文库“人文与社会系列”之一种由上海译林出版社于2008年出版。不论原著还是中译本，都系各自领域名家，也使得该书相较于同类著作更显其与众不同之处。

---

* 作者简介：吴强（1985— ），江西婺源人，武汉大学历史学院博士研究生，研究方向为美国史和美国环境史。

一　本书的主要内容

与某些学术巨著相比，《环境与历史》一书只能算是一本“小书”，英文原版正文内容总共也就114页。相对简短的篇幅不仅并未影响该书的学术水准，反倒使贝纳特和科茨能够从环境角度出发就美国和南非各自历史发展进程中的若干异同集中进行比较式研究。全书主体部分计6章，外加两个并不算长的前言和后记，结构清晰，文字简练而富文采，具有很强的可读性。

前言和第一章构成本书第一部分。内中除去交代为何要写作本书的原始动机外，两位作者将重点放在了环境史研究的兴起背景、环境史的学科界定以及为何要以环境史为视角去研究美国和南非这两个看似毫不相干的国家。

前言开篇就提出“绿色问题正在成为发达国家和发展中国家的公众和政府政策关注的前沿问题”①，而自工业革命以来两个世纪内人类活动对环境造成的巨大破坏是产生“绿色问题”的重要原因之一，这也就需要从历史的视角对环境变迁以及这其中人与环境之间的互动有所探讨和分析。借此机缘，环境史研究于20世纪60年代萌芽于美国，并迅速传布世界其他国家和地区，直到目前为止仍然是一门在西方极受人瞩目的历史研究分支。

那么，什么是环境史？该书认为“环境史致力于研究历史上人与自然的其他组成部分的各种对话，它关注的焦点是这两者之间的相互影响和相互作用”②。换言之，环境史研究意在拓展传统史学边界，试图修正过去那种以人为中心，主要针对人与人之间关系的研究范式，将历史研究的关注目光引导至一系列非人类因素以及为人类制度提供舞台的自然生态系统。正因如此，环境史研究不论就方法还是理论在很大程度上都要依靠其他学科，“包括历史地理学、人类生态学、边疆史、法国年鉴学派的‘整体史’，以及关系不那么明显而自觉的非洲史和人类学”③。“与大多数历史流派相比，环境史更

① ［英］威廉·贝纳特、彼得·科茨：《环境与历史：美国和南非驯化自然的比较》，包茂红译，译林出版社2008年版，前言第1页。

② 同上书，第1页。

③ 同上书，第2页。

是一个跨学科的领域。"[①] 此外，书中对于"退化"和"自然"这两个环境史研究中的核心概念也提出了自己的看法。作者认为不能把变化都看成是衰退，所有的人类活动事实上都会改变自然界的构造，许多所谓"退化"其实是"变迁"或"转型"。进而言之，自然本身并非一成不变，而是一个"具有自我调节功能的动力学体系"，"自然的概念永远都是文化的表述"[②]。即便是像印第安人这样身处前工业化时代的土著居民也并非如西方知识分子所想象的那样，他们同样也是"闯入新世界的入侵者"[③]。

之所以选取美国和南非作为比较对象，关键在于虽然两地空间距离相隔遥远，但也存在可供环境史研究者进行比较的切入点，这就是种族关系和边疆。美国历时弥久的奴隶制，而南非则直到 20 世纪 90 年代才从种族隔离中走出。另外，透过边疆也将能更为深刻认识殖民者和当地人之间的紧张和冲突。就此而言，南非成为殖民者和撒哈拉以南非洲的疆界，而北美殖民者在不断拓殖的过程中深入边疆腹地，一步步将自然转化为商品。

接下来的三章则从"狩猎和动物"、"树木的兴衰"和"农业"这三个方面来讨论美国和南非在驯化自然过程中的得失和经验。

第二章重点关注狩猎行为对动物及其居住环境所造成的影响。本书大致将狩猎划分为"前殖民时期的狩猎"、"殖民者的狩猎"和"狩猎管制"三个阶段，不同阶段意味着人类与动物关系的不同定位。在前殖民时期，狩猎是北美印第安人和南非黑人部落维持日常肉食供应的重要方式。过往研究大都认为土著居民的狩猎采集活动具有很高的生态可持续性，但本书作者从建构论角度出发将土著也视作型塑当地自然环境的共同参与者。同时，在土著部落中，谁控制了猎物分配权，谁就有了话语权。殖民者的狩猎则掺和了多种动机，既有源自经济利益的诱惑，如国际性象牙贸易；也有边疆居民因农业生产的不确定性而必须通过狩猎来补充肉食的生存考虑；而狩猎活动本身所具有的刺激性和冒险性则被殖民者视为一项基本权利而用作培养白人男性青年的英雄气概。但与此同时，"殖民者的狩猎活动被认为是经济进步的一

---

① [美] 约翰·麦克尼尔：《环境史研究现状回顾》，王晓辉译，《全球史评论》2011 年第 4 辑，第 6 页。

② [英] 威廉·贝纳特、彼得·科茨：《环境与历史：美国和南非驯化自然的比较》，包茂红译，译林出版社 2008 年版，第 3 页。

③ 同上书，第 4 页。

种障碍，遭到了工业家和更加富裕的农场主的反对"[①]。自19世纪70年代开始，多种样式的动物保护协会和保护区在北美和南非成立，旨在保护濒危物种。但这些保护区规模有限，缺乏生态学基础。

第三章则将焦点转移至树木与人的关系。对人类来说，森林是一座"藏宝库"，"盖房造船、获取水果、阴凉和柴火，熏制食物，制成药品、染料、武器和艺术品"[②] 都离不开树木。尽管气候变化等自然因素也能导致植被改变，但人类因放牧所需而清理林地无疑是更为重要的原因，而以刀耕火种为特点的原始农业同样要以大片林地作为基础，对外贸易和各项建设也都需要大量木材。作者敏锐觉察到"如果森林因为经济原因而被破坏，它也会因为经济原因而受到保护"[③]。林业同样也经历了一个与动物保护相似的过程，即从规范砍伐到创建保护区的发展进程，科学的发展也进一步厘清了森林与自然灾害之间的关系。但总地说来，经济效益仍然是林木保护的首要考量。因此，不论在美国还是南非，功利主义思想主导了林木保护。

第四章则在前面两章的基础上讨论农业开发对环境的影响。在某种程度上，狩猎边疆和森林滥伐都反映了农业扩张这一生态转型。美国和南非两国的农业都依靠资源密集和带有污染性的技术来支撑。殖民者到来之前，两地土著人即已发展出比较系统的耕作农业，而白人殖民者与土著之间在农业生产和技术开发上有着广泛的相互交流和借鉴。畜牧业也在两地早期殖民者的生产生活中扮演着重要角色，特别是绵羊和肉牛的饲养，不仅提供了食物，同时也成为美国和南非广大牧民获得收入的重要手段，因为绵羊和肉牛所出产的各种制品远销欧洲。但随之而来的过度放牧问题也引起了美国和南非部分环保官僚的关注，他们认为"殖民者再也不能再耗竭了土地之后继续前进——这一认识得到了1890年正式宣布边疆关闭的支持"[④]。当然，南非的环境问题主要是过度放牧所致，南非政府因此也于1932年、1946年分别颁布了《南非侵蚀法》与《南非土壤保护法》。与南非不同，美国的环境问题则和种植业有关。对此，美国政府采取了从立法到设立国家公园等一系列保

① ［英］威廉·贝纳特、彼得·科茨：《环境与历史：美国和南非驯化自然的比较》，包茂红译，译林出版社2008年版，第32页。

② 同上书，第43页。

③ 同上书，第52页。

④ 同上书，第74页。

护措施，但贯穿这些措施的核心都是以效率为中心的“环境保护主义”。而这种“环境保护主义”与美国的资源利用优先思想是非常一致的，“有效利用资源是为了追求商品产出的最大化而不是要在农地上维持物种的多样性”①。

最后两章在内容上构成一个整体。作者于第五章中首先分析了自然保护区和国家公园的建立。美国和南非的多数白人都将自然保护区和国家公园视作环境保护事业的象征，并赋予两者纯洁性和神圣性。但作者认为这种思想某种程度上反映了白人有产阶级的一种他者思想，其实并不存在不受人类活动影响的自然，“荒野理想是一个文化建构，而不是一个准确的自然存在”②。推动两国建立自然保护区包含来自多方面的因素，“科学、城市发展、审美理解、文化民族主义、艺术、旅游、摄影和电影都参与塑造了自然思想”③。保护物种虽然重要，但美国人更看重从壮丽的自然景观中获得民族认同。南非虽然也出于对掠夺性狩猎所导致的种群数量下降而建立庞戈拉保护区、萨比和辛格维齐保护区，但不可否认的是，狩猎是白人南非自我构建过程中不断出现的主题。与此同时，生态理论也逐渐进入环境保护当中。基于生态平衡的要求，各种物种都得到了公园专业人士的关注。但作者也指出，自然保护区和公园毕竟有限，无法覆盖全部。继续深究后发现，“今天的公园依旧是一个把自然和国家概念融为一体的强有力的文化表述”④。

第六章重点阐述资源保护和环境主义运动，主要考察了那些主导西方和美国环境主义的话语体系，并通过第三世界对于环境问题的反应进行补充。作者将始自19世纪初的浪漫主义和原始主义视作西方环境主义的发端，浪漫主义者崇尚自然，批评工业化所带来的环境污染问题，作品中有着极强的唯美倾向。爱默生和梭罗是这股思潮在美国的代表，他们秉持“反物质怀疑论”，强调精神生活的重要性。此后，“山岳俱乐部”的创始人约翰·缪尔在世纪之交接过火炬，而奥尔多·利奥波德则于20世纪上半叶提出了“生物中心哲学”。第二次世界大战以后，尤其是五六十年代，伴随着人们对现代

---

① ［英］威廉·贝纳特、彼得·科茨：《环境与历史：美国和南非驯化自然的比较》，包茂红译，译林出版社2008年版，第75页。

② 同上书，第88页。

③ 同上书，第90页。

④ 同上书，第106页。

主义的反思以及反消费运动、反战运动、女权运动和民权运动等一系列社会运动的兴起，新环保主义也进入人们的视野。与此前的环保思潮相比，新环保主义更加强调工业化的负面性及其给人类带来的诸多副产品。从这点来说，新环境主义的产生是战后整个国际经济秩序的反映，“环境主义产生的先决条件是战后的新秩序，包括大型科技及其与大型商业的结合，还有富裕社会及其排放物的扩散”①。与美国类似，南非也同样面临贫富不均和两极分化的严重问题，不同之处在于，南非环境主义的兴起更多夹杂了种族和社会不公，黑人将大多数自然保护措施视为白人统治者推行威权的象征。

最后，作者在后记中回应了本书前言和第一章中的主题：即使荒野回归自然化但也无法抹去驯化的痕迹，而人类需要对生态变化与经济、文化变迁之间的相互关系做进一步的梳理。

二　本书的主要特点

综观全书，主要有以下三个方面的特点。

第一，重视环境权的公平问题。现代社会的人们越来越感觉到环境之于每个人的重要意义，且由于环境问题的无国界性而真正成为全球问题。因此，不论是发达国家还是发展中国家，作为整个地球村的“村民”都应享有较为平等的环境权，既从环境中获益，又有责任去保护它。作者在书中就充分表达了这种环境公平思想，富国与穷国、白人与黑人，不论种族、阶级和性别，都应获得公平的环境权利。书中不止一次述及在北美殖民者拓土开疆的过程中，白人对印第安人环境权益的剥夺，这进而导致其部落人口下降和生存环境的恶化。同时，南非白人政府在规划自然保护区和公园时将经济发展和自身利益摆在首位，相对忽视了黑人的呼声和诉求，这不仅致使南非贫富分化的日益严重，而且也加剧了种族隔离政策在双方心目中投下的黑影，这些问题的存在或多或少都与环境权未能公平分配是密切相关的。进而言之，人类内部不同群体之间需要环境公平，而人与自然、人与不同物种之间同样也需要环境公平，人类发展不能以牺牲自然和毁灭物种为代价。在这个

① ［英］威廉·贝纳特、彼得·科茨：《环境与历史：美国和南非驯化自然的比较》，包茂红译，译林出版社2008年版，第115页。

地球上，人与其他生物种群都受惠于自然的恩赐。

第二，兼具宏观视野和比较眼光。与传统史学相比，环境史由于其研究对象的特殊而更显包容和开放。因此，在环境史研究中，多学科方法得到广泛运用，不同学术思想也能够自由穿插于环境史的研究视域中，从而助益于对历史的多角度观照。有学者也认为环境史具备“长时段视角、国际性视野、跨学科方法、问题式趋向和新颖的立论”[①] 这几大特征。读完本书，给人印象最为深刻的无疑是两位作者分析问题时的宏观视野和比较眼光。作者并未局限于一时一地，而是将环境问题置于整个人类史和全球史的总体演进框架下，观其脉络、察其流变，并将其中之关系勾连演绎，呈现于读者面前。比如书中对西方环境保护主义的梳理就很好体现了这一点。作者在宏观之外又采用了比较的方法，这也与本书主题相应，因而在行文中处处能看到同一问题在美国和南非的不同表现形式及其应对策略，这使本书在学术之外更显其适用性，或许不同的人们在阅读本书时都能从中看到自己国家的身影，而由此引发的思考也是环境史之于人类的重要意义所在。

第三，注重联系的普遍性。环境史既为全球史，那么环境问题内部以及环境问题与人类经济发展各部门之间就存在极为紧密的联系，也许这种联系无法在短时间内显现，但并不妨碍联系存在的普遍性和必然性，这也就决定了任何一个事关环境问题的决策出台都势必有着广泛而深远的影响。作者在书中论述时，也时刻将环境问题纳入联系链条中，注意人类生产活动和自然变化之间的内部关系，这也在暗中告诫读者：个人的每一微小活动都有可能对环境产生不可逆转的影响。

除以上三点外，本书取材丰富，资料翔实，并在每章正文之后附有详尽的参考书目，这也为那些有志于环境史研究的年轻学人提供了进入环境史世界的快捷路径。

不可否认的是，该书也存在一些不足之处。两位作者用了较多笔墨论述美国和南非两国是如何驯化荒野的，但却甚少涉及城市史和对工业污染的分析。毕竟，现代意义上的环境问题起因于工业革命和城市化所造成的大量环境污染。如能在书中专辟一章对此进行讨论或将使全书内容更为丰满，虽然目前体例和结构已属上乘。同时，行文叙述中也鲜见有双方思想的碰撞和互

---

① 梅雪芹：《环境史学与环境问题》，人民出版社 2004 年版，第 12 页。

动，基本是两位作者各自分工负责论述美国和南非，这也在一定程度上使本书在内容叙述上有一定的跳跃性，需要读者对环境史以及美国、南非两国历史有较深理解。

小蚊子与大历史

——读《蚊子帝国：大加勒比地区的生态与战争（1620—1914年）》

杜宪兵*

贝弗里奇奖（Albert J. Beveridge Award）是由美国历史协会创设并颁发的美洲史学最佳著作年度奖项，旨在奖励与美洲历史（主要是1492年以来的美国、拉美或加拿大）相关的英文著作。在美国历史协会对2010年度相关著作的评选中，约翰·麦克尼尔（John R. McNeill）的《蚊子帝国——大加勒比地区的生态与战争（1620—1914年）》（*Mosquito Empires*: *Ecology and War in the Greater Caribbean*, 1620—1914，以下简称《蚊子帝国》）② 一书凭借其新颖的视角、开阔的视野以及令人耳目一新的研究方法，当之无愧地斩获这一奖项。但凡翻阅此书的读者，应当会对约翰·麦克尼尔笔下由小蚊子书写的"大历史"③ 留下深刻印象。

一

约翰·麦克尼尔是当今西方环境史学界的领军人物之一，其学术作品总能让人眼前一亮。《蚊子帝国》的写就，一方面缘于约翰·麦克尼尔本人工作经历的积淀和学术素养的提高，另一方面缘于他对前辈学者的学术成果的

---

* 杜宪兵，清华大学历史系博士后。

② John R. McNeill, *Mosquito Empires*: *Ecology and War in the Greater Caribbean*, 1620 - 1914, New York: Cambridge University Press, 2010. 下文中凡出自该书的引文，只在正文中注明页码。

③ 此处的"大历史"是指相对于微观历史（micro history）而言的宏大历史（macro history），而非大卫·克里斯蒂安（David Christian）等人所研究的大历史。

借鉴。

约翰·麦克尼尔1954年出生于芝加哥。他初入大学时所学专业是数学和物理，直到大学三年级时才转学历史和人类学。其后分别于1977年和1981年在杜克大学获得硕士和博士学位。他最初的研究兴趣集中在17—18世纪大西洋和加勒比地区的历史，尤其是法国、西班牙的大西洋帝国。① 1985年，约翰·麦克尼尔进入乔治城大学工作，担任世界史和非洲史等课程的教学。他于20世纪80年代末转向了环境史研究，这一转向大大影响了他的研究理路，人与自然的关系开始进入他的视界，其后出版的《地中海世界的山：一部环境史》标志着他的环境史研究的起步。② 此后，一系列由他撰写或编写的环境史著作喷涌而出。③ 具体到《蚊子帝国》一书的写作过程，如约翰·麦克尼尔在序言中所讲，该书经过了长达20余年的酝酿时间。早在攻读研究生的时候，他就初次涉猎到与黄热有关的历史资料。在其后的工作和学术研究过程中，他一直未曾中断对相关资料的搜集，这为日后的进一步研究打下了坚实的基础。直到2004年，他才开始集中精力写作此书，之后又经过了6年时间，最终于2010年将书稿出版。如果说《阳光下的新事物：20世纪世界环境史》用宏大的笔触叙述了阳光下的生态变化，颇具现实感地表达了对20世纪生态系统的担忧的话，那么《蚊子帝国》则是通过挖掘蚊子对大加勒比地区历史进程的影响，呈现出一幅极具故事性、趣味性，且充满历史感的立体挂图。前者体现了约翰·麦克尼尔宏大的时空观和丰富的想象力，后者反映出他深厚的历史功底和敏锐的洞察力。

《蚊子帝国》并非首本探究大西洋两岸新、旧世界互动关系的史学论著，

---

① John R. McNeill, *The Atlantic Empires of France and Spain*, 1700 - 1765, Chapel Hill: University of North Carolina Press, 1985.

② John R. McNeill, *The Mountains of the Mediterranean World: An Environmental History*, New York: Cambridge University Press, 1992.

③ ［美］J. R. 麦克尼尔：《阳光下的新事物：20世纪世界环境史》，韩莉、韩晓雯译，商务印书馆2013年版；John R. McNeill, ed., *The Environmental History in the Pacific World*, London: Variorum, 2001; Shepard Krech and John R. McNeill, eds., *Encyclopedia of World Environmental History*, New York: Routledge, 2003; John R. McNeill and William H. McNeill, *The Human Web: A Bird's- eye View of World History*, New York: Norton, 2003; William H. McNeill, David Christian and John R. McNeill, eds., *World Environmental History*, Great Barrington: Berkshire Publishing Group, 2011; John R. McNeill and Alan Roe, eds., *Global Environmental History: An Introductory Reader*, London: Routledge, 2012; John R. McNeill and Erin Stewart Mauldin, eds., *A Companion to Global Environmental History*, Malden: Wiley-Blackwell, 2012。

也非首本从流行病和生态环境角度剖析殖民史、帝国史的著作。在约翰·麦克尼尔写作该书之前，有不少史学家已经先行一步，结合各自的研究兴趣作出了卓有成效的探索。其中较有影响的是艾尔弗雷德·克罗斯比（Alfred W. Crosby）、菲利普·柯丁（Philip D. Curtin）以及威廉·麦克尼尔（William H. McNeill）等人。他们颇具超前性的史学理念和治史思路为约翰·麦克尼尔提供了极为有益的指引和参照。

克罗斯比最早另辟蹊径，基于生态环境视角来理解欧洲的扩张以及新、旧世界的接触。[①] 早在1967年，他就发表专文探讨天花在西班牙征服阿兹特克帝国和印加帝国时所产生的影响。[②] 该文成为他于1972年出版的《哥伦布大交换——1492年以后的生物影响和文化冲击》一书中的一章。其后，他又接连出版了《生态扩张主义：欧洲900—1900年的生态扩张》（1986年）、《美国被遗忘的传染病：1918年流感》（1989年）、《病菌、种子和动物：生态史研究》（1994年）和《太阳之子：人类能源史》（2006年）等一系列与生态史相关的论著。[③] 这些著作都具有较强的颠覆性，往往给人以振聋发聩之感。在为2003年出版的《哥伦布大交换》30周年版撰写的前言中，约翰·麦克尼尔写道："我自己与这本书初相逢，是1982年的一个雨天。在我暂用的某间研究室里，随手从齐肩高的架上取下它来，然后一口气读完，连晚餐也全忘了。任何许久之前所读的书，我很少能精确忆起当时的情境因由，只有《哥伦布大交换》是例外，连那时心中激起的兴奋刺激，都一起深深印在脑海里。从那一刻开始，历史对我而言，就再也不一样了。"[④] 由此足见克罗斯比带给他的震撼。克罗斯比在《哥伦布

---

① 关于克罗斯比的治史思路，详见刘文明《从全球视野与生态视角来考察历史——克罗斯比治史方法初探》，《史学理论研究》2011年第1期。

② Alfred W. Crosby, "Conquistador y Pestilencia: The First New World Pandemic and the Fall of the Great Indian Empires," *The Hispanic American Historical Review*, vol. 47, no. 3 (August, 1967), pp. 321-337.

③ ［美］艾尔弗雷德·W. 克罗斯比：《哥伦布大交换——1492年以后的生物影响和文化冲击》，郑明萱译，中国环境科学出版社2010年版；《生态扩张主义：欧洲900—1900年的生态扩张》，许友民、许学征译，辽宁教育出版社2001年版；Alfred W. Crosby, *America's Forgotten Pandemic: The Influenza of* 1918, Cambridge: Cambridge University Press, 1989; *Germs, Seeds, and Animals: Studies in Ecological History*, New York: M. E. Sharpe, 1994; *Children of the Sun: A History of Humanity's Unappeasable Appetite for Energy*, New York: W. W. Norton, 2006。

④ ［美］艾尔弗雷德·W. 克罗斯比：《哥伦布大交换——1492年以后的生物影响和文化冲击》，"前言"，第III页。

大交换》中重点关注的是16—17世纪新、旧大陆之间的生物交流，而《蚊子帝国》重点关注了17—20世纪初新、旧世界在加勒比地区围绕生态环境展开的互动，几乎可以看作前者的续集。克罗斯比在《生态扩张主义》中强调新、旧大陆之间不对称的生物交换为欧洲在世界范围内的扩张提供了帮助，约翰·麦克尼尔显然借鉴了这种对“非对称性”的分析，提出了“不同的免疫力”（differential immunity）的概念，并借此分析欧洲殖民者与加勒比地区当地居民在面对疾病时的不同境况。从中可见约翰·麦克尼尔对克罗斯比的承袭。

此外，约翰·麦克尼尔还在《蚊子帝国》的致谢、引文和参考文献中提及柯丁和威廉·麦克尼尔等人。柯丁是非洲史研究专家，著述颇丰，其中有很多成果专门论述了欧洲殖民者在热带地区遭遇到的疾病和迥然不同的自然环境。[①] 父亲威廉·麦克尼尔先进的治史理念和极具引领性的治史实践无疑也深刻地影响了约翰·麦克尼尔。作为全球史的奠基人之一，威廉·麦克尼尔倡导宏观、整体的世界历史观，强调各文明间的互动，开创了世界历史书写的新时期。他尤为强调人类与自然的共生和互动，并将这一主旨渗透到他的多部著述之中，1976年出版的《瘟疫与人》是这方面的代表作。此书从疾病这一特定主题入手，以恢宏的视野重新书写了世界历史。[②] 他的筚路蓝缕为世界历史研究开拓出一片新天地。在《蚊子帝国》中，我们俨然能看到《瘟疫与人》一书的影子。对宏观历史的研究与书写，是麦克尼尔父子共同的学术旨趣。二人合作著就的《人类之网》体现出他们的默契配合，从中可以看出他们对原有研究兴趣和方法的坚持，以及对世界历史核心议题研究的扩展。[③] 当然，除了约翰·麦克尼尔本人的笔耕不辍及其对前人成果的借鉴之外，史学界对全球史的重视，以及环境史的快速发展，也为《蚊子帝国》的出炉提供了良好的学术环境。

---

① Philip D. Curtin, *Death by Migration: Europe's Encounter with the Tropical World in the Nineteenth Century*, New York: Cambridge University Press, 1989; *Disease and Empire: The Health of European Troops in the Conquest of Africa*, New York: Cambridge University Press, 1998.

② ［美］威廉·H. 麦克尼尔：《瘟疫与人》，余新忠、毕会成译，中国环境科学出版社2010年版。

③ ［美］约翰·R. 麦克尼尔、威廉·H. 麦克尼尔：《人类之网：鸟瞰世界历史》，王晋新等译，北京大学出版社2011年版。

二

《蚊子帝国》探究了17世纪至20世纪初期大加勒比地区的生态、疾病和国际政治之间的关联。其中心论点是：对财富与权力的追求改变了大加勒比地区的生态，而生态环境的变化又影响了1620—1914年间帝国的命运、战争的胜负以及革命活动的走向。全书共计八章，除第一章的论点概述外，其余七章划分为三大部分，分别为"场景设置"、"帝国的蚊子"和"革命的蚊子"。

在第一章中，约翰·麦克尼尔开明宗义地提出了该书的主旨，并对论点作出某些限定。"简言之，本书认为，微小的雌性伊蚊和疟蚊在18世纪70年代之前稳固了美洲的地缘政治秩序，而此后它们又破坏了这种秩序，迎来一个独立国家的新时代。"（第5页）不过，他又谨慎地指出："在这种情境中，生态以异乎寻常的力量影响了历史，但这种情况的发生是历史的偶然性和因人类活动所致的环境变化共同作用的结果。"（第6页）在空间上，麦克尼尔将研究范围集中在他所称谓的大加勒比地区。所谓"大加勒比地区"（Greater Caribbean）是指包括加勒比群岛在内的北美洲、中美洲以及南美洲三地的大西洋沿岸地区，囊括了从南美洲北部的苏里南到美国的切萨皮克湾之间广阔的热带和亚热带区域，在范围上远大于通常意义上的加勒比地区。在17—18世纪，该地区典型的经济形态是种植园经济。在时间上，该书截取了1620—1914年这一时段。这是因为，在1620年之后，欧洲殖民者和非洲奴隶开始涌入大加勒比地区，使得这里的生态环境发生剧烈变化；而到1914年时，随着对蚊子的成功遏制，以及黄热疫苗接种的普及，黄热在美洲得到了有效控制，进而丧失了其政治意义。

"场景设置"部分大致描述了1620年之后大加勒比地区的生态变化，作为病菌传播媒介的蚊子的生物习性，天花和黄热两种传染病的特征以及时人的诊疗措施。第二章内容为"大西洋帝国与加勒比地区的生态"，讲述了1620—1820年美洲的大西洋地区的地缘政治状况和1640—1750年加勒比地区的生态变化，揭示出政治、战争与环境变化之间的关联。在这种生态背景和历史背景下，麦克尼尔将该书的主角——天花和疟疾这两种传染病及其传播者蚊子推上前台。他认为以制糖为主的种植园经济体系推动了该地区在生态和人口上的巨大变化，使其尤为适于黄热、疟疾等病菌及蚊子的存活。相比疟疾，天花的致命性更强，因而对军事活动和政治事件的影响更大。伊蚊（Aedes aegypti）是黄热的主要传播者，而疟蚊（Anopheles）是疟疾的主要传播者。“克里奥尔生态”（creole ecology，指加勒比地区因种植园的扩散所导致的大面积森林的消失和物种变化，第26—32页）、大量人口的涌入以及适宜的气候条件为蚊子的繁殖和疾病的传播提供了温床。此章提出的“不同的免疫力”以及“不同的抵抗力”（differential resistance，主要针对疟疾而言）是该书尤为重要的关键词，也是解开一些令人困惑的谜团的钥匙。出生或生活在大加勒比地区的人比该地区之外的人，尤其是欧洲人，具有更强的免疫力。第三章“致命的黄热，致命的医生”概述了大加勒比地区早期的黄热和疟疾流行病史，并比较了当时在该地区施行的欧洲医学和非洲—克里奥尔医学（Afro-creole medicine）的医学观念与医学实践。“医学措施的无力，使得黄热和疟疾对发生在该地区诸帝国之间的争斗及殖民活动造成了重要影响。”（第86页）

第二部分“帝国的蚊子”论述了18世纪80年代之前发生于大加勒比地区的生态环境和疾病环境之中的帝国征服与殖民活动。第四章以具体的事例论证了生态环境的变化所导致的帝国征服在结果上的不同。在欧洲殖民者对加勒比地区的早期征服过程中，荷兰人于1624—1654年占领了巴西的累西腓，英国人于1655—1660年占领了牙买加。当时，这两个地区尚未出现黄热病的流行。而苏格兰人在1698—1699年侵占巴拿马的达连湾，法国人在1763—1764年侵占圭亚那的库鲁时却均遭惨败，其原因就在于始于17世纪末的黄热流行对他们造成了重创。第五章“黄热的肆虐与英国人雄心的衰败”详细回顾了英国人于1741年对卡塔赫纳，于1762年对哈瓦那的进攻，以此证明1690—1780年间黄热和疟疾击溃了英国军队，稳固了西班牙帝国在美洲的统治。

“革命的蚊子”一部分揭示了18世纪70年代之后“不同的免疫力”对美洲大西洋世界造成的影响的变化。蚊子的作用由对帝国秩序的稳固转变为对革命者的援助。第六章“康华利勋爵与疟蚊”将注意力转移到了大西洋沿岸的苏里南地区和美国南部地区，疟疾成为该章重点关注的疾病。疟疾对荷兰军队造成重创，进而支援了苏里南的奴隶起义。英属北美的南部殖民地在生态环境上的变化为疟疾提供了适宜的存活环境，而疟疾使得英军战斗力大大下降，在某种程度上影响了美国革命的进程。第七章“革命的黄热，1790—1898：海地、新格拉纳达与古巴”纵览了从18世纪末至19世纪发生在大加勒比地区的重大革命运动，并指出了其中的共性，即黄热和疟疾等疾病站在了革命者一方，协助他们赢得了国家的独立。第八章为结语，将上述主题延续到20世纪初。19世纪晚期，蚊子传播黄热和疟疾这一事实已为世人知晓。美国在哈瓦那和巴拿马发起的灭蚊运动及医学人员对黄热和疟疾的控制，为美国争得了权力优势，在美国对古巴的占领以及对巴拿马运河的修建中发挥了重要作用。

三

由对内容的概述可知，《蚊子帝国》围绕蚊子来设置情境，铺陈历史，构建了一个牵涉国际政治、经济、军事、生态环境、医学等诸多内容的庞大的蚊子帝国，读者可以通过这种微小的生物，窥见发生于大加勒比地区的近三个世纪的大历史。该书是剑桥大学出版社策划的“美洲史新方法”（New Approaches to the Americas）书系中的一本，选题的新颖，结构的恢宏，著者敏锐的洞察力和老练的驾驭史料的能力，都确保它足以展现该书系的精髓。读罢此书，以下几个令人印象深刻的特点不由浮现于脑际。

第一，对空间边界和学科边界的跨越。该书选取17世纪初至20世纪初长达三个世纪的大加勒比地区的历史为研究对象，纵览其间发生于该地区的帝国争斗、独立战争及革命运动等重大历史事件。利用“大加勒比地区”这一空间概念，约翰·麦克尼尔将之前往往是孤立看待的美国和南美洲北部地区统摄到一个单独的框架之中，让整个地区发生了联动。而且，尽管研究焦点聚集在大加勒比地区，但书中覆盖到的地域空间远大于此。该地区盛行的种植园经济将来自欧洲的殖民者、种植园主以及来自非洲的黑人奴隶聚拢到这里，也加速了原本活跃在非洲的黄热、疟疾等疾病的跨地域传播。来自西班牙、英国、法国、荷兰等欧洲殖民国家对大加勒比地区财富和权力的争夺，将该地区之外的利益纠葛卷入其中。

帝国扩张、黑奴贸易、经济往来、疾病传播以及生态环境的演变等历史进程都无法在一时、一地得到充分展现，这就需要作者在研究中超越地域边界的束缚。与此相关，为了呈现这些内容，约翰·麦克尼尔跨越了学科边

界，将地理学、生态学、生物学、医学、气候学、寄生虫学和病毒学等诸多学科的知识有机地整合起来。鲜明的跨学科性增强了该书的可信性和可读性，也引发了诸多学科对它的关注。①

第二，对宏观视野和整体思维的凸显。如果从学科分类的角度对该书进行划分的话，它更多地应当归属于环境史门下。环境史是一种整体史，作为环境史家中的翘楚，约翰·麦克尼尔一直致力于以宏观视野审视"阳光下的新事物"。他将环境史界定为"人类社会与其所赖以生存的自然界之间关系的历史"，包括物质环境史、政治环境史和文化环境史三个相互交叉的研究领域。② 环境史与全球史在宏观性与整体性上具有共通之处，麦克尼尔父子的治史理念与治史实践均突出地体现出这一特点。二人将人类之网描绘成"一个网络，正如我们所看的，就是把人们彼此连接在一起的一系列的关系"③。《蚊子帝国》将人类置于一个极具整体性的共生环境之中，并试图在近三个世纪的时段中寻求历史发展的多元动力，指出了帝国争夺、种植园经济和独立战争等历史现象背后至关重要的环境因素。约翰·麦克尼尔采用了生态学中经典的整体论方法，运用生态学原理来解释历史事件，注重不同层面之间的互动，进而将"大历史"与"小历史"有机地结合起来。

第三，围绕蚊子对历史事件的穿插。为了繁衍，雌蚊就必须吸食人类或动物的血液，因此蚊子与人类有着密切的接触关系。由于过于司空见惯，这种小生物往往不会引起人们太多的关注。但约翰·麦克尼尔却对它深感兴趣，并将其置于舞台中央，围绕它大做文章。《蚊子帝国》仿佛上演在17世纪初至20世纪初大加勒比地区的一部历史大片，其主旨就在于彰显蚊子对苏里南、巴拿马、巴西或美国南部的地缘政治以及生态环境造成的影响，具体涉及荷兰、英国、西班牙、法国以及北美在加勒比地区的活动历史，包括环境史、政治史、军事史、经济史、医学史、革命史等层面。蚊子的"在场"让纷繁复杂的、看似毫无关联的历史事件得以呈现在同一个平台之上，

---

① 参见 David Arnold, "A Tale of Vectors, Viruses and Victims," *American Scientist*, vol. 99 (January-February, 2011), pp. 70 - 71; Mariola Espinosa, "Review of the Book," *Journal of Interdisciplinary History*, vol. 41, no. 3 (Winter, 2011), pp. 483 - 484; James L. A. Webb, "Book Review," *Environmental History*, vol. 15, no. 3 (2010), pp. 548—549 等相关评论。

② ［美］约翰·麦克尼尔：《环境史研究现状与回顾》，《全球史评论》（第四辑），中国社会科学出版社 2011 年版，第 4 页。

③ ［美］约翰·R. 麦克尼尔、威廉·H. 麦克尼尔：《人类之网：鸟瞰世界历史》，第 1 页。

并具有了合理的连贯性。麦克尼尔扎实的史学功底在历史片段的娴熟切换中得到了淋漓尽致的体现。除了蚊子这一主角之外，在书中登台亮相的还有帝国势力和殖民者、医生、病人、工人、种植园主、奴隶以及士兵等，他们的登台和退场都是“大历史”背景下自然而然发生的事情，麦克尼尔从生态学的角度对此进行了重新解读，并赋予了不同的历史意蕴。

第四，资料翔实，语言生动。约翰·麦克尼尔可谓数十年磨一剑，读者能够从书后多达 46 页的参考文献中清楚地窥见他对相关史料的细致搜罗。这些资料包括他从英国、美国、法国、西班牙和圣卢西亚等地的档案馆搜集到的英语、法语和西班牙语资料。常年讲授欧洲史的经历也为他积累了丰富的知识，这使得他对大加勒比地区的研究绝非仅是一个区域性的案例研究。此外，他的研究实践还包括一个重要的组成部分——大量的实地调查，这让该书给人以非常强烈的真实感。语言表述上的字斟句酌也让该书增色不少。首先，为了让读者尽可能地把握本书的主题，以免在关注具体历史事件时忘却内容的整体性，麦克尼尔在第一章以及其余各章的小结部分都对论点作出精练的概括。其次，每每遇到专业术语，麦克尼尔都会作出详尽且通俗易懂的解释。另外，麦克尼尔文笔优美，语言生动，书中使用了不少比喻，有时会让人禁不住会心一笑。譬如，麦克尼尔认为蚊子大军传播的疟疾严重削弱了康华利率领的英军的战斗力，迫使他于 1781 年在约克镇投降，因此，雌性疟蚊也应位列“美国国母”之中（第 233—234 页）。

约翰·麦克尼尔将长期被排除在“显性历史”之外的生态变化纳入历史研究的中心议题之中，让历史本体变得多元起来。基于蚊子的视角构建起的帝国使得大加勒比地区这一历史单元具有了完整性和连续性，也让历史的复杂性和多样性得到了呈现。这应该是该书对史学研究的最大贡献。正如任何一本流传至今的名著都会遭到或多或少的苛责一样，《蚊子帝国》在出版后引起了多个学科的强烈关注，也遭到了某些质疑。由于该书对蚊子的重点刻画与反复强调，很多人难免会认为麦克尼尔持有“环境决定论”或“蚊子决定论”（mosquito determinism）。[1] 对此，他在《蚊子帝国》中就已有所预料，并作出了适当的解释。他借用了马克思所说的“人类自己创造自己的历史，

① Jacob Darwin Hamblin, ed., *H-Environment Roundtable Reviews*, vol. 1, no. 1 (January, 31, 2011). http://www.h-net.org/-environ/roundtables/env-roundtable-1-1.pdf.

但不是随心所欲地创造”这一陈述，并在此基础上加以阐发，认为“人类与自然共同创造了各自的历史，但二者都无法随心所欲地创造”（第 6 页）。在他的构思中，人类依然创造着历史，但此间他们受到了生态环境的约束。另外还有学者指出了该书的某些不足之处，诸如地理覆盖范围的有限性；对文化维度的环境史研究的缺失；对天花和疟疾两种疾病未能同等重视；对女性的忽略等。换个角度来看，这些质疑本身也是该书所产生的另一种影响。无论如何，该书都是全球史和环境史领域里一个非常成功的实证研究成果，对于历史研究议题的扩大，研究方法的更新，以及历史理论的发展都具有重要意义。

东西方的"小异"与"大同"

——评杰克·古迪著《西方中的东方》

邢　科*

杰克·古迪（Jack Goody）是英国的人类学家、历史学家，曾任教于剑桥大学。因其对人类学的贡献，被英国女王授予了爵士爵位，《西方中的东方》（*The East in the West*）就是他的代表作之一。这部著作秉持了他的一贯思路，对欧洲中心论展开了批判。

一　该书的基本内容

全书除导言和附录外共八章，对几种有代表性的观点进行了批判。第一章谈到了理性的问题。作者指出："在西方人看来，西方之兴起往往与其所拥有的、其他人所不具备的'理性'大有关系。这一观点主要表现为两种路径。第一种是古典人文主义传统，他们认定自己是古希腊理性，尤其是其所发明的'逻辑'的传承者。第二种则是侧重于后来的文艺复兴、宗教改革或启蒙运动时期，他们认为西方所具有的某些特定的理性形式，使其在经济和知识等方面的发展中始终处于现代世界的领先地位成为可能。韦伯将其称为'把握世界之合理性'，而有其他学者冠之以独特的'西方理性'。"② 换句话说，西方走向繁荣的原因是西方具有独特的"理性"。

古迪对此提出了质疑。首先，理性的判断标准是什么。"这里也就牵涉

---

* 邢科，历史学博士，毕业于首都师范大学历史学院全球史研究中心，现为南开大学历史学博士后流动站研究人员。

② ［英］杰克·古迪：《西方中的东方》，浙江大学出版社2012年版，第1页。

两个相关联的问题：其一，我们如何来判定，一个社会是否具有理性特征抑或具有某种特定的理性；其二，我们如何来衡量，一种独特的行为是‘理性的’或者‘符合逻辑的’。”①在作者看来，理性与非理性，是相辅相成的存在，很难将两者截然分开。

其次，理性能否成为一个社会的特征。“倘若我们把理性和逻辑视为一切社会的特征，那么，这就可能会带来以下问题：其一，理性在一个特定的社会中，对社会及其个人行为的适用范围到底多大；其二，是否存在着如区分‘现在的’与‘传统的’那样可供分析的某种临界点，以便我们能够借此来区别两种不同的状态。”②

再次，以亚里士多德“三段论”为代表的西方理性，其重要性被夸大了。杰克·古迪列举了多位学者对理性的不同看法：如弗朗西斯·培根（Francis Bacon）在《新工具论》中认为，形式逻辑是“争来辩去的、没有意义的”东西。奎恩（Quine）认为，演绎性逻辑不过是对其“逻辑真实性进行条理化研究”而已；刘易斯·卡罗尔（Lewis Carroll）则认为“逻辑是一种模棱两可的东西”；维特根斯坦（Wittgenstein）将“特定的论证形式”称为“语言游戏”③。古迪认为：“三段论的适用范畴极为有限，也许只能用以解决某种特定的疑难题目；它与我们所有的认知操作，并不见得存在着多大的关涉。……它们所具有的明显的程式化特征，或适用于学究们的研究，或适合于儿童们的游戏；而且，它们对知识的积累，往往还会产生极大的误导作用。”④总之，亚里士多德的三段论并非放诸四海而皆准，“这种形式化程序本身对于探寻真理而言，或许并没有他们所想象的那么被赋予重要意义”⑤。

复次，如果将亚里士多德的“三段论”视为理性的基础，那么这种“西方理性”并非西方所独有。在对世界历史进行考察后，作者认为古美索不达米亚、印度、中国和日本都存在着“西方理性”。“虽然西方在后来成为工业资本主义以及‘现代’知识体系发展的发源地，但东方对于那些古希腊成

① ［英］杰克·古迪：《西方中的东方》，第4页。

② 同上书，第5页。

③ 同上书，第10—11页。

④ 同上书，第11—12页。

⑤ 同上书，第14页。

就，与西方一样拥有相当的所有权。”[①]

最后，理性与资本主义的产生和发展无必然联系。一些西方学者认为，“东方人缺乏拥有理性所必需的条件；或者，即便是拥有理性，但也不懂得如何运用它”[②]。而理性的缺失正是东方无法产生资本主义的原因。但古迪认为，西方理性与资本主义之间并不拥有一定特定的关联性。[③] 否则，就无法解释古代印度在经济上所取得的成就，以及基督徒在商业中表现出的非理性。

第二章延续了“理性”的话题，讨论了“理性”在经济中的体现，即复式分录记账法与资本主义之间的关系。“当理性的概念被运用到经济学之中，我们几乎就会毫不诧异地发现：经济学与簿记的概念结下了不解之缘。……韦伯、桑巴特（Sombart）、H. M. 罗伯森（H. M. Robertson）和熊彼得等人，他们都认为所谓的‘理性的’或‘科学的’记账方法，在现代资本主义发展过程中发挥了一种极为重要的作用。在他们看来，只有通过这种复式分录记账法，对于利润与亏损、行为的理性化与生意的非个性化的计算才能成为可能（或至少起到一种推进作用）。”[④] 也就是说，“理性的”簿记方法在西方经济的发展中扮演了重要的角色。

对于这种说法，杰克·古迪提出了不同看法。他在第二章开宗明义地写道：“这一章中，我将要讨论被看作是相关衡量标准中的第二种标准——复式分录簿记形式，也是站不住脚的。”[⑤]

首先，这种记账形式的重要性被夸大了。作者引用德裔美国经济学家耶梅（B. S. Yamey）的说法：实际上，“在19世纪之前……绝大部分企业采用的是单一的记账形式”。耶梅还认为：“商人及其财务人员常常回避复式分录系统所要求的精确的记账方式；这也说明：复式分录系统所具有的特点并不那么为人所高度重视。”[⑥] 在古迪看来，“我们不得不对复式分录记账方法在资本主义本身的形成过程中所能发挥的关键作用产生诸多的怀疑。即使是复

① ［英］杰克·古迪：《西方中的东方》，第31页。
② 同上书，第40页。
③ 同上书，第39页。
④ 同上书，第48—49页。
⑤ 同上书，第48页。
⑥ 同上书，第63页。

式分录的方法得以运用及其带来账目的平衡关系，也无法说明‘理性主义的利润追逐’能从这样一种‘狭隘的簿记方法’中获得多少成果。此外，关于这种簿记样式的成因还存在着另一种解释：复式分录簿记方法的形成，有可能是一种审美需求使然。……那么，从严格的商业（‘理性’）角度来看，复式分录的记账方法并不是一种必不可缺的形式”①。而且，即使是单一登录记账法在意大利被运用之前，弗兰德斯在商业方面就已经取得了相当程度的成功。因此，有些学者认为：中世纪所运用的会计方法并没如人们所想象的那么有效，只不过是夸大其词而已。②

其次，这种“理性的”记账形式也非西方所独有。经作者研究，在近东、印度和中国，都存在着相似的形式。“印度人所采用的记账方法，与出现在欧洲的记账形式相比，只不过没有那么精细复杂而已。”③ 而中国的“四角账”与西方的复式分录法在原则上也没有什么区别。④

从第三章开始，古迪将目光投向了亚洲，并将重点放在了讨论资本主义的产生和发展上。第三章认为，印度的资本主义是本国自身发展的产物。“如果说印度的生产关系正朝着资本主义的发展方向不断迈进的话，那么，这种进程在绝大程度上是它自身发展的结果。”⑤

第四章分析了宗教与发展资本主义的关系。马克斯·韦伯认为新教精神在资本主义发展进程中发挥了积极的作用。而印度教思想，以及种姓制度，则通常被视为经济发展的阻力。但经过研究，古迪提出：“印度社会历来支持商业行为和金融活动；因此，我们很难说印度教就一定是其经济发展的一大障碍。再说，印度教也并非是印度唯一重要的本土信仰。”⑥ 而且，“要说有什么阻力的话，那么，其程度也不至于超越其他的教义”⑦。

第五章和第六章谈到了家族关系与发展资本主义的关系。传统观点认为，群体关系——包括印度的种姓制度和中国的宗族关系——阻碍了资本主义的发展。“一些学者（包括韦伯）认为：印度的种姓制度和中国的宗族制

---

① ［英］杰克·古迪：《西方中的东方》，第 63 页。
② 同上书，第 65 页。
③ 同上书，第 79 页。
④ 同上书，第 83 页。
⑤ 同上书，第 118 页。
⑥ 同上书，第 128 页。
⑦ 同上书，第 130 页。

度，对‘资本主义’活动的发展起到了极大的阻碍作用。而‘资本主义’行为有赖于官僚政治的（即从本质上来说是非家族的、非裙带关系的）组织制度，唯有这样的组织制度才能与个人主义相结盟并激发出企业家精神。按照这样的理论，发展的阻力不仅仅来源于家族所延伸出来的群体关系，而且来源于家族本身。”① 古迪在第五章中用了相当的篇幅来论证，在印度、中国和日本，家族关系非但不是经济发展的阻力，而且还在经济、社会的发展中作出了重要的贡献。“这种贡献不仅明显地体现于商业活动方面，而且还表现在早期的工业资本主义发展方面。”② 第六章则分析了西方的情况，事实表明，亲属关系在西方社会的发展中也是一个重要的因素。因此，家族关系是东西方共有的，而且都发挥了积极影响，不是导致东西方差距的原因。

第七章对资本主义进行了比较抽象的研究。作者在文中表明，资本主义的若干要素——即资本主义劳动方式、工厂模式，以及资本在商业中的运用——是普遍存在的。所谓的普遍存在，包括从地域上讲，不限于欧洲；在时间上讲，不限于近代。

杰克·古迪在最后一章对自己的观点进行了总结。首先，东西方是建立在共同遗产之上的。“我们可把着眼点置于欧亚两大区域的共同遗产上——来源于青铜时代的都市革命及其新的交流手段（书面文字）、新的生产方式（先进的农业和手工业，包括冶炼、犁耕和轮转等）和新的知识系统的运用。”③ 其次，东西方存在着差异，但差异被夸大了。“我们并不否认文化传统（包括欧洲文化传统）方面所存在的特殊性，但不可过于夸大这些特殊性，尤其是在涉及我们自己的社会（尽管在后来的几个世纪里取得了非凡的成就）的时候。我之所以要重申这一点，是因为那种夸大特殊性的思维大量存在于西方的思想界和学术界。”④ 如果用一个词来形容东西方的关系，那就是“大同小异”。

---

① ［英］杰克·古迪：《西方中的东方》，第 151 页。

② 同上书，第 178 页。

③ 同上书，第 250 页。

④ 同上。

二 该书的价值

在近代，西方取得了发展优势。于是，学界从不同角度探讨了西方获得优势的原因，其中不乏带有"欧洲中心论"色彩的理论。但"欧洲中心论"存在着明显的片面性，近几十年受到了越来越多的诟病。《西方中的东方》的价值不限于对一些有代表性的观点进行了批判，更重要的是这本书揭示了"欧洲中心论"的内在逻辑。"欧洲中心论"的内在逻辑包括以下几个方面：

第一，夸大地解读历史发展。这种夸大包含以下几点内容。首先是夸大某些要素的重要性。例如，在书中批判的观点中，理性、复式分录簿记形式、宗教因素、家族关系等都被赋予了某种决定性的意义。这就大大地夸大了这些要素在世界历史发展中所起到的作用。而这些要素又往往会被标上"西方"或"东方"的标签，之后再进行诠释：凡是"西方的"就是积极的，如理性、复式分录簿记，新教伦理，从而忽视了其中可能存在的消极因素；凡是东方的就是消极的，如印度教的思想、家族关系，并忽视这些要素在历史发展中发挥的积极影响。其次是夸大西方的优势。西方的发展优势主要是在近代建立起来的，但部分学者却倾向于将这种"阶段性"优势夸大为"永恒"的优势。也就是说，现在西方的优势得益于从古希腊开始的古典传统，只要这一传统得以延续，西方就会继续获得繁荣。再次，夸大精神因素在历史发展中的作用。东西方的发展差异是多重因素共同作用的结果，但有一种观点却强调某个单一因素，尤其是精神因素，在欧洲发展中所起到的作用。许多西方人总是坚信："他们"（或他人）并没有如"我们"那样地思维，这就是他们为什么不能实现"现代化"的原因所在。① 于是，该书重点讨论的"理性"就成为了西方"思维"的代表。西方人认为，东方要么是缺乏理性，要么就是拥有理性，却不知该如何运用。因此，以理性为代表的西方思维在历史中起到的作用被无限夸大了。用杰克·古迪的话说，就是将某种重要的历史进展看作是一项特定的认知成就，而且要把它归结为人类所具

① ［英］杰克·古迪：《西方中的东方》，第34页。

有的一种抽象的精神品质。[①] 这使得历史研究在某种程度上陷入了唯心主义。

第二，二元对立的思想。传统观点认为，西方与东方属于不同的体系。西方世界源自希腊和罗马等地中海社会的古典传统，并在文艺复兴、宗教改革、启蒙运动和西欧工业革命时期达到了巅峰；而东方走的是另外一条道路。世界历史的发展存在着二元性，西方是一个模式，东方是另一个模式，而且两个模式存在着根本性的差异，东方模式是亚洲陷入停滞的重要原因。

第三，双重分析标准。仔细分析后不难发现，"欧洲中心论"在看待问题时存在着双重分析标准。一些西方学者认为，东方社会不具备支持资本主义发展要素，如书中列举的理性、簿记方法等，因此只能复制西方的发展模式，将现代性和资本主义引入东方。这就是东方缺乏创造性的表现，也就是缺乏理性，或落后的表现。这就是说，学习或引入的一方是落后的，而且落后还要上升到精神层面。但这一逻辑只适用于东方对西方的学习，而不适用于西方学习东方，或西方国家之间的学习。换句话说，东方学习西方说明东方落后，而西方学习东方，或法国学习英国则是前者开放性的表现。这就是双重分析标准的一个表现。此外，正如古迪所说，那些有利于资本主义发展的因素在东方也是普遍存在的。面对事实，这些学者就会用"亚洲例外论"解释。"亚洲例外论"意味着分析欧洲的方法不适用于亚洲，分析亚洲需要另一种方法，因此"亚洲例外论"也就成为了双重标准的另一表现。

纵观全书，杰克·古迪对上述观点进行了有针对性的反驳。作者在第一章和第二章中降低了理性和复式记账法的重要性。而在第四章到第六章中提升了东方的宗教和家族关系的积极意义。这一"降"一"升"表明东西方只是存在"小异"。此外，书中讨论的各个要素，在东方和西方都是普遍存在的，没有哪个要素是某一地区特有的。这说明东西方之间的"大同"。总之，用一句话概括作者的思路就是证明东西方"大同小异"，东西方是平等的，建立在共同遗产之上的。

在此基础上，杰克·古迪对二元论和双重标准也进行了批驳。他在书中明确反对二元论的方法：他们将"我们的"个人主义、理性和核心家庭与"他们的"集体主义和大家庭进行如此鲜明的对比，其本身就是一种误解。

---

① ［英］杰克·古迪：《西方中的东方》，第85页。

这些差异更多地是属于程度范畴，而不是属于类型范畴。[①]“总的来说，我们最好还是具体情况具体分析，不宜一概而论；换句话说，我们不可一味地采用非此即彼的二分法，而要更多地考察存在于两极之间的变量因素。”[②]总之，摒弃二元论是认识世界近代发展的必要条件。古迪认为采用双重标准也不合理。在第二章，他一针见血地指出：“如果按照我们常常所采用的推论方法：‘我们’（西方人）发明了复式记账法，而‘他们’只是借用了这一方法，并由此推断出他们是缺乏理性能力的；那么，在欧洲，这种方法是由意大利人创建的，而后却被荷兰人和英国人所借用，这又该当做何解释呢？难道我们因此可以说：荷兰人和英国人也是缺乏理性能力的吗？让我再把这一论点推移到另一个‘发明’上来加以说明。假设原子裂变的发明首先出现于英国，难道我们就可以由此得出结论说：美国人（或俄罗斯人）在这项发明上相对‘落后’，就阻碍了他们在有可能与此相关的道德价值，至少是文化价值的特质上开创出某种先进性吗？”[③]

三　该书的启发

对“欧洲中心论”的批判是一个复杂的系统工程。从该书的内容不难发现，虽然作者对一些传统观点进行了批判，但这些批判书中还主要限于对“点”的层面。而且，破论有力，立论不足。按照古迪的观点，欧洲与亚洲的发展基于同样一个基础，东西方“大同小异”。既然两者从本质上“大同”，而“小异”起不到决定性的作用，那么为什么东西方会在近代出现巨大的发展差异呢？不少学者认为，资本主义是西方获得发展优势的原因。于是产生了第二个问题：东方为什么不能发展出资本主义？该书的相当一部分内容就是围绕着这个主题展开的。但这个命题意味着东方也应该发展出资本主义。如果东方和西方都应该发展出资本主义，那么这就暗示着资本主义是世界历史发展的必然选择。换句话说，世界任何一个地区，任何一种文明都要经历资本主义的发展阶段。这就产生了两个问题：第一是资本主义与西方

---

① ［英］杰克·古迪：《西方中的东方》，第273页。
② 同上书，第183页。
③ 同上书，第85页。

崛起的关系。西方的崛起得益于资本主义，那么这是否意味着，施行资本主义就会带来崛起呢？简单地说，这一命题暗示着资本主义与崛起之间构成了"充要条件"。这种"充要"关系的依据是什么呢？第二，资本主义或者说典型的资本主义是西方的产物，用资本主义作为标杆去衡量世界的发展，在某种程度上就是用西方的标准去衡量世界，西方仍然是世界历史发展的标准，这是否回到了"欧洲中心论"的框架下呢？

回到最初的问题，西方为什么会在近代获得发展优势？古迪在书中没有给出明确的答案。但他在书中的论述为探讨这一问题提供了启发，笔者将其概括为"系统僵化"。如果将一种文明比喻成生物有机体的话，那么这个机体的发展就需要"新陈代谢"。所谓的"新陈代谢"就是一种文明可以吸收新的文化要素，同时消除不合时宜的文化要素，也就是进行文化的吐故纳新。一旦某一种或几种文化要素成为"金科玉律"，那么整个文明的"新陈代谢"就会出现问题，导致发展迟缓，这就是系统僵化。

古代东方的发展优于西方，是因为西方陷入了系统僵化。正如作者所说："自西方的古代经济崩溃之后，其知识体系以及其他的文化形式均陷入了一个普遍衰退的时期。从某种程度上来说，这一衰退应当归咎于对于一种局限性的宗教文化的刻意选择，接着又将某些典籍奉为圣旨来遵从，并排除异己（被认为是异教徒）思想。"[①] 也就是说，欧洲中世纪的衰退源于两点。一是"将某些典籍奉为圣旨来遵从"，这使得西方文明无法"吐故"；而"排除异己"又使其无法"纳新"，文化要素无法进行更新，陷入了系统僵化。而同一时期的中国较好地处理了这一问题，但在近代之前也陷入了系统僵化。汉学家格雷厄姆（A. C. Graham）认为，早期中国人的基本信仰是开放性的，并遵从着"理性实验"的原则。中国之所以没能开创出"一种持续性的理性主义传统"，是因为儒家和道家的思想变成"金科玉律"而打破了这种局面。[②] 在古代社会后期，东方和西方同时陷入了系统僵化。近代西方之所以获得发展优势，是因为其通过文艺复兴和启蒙运动打破了固有的条条框框，用更加开放的态度面对世界。而这恰恰是东方不足的地方。因此，导致东西方发展差异的原因并不在于某一种或几种因素（如理性、复式分录记

---

① ［英］杰克·古迪：《西方中的东方》，第35页。

② 同上书，第25页。

账法、宗教伦理等)，而在于这些因素背后的运行机制。在某一历史时期内，任何一种文明都需要建立在某些文化价值之上，但如何处理“绝对真理”与“相对真理”关系，避免陷入“系统僵化”成为一个人类需要共同面对的挑战。

当代史学的文化转向与全球转向

——评蒋竹山《当代史学研究的趋势、方法与实践：从新文化史到全球史》

王玖玖[*]

新文化史和全球史是近几十年来欧美史学界相继出现的"受宠儿"，大量相关学术成果的涌现促使史学相继出现了"文化转向"与"全球转向"，这在近来面世的史学史书籍中得到体现。伊格尔斯和王晴佳在《全球史学史》一书中，将冷战后史学出现的新动向概括为五个方面，"新文化史"与"全球史"位列其中。[②] 而在中文学界，首次旗帜鲜明地对两种"转向"做出回应的是台湾学者蒋竹山，其2012年出版的新著《当代史学研究的趋势、方法与实践：从新文化史到全球史》明确打出"从新文化史到全球史"的标题，这体现了作者本人"学术关注重点的发展轨迹"[③]，同时此书也是一部准确把握近来学术动向的"预流"之作。

一

蒋竹山认为，新文化史与全球史并不是后者取代前者的关系，而是西方史学领域不同阶段的两种主流研究取向。新文化史兴起于20世纪六七十年代，1980—1990年是其发展的黄金期，1989年明确出现"新文化史"一词，

* 作者简介：王玖玖，首都师范大学历史学院全球史研究中心博士生。

② ［美］格奥尔格·伊格尔斯、王晴佳：《全球史学史：从18世纪至当代》，杨豫译，北京大学出版社2011年版，第390页。

③ 蒋竹山：《当代史学研究的趋势、方法与实践：从新文化史到全球史》，台北五南图书出版股份有限公司2012年版，第3页。

1999年明确出现“文化转向”的概念。而全球史，虽然也发端于20世纪60年代，但直到90年代以后才逐渐流行起来，近期才见诸史学史书籍，应该说这和近来全球化的持续深入不无关系。两者相比，新文化史迄今已走过数十年的发展历程，研究成果堪称丰硕、成熟，因而受关注度已有所下降；而全球史，近来则持续受到史学界的关注，可谓如火如荼，这从有关全球史的学术会议、出版物以及新设研究机构等中可见一斑，史学隐约出现了“全球转向”[①]。

如题目所示，该书分为“文化转向”（前五章）和“全球视野”（后四章）两部分。蒋竹山长期从事并持续关注新文化史，对新文化史学者及其作品更是如数家珍，因此作者在“文化转向”这部分着墨甚多。第一、二、三章，作者分别列举欧美、台湾、大陆知名的新文化史学者及其经典作品，先后对三地的新文化史发展历程、特点及最新动向做出全面的梳理和独到的分析，描绘出一幅相对完整的、跨越时空的新文化史图景。第四章，作者较全面地梳理了台湾的“中国医疗史”研究成果，向读者展示了台湾史学界新文化视野下的医疗史成就及其新文化史研究特色。第五章作者附上其本人最新的实证研究——从《有泰驻藏日记》中研究清末拉萨的人文、地理景观，宗教文化生活，贸易活动等。通观第一部分，我们可清晰地了解到蒋竹山希望传达给读者的几点信息。

首先是过去20年欧美学界新文化史的研究取向。这可以从林·亨特（Lynn Hunt）、罗格·夏提叶（Roger Chartier）、彼得·伯克（Peter Burke）、马克·波斯特（Mark Poster）等新文化史大家的著作中窥探一二。蒋竹山认为与发展初期相比，这一时期的新文化史不再将文化视为一个被动的因素。[②]即不再将“文化”同“社会存在”分割开来，而是将文化视为社会存在的一部分，两者间没有“存在”决定“文化”的绝对关系，相反，“文化”在一定意义上却有塑造“社会存在”的功能。如林·亨特认为：“文化就住在心智之中，而文化被定义为解释机制与价值系统的社会储藏所。文化史学者的任务是往法律、文学、科学、艺术的底层深挖，以寻找人们借以传达自己的

① 蒋竹山：《探寻世界的关联：全球史研究趋势与实践》，《历史研究》2013年第1期，第11页。

② 蒋竹山：《当代史学研究的趋势、方法与实践：从新文化史到全球史》，第19页。

价值与真理的密码、线索、暗喻、手势、姿态。最重要的是，学者们开始明白，文化会使意义具象化，因为文化象征（cultural symbols）始终不断地在日常的社会接触中被重新塑造。”[①] 罗格·夏提叶也认为“将文化视为社会经济生活的产物是一种错误的说法，在他看来，文化本身就是社会经济的一部分，两者无法分割来看”[②]。然而，蒋竹山同时也指出目前新文化史面临最多的质疑就是“文化是否可以无限地解释一切”的问题。对此，彼得·伯克和马克·波斯特给出了可行的建议。伯克认为新文化史对旧的历史学的决定论反弹过大，过于强调文化的建构或虚构，以致矫枉过正。在决定论和相对论之间，研究者往往偏向两极；然而，我们应当找寻一个中心点，但非固定的中心，而是运动的中心。[③] 波斯特也乐观地认为，文化史并非要排挤或取代社会史与政治史，而是去挑战它们，借由引介不同研究历史的方法及不同的认识论，来刺激历史学科。[④]

作者力图传达的第二个信息是，台湾和大陆史学界受到欧美新文化史浪潮的影响，都出现了“新史学”，但发展相对滞后，其中台湾的情况又好于大陆。创刊于 1990 年的《新史学》是了解台湾史学动向的风向标，同时也是台湾新文化史研究的重要阵地。《新史学》创刊之始以“研究讨论”及“书评”的方式大量介绍欧美的史学动向，其中数量最多的是文化史研究取向的介绍，共计有研究讨论十三篇，书评七篇。[⑤] 渐渐地，台湾学界开创了自己的研究领域如日常生活史，族群、认同与记忆，妇女史与性别史，通俗文化，思想文化史医疗及身体史等，其中又以医疗史的研究成果最为丰硕。作者在第四章对医疗史研究成果集中作了介绍，台湾的医疗史研究成果集中在以下领域：图像和视觉文化与医疗史，疾病、现代性与后殖民，卫生、出版文化与国族，性别、身体与国族，药、物质文化与医疗史等。此外，“文化相遇”与医疗史的相关性亦是近来学界考虑的重点。[⑥] 无疑，这一点受到了全球史关于“跨文化交流”、“交往网络”等研究取向的影响。蒋竹山认

---

① 蒋竹山：《当代史学研究的趋势、方法与实践：从新文化史到全球史》，第 20 页。

② 同上。

③ 同上书，第 23 页。

④ 同上。

⑤ 同上书，第 49 页。

⑥ 同上书，第 134 页。

为，与台湾相比，大陆的新文化史研究则相对滞后且表现出不同的研究路径。周兵、张仲民、王晴佳是大陆引介新文化史的代表人物，这些学者对欧美的新文化史着墨较深，但对大陆近几年的发展则较少探讨。[①] 蒋竹山还归纳了大陆学界新出现的研究领域，比如微观史学与通俗文化、城市文化与大众文化等。此外，近来出现的大陆版的《新史学》丛书比较符合欧美新文化史研究路径，但并未冠之以“新文化史”之名。

此外，作者希望传达的另一信息，而且是最重要的信息是关于近十年来新文化史出现的新动向。正是这一点体现了本书“预流”的价值。蒋竹山通过对彼得·伯克的新著以及近来成立的“国际文化史学会”及“文化史期刊”的观察，总结了新文化研究的新动向。首先是新的研究课题备受关注，比如身体、国家认同以及观念的文化史等。其次是新文化史与社会史重新对话。面对社会史对其关于“文化的定义、文本的解读方法，以及断裂的危险即社会建构”[②] 等问题的猛烈批评，新文化史开始修正自身，拾回丢掉的“社会”；而社会史面对新文化史的挑战，也出现了向文化史的靠近，比如社会史新研究领域的出现：感觉史，社会的历史，后社会史等。针对这一现象，蒋竹山同意一些学者的观点，即物质文化史是未来的研究方向之一，因为物质文化史强调文化与社会的兼顾，这弥补了新文化史对社会过程关注的缺乏，这种重拾“社会”的新文化史或许就是下一波新文化史的走向。

在该书的第二部分“全球视野”中，蒋竹山探讨了近来的全球史研究与实践，与“文化转向”相比，这一部分略显单薄。然而在台湾并未出现对全球史正式讨论的情势下，作者能有此预见，已实属可贵。且作者近来又先后在台湾的《新史学》和大陆的《历史研究》上分别发表了《超越民族国家的历史书写——试论晚近西方史学研究中的“全球转向”》和《探寻世界的关联：全球史研究趋势与实践》二文，在首都师范大学全球史研究中心主办的“全球视野下的中国与世界”学术研讨会上，提交了《全球与跨文化视野下的“人参帝国”——兼论全球史视野下的物的研究》一文，由此看得出作者对全球史的持续关注，也从侧面反映了当今全球史的持续发酵。此部分共四章，分别为第六章“当代史学研究中的全球史与全球史转向初探”、第七

① 蒋竹山：《当代史学研究的趋势、方法与实践：从新文化史到全球史》，第 85 页。

② 同上书，第 29 页。

章“超越民族国家的历史书写：全球视野下的环境史”、第八章“东亚博物学知识的文化相遇——一本十八世纪的琉球本草书籍初探”、第九章“药、医学知识与消费文化：东亚人参史研究的新动向”。

作者在第六章探讨了全球史定义、特点，以及对史学次学科的影响。蒋竹山认为，关于何谓“全球史”目前学界暂无一致的看法，[①] 甚至常与“世界史”混用，其含义也常有重叠，然而在大陆学界已有较为成熟的论断。比如，刘新成认为“全球史研究的含义就是‘大范围的互动研究’，全球史的高明之处就在于其核心理念‘互动’，即不同地域、不同民族、不同文化的人群通过接触在经济、政治、文化等多重领域实现互动”[②]。夏继果认为：“中文中的全球史有两方面的含义，首先它是一种历史发展的进程——人类在顺应自然、改造自然、利用自然的过程中，在人与人、群体与群体、人与群体的互动中生存与发展的历史进程。其次，它是一个新的学科分支。”[③] 等等。简言之，“全球史”认为人类自诞生就处于不断扩大交往范围的进程之中，各文化体的发展不是孤立的，与外来世界的交往，即“互动”构成历史发展的重要动力。

关于全球史研究趋势，作者概括了六个特点。一是跳出了以“民族国家”为单一框架的历史书写模式。19 世纪历史学成为一个专业的学术领域，“民族国家”也逐渐成为历史书写的唯一单位。然而历史并不是个体社会孤立发展的结果，而是跨越各种文化体发展的产物，因此历史学家开始探寻“民族国家”以外的历史书写模式，跨民族、国家、宗教、半球、大洋等跨文化互动成为历史书写的新模式。二是改变了初期的宏大叙事与理论研究，全球微观史逐渐发展起来。初期的全球史多为一种想象的全球史，企图构建人类文化进程的庞大框架，却忽视了个体生命的价值，显得“空洞无物”，因此近来着眼小事物，却有广阔视野的全球微观史逐渐流行起来，比如史景迁的《妇人王氏之死》等。三是史学次学科如社会史、性别史、经济史、环境史等出现了“全球转向”。彭慕兰的《大分流》是代表了经济史的“全球转向”，劳工史等社会史也开始与全球史对话，《人类之网：鸟瞰世界历

① 蒋竹山：《超越民族国家的历史书写》，《新史学》2012 年 9 月第 23 卷第 3 期，第 203 页。
② 刘新成：《在互动中构建世界历史》，《光明日报》2009 年 2 月 17 日。
③ 夏继果：《理解全球史》，《史学理论研究》2010 年第 1 期，第 44 页。

史》、《写给地球人的能源史》等是全球环境史的代表。四是多领域、跨学科合作的出现。全球史的研究对象和研究方法决定了其最大特征之一即跨学科合作，政治学、经济学、社会学、语言学、人类学、数学、环境科学、生物科学、物理学、艺术、考古等都是全球史可能与之合作的学科。五是全球史专业期刊的出现，如 *Journal of Global History*。六是专业学术研究机构的纷纷涌现。①

这一概括已较为全面，但对于全球史的另一重要使命“破除欧洲中心论”，作者并未提及。从某种意义上说，全球史在诞生之初就与“反欧洲中心论”为伴。早在 1962 年，斯塔夫里阿诺斯在《全球通史》中就声称要“站在月球上看地球”，虽不切实际，但却反映了作者力求不偏不倚书写历史的追求。1980 年巴勒克拉夫在《当代史学的主要趋势》一书中公开批评欧洲中心论指导下的世界史研究。弗兰克和彭慕兰相继出版的《白银资本》和《大分流》都否定欧洲优越论，并承认近代以前中国在世界上的重要地位，是破除欧洲中心论的有力武器。《殖民者的世界模式》一书的作者布劳特在 2000 年出版了《八大欧洲中心论者》，此书列举了马克斯·韦伯、林·瓦特、罗伯特·布伦纳、埃里克·琼斯、大卫·兰德斯等八位欧洲中心论学者的观点并一一批判。此类著作不胜枚举，共性都在于批评欧洲优越论、以欧洲标准衡量非欧洲国家的历史进程，主张公平地书写不同文明的历史进程，这些都是全球史一直追求的目标之一。近来关于非欧洲国家历史越来越多地进入历史学家的研究视野，加强不同国家、不同背景历史学家合作的呼声也越来越强。“破除欧洲中心论”仍然是未来全球史的任务之一。

第七章“超越民族国家的历史书写：全球视野下的环境史”，以环境史为例探讨了全球史对史学次学科的影响。其实，全球史的兴起最早与环境史有密切关联，② 而随着环境全球化的加速，环境史便成为全球史十分重要的课题。作者在这一部分将环境史的研究特色概况为四个方面：专题研究、世界环境史、环境史与世界史相结合、大历史，并附以对《哥伦布大交换》、《人类之网：鸟瞰世界历史》、《写给地球人的能源史》、《时间地图》等经典

---

① 蒋竹山：《探寻世界的关联全球史研究趋势与实践》，《历史研究》2003 年第 1 期，第 11—12 页。

② 同上书，第 13 页。

作品的评介。可以说，气候变迁、能源、传染病、物种等环境史的研究课题本身便是超越民族国家的范畴，因此要超越以“民族国家”为唯一单位的历史书写模式，环境史是最佳的选择之一。

第八章和第九章都是个案研究，是作者对全球史研究方法的初步尝试。两个研究课题分别为医药书籍和人参，都属于作者长期以来从事的医疗史课题。如该书第一部分所示，这两个课题属于新文化史下的医疗史研究范围；同时也是某社交网络内跨文化的物质文化交流史，属于全球史的研究范畴。然而细读第八章，却仅能从中了解到“《质问本草》是一本东亚医药学知识交流的产物”，但是却看不到地方医药学知识如何相遇、如何相互借鉴、如何融合的内容。日后作者可以在这方面下工夫，构建出一条完整的以医书为载体的东亚地区不同医药文化间的相遇、碰撞、适应、融合的链条。

第九章是关于东亚人参史的研究。蒋竹山认为人参是“全球视野下的一种‘物’”，可以从对人参的研究中探讨清中叶以来东亚地域内部的物质文化交流史。笔者对此表示赞同，但同时也应认识到，人参不同于丝绸、瓷器等普通的大众消费品，它还是一种具有温补作用的药物，同时也是权力、身份、地位的象征。因此运用全球史的方法研究人参的历史，应注意两点：第一，应勾勒出人参作为一个物种最初被种植及如何慢慢扩散种植范围和消费区域的图景，叙事范围也最好能跨出东亚；第二，着重关注人参背后隐藏的文化内涵，比如人参消费人群的变化、不同人群所消费的人参等次的不同以及由此体现的权力关系、人参消费与人的医学观念之间的互动、不同人群之间因人参消费产生的文化交流等。

二

概括而言，《当代史学研究的趋势、方法与实践：从新文化史到全球史》一书环绕近来史学的两次转向，论述近来新文化史与全球史的史学实践与最新动向，并探讨台湾和大陆受到的影响，是一部准确把握史学前沿的好书。通览全书，该书有以下特点。第一，信息量大。尤其在“文化转向”这部分，作者大量列举了三地新文化史学家及其代表作品，对各地、不同阶段新文化史发展概况皆有概况且兼有评论，可以说是对欧美、台湾、大陆三地近几十年来新文化研究成果的综述。第二，对新文化史和全球史最新的学术动

向颇有见解，体现了该书“预流”的价值。蒋竹山认为新文化史下一步的发展趋势是把之前丢掉的“社会”拾回来，开始同社会史重新对话；而全球史未来的发展趋势是“全球微观史”、“全球视野下‘物’的研究”等。第三，兼有实证研究。作者在了解新文化史和全球史的趋势与方法的基础上，附有作者本人的研究成果，第五章、第八章和第九章是新文化史和全球史的实证研究，虽然第八章和第九章的研究还不尽成熟，但作者试图运用全球史的视野和研究方法重新阐释传统课题的努力是十分可贵的。

新文化史与全球史同为当今史学的史学潮流，且都是因不满 19 世纪以来形成的史学传统而相继出现的“新史学”。因此，笔者认为该书本应就两者之间的关联及对话的可能性予以阐释。伊格尔斯和王晴佳在《全球史学史》一书中也认为当今史学的两个方向“文化转向”与“全球转向”并不相互排斥。[①] 而《当代史学的趋势、方法与实践：从新文化史到全球史》中提到的《维梅尔的帽子》一书是兼具新文化史研究方法和全球史研究视野的史学佳作，这或许能体现未来史学的发展动向，也证明了新文化史与全球史合作的现实可能性。因此笔者接下来就这个问题陈述一二。

对于新文化史来说，它面对的最大批判之一是加剧了史学的碎片化，这不仅体现在其多样而日益微观的研究课题加剧了史学主题的碎片化，也体现在新文化史导致的史学理论的解体效应，即新文化史所强调的“在二元对立的客观论模式经过‘主观论’角度的重新阐释之后，丧失了理论结合的能力”[②]。新文化史过于重视文化解释，却忽视社会和结构，以至于史家甚至无法给“文化”下一个恰当的定义。而全球史对此却大有作为，因为在全球史看来，结构和发展是关键因素，全球史不拘泥于历史细节，倡导构建宏大的历史图景，甚至期望即使是从一片“拇指甲般的草图”中也能窥得全景，颇有见微知著的学术追求。若新文化史能从全球史的上述特征中汲取营养，将社会和结构重视起来，不再湮没于碎片化的历史细节之中，不再一味强调文化的主动性，便能跳出当前的圈子，为新文化史开辟一条新的路径。

而全球史面临的批评大致有如下几点：一是过于重视宏大图景的构建，不注重原始材料，忽视历史细节和个体的发展；二是在跨文化交流史的书写

① ［美］格奥尔格·伊格尔斯、王晴佳：《全球史学史：从 18 世纪至当代》，第 403 页。

② 蒋竹山：《当代史学研究的趋势、方法与实践：从新文化史到全球史》，第 35—36 页。

中，往往“只见物、不见人”；三是过于强调外部因素对历史进程的推动作用而忽视内因。对于前两点，笔者认为全球史也可以从新文化史中获得启发。首先是全球史可以借鉴新文化史日益微观化的研究主题，如历法、身体、某种大众消费品、某种文化现象等等，促进全球史的“微观转向”，即从某一主题入手，勾勒出清晰的细节图，同时不忘其与外部世界千丝万缕的联系，构建宏大的历史图景。这样经过“显微聚焦”与“放大望远”双重关怀的历史书写后，定能呈现出一幅亦粗亦细的历史图景。

对于跨文化交流史书写中“只见物、不见人”的缺陷，新文化史大有用武之地。在跨文化交流的三个层面（物质的、制度的、精神的）中，精神层面的交流最为不易且交流过程最为复杂，它不同于物质层面简单的“互通有无”，而是两种或多种不同文化的相遇、碰撞、冲突、混杂、融合等等，虽然复杂但却无处不在。作为跨文化交流的主体或者载体，不同的“人”或者“人群”的自我认同问题、相处情况及其影响因素问题、相处模式、相处机制等问题则成为跨文化交流的重要议题。而新文化史注重考察历史中的文化因素和文化层面，且提出用文化观念解释历史，研究方法上也借鉴人类学、心理学等研究方法，这一点十分适用于全球史中跨文化交流史的研究。

举例说明，近来物质文化史颇为流行，以瓷器、茶叶、棉花、丝绸、烟草为主题的研究成果涌现，然而仍是“只见物、不见人”。笔者认为，“物质”常是精神层面交流的载体，物质层面的互通有无也往往包含了深刻的文化内涵，因此在物质文化史研究中，若能借鉴新文化史，做到“见物、亦见人”为最佳。杰里·本特利在《世界历史上的文化交流》一文中就试图归纳出世界历史上精神层面的互动模式，但是不幸的是他英年早逝，将这一重任留给了后学。

新文化史同全球史有其共同之处，如都是对传统史学的反动和发展、都倡导多学科合作等，亦有互相借鉴的地方，如以微观与宏观的结合来弥合两者之间的鸿沟等。因此，两者若能实现对话与合作，定能相得益彰。

《欧洲：一种观念的形成》评介

武海燕*

一

《欧洲：一种观念的形成》（*Europe*：*The Emergence of an Idea*）是已故英国著名历史学家丹尼斯·海伊（Denys Hay，1915—1994 年）的一部经典著作，1957 年由爱丁堡大学出版社出版。丹尼斯·海伊是爱丁堡大学的中世纪史教授，在欧洲中世纪史与文艺复兴史研究领域里享有盛誉，并以研究意大利文艺复兴史而著称。他一生著述颇丰，其著作主要涉及三个方面的主题：意大利文艺复兴、15 世纪的基督教与教会以及欧洲史学。除此书外，其重要的代表作有：《从罗马帝国到文艺复兴时期的欧洲》（*From Roman Empire to Renaissance Europe*）（1953 年）、《历史语境中的意大利文艺复兴》（*The Italian Renaissance in its Historical Background*）（1961 年，1977 年）、《14 世纪和 15 世纪的欧洲》（*Europe in the Fourteenth and Fifteenth Centuries*）（1966 年）、《15 世纪的意大利神职人员和意大利文化》（*Italian Clergy and Italian Culture in the Fifteenth Century*）（1973 年）、《编年史家和历史学家：8 世纪到 18 世纪的西方史学》（*Annalists and historians*：*Western historiography from the eighth to the eighteenth centuries*）（1977 年）、《文艺复兴论文集》（*Renaissance Essays*）（1988 年）、《文艺复兴时代的意大利，1380—1530 年》（*Italy in the Age of the Renaissance*，1380 – 1530 年）（1989 年）等。

* 作者简介：武海燕，历史学硕士，毕业于首都师范大学历史学院全球史研究中心。

海伊教授从1945年至1980年退休，一直任教于爱丁堡大学。同时，他还曾任职于皇家历史学会（the Royal Historical Society），并历任历史协会（the Historical Association ）主席、基督教学会主席、欧洲研究所历史研究员等职。为表彰其成就，爱丁堡大学的中世纪与文艺复兴研究中心（Centre for Medieval and Renaissance Studies）设立了以其名字命名的研讨会——丹尼斯·海伊研讨会（Denys Hay Seminar）。此研讨会是一个著名的、每周举办一次的系列研讨会，特邀英国、欧洲大陆和美国等地的学者作专题讲座，内容涉及中世纪和文艺复兴时期的历史、文学、语言、艺术史、音乐和神学等不同的研究领域，目的是促进跨学科和多学科的讨论与交流。

自20世纪50年代开始，随着欧洲一体化运动的不断发展，关于“欧洲观念”的研究开始成为学者们所关注的课题。有关“欧洲观念”的第一篇文章是意大利学者费德里克·-恰波德（Federico Chabod）于1947年发表的《欧洲观念》（*Lídea di Europa*），之后相继有德国历史学家海因茨·高尔威泽（Heinz Gollwitzer）的 *Europabild und Europagedanke*（1951年）和卡洛·库尔西奥（Carlo Curcio）的 *Europa*，*storia di un ídea*（1958年）等著作问世。但这些著作的论述重点均关注17世纪以后。丹尼斯·海伊则把研究重点放在“欧洲观念”出现和形成的中世纪时期。可以说，《欧洲：一种观念的形成》在1957年出版后，有关这方面的研究才真正开始兴盛起来，在欧洲史的研究领域里影响颇大。因此，这该书堪称是这个研究领域的开创性的经典之作。此书经作者对文章做了部分修改，并增加了导言和附录部分后，由爱丁堡大学出版社于1968年再版发行。遗憾的是该书目前尚无中文译本。笔者试依据其1968年版的英文版本对这本书的主要内容稍作评介，希望能对有兴趣的研究者有所帮助。

二

此书正文共分为七章，追溯了从古代直到18世纪“欧洲”观念的演进过程。作者在认真审阅了大量中世纪晚期至文艺复兴时期的原始文献之后发现，的确存在着一种“欧洲”认同，“欧洲”不只是个地理名词，而是一种实在的自我认知或观念，而这其中，“基督教世界”观念是最具影响力的单

一因素。[1] 作者运用极其丰富的原始资料详细考察了“基督教世界”（christendom）和“欧洲”（Europe）这两个概念的缘起、内涵以及随着时代变迁而产生的变化。他指出，中世纪早期的文献中“欧洲”一词很少出现，并且缺乏感情色彩。人们使用更多的概念是“基督教世界”[2]。在中世纪早期人们的意识中，还没有后来十字军东征所带来的近代最早的“欧洲”观念。

第一章标题为“欧罗巴与雅弗”，作者从古希腊神话开始讲起，考察了古代希腊人和罗马人对于欧洲的认识。古希腊人用“欧洲”一词来指称西方的大陆部分，以区别于爱琴海诸岛。“随着希腊在地中海地区的殖民扩展，这一术语开始用来指称整个希腊的大陆部分和西北方地区。”[3] 大约公元前5世纪时，世界的三分法开始为人们所接受。但对于希腊人而言，世界的两分法则更为流行：“东方与西方、波斯与希腊、亚洲与欧洲。”[4] 亚洲作为欧洲的对立面，被赋予了与希腊价值观相对立的形象。罗马人继承了希腊人三分世界的观念，并且罗马帝国的急速扩张又极大地丰富了罗马人的地理知识。但他们同时也继承了希腊人二元对立的文明划分观念。犹太人与基督徒受到希腊和罗马传统的影响，但却始终禁锢于圣经创世说的思想中，将世界的三个部分与诺亚的三个儿子联系起来，并赋予了诺亚三个儿子的名字以特别的意义，[5] 塞维利亚的伊西多尔在其《词源学》中对此做了详尽的描述，使这种观念盛行于整个中世纪时期。[6]

第二章主要探讨“基督教世界”观念的形成过程。罗马的霸权体系逐渐瓦解，蛮族入侵则加速了帝国的崩溃。以血亲关系和族间仇杀来维系忠诚的蛮族，对新征服的土地缺乏有效的政治统治，因此，基督教成为蛮族统治者利用的有效工具。罗马天主教在西欧的传播及教皇的努力使四分五裂的欧洲在宗教领域内逐渐实现了一种统一。尽管在皈依的蛮族中间依然存在异教传统，基督教内部也存在差异，并且在少数学者中间，依然承袭着旧有的地理知识和以“野蛮”与“文明”为划分标准的认知观念，然而，逐渐形成的以

---

① Denys Hay, *Europe: The Emergence of an Idea*, Edinburgh: Edinburgh University Press, 1968, “Introduction”, p. vi.

② Denys Hay, *Europe: The Emergence of an Idea*, p. 58.

③ Ibid., p. 2.

④ Ibid., p. 3.

⑤ Ibid., pp. 8 – 12.

⑥ Ibid., p. 14.

教会为基础的统一思想占据了主流地位，“划分世界的最后标准是基督教和非基督教”[①]。“Christianity”这个词从最初用以描述宗教本身，到逐渐发展为用以描述基督教所主导的地区，经历了缓慢而复杂的渐进过程。“基督教世界”观念所具有的地域内涵来源于与它邻近的不同文化群体，特别是与伊斯兰世界间的互动，穆斯林的不断扩张与攻击迫使基督教形成其地域观念。[②]因此说，是伊斯兰教世界与基督教世界之间的交往和冲突影响了西方最初的统一观念。[③] 这种观念在十字军东征时期得以最终实现和加强。

第三章主要介绍“欧洲”这一概念在中世纪的使用情况。作者通过对大量文献记载的分析发现，在“基督教世界”观念主导的情况下，“欧洲”这一指称大陆的术语相比“基督教世界”来说，尚缺乏内涵，并且多半只能在学者对于世界的地理描述中找到。[④] 中世纪的人们缺乏地理知识，除了继承古代希腊、罗马的传统思想外，“文献记载均非得于直接的观察和探寻”[⑤]。直至 13 世纪，人们所普遍接受的还依然是三分世界的传统思想。尽管十字军东征期间，人们对东方有了很多的了解，但关于东方的各种传说依旧主导着西方人对东方的看法。欧洲大陆优越于其他大陆的观点，以及三分世界和诺亚三子的故事也被不断重复着。作者以英国编年史为例，考证了中世纪早期各民族的编年史家均致力于将本民族的起源与《创世记》，以及他们所能找到的拉丁文献中的记载结合起来，这其中也包括特洛伊的传说。[⑥] “9 世纪时两个地域性帝国并存，而统一的教会还未形成的情况下使用的‘欧洲’这个词，到 11 世纪时已属于陈旧的过时概念。”[⑦] 一直到 13 世纪，“欧洲”一词更多的都是用于地理描述。“但到了 13 世纪末，随着现实主义制图学的出现，‘基督教世界’一词便渐渐过时了。”[⑧]

第四章分析了“基督教世界”观念逐步衰落的过程。“欧洲”一词虽然古已有之，但却很少有人使用，且大多数时候它都只是表明一种严格意义上

---

① Denys Hay, *Europe*: *The Emergence of an Idea*, p. 21.

② Ibid. , p. 24.

③ Ibid. , p. 25.

④ Ibid. , p. 37.

⑤ Ibid. , p. 37.

⑥ Ibid. , p. 49.

⑦ Ibid. , p. 52.

⑧ Ibid. , p. 55.

的地理概念，使用更多的是具有广泛世界意义的词——“基督教世界”。相对于缺乏情感的“欧洲”一词来说，“基督教世界”这个词则包含着深远的情感内涵。[①] 然而到了13世纪末，情况开始发生了变化。作者援引了但丁、彼得拉克等人的文献记载。他发现，在但丁的文章中，“欧洲”一词已不再只是用于单纯性的描述。而彼得拉克在其文章中，不但更加频繁地使用“欧洲”一词，而且对其赋予了完整的意义，表达出了“欧洲”与“基督教世界”含义的一致性。随着十字军东征运动的失败，天主教会的威望骤降，而各地的王权正逐渐加强，教权和帝国观念都呈现衰落的趋势。教会的分裂导致拉丁基督教世界的分裂，“教会以前那种国际性特征受到极大损害”[②]。“到14世纪中期，作为国际性组织的教会以及帝国的力量均已耗尽。”[③] 加之拉丁基督教世界内部经济贸易往来的发展和长期的饥荒、黑死病对欧洲的困扰，使“欧洲”情感逐渐明显地统一起来。民族意识的显著发展，使人们开始以民族作为自我认同的归属对象。14世纪和15世纪时，教皇已无法再动员十字军东征，亚洲的基督教领地也已丧失殆尽，“基督教世界”被完全拘于欧洲，因此，“15世纪的欧洲已经是个实际上的整体”[④]。

第五章探讨“欧洲”观念的形成。14、15世纪“欧洲”一词的使用频率和情感内涵都显著增加了。作者就其原因做了归纳，除了上一章所论述的“阿维尼翁之囚”、改革问题和康斯坦兹宗教会议的影响外，此章主要分析讨论了其他一些因素：人文主义思想的影响、君士坦丁堡的陷落和新的制图学的影响。教廷迁往阿维尼翁之后，由彼得拉克引发了一场关于教皇驻地的争论，在这期间，出现了一些界定“基督教世界”的新的思想观点。[⑤] 阿维尼翁和马赛，均被认为是“基督教世界”的中心。就此，反映出了一种截然不同的态度：在许多人的观念里，“基督教世界”与“欧洲”是等同的。“尽管康斯坦兹会议的教父们依旧使用传统的术语……但他们所面对的‘基督教世界’基本上就等同于‘欧洲’。”[⑥] 在庇护二世的文章中第一次将“欧洲”

---

① Heikki Mikkeli, *Europe as an Idea and an Identity*, Houndmills, Basingstoke, Hampshire: Macmillan Press; New York: St. Martin's Press, 1998, p. 30.

② Ibid., pp. 61 – 62.

③ Ibid., p. 64.

④ Ibid., p. 72.

⑤ Ibid., pp. 73 – 78.

⑥ Denys Hay, *Europe: The Emergence of an Idea*, pp. 80 – 81.

转化成为形容词来使用。并将“欧洲”和“基督教世界”、“欧洲人”和“基督徒”作为可互换的词汇。[①]“一种欧洲意识开始形成了。”[②]中世纪晚期新的用于旅行和航海的制图学也表现出并促进了这种思想趋势的发展。

第六章分析了文艺复兴时期的“基督教世界”观念。作者指出在14、15世纪，欧洲意识在逐渐形成，但是“欧洲”观念取代“基督教世界”观念是个长期的渐进过程。在庇护二世的文章中，他使用更多的还是“基督教世界”一词，“宗教在公共和私人生活中仍然是主要内容”[③]。虽然，15世纪时，教会已逐渐地方化，旧有的统一秩序被破坏，宗教会议运动和宗教改革动摇了教皇的地位。不过，“新教徒依然认同‘基督教世界’”，“无论是改革派还是反对派，他们所关注的，都在于将教会置于自己政府的掌控之中”[④]。15世纪后的海外扩张是影响“欧洲”观念形成的另一个因素。新大陆的发现，扩展了人们对于世界的认知，“更加刺激了人们探究欧洲人与其他大陆人区别的广泛兴趣”[⑤]。16世纪制图学的发展也为当时的人们提供了前所未有的真实的世界图景，“欧洲”一词也得到了更广泛的使用。有些艺术作品将大陆拟人化，“并呈现出一种日益增强的意识，即欧洲与其他大陆在性质上是不同的”[⑥]。而与此同时，旧有的观念仍继续发展着，创世故事和特洛伊传说“使欧洲作为一个整体，不只是源于宗教，而且还源于共同的人类起源”[⑦]。16世纪时，“欧洲”和“基督教世界”已经相互融合在一起。另一方面，土耳其人的威胁再次激起基督教领域内对和平的渴望和“基督教世界”的统一意识。“基督教世界”一词仍然存在，并“以一种更加模糊但普遍的情感得到世人的广泛认同和忠诚”[⑧]。无论是新教的英国，还是天主教的法国，在其大量的16世纪和17世纪早期的条约文献中都可以找到反映“基督教世界”的措辞，“信仰基督教的国家形成的体系构成了欧洲大陆外交

① Denys Hay, *Europe: The Emergence of an Idea*, p. 86.

② Ibid., p. 90.

③ Ibid., p. 96.

④ Ibid., p. 98.

⑤ Ibid., p. 99.

⑥ Ibid., pp. 104 – 105.

⑦ Ibid., p. 109.

⑧ Ibid., p. 111.

活动的基础”[①]。

第七章欧洲的前景，这一章简略地论述了文艺复兴时期“欧洲”意识进一步的发展情况和对欧洲边界的界定。在哈布斯堡王朝和波旁王朝统治时期，欧洲有了一种政治形式上的统一，这进一步影响了欧洲自我意识的形成，甚至有一种地图将欧洲描绘成了女王的形象。[②] 17世纪的思想家进一步深化了以文化统一性为基础的“基督教世界”和“欧洲”的自我认同意识。他们认为，实际上是欧洲主导着世界，不仅如此，“欧洲还是艺术与发明的唯一家园”[③] 和“自由的家园”[④]。在这一章的后半部分，作者简要考察了文艺复兴时期对欧洲边界的界定。上千年来，欧洲东部的边界一直定在顿河。大部分文艺复兴时期的地理学家也都遵循着这种界定，而有一部分人则提出不同的观点，由此便带来一个疑问：俄罗斯是否应该包括在欧洲之内？拿破仑战争时期，地理学家首先提出以乌拉尔河与乌拉尔山作为边界划分线，这种划分方式从19世纪中叶开始，为普通民众和欧洲政治家所普遍接受。20世纪60年代，苏联又提出了自己的划分标准。出于政治原因，东西方皆试图将俄罗斯划归自己一方。作者在文章结尾指出：“18世纪时普遍形成了一种欧洲的文化统一性和道德优越感，但这种观念并没有什么实际成效，作为‘基督教世界’后继者的欧洲，其宗教的普世精神构成了19世纪欧洲中心主义的特点。”[⑤] 第二次世界大战结束后，欧洲在世界上的主导地位随之丧失，人们试图为欧洲观念注入新的、实际的意义，使“欧洲”这一地域性称谓转变为一种政治规划。[⑥]

附录部分是作者的一篇论文，介绍了有关中世纪时对“大不列颠”这个术语的使用情况。

三

《欧洲：一种观念的形成》总共151页，实在算不上厚重，但初读该书

① Denys Hay, *Europe: The Emergence of an Idea*, p. 115.

② Ibid.，扉页。

③ Ibid.，p. 121.

④ Ibid.，P. 122.

⑤ Ibid.，p. 127.

⑥ Ibid.

便感到其内容的丰富，它绝不是属于那种可以速读的书。就笔者自身的阅读体会，认为此书有以下几个主要特点：

首先，该书最大的特点是作者运用了马克·布洛赫所谓的“历史语义学”的研究方法，即：“试图探寻和理解不断被使用的用以表达历史与思想的词汇。”① 海伊教授正是为中世纪后期文本中“欧洲”一词的频繁使用所震动，因此决定对此课题进行深入研究。作者运用丰富的史料，考察并梳理了“基督教世界”及“欧洲”这两个概念演绎的历史轨迹，探寻当时人们对所处社会的认知，并对其作了历时性的动态研究，从而在“欧洲”概念的变迁中探讨欧洲历史文化的演进。正如陈寅恪先生所说：“凡解释一字，即是作一部文化史。”通过审阅大量中世纪的档案文献资料，作者发现“在11世纪以前并没有对‘Christendom’的宣传，而只有对‘Christianity’的宣传”②。他考察了拉丁语“Christianitas”在不同地区和不同时期的文献中的使用情况，以及由这个词所派生出的各种用法，以此逐渐勾勒出“基督教世界”如何由一个表述宗教信仰的纯粹抽象的概念，逐渐发展出社会和情感内涵，到最后形成为有形的、具有地域性内涵的社会共有观念。另一方面，此书的研究方法还为观念史的研究提供了一个非常好的范式。

其次，该书资料丰富、内容翔实，大量的文献引述是这本书的另一大特点。从1948年作者开始搜集资料，到1957年此书出版，历时近10年。作者尽心搜寻了各种相关的历史文献资料，从有关欧罗巴和宙斯幻化神牛的古希腊神话，到中世纪和文艺复兴时期庞杂的文献记载，还有各种不同时期地图制图师对欧洲的描绘，甚至包括各种相关的绘画、雕塑等艺术品。值得一提的是，作者非常注重通过利用不同时期的世界地图，来解读当时人们对于世界的认知观念。书中随处可见作者引用的包括英文、法文、德文和拉丁文在内的各种一手材料，内容还包括一些信函、宣传手册、地图集和诗歌等各种题材。作者的立论均是基于原始档案材料的记载，不流于空洞，具有很强的说服力。这也充分反映了丹尼斯·海伊教授踏实严谨的治学态度。尽管这在阅读时会令读者感到一些困难，但同时也为研究者提供了更多的信息和进一步研究的渠道。此书的论述还囊括了大量历史学家和其他学者的研究成果，

---

① Denys Hay, *Europe: The Emergence of an Idea*, p. vi.

② Ibid., p. XX.

内容信息量非常大，可谓厚重博学。当然，大量的文献资料在使用时必须进行择选和压缩，这又不可避免地会导致片面、疏漏和误述，比如，第六章中对16、17世纪“基督教世界”观念的论述略显不够明晰和充分，在第七章中，对马基雅维利观点的转述也存在漏误，但对于这样一部耐人品读且具启发性的著作来说，这些缺陷是可以忽略的。

此外，该书在内容和结构安排上，条理清晰，层次分明。从古代的“欧洲”概念到“基督教世界”观念的形成，再到中世纪后期“欧洲”观念的出现及其与“基督教世界”观念的联系，最后到“基督教世界”观念和“欧洲”观念的发展和演变，层层递进，步步紧扣，逻辑线索非常明确。但是，尽管此书仍沿用以时间顺序为脉络的传统历史叙事方法，作者却并不拘于具体事件和地方的考察，而是始终将欧洲作为一个整体考察对象，从宏观角度加以分析。在海伊教授看来，欧洲是个整体概念，而非各个欧洲国家的总和。

同时，作者更注重长时段、跨文化的横向联系，从互动的角度对课题进行分析和解读。显然“欧洲”观念所具有的内涵是来源于与它邻近的不同文化群体，特别是伊斯兰世界间的互动。作者认为，“欧洲”观念的形成源于“基督教世界”的自我认同。而“基督教世界”观念正是在与伊斯兰世界不断的冲突与对抗中形成的。教会通过宣扬圣战的观念，在思想上将西欧统一为“拉丁基督教世界”，欧洲也得以第一次在“圣战”的旗帜下统一了起来。作者指出：没有伊斯兰教的扩张和对基督教地区的侵占，基督教社会的这种政治责任感就不会如此迅速地发展起来。① 穆斯林扩张的压力促使了“Christianitas（地区概念）与 Christianismus（宗教概念）区别开来”②。与外部世界的不断冲突使人们的观念中逐渐形成了拉丁基督教世界的边界线。一种具有实在领土内涵的“基督教世界”的意识，“甚至影响到几个世纪以后人们的思想和政治行为”③。15世纪土耳其人的进犯又促生了“欧洲”意识的形成，面对外部土耳其人的威胁时，“欧洲”一词被用于强调欧洲内部的和平统一和激发欧洲人的共同意识。作者还将研究对象置于长时段的历史进程中加以

---

① Denys Hay, *Europe: The Emergence of an Idea*, p. 26.

② Denys Hay, “Europe Revisited: 1979,” *History of European Ideas*. Vol. 1, 1980, pp. 1 – 6.

③ Denys Hay, *Europe: The Emergence of an Idea*, pp. 35 – 36.

考察，时间跨度从古代一直到18世纪，着重分析了“基督教世界”是如何在漫长且复杂的历史渐进过程中逐步与欧洲这片大陆相联系的。只有在这样长时段的考察中，才能明晰“欧洲”观念从产生、发展到最后形成的总体脉络，也才能够深刻地理解“欧洲”观念的本质内涵及意义。

18世纪开始，欧洲的确实现了一种统一，这种统一性是“基督教世界”不曾有过的。同时，随着全球化的不断深入，国家、地区和世界政治结构都表现出前所未有的复杂性，欧洲在全球性的发展中也在不断寻找着新的定位。在学术研究领域里，对“欧洲观念”和“欧洲认同”的研究也随着欧洲一体化的发展而不断深入。20世纪60年代开始，继高尔威泽、海伊和恰波德的书出版之后，似乎出现了一股风潮，一批批关于“欧洲观念”、“欧洲的起源”、“欧洲的诞生”的文章和著述不断涌现出来，其中不乏有人过分强调欧洲的同一性，不切实际地追寻中世纪早期的欧洲统一的根源。有些作品反映出很强的政治热情，有些则折射出“强烈的激进主义和完美主义倾向，并导致了一种事实与价值观相混杂的产物”①。丹尼斯·海伊在其《欧洲：一种观念的形成》第二版的导言中对此作了评述：“最近出现的一部分关于‘欧洲观念’的书籍似乎在制造一些新的神话，这些作者关注于促进欧洲的统一，为此他们努力诉求历史广泛的普遍性。对有些人来说，这种历史考察只是作为说明当代问题的历史背景。”② 他将这些作者戏谑地称为“纯粹的诗人”③。《欧洲：一种观念的形成》让我们得以触及“欧洲形成问题的实质，欧洲并非是一个物质实体，而是一种观念”④。通过对文本史料的分析表明，“欧洲”观念不是成形于所谓的“黑暗时代”，当然也不是任何中世纪早期的人有意识的创造。丹尼斯·海伊也承认历史学家无法将自己孤立于时代之外，但他的研究是基于对大量原始资料细致入微的考察和分析，从材料出发，用材料说话。所以说，他客观的历史主义态度、敏锐清醒的学术头脑为此书经典性的学术价值奠定了坚实的基础。作为“欧洲观念”研究的一部开

---

① Richard Swedberg, “The Idea of Europe and the Origin of the European Union- A Sociological Approach,” *Zeitschrift für Soziologie*, Jg. 23, Heft 5, Oktober 1994, pp. 378 – 387.

② Denys Hay, *Europe: The Emergence of an Idea*, p. xvii.

③ Ibid., p. xviii.

④ Ross Balzaretti, “The Creation of Europe,” *History Workshop*, No. 33, (Sping, 1992), pp. 181 – 196.

创性和领航式的经典之作，《欧洲：一种观念的形成》出版后的近60年来，不断地为各国学者所重视并反复引用，凡是涉及“基督教世界”观念和“欧洲”观念的研究，此书均被作为必不可少的参考资料。无论其论述观点及研究课题的现实意义，还是其整体性、多角度的研究视角和多元的研究方法，都仍然具有极大的启发意义和学习价值。

《伟大的海——地中海人类史》简评

武逸天[*]

今天的地中海是个旅游胜地，它的阳光、海滩、建筑和历史每年能吸引2.3亿游客，[②] 除此之外，还有很多永久移民自世界各地迁移至地中海北岸——很大程度上是因为这里属于拥有地中海气候的欧洲，而非归功于这里属于地中海地区。移民们或是为了颐养晚年，或是为了逃避战乱，或是为了更好的工作机会，他们中的大多数人或是使用英国发明的火车自北欧南下，或是使用美国发明的飞机穿梭于南欧、北非和西亚的蓝天——英国和美国都不是地中海国家，但近200年来，这两个国家除了发明如今通往地中海地区最为普遍的两种交通手段外，还几乎主宰了地中海世界的命运。虽不可否认，在这个全球化的时代里，地中海的海水仍会因一些地区热点——如直布罗陀问题，利比亚问题以及最近的叙利亚问题等——而掀起波澜，但与过去几千年来的历史地位相比，在现在的世界局势下，今天的地中海似乎过于平静了。

公元前19000年前，地中海地区的居民们蹚过地中海的海水来寻找制作石器的黑曜石，地中海便成了人类历史的一个舞台。它是地中海沿岸居民交往的通道，也是欧亚非三洲地理上、文化上的分隔带；它的水域曾作为世界古代史上最强大帝国的“内湖”而繁忙无比，也曾作为东西方文明对抗的一个主战场而硝烟弥漫。这样一个充满传奇的地区，自然也成了历史学家关注

---

* 作者简介：武逸天，首都师范大学历史学院全球史研究中心硕士研究生。

② David Abulafia, *The Great Sea*: *A Human History of the Mediterranean*, New York: Oxford University Press, Inc., 2011, p. 631.

的焦点，其中最为著名的莫过于布罗代尔的《菲利普二世时期的地中海与地中海世界》。这是一本充分利用跨学科研究成果的著作，其中的许多论证——如关于16世纪陆路运输与海路运输比较的研究等——成为之后史学界经常引用的定理式的结论。除此之外，这本书还将重点放在时刻影响着地中海地区人类文明的长时段和中时段的历史要素上，这一做法堪称历史学在20世纪的一次飞跃。不过也正因如此，这本书的内容对于一般读者而言显得过于庞杂，篇幅也过于浩瀚，况且尽管它论证的重点在于长时段和中时段要素，但毕竟不是一部通史，因此，想要对地中海历史有一个全景式的了解，这本书就显得有些不太适宜了。而戴维·阿布拉菲亚的《伟大的海——地中海人类史》则很好地完成了这一任务。

地区史写作，尤其是对于像地中海这样广阔的没有人烟的地区进行历史描述，有着不少难点。首先，地区史写作必须从时间和空间上人为地设定一个写作范围。就时间上而言，需要确定起笔和结束的年代，以及对每个时代的写作分配不同的笔墨，从而做到详略得当，这往往涉及全书的结构。

地中海史写作的起笔至远可以放在地中海地区在地理上形成的开端，这段历史决定了这个地区的地形地貌以及气候变化的基础，这些因素对人类的历史而言可谓至关重要，否则农业的产生可能就不会出现在地中海东岸的新月沃地了，同时也正因为有这样一个开端，我们才会称呼那片海为地中海。或者可以将开端放在地中海地区年代最早的人类学考古遗迹上，虽然那些原始人类还不是真正的人类，尚无所谓文化或文化仍处于萌芽状态，但通过体质人类学的研究手段，那些化石却能告诉我们地中海地区人类分布的特征和变迁。也可以将开端放在最早的文明上，可以是以埃及文明为开端（如约翰·朱利叶斯·诺维奇的《地中海史》），或者可以以在米洛斯、克里特、西西里等地中海岛屿上发现的文明遗迹为中心（如该书，这种做法与以埃及文明为开端的不同之处将在下文提及），这样撰写出来的历史就是最狭义，也最容易被人接受的历史了。

地中海地区并非天然地构成一个整体，我们只能人为地将之理解为或者描述为一个整体，这样一来，虽然为地中海史找到一个开端或许还比较容易，但由于地中海在客观上并不存在一个灭亡或结束的时间点，也就是说如果我们愿意的话，我们和我们的子孙完全可以把一本地中海史写到地老天荒，所以选择在何处停笔或者以何种方式停笔也成了值得研究的课题。自勒班陀海战后地中海的海面上就再也没有发生过重要性与之相当的战争，而“大规模的战争的衰落以它自己的方式预示着地中海本身的衰落”①。用阿布拉菲亚的话说，“到 18 世纪时，地中海逐渐成为了主要活动在地中海之外的强权之间争战的战场”②——虽然阿布拉菲亚在描述他所说的这个“第四地中海”时仍在不断强调地中海作为一个整体的历史，但不可否认的是，即便地中海世界仍可以被作为一个整体来描述，它对于世界的重要性也在“第四地中海”时期大大降低了，而那种整体性较之从前也显得更为牵强了。对任何通史写作而言，都存在一个离我们越近的时代材料越丰富而反之则材料越贫乏的定律，地中海史写作也是毫不例外的。可尴尬的是，如前所述，地中海的历史从 18 世纪开始就主要由区域外的大国所主导了，而正是从那个时代开始，历史资料变得越来越详细，这之后的历史正是我们最熟悉的历史，难道一部地中海史要花大量的篇幅来描述区域外的大国，或者区域内那些可能是鸡毛蒜皮的小事吗？或者应该就此而草草收笔呢？另一位地中海史作者约翰·朱利叶斯·诺维奇在他的《地中海史》序言里写道：

> 我决定把本书结尾定在第一次世界大战……如果这本书一直写到两次世界大战，结束于 1945 年，那么至少要增加一半的篇幅。如果再叙述多一点，譬如写到 1948 年以色列的建国，那就需要联系当代局势了。③

让一本通史戛然而止显然是非常遗憾的，但让一本地中海史一半以上的章节成为类似于“二战时期的地中海”，“冷战时期的地中海”这样东拼西凑的东西显然更加让人懊恼。

阿布拉菲亚解决这一问题的手段非常巧妙，他既将地中海的历史写到了今天，完成了历史与现实的结合，同时又避免了喧宾夺主或废话连篇的窘

---

① ［法］费尔南·布罗代尔：《菲利普二世时代的地中海和地中海世界》，唐家龙、曾培耿等译，商务印书馆 2011 年版，第 955 页。

② David Abulafia, “Mediterranean History”, in Jerry Bentley, ed., *The Oxford Handbook of World History*, New York: Oxford University Press, Inc., 2011, p. 506.

③ ［英］约翰·朱利叶斯·诺维奇：《地中海史》，殷亚平等译，东方出版中心 2011 年版，第 2 页。

境。在描述最后一个地中海时，他开始从一个旅游胜地和文化传播中心的角度来写作，这毫无疑问是非常客观的，如本文开头所讲。而在倒数第二章“碎片化的地中海”里，作者仅用十多页就写完了 1945 年到 1990 年间地中海的政治史，整个章节很像是一张素描，简单地勾勒出了地中海地区的政治在这一时代的碎片化，全篇没有详尽的事件描述，也没有大段的分析——那样的话就涉及太多域外的历史了，甚至让人读起来感觉不像是在读现代史，因为它缺少现代史作品里常见的大量电报、文件、新闻等历史资料的引用，它更像是拿广角镜而不是长焦镜甚至显微镜在观察现代史——不过这对地中海史的现代部分的写作非常恰当。

在解决了起笔与停笔的时间问题之后，就该考虑如何按时间顺序设计整本书的结构了。时间是均匀流动的，而一个地区的人类历史却有高潮，有低谷，有稳定，有动乱，在理解的时候是可以分段的，甚至可以说，由于存在罗马帝国，文艺复兴这些在我们无法不提及的历史时段概念，再加上历史学家不可能像上帝一样掌握历史上的所有数据，也不可能将所有历史要素全都数据化，从而像数学家一样用一条曲线就解决自己的问题，所以分段理解历史也是必须的。阿布拉菲亚以五个地中海的方式来设计该书的结构，第一地中海从公元前 22000 年到公元前 1000 年；第二地中海，从公元前 1000 年到公元 600 年；第三地中海，从 600 年到 1350 年；第四地中海，从 1350 年到 1830 年；第五地中海，从 1830 年到 2010 年。[①] 在另一篇文章中，阿布拉菲亚给出了这样分段的依据：第一地中海从“人类开始进行跨越水域的联系”到“地中海东部伟大的青铜文明的崩溃”；第二地中海从“腓尼基人和后来的希腊人重开向西的贸易路线，并在北非、撒丁岛、西西里、意大利南部、西班牙和法兰西南部地区进行殖民”到“地中海东端和西端紧密联系的消失……拜占庭在近东和西欧失去它很多最珍贵的属地”；第三地中海从“所谓‘黑暗时代’的浑浊水域”到“黑死病带走了地中海周边土地上多达一半人口的生命，基督教欧洲和伊斯兰土地上的经济体系以非常的方式进行了重组”；第四地中海从“土耳其人控制了爱琴海，阻碍了糖等产品的贸易通道”到 18 世纪末“地中海成为拿破仑法国和大不列颠之间海战的主战场之一”；第五地中海从“英国与法国合作开挖苏伊士运河，将地中海变成另一种‘中

① David Abulafia, *The Great Sea*: *A Human History of the Mediterranean*, Contents.

间的海'" 直到2010年。[①] 这种极其粗略的，乍一看让人感觉摸不着头脑的分段方式或许会让很多读者不适应，一般而言我们习惯于那种"1. 远古时代；2. 克里特和迈锡尼文明；3. 波斯、雅典和斯巴达；4. 马其顿与希腊化时代；5. 罗马帝国……"的分段方式，但阿布拉菲亚的分段方式至少可以避免这本书成为与地中海相关的各种论文和文献的大杂烩。试想如果一本地中海史将章节分得过于细致，当它讲到罗马帝国或是十字军的时候，如何能免于走在众多的古罗马史或十字军史的专著的阴影之中呢？虽然粗略的分段法亦不能确保一定能避免这种问题，但至少不至于给这本书限定太多的条条框框来抑制新论点的出现。阿布拉菲亚的这本著作每章下面的小节并不严格按照时间顺序排列，这些小节是以不同的主题为中心的，不同的主题之间有着重叠的时间，这样做更容易体现出历史发展的逻辑，如前所述，时间是均匀的，但历史至少从叙述上而言是不均匀的。

时间范围确定之后是空间范围上的问题。地中海的地理位置毋庸赘言，就地理面貌讲，地中海是一片包裹在三块人口密集的大陆之间的一块荒无人烟的广大区域，在这一范围内生活的人类要么是住在海岛上（在历史上这些海岛或是中转站，或是海盗窝），要么是驾船航行在海面上的水手和商人，那么他们当然是地中海历史最不可缺少的要素了。除此之外，即便是最狭义的地中海历史也必然要包含这之外的内容，岛屿上的居民很难仅依靠本岛的资源就维持生活，而那些海盗更是依赖于对往来商船的抢劫了；商船不可能永远行驶在海面上，除了在海岛上做必要的中转外，它们也必然要在大陆海岸线上的港口停泊，交易，它们会有自己的母港，绝大多数时间受到某个国家或某个势力的保护；商船上的货物的产地亦不局限于海港，事实上大多数货物来自腹地，甚至有不少来自远东和南亚；水手和商人们在航行时除了携带着产自各地的食品、货物、武器等实在的物品外，还必然携带着各自的宗教、审美情趣、科学技术等形而上的东西，地中海区是东西方文明交流和竞争的前沿地带，两种甚至两种以上的文明除了互相交换了各自的理念，还在各个地区不同程度上杂糅出新的文化，这些文化又会有新的传播。那么这些水手和商人、船队的保护者、港口、货物产地以至文化是否也是地中海史的一部分呢？答案是肯定的，不过我们并不想要一本关键词包含"地中海"三

① David Abulafia, "Mediterranean History", pp. 500 – 506.

个字的论文汇编，所以就必须在此之内画出一个可以拿捏的范围，或者以地中海为中心画一个大小适度的长方形，以这个长方形为背景描述这个范围内的历史，或者做出一个逻辑链条上的范围，找出那些最直接影响地中海海面上的历史的东西。前一种方案未免画地为牢，尤其是当16世纪地中海的衰落伴随着全球化趋势的出现以后，单纯地描绘地中海区域内历史或以地中海为中心描绘全球历史都变得不可能时，这种弊端就尤其明显。阿布拉菲亚选择了后一种方案，但这样做就必须找到合适的写作中心，也就是变化无常的地中海海面上，那些几千年来一直存在的要素，以突出整本书的整体性。这便涉及这本书应该以什么为核心内容的问题了。

最先被想到的是季风、洋流等自然环境，这正是布罗代尔的视角，这位享誉全球的历史学家在《菲利普二世时期的地中海与地中海世界中》花了好几百页的篇幅来讲述这一问题。阿布拉菲亚的这本《伟大的海——地中海人类史》在序章“名号繁多的海”里也用了好几页的篇幅来回顾自然环境，不过，他的眼光更多地放在了人的身上，在序章的末尾几段他写道：

> 本书并不否认季风和洋流的重要性，但是本书力图将目光停留在人类横穿地中海的历史上，聚焦在对那些航行在海面上的人们而言不可或缺的港口和岛屿的生活经验上。①

对于海洋而言，自人学会造船之后，航行就是一个永恒的主题了，各种战船、商船包括较不重要的渔船，以及新近出现的游船，甚至常常被忽略的海盗船都受到作者格外的青睐——在第四地中海之前的几乎每一个章节，都会出现海盗这个词，他们时而是利欲熏心的强盗，时而是心怀叵测的异教徒，时而是武装精良的敌国海军，与这些船只紧密相连的港口的变迁、贸易的形式、观念的传播也是作者关注的部分。与之相对应，包裹着地中海的大陆上那些尽管在世界历史上很重要，却带有更多“陆地性”的部分，例如大帝国的内政外交，宗教的内涵，争霸战争对于地中海史而言则是不重要的。阿布拉菲亚在这本书的前言开门见山地说：

---

① David Abulafia, *The Great Sea*: *A Human History of the Mediterranean*, xxx.

> “地中海史”可以指代很多东西。本书是一本关于地中海海洋的历史，而不是环绕其四周的陆地的历史。[①]

这也是为什么虽然埃及邻近地中海，古埃及文明无论从重要性上还是辉煌程度上都比地中海小岛上“可怜的”岛民们要强得多，但作者却仍旧以那些岛民为起点而有些冷落埃及的原因。在古典时代地中海成了罗马帝国的内湖，罗马帝国的兴衰在地中海史上占据两章在很多读者眼里可能都不为过，但在本书，它只是与希腊化时代并列存在于第二地中海一章之内，作者并没有阐述它庞杂的政治史，作者的笔墨更多地花在了地中海上的谷物和盐的交易上，以及海洋三岸逐渐被整合成一个整体的脉络上。基督教和伊斯兰教的争端是地中海历史上延续千年的主题，但作者将精力放在了描述他们的传播、交流和冲突上，对两种宗教的教义却很少提及。有关两次世界大战以及冷战的描述只是第五地中海一章最末尾的寥寥二十几页，而之前的一节“四个半城市的故事”就有17页，最后一章“最后一个地中海”主要谈论旅游、美食等主题，这一节的最后一部分两页的篇幅谈了一些地中海地区在当前世界的处境以及对地中海前景的展望——严格说来这已经不算是历史了，这一章竟也有13页之多，这足以说明，在阿布拉菲亚眼中，对地中海史而言，君士坦丁堡、萨洛尼卡、士麦那、特拉维夫—雅法和亚历山大里亚这几个港口显然要比北部欧洲和北美的列强们的隆隆炮火要重要，而地中海的游船和美食的重要性也至少堪比两大霸权国家在全球的剑拔弩张。正是这种主次安排，成功地使一本地中海史避免成为各种论文的拼凑，而成为一部难得的佳作。

阿布拉菲亚在其论文“作为全球史的地中海史”的末尾，对地中海史的这种整体性做了总结：

> 地中海史的整体性也就因此而有些看似矛盾地落脚于它令人目眩的可变性上，落脚于商人和流亡者的离散上，落脚于那些匆忙穿越海面，不敢稍作徘徊——尤其是在冬天，当航行变得危险时——的人身上。对岸如此之近，以至于人们可以往来交流；而又如此之远，以至于两岸的

① David Abulafia, *The Great Sea*: *A Human History of the Mediterranean*, xvii.

社会在各自腹地和对岸的影响下各有不同地发展下去。从跨越海面的人身上常常很难发现有什么他们故土的特色（如果说“特色”这个词有什么意义的话）。从去中心化的意义上讲，如果他们在出航时还不是外来者，那么当他们跨越海洋到了另一些社会的时候，可能就是了，无论他们是商人、奴隶还是香客。但他们的出现将一块大陆的某些文化传播到外缘或至少是另一块大陆，这可能会影响这些不同的社会使它们发生改变。①

从全球史写作的角度讲，阿布拉菲亚这种将视角放在跨越海洋的人（也就是跨越欧洲、西亚和北非三个地区进行跨文化交流的人）的做法，同时也完成了对这一区域进行去中心化的工作。在谈到自己的这本新书时，作者说：

诸如去中心化的历史、全球视野下的地区史这些概念，有助于我们对地中海史，以及其他类似于地中海的区域的历史下一个更为明晰的定义。②

地中海是一个大多数时间（唯一的例外可能就是第二地中海时期）处在欧洲、西亚和北非三个中心之间的地区，阿布拉菲亚的这一作品显然是有很大借鉴意义的，如阿布拉菲亚所说，这个世界上存在着许多类似于地中海的地区，如处在南部非洲、西亚和北非包裹之下的撒哈拉沙漠，处在北欧、中欧和东欧包裹之下的波罗的海，处在中国大陆、朝鲜半岛和日本岛包裹之下的东海等；甚至其他一些虽非大块荒无人烟的区域，也非夹在数个中心之间的区域的地区，也可以从这本书得到有益的经验，如丝绸之路或京杭运河，从而避免使它们的历史成为单纯的开凿史或其两侧地区的静态的历史。

① David Abulafia, “Mediterranean History as Global History,” *History and Theory* 50 (May, 2011), p. 228.

② David Abulafia, “Mediterranean History as Global History,” p. 220.

学术信息

世界史学会第22届年会简述

王晓辉*

2013年6月26—29日，由世界史学会（World History Association，WHA）主办，北亨内平社区学院（North Hennepin Community College）协办的“世界史学会第22届年会”在美国明尼苏达州最大城市明尼阿波利斯市（Minneapolis）举行。此次年会共有来自世界各地的200余名学者参会。首都师范大学全球史中心的刘文明教授、陈晓华教授和博士生王晓辉参加了本届年会。

世界史学会是1982年在美国成立的一个国际性学术组织，其成员来自世界40多个国家和地区，其宗旨在于促进世界史领域的学术研究和教学，并增进公众对世界史的了解。该学会是国际世界史研究领域的重要学术团体，会员众多，颇具学术影响力。首都师范大学全球史研究中心自创建以来就与世界史学会保持着密切联系，并于2011年7月协办了世界史学会第20届年会，是世界史学会永久会员。在27日上午举行的开幕式中，世界史学会主席马克·杰森·吉尔伯特（Marc Jason Gilbert）先生专门对首都师范大学全球史研究中心进行了介绍，回忆了由全球史中心协办的世界史学会第20届年会的盛况，盛赞该次年会是世界史学会历史上最成功的年会之一，并对中心成员的与会表示了热烈的欢迎。随后，该次年会的主办方代表明尼苏达州州务卿马克·里奇（Mark Ritchie）先生对来自世界各地的学者表示了热烈的欢迎，并表示作为一名世界历史的爱好者，他为全世界的世界史学者能汇聚在明尼苏达而感到骄傲。

---

* 作者简介：王晓辉，首都师范大学会球史专业博士生。

该次年会的两大议题是"世界历史上的离散社群和难民"以及"道路、河流与世界历史"。世界史学会主席马克先生介绍道，之所以选择这两个议题作为本届年会的主题，主要是出于两个方面的原因：首先，这两个议题与世界史所倡导的在历史研究中超越民族国家藩篱的研究理念相契合，而且这两个议题近年来也一直是世界史学界所关注的重点；其次，在本届年会的主办地明尼阿波利斯来对这些问题进行探讨非常适合。明尼阿波利斯是一座主要由移民建立的城市，其移民来自世界各地。而且，著名的密西西比河纵贯该州，并将明尼阿波利斯一分为二，对该地的历史发展产生了重要的影响。除这两大主题外，历史研究中对网络资源的利用、大历史（Big History）、世界史教学以及明尼苏达州历史与世界历史的联系等问题也是与会学者关注的重点，围绕这几个问题主办方组织了多场圆桌会议。除此之外，一些与会学者根据自己的研究领域和兴趣爱好也提交了为数不少的其他方面的论文。本着百花齐放、兼收并蓄的原则，只要论文突出了全球史的研究理念，本次会议也将其收入其中，并按研究方向给予分类，编入不同的小组予以专门讨论，如：东亚历史上的跨文化艺术；帝国的焦虑：性别、肤色和犯罪；19 世纪的疾病：黄热病与瘟疫；古代世界的战争与和平等。为此，本次年会的分组讨论 50 余场，这也为大家开阔眼界，了解国外学者最近的研究动向提供了难得的机会。自上届年会开始，世界史学会开始在会议期间举办图书作者见面会，以加强图书作者和读者之间的互动和沟通，并起到了良好的效果。本届年会延续了这一做法，共设置了 8 场图书作者见面会，参加本次读者见面会的有《大历史：在虚无和包罗万象之间》（*Big History*：*Between Nothing and Everything*）的作者克雷格·本杰明（Craig Benjamin ）和辛西娅·斯托克斯·布朗（Cynthia Stokes Brown）以及《当亚洲就是世界》（*When Asia Was the World*）的作者斯图尔特·戈登（Stewart Gordon）等。笔者认为这种方式方便和增进了学者与图书作者之间的沟通和交流，是一种非常值得我们在国内学术会议中学习借鉴的一种做法。

在该次年会中，首都师范大学全球史中心的与会成员向本届年会提交了高质量的论文，其中刘文明教授的论文题目是"A Particular Case of Diaspora：Caretakers of King Sulu's Tomb in China，1417 – 1733"，陈晓华教授的论文题目是"On the Codification of the Complete Collection in Four Treasuries and Encyclopedia for Science，Arts and Crafts Dictionary Explained in Detail"。刘文明教

授的论文主要论及了明永乐年间从菲律宾远赴中国的苏禄王及其后裔在中国的传奇经历，该论文不仅与本届年会的议题相契合，而且其背后也揭示了中华文明兼容并蓄、热爱和平以及热情好客的特征。陈晓华教授的论文对比了基本处于同一时期的清代《四库全书》的编纂与法国启蒙运动期间《百科全书》的编纂，通过对其编纂背景及内容的分析，揭示了两国历史发展的不同轨迹。这两篇论文均引起了与会学者的高度关注，在论文宣讲期间有众多学者参与其中。意大利著名历史学家克罗齐曾言“一切真历史都是当代史”。笔者对此深以为然。虽然这两篇论文谈论的都是历史问题，但在论文宣讲后，参会的国外学者除就论文的主题和一些细节进行了提问外，也提及了一些相关的历史和现实问题。如对于刘文明教授论文中涉及的郑和下西洋问题，一些学者就提出了不同的观点和看法，并引申到当下的一些现实问题。围绕这些问题，与会学者进行了深入的交流，并取得了一定的共识。

笔者认为这样的沟通和交流是非常有价值的。全球史的一个突出特点就是强调不同国家、地区和文明间横向联系的重要作用，而类似这样来自不同国家和地区间世界史学者的深入沟通和交流无疑也正是这种横向联系的表现之一。通过沟通和交流，双方对一些有分歧的问题有了多角度和更深一步的认识，从而一定程度上起到了增进了解，消除隔阂和形成共识的作用。历史学者之间这种横向的联系无疑会对学术的发展起到促进作用。推而广之，历史上不同国家和地区间经济、文化的交流则更无疑也是推动历史发展的动力之一。而这也正是全球史的重要理念之一。

世界史的蓬勃发展离不开众多学者的支持和贡献。为此，世界史学会在每届年会中都会对为世界史理论和推广作出卓越贡献的学者加以奖掖。本次获得“世界历史先驱奖”的是匹兹堡大学的帕特里克·曼宁（Patrick Manning）教授和马里兰州麦克多诺学校（McDonogh School）的校长安妮·林特薇特（Ane Lintvedt）女士。曼宁教授曾任美国东北大学世界史中心主任，现任匹兹堡大学教授，是匹兹堡大学世界史中心的主要负责人。曼宁教授主要从事非洲史和全球史理论的研究，著有《世界史导航》、《世界史：全球与地方互动》以及《世界历史上的移民》等。此外，曼宁教授在推动世界史研究和教学上也作出了卓越贡献，尤其是其负责的“世界史博士论文开题研讨会”已连续举办数届，为促进世界史教学和科研，加强世界各地青年世界史学者的沟通和交流提供了重要的机会和平台。安妮·林特薇特女士是麦克多诺学校的现任校长。麦克多诺学校在美国有很高的知名度，其毕业生中有1/4的学生能进入常春藤名校。安妮·林特薇特女士自担任该校校长以来，在该校大力推广世界史课程，为世界史的教学和推广作出了卓越贡献。

略显遗憾的是，在本届年会上来自中国的学者仍不多见。只有首都师范大学全球史中心的三位代表来自大陆地区，其他三位参会的华人学者均在美国大学从事世界史的教学和研究工作。近年来，虽然全球史在我国已取得了一定的发展，其学术创新也受到了学界的广泛认可，但不可否认的是作为一门新兴的历史学分支学科，全球史研究在我国还处于起步阶段，其进一步发展和完善尚需众多学者的积极参与。全球史研究是全球化时代的内在需求，也是我国世界史学者应该承担起的使命。为此，笔者希望将来能有更多的学者走出去，积极从事全球史研究并发出自己的声音。

ChronoZoom：一种运用缩放技术的历史学教学工具

段会川*

本文从计算机技术的角度对“大历史”的表达与展示工具 ChronoZoom 进行扼要介绍。文中将说明该工具突出的技术和原理特征，包括基于缩放的界面设计、基于浏览的知识展示以及基于触摸的操作模式等。这些特点特别适宜于表达和展示以时间为主轴的历史事件和知识，因而在历史学教学方面有较好的应用潜力。文中还将指出，作为一种普适的非线性分布的知识表达和展示范式，ChronoZoom 有广阔的推广应用前景。文中简述了 ChronoZoom 在山东师范大学的初步部署和实践。笔者期望通过本文的介绍获得历史学者对 ChronoZoom 的关注，并计划通过进一步的研究和应用实践，向“大历史”注入重要的中国历史元素，同时将 ChronoZoom 本地化为可展示各种“小历史”的教学工具。

1. 引　言

ChronoZoom 是 2009 年加州大学伯克利分校的罗兰·赛库（Roland Saekow）在参加沃尔特·埃尔瓦瑞兹（Walter Alvarez）教授的“大历史”

* 作者简介：段会川，山东师范大学信息科学与工程学院教师，计算机专业教授，计算机软件与理论专业硕士生导师，管理科学与工程专业博士，物理学专业硕士、学士。电子邮箱：hcduan@vip. 126. com。

课程时触发灵感并提出的[①]，其最初的目的是为展示“大历史”[②③] 研究资料和成果提供方便、高效、生动的工具支持。

“大历史”横跨从大爆炸至今137亿年的全宇宙，其资料和成果在超级时间尺度上的非线性分布与多样性是传统工具所很难有效表达的。沃尔特·埃尔瓦瑞兹与罗兰·赛库科学构思并设计了ChronoZoom的初始版本，证明了它可以很好地解决“大历史”资料和成果的表达和展示问题。此后，ChronoZoom获得了Microsoft的大力支持，并且由Microsoft牵头，加州大学伯克利分校、莫斯科国立大学和华盛顿大学等参与组成了研发团队。

ChronoZoom正在从初始的“大历史”展示工具向“大历史”知识表达平台发展，目前已推出了实现基本功能的2.0版[④]，研发团队正在努力研制下一个功能更强的版本。ChronoZoom采用了开源的软件机制，即它的计算机软件开发代码是公开的，允许任何人进行移植和改进。

2013年3月，国际大历史协会国际协调人美国南缅因大学罗柏安（Barry H. Rodrigue）博士对山东师范大学进行了访学活动[⑤]。罗柏安博士利用三周的时间，以学术报告的形式，向历史与社会发展学院的教师、研究生和本科生系统、深入地讲述了“大历史”的具体内涵、发展过程和研究状况。期间，罗兰·赛库应邀来山东师范大学信息科学与工程学院作了关于ChronoZoom的技术报告。

“大历史”与ChronoZoom的学术和技术报告活动使学校的部分学者、研究生和本科生受到了启发。孙超博士拟以“大历史”思维开展专题性的历史研究，段会川教授拟开展ChronoZoom的本地化研究以及其在教学上的推广和应用。

---

① Microsoft Research, *ChronoZoom Background*, http://research.microsoft.com/en-us/projects/chronozoom/about.aspx.

② *Big History Project*, https://www.bighistoryproject.com.

③ *Big History on Wikipedia*, http://en.wikipedia.org/wiki/Macro_history.

④ *ChronoZoom*, http://www.chronozoom.com.

⑤ Barry Rodrigue, *International Big History Association Members' Newsletter*, No.6, Vol III, Jun 2013.

2. ChronoZoom 的设计思想与方法

ChronoZoom 的设计者并不仅仅注重其计算机的工具性，这是笔者看好它有良好前景的重要因素。ChronoZoom 首先是一种思维方式，它将计算机的工具性以一种自然的方式融入到“大历史”知识和事件中。它以缩放（zoom）的形式高效地解决了从百亿年级到年度级的巨大时间尺度比例变换问题，同时也解决了随时间非线性分布的知识和事件的展示和浏览问题，而知识和事件随维度的非线性分布是其客观的内在属性。

ChronoZoom 将宇宙、地理、生命、人文等各种不同领域中的知识和事件表达和展示于同一框架，很好地诠释了“大历史即所有”（big history is everything）的核心思维。传统的知识系统基于搜索，而 ChronoZoom 更强调浏览和展示，在浏览中蕴含搜索。

毫无疑问，ChronoZoom 需要采用先进的、富有创造性的技术来实现。然而，其实现方式和效果的构思却融入了很强的人体工学，这在一定程度上淡化了技术的刻板性。而将强调逻辑、规则、效率与确定性的技术与强调考证、思维、思想、文化的历史人文进行恰如其分的融合也是“大历史”思维的一种体现和实践。

ChronoZoom 采用了目前流行的触摸操作方式，以“炫”和“酷”的手法实现知识的浏览，但其方式却不是“炫耀”。一方面，它体现了计算机技术在经历了必要的历史发展阶段后，已经跃升到更加贴近人体工学和人文艺术的新阶段，另一方面，也正是这些新潮的技术方式使 ChronoZoom 实现了“大历史”知识的恰当表达。

3. ChronoZoom 的应用研究

ChronoZoom 在表达以时间为主轴的“大历史”知识和事件方面表现出了良好的适合性。笔者认为，作为一种普适的按维度非线性分布的知识和事件表达的工具和方法，ChronoZoom 有其广泛的研究和推广应用价值。

首先，它可以应用在任何以时间为主轴的知识和事件表达中，这个特点尤其适应于历史学课程内容的表达，因而它在历史学教学上的应用是很自然的；其次，通过减小的宏观时长，如将百亿年减小到千年甚至更短，而提高时间的最小分辨率，如月、天甚至秒、毫秒量级，可将它用来展示常规时间尺度或微观时间尺度上的知识分布；再次，ChronoZoom 的时间主轴可以转化为任何的知识维度，如空间维度、分层维度、组织范围维度等。总之，ChronoZoom 在继续加强其在“大历史”知识方面表达能力的同时，可以作为一种普适的工具推广应用到普通历史和其他非时间维度表达的知识和事件体系中，为相应领域中的教学提供工具支持。此外，从 ChronoZoom 表达方面探索“大历史”的某些属性和特征也是一个值得一试的方向。

在 2011 年世界史学会第 20 届年会上，阿姆斯特丹大学的弗雷德·斯皮尔（Fred Spier）在介绍他的新书《大历史和人类的未来》（*Big History and the Future of Humanity*）① 时，提出利用“大历史”的理念建立模型思考人类的未来的构想，而 ChronoZoom 显然可以在推测人类未来和建立模型方面发挥其独特的计算机工具性、模型表达、模型检验等方面的优势。

4. ChronoZoom 的初步实践

为有效开展“大历史”在国内的传播和研究工作，我们在科学网上开设了中国大历史讨论组 BHDGcn（Big History Discussion Group in China）②。讨论组首届的主要组织者包括美国南缅因大学罗柏安博士、首都师范大学的孙岳博士以及山东师范大学的段会川教授和孙超博士。目前讨论组的主要任务是发布一些大历史研究和进展的资料（大历史博客站［8］），为对大历史感兴趣的研究人员提供交流平台和为研究生、本科生学习大历史提供指导。

鉴于技术文化、安全管理等诸多方面思维上的差异，ChronoZoom 系统不能直接在国内应用，因此在国内安装部署一个独立的 ChronoZoom 系统是开展相应研究和应用的第一步。经过罗柏安教授与 Microsoft 的多次协调和我们自己的努力，ChronoZoom 系统已经在山东师范大学校园网进行了初步

---

① Fred Spier, *Big History and the Future of Humanity*, Wiley-Blackwell, Jan 2011.

② 大历史博客站，http：//blog. sciencenet. cn/u/RiverWalter。

的部署[①]，并且已经尝试加入了一点中国历史元素（进入网站，点击顶部的“Humanity”即可放出中国板块），如图 1 所示。

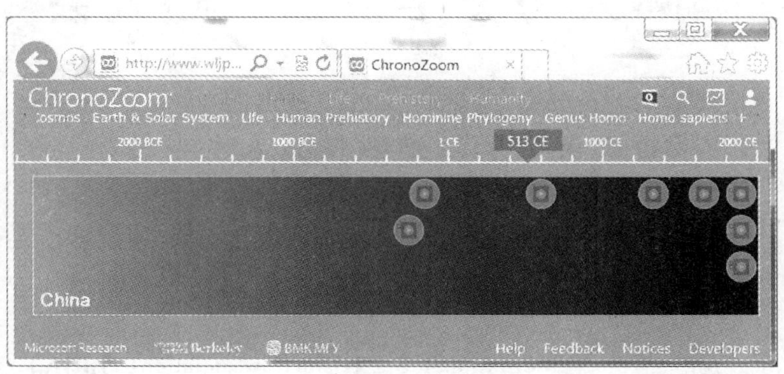

图 1　ChronoZoom 在山东师范大学的初步部署

但 ChronoZoom 原始系统设计中的许多功能从内在技术上依赖于国外的网站和资源，如用户账户、知识资料存储、视频存储与播放等，这些都将是我们近期要解决的问题。我们的中长期目标是实现 ChronoZoom 完全的本地化，并在此基础上开展实质性的应用工作，期望为“大历史”在国内的传播和研究做一点支撑，也期望与历史学者一起探讨用 ChronoZoom 表达各种“小历史”的可行性，以便提供适宜的教学工具支持，同时也对 ChronoZoom 在教育、科技展览等领域的应用进行有益的探索。

5. 结语

ChronoZoom 在表达和展示“大历史”知识方面展现了良好的适用性，是将技术与知识无缝融合的一次成功尝试。这一工具优秀的内在特质将会首先在历史学教学上得到应用，也必将会得到更全面的研究和发展，在更多领域和维度上得到广泛的应用。

---

① *ChronoZoom at SDNU*，http：//www. wljpkc. sdnu. edu. cn.

国际大历史学会第二届大会

2014 年 8 月 6—10 日

将在美国加州多明尼克大学举行

孙　岳

国际大历史学会（International Big History Association，IBHA）第二届大会将于 2014 年 8 月 6—10 日在位于美国加州的多明尼克大学（Dominican University）举行。会议的主题为“大历史教学与科研：大图景、大问题”，与会者将围绕主题展开多轮多层面的分组讨论、圆桌会议、学术报告会和教学研讨会。

详言之，此次会议的主题包括：

· 大历史与能源

· 作为教育的大历史

· 大历史教学

· 作为学术的大历史

· 大历史研究课题

· 复杂性的进化

· 临界值的认定与分析

· 宇宙中的连续性和偶然性

· 大历史与跨学科知识

· 大历史与未来

· 大历史与意义

· 大历史的收获与评估

· 大历史与政治

· 小大历史

国际大历史学会首届大会于 2012 年 8 月 3—5 日在密歇根州的伟谷州

立大学（Grand Valley State University）举行。大会的主题为“大历史教学与科研：探索一个新兴的学术领域”，与美国世界史协会西北地区分会第三届大会联合举行，后者的主题与此大历史颇为相近，为“重塑地球：世界史上人类与环境的多重关联”。

本次大会除了两次专门的全体会议（分别介绍普及大历史教育的“大历史项目”和便利大历史教学的网络资源 ChronoZoom）之外，主要是按照大历史的不同主题共设有 39 个小组分会，可谓视野开阔、题材新颖，故此吸引了来自世界各地、多个学科的约两百名学者，有天体物理学家、地质学家、考古学家、环境史学家、作家等，还有为数不少的独立学者（independent scholar）。这恐怕是联合国教科文组织大会之外难得的一道学术风景吧。比如围绕尚颇为新颖的“人类世”主题，David Christian 讨论了“大历史时段中人类世概念的重要意义”，德国的 Franz Mauelshagen 谈“气候变迁的大历史”，而韩国的赵志衡（Ji-Hyung Cho，即现任亚洲世界史协会主席）则围绕“人类世与小冰期”做了发言。有三个小组会议集中探讨“大历史与人类的进化”，而更令人称奇的是同样也有三个小组会议的主题为“大历史与宗教”，还有一个小组探讨“上帝何在？大宗教、上帝的模式和宗教教育”。

笔者有幸蒙微软公司提供的经费赞助参加了此次大会，并作了题为“大历史在中国的发展前景展望”的发言。这一小组的主题是“大历史的区域视角审视”，另外两名发言者为美国圣路易大学的 Ian Carr McPherson 和俄罗斯大历史与系统预测欧亚中心的主任 Akop Nazaretyan，前者呼吁“大历史与美国史研究者之间亟须对话”，后者探讨“大历史对教育和预知未来的启示”。中美俄三国学者同台畅谈大历史，确也别具一格。

（孙岳 供稿）

附　　录

Abstracts of Major Papers

The Return of Universal History

David Christian

Department of History, Macquarie University, Australia

Abstract: The prediction defended in this paper is that over the next fifty years we will see a return of the ancient tradition of "universal history"; but this will be a new form of universal history that is global in its practice and scientific in its spirit and methods. Until the end of the nineteenth century, universal history of some kind seems to have been present in most historiographical traditions. Then it vanished as historians became disillusioned with the search for grand historical narratives and began to focus instead on getting the details right through document-based research. Today, however, there are many signs of a return to universal history. This has been made possible, at least in part, by the detailed empirical research undertaken in the last century in many different fields, and also by the creation of new methods of absolute dating that do not rely on the presence of written documents. The last part of the paper explores some of the possible consequences for historical scholarship of a return to a new, scientific form of universal history. These may include a closer integration of historical scholarship with the more historically oriented of the sciences, including cosmology, geology, and biology. Finally, the paper raises the possibility that universal history may eventually be taught in high schools, where it will provide a powerful new way of integrating knowledge from the humanities and the sciences.

Keywords: universal history; world history; big history; historiography; creation myth

The Ultimate Global History of Cosmic Evolution

Eric J. Chaisson

Harvard-Smithsonian Center for Astrophysics, Harvard University

Abstract: Nature's many complex systems, whether physical, biological or cultural, are islands of order within increasingly disordered seas of surrounding chaos. Energy is a principal driver of the rising complexity of all such systems within the expanding Universe; energy flows are as central to life and society as they are to stars and galaxies. Change is everywhere, in fact accelerating change is supported by a wealth of data as physical, biological, and cultural systems proceed along a rambling, unpredictable path of inclusive cosmic evolution, from big bang to humankind. This is global history writ large, big history with a scientific basis, natural history across all time. Evolution, broadly considered, has become a powerful unifying concept throughout science today, providing a comprehensive worldview for the new millennium. No new science is needed to describe cosmic evolution's interdisciplinary milestones at a deep and empirical level. A large amount of quantitative data suggests that an underlying simplicity supports the emergence and growth of complexity among the many known and highly varied systems in the material Universe, including galaxies, stars, planets, life, and society.

Keywords: ultimate global history; cosmic evolution; complex systems; energy flow

Can Morality Be Derived from Big History? A First Exploration

Fred Spier

University of Amsterdam

Abstract: This article is a first exploration of determining to what extent moral behavior can be derived from big history (the history of everything since the beginning of the universe) instead of from religious sources. While most of the cosmos is inanimate, very soon after the beginning of life the first traces of cooperative behavior can be detected. Throughout evolution, and also throughout human history, cooperation has come as a result of efforts to survive the struggle for life, which includes competing with other species. As a consequence, both moral and competitive behavior are rooted in our genes, but both types of behavior can be molded to a considerable extent by learned, cultural behavior, thanks to the large neocortex that is unique for humans.

Keywords: Moral behavior; religion; big history; biological evolution; struggle for life; competition; genes; brain development; culture; collective learning

Non-linear Future and the Problem of Life Meaning

Akop P. Nazaretyan

Abstract: According to independent estimates, Earth civilization in the 21st century will go through polyfurcation that might be comparable, in its evolutionary significance, to the emergence of life. What scenarios are possible, and what factors do further developments depend on? The author answers these questions using synergetic models, as well as data from modern cosmology, cultural anthropology and psychology.

Keywords: Universal history; complexity; polyfurcation; attractors; consciousness; meaning; ideology; regulation; life; death; immortality

The Return of the Longue Durée

David Armitage (Harvard University) &
Jo Guldi (Brown University)

Abstract: Since the 1970s, most historians have worked on biological time-scales of between five and fifty years. This narrow focus represented a retreat from the longer periods historians had generally covered before the late twentieth century and served to cut them off from wider reading publics and to deprive them of the influence they had once had on public policy and global governance. This article surveys the causes and the consequences of this retreat and proposes a solution for the crisis, of confidence and of relevance, it has created. A return to what Fernand Braudel had classically termed the longue durée is now both imperative and feasible: imperative, in order to restore history's place as a critical social science, and feasible due to the increased availability of large amount of historical data and the digital tools necessary to analyse it.

Keywords: longue durée; Braudel; Annales; historiography; digital history; micro-history; Big History

The War of History in the United States

Barry H. Rodrigue

University of Southern Maine, Lewiston, Maine, USA

Abstract: The inclusion of large-scale studies in the world's educational systems is of great importance for resolving the most serious problems that humans face today. In the United States, the development of such macro-historical studies began with courses in Western Civilization a hundred years ago. Global studies came to be increasingly offered in universities after World War II and evolved in two directions. The first developed into Globalization Studies, a hierarchical model that was discipline-based and focused on power-relationships in regions and markets. The second was a "mondialisation" or horizontal model, which was interdisciplinary and used the entire world as a reference point. Similar academic models also came into existence around the world that paralleled this U. S. experience in macro-history. A problem that today's scholars face is how to reconcile these two visions, not only for global benefit but for our very own survival. One suggestion is to continue moving with the current trajectory and to adopt a model of macro-studies, such as the example provided by Big History.

Keywords: war of history; macro-studies; globalization; global studies; big history

On Collective Learning: Origins, Mechanics, and Significance

David Baker

University of Amsterdam and Amsterdam University College

Abstract: Collective learning is one of the key concepts in Big History for the long duration of human history. It is the human ability to accumulate more innovation with each generation than is lost by the next. The essay covers the basic theory of collective learning, its origins in the Palaeolithic, its intensification under agriculture, the loss of collective learning in Tasmanian Effects, two great leaps in collective learning in the last two millennia, and a brief explanation of how collective learning fits into the wider rise of complexity in the Universe.

Keywords: collective learning; big history; world history; global history; Palaeolithic; humanity; innovation; population dynamics; carrying capacity; cultural evolution; complexity; energy; agriculture; industry; anthropocene

Western Universal Histories and Big History

Zhang Xupeng

World History Institute, Chinese Academy of Social Sciences

Abstract: Big history, as the largest in terms of scales of historical narrative up to date, finds its roots in the perennial Western pursuit of universal histories. From Ancient Greece to the first half of the 20th century, Western universal histories have undergone three basic transformations, from the earliest political through medieval religious to modern rational orientations. In 2010, David Christian, the architect of big history, duly pointed out that big history is, in spirit, a "return of universal history"; but this, as he quickly amends, is certainly a new form of universal history, a "scientific form of universal history" utilizing the best of all human knowledge. This essay begins by examining the Western universal history traditions and analyzing the similarities and differences between big history and traditional universal histories, pinpointing the scientific nature of the former. On the basis of this, it showcases a number of shortcomings of big history practices before offering a short critique and suggestions for future development. It calls on big historians to pay due attention to historical and cultural diversities and differences at the same time they are portraying the unity and totality of the human past.

Keywords: Western universal histories; tradition; big history

The "Big History" Traditions in Ancient Chinese Historiography

Huang Liuzhu

School of History, Northwestern University, Xi'an, China

Abstract: The 1980s and 1990s witnessed the reemergence of "big history" in both Western and Eastern historiographies. But this is no indication that "big history" is something brand-new, something that came into being late at the last century. In fact, starting from two millennia ago, there began in Chinese historiography such "big history" traditions by none other than the Grand Historian Sima Qian. The gist of Sima Qian's big history lies in his commitment to "inquire into the Heaven-human relationship". To be sure, Sima Qian was but applying Dong Zhongshu's Heaven-human theory to the field of historical studies, so as to probe into the larger trends of Heaven in connection with human dynamics, and to provide a coherent account of human-social and natural existence. In terms of history, Sima Qian's unique contribution was his inclusion of a specific chapter on Heaven in his *Shiji*, named *Tianguanshu* or *Book of Heavenly Bodies*. Sima Qian was keenly aware of the many irregularities or even absurdities in the prevalent "books on stars", so he claimed to be "compiling instances and events and judging these against celestial orbits and angles" in the book, thus beginning the paradigmatic tradition of including "Heaven" and "human" in the same history book. Starting with this, a large percentage – more than 70% – of succeeding official histories in China, the "Twenty-four Histories", devotes a chapter or book on "Heaven and humanity", testifying to the vibrancy of the tradition that Sima Qian started for Chinese historiography. This is in fact the Chinese big history tradition of uniting natural and human histories. Besides in official histories, traces of this tradition can also be found in numerous other history books and encyclopedias (*leishu*), such as Zheng Qiao's *Tongzhi Ershilue* (Comprehensive Treatises in Twenty Books) and *Chu Xue Ji* (Records on the Beginning of Learning) by Xu Jian, *et al*, of the Tang Dynasty, each being comprehensive in scope, covering both Heaven and humanity. It is believed that this millennial Chinese tradition of big history will contribute substantially to the construction of the new big history in the 21st century.

Keywords: big history; "Heaven" and "human" in the same book; big history traditions

General Evolution Principles

Min Jiayin

Institute of Philosophy, Chinese Academy of Social Sciences, Beijing

Abstract: General evolution refers to evolution from the big bang of the universe to the human civilization on the earth which is a continual process. We can synthesize and get five "general evolution principles": (1) Evolution is a quality process to be pushed on in a quality space; (2) Evolution is a process of symmetry-breaking; (3) Self-organized evolution principle; (4) Self-copied evolution principle; (5) Self-created evolution principle.

Keywords: general evolution; quality space; symmetry-breaking; self-organized; self-copied; self-created

Evolvement and Substitution of Human Civilization

Ye Wenhu

China Sustainable Development Research Center of Peking University

Abstract: From the perspective of holism, the article discussed the concept and form of civilization, and put forward new definition of the concept of civilization and society. Civilization means survival mode and the dominant mainstream value of a group of people in a certain historical period. The essence of civilization is how human society see and deal with the relations of man and nature. The article analyzed progress of evolution of human civilization and its future trends, and human survival modes (human living mode, human production mode and human organization mode) in primitive civilization, agricultural civilization and industrial civilization, and proposed the view that the current human is in a transition period from industrial civilization to a new environmental civilization. It is important to understand the rule of evolvement and substitution of human civilization, and know the characteristics of the times of the current human.

Keywords: civilization; society; evolvement and substitution

Big History, Small History, Human History

Sun Yue

Global History Center, Capital Normal University, Beijing

Abstract: The rise of big histories in late 20th century and their rapid development in the 21st must be counted on as a historical phenomenon itself, meriting reflections from the historical profession as a whole. Common to versions of big histories is, of course, their scope of vision, insisting as they do on transcending traditional scopes and the need to reexamine all human past or even regional histories. Interestingly, while big histories are getting more and more attention, small histories of sorts are also flourishing; yet seen from the perspective of Big History, all other histories seem small, and can conveniently be categorized as small history. Humanity itself, in big and small histories, thus becomes either a distant abstraction or restricted segments. It is natural for histories written by humanity to stay focused on the human lot. With this as a central concern, how should historians combine the strength of traditional historical scholarship and the current broadening of vision so that they can clarify the patterns of human societal continuity and change, give adequate attention to fine details, let wisdom of the past shed light on future human development at the same time? These are what the author intends to reflect upon.

Keywords: Big History; Small History; Human History

A Little Big History of Tian'anmen

Esther Quaedackers

FNWI-Institute for Interdisciplinary Studies

University of Amsterdam

Abstract: This article is about big history. Yet it is also about something that is, at least as seen from a big history perspective, very small. It is about one single building, that is now called Tiananmen, that is tiny when compared to many of the other structures big history deals with, and that has been around for only a fraction of the time that has passed since the big bang. I will combine big history with an analysis of this specific building by linking Tiananmen to aspects of three major phases in big history; inanimate history, the history of life and human history. These kinds of combinations have become known as little big histories. And although little big histories can seem a bit odd at first (after all, what could for instance the history of our universe possibly tell us about Tiananmen and vice versa?), I think little big histories can really help us understand both big history and the small scale subjects they deal with in new and sometimes unexpected ways.

Keywords: little big history; Tiananmen; architecture; animal building

A Little History of Big History Education in the Netherlands

Esther Quaedackers

FNWI-Institute for Interdisciplinary Studies

University of Amsterdam

Abstract: Big history, a field that seeks to understand the integrated history of the cosmos, earth, life, and humanity using the best available empirical evidence and scholarly methods, has been taught at Dutch universities since 1994. This article will give an overview of how the big history courses in the Netherlands originated and developed.

Keywords: big history; education; The Netherlands; big big history; little big history; framework

Big History as a Core Component of Liberal Education

Mojgan Behmand

Dominican University of California San Rafael, California, USA

Abstract: In 2010, Dominican University of California launched a one-year program based on Big History for all its incoming first-year students. The adoption of Big History and the ensuing curricular design were guided by the principles set forth by the Association of American Colleges and Universities regarding the outcomes of a 21st century liberal education. With the support of the university leadership and the faculty, a faculty learning community was formed which applied the principles of backward design to articulate program goals, write course descriptions, and collaborate on pedagogy and assessment. The collaborative work of this faculty learning community has become a living example of collective learning, a major theme in Big History. Thus, at Dominican University, Big History has a place in 21st century liberal education and has provided a unique platform for the integration of multiple disciplines and collaboration across campus.

Keywords: Big History; First Year Experience; Liberal Education; General Education; Curriculum Design; Backward Design; Big History Pedagogy; Assessment; Faculty Learning Community; Dominican University

Big History Education in South Korea

Seohyung Kim

Ewha Womans University, South Korea

Abstract: Professor David Christian first used the term, "Big History" in 1991. Big history is a new historical methodology that expands our understanding of history by surveying the past not just of human beings, but of the entire Universe, back to the Big Bang, when our Universe first appeared, 13.8 billion years ago. This new method tries to analyze the interaction of human beings and their planetary environment, based on an interdisciplinary approach and the exploration of many different scales of time and space. More specifically, big history tries to understand larger structures and patterns in history by studying similarities and differences at many different scales. By doing so, it provides conceptual maps that can help people understand the origin of the Universe, star formation, the birth of the Earth, the origin of life and its evolution, the appearance of human beings and our influence on the planet. At each stage, big history explores the themes of increasing complexity, wherever there existed appropriates "Goldilocks conditions". Big history can support a convergence between the educational methods and approaches of the natural sciences and humanities, and help develop new forms of intellectual creativity, and new perspectives.

In Korea, there is growing interest in big history research and education at several different levels. Big history education in Korea is closely associated with the Big History Project, which is creating a free, online big history education program. The founders of the Big History Project are Bill Gates, the former president of Microsoft and Professor David Christian, the founder of big history in the United States and Australia. But big history education in Korea has some distinctive features. It is the first non-English speaking country's educational program based on big history, and it encourages "convergence education", which emphasizes the balance and convergence between the natural sciences and humanities. Korean big history education programs at different levels, such as university, high school and middle school, are intended to help students understand the interactions of human beings and the environment by analyzing the whole structure and framework of the past.

Today, recognition of the need for convergence education, which tries to break down exclusive barriers between different disciplines, is increasing rapidly in Korea. Most of all, big history education is important because it helps students understand the unique importance of the present epoch, and by doing so helps them prepare for the futures of human beings by not only understanding differences and diversity, but also seeking commonalities between different human groups. So, the big history education program is the essence of trans-boundary studies, which try to unify many different scientific subjects and analyze several subjects within a balanced perspective through inter-disciplinary communication and convergence. In this sense, the perspective of big history that analyzes the history of human beings, life and the whole universe, indeed the history of everything, is not only required in Korean society, but is needed by global society as a whole.

Keywords: Big History; David Christian; convergence education; Big History Project; history of everything

Globalism in Chinese Perspective: China's Roles in World History and Historiography

Roger Des Forges

Department of History, New York State University at Buffalo

Abstract: Historians of the world, and more recently of the globe, largely agree that interactions among civilizations and between humans and the environment have strongly shaped both the human experience and the human record. Students of China might emphasize as well interactions between the past and present and between centers and peripheries as keys to understanding our common human origins and likely fate. Taking off from a theory of Chinese history that posits an early sequence of five different kinds of political orders, or polities, a series that replicated itself during two subsequent periods, this article outlines a theory of world history in which, from earliest recorded times to the present, five different world regions became five successive and distinctive world centers. Just as the five different Chinese polities offer the Chinese various models for present policies, so the five distinctive world centers provide global society with various precedents for constructing a more effective world order. In particular, the Chinese legacy of culture states should be valuable cultural capital as we seek to fashion a more peaceful, just, and sustainable global community.

Keywords: Chinese History; Historiography; World History; Globalism;

World Regions; Centrality; Empires; Culture States

Macro World History Theory with Chinese Characteristics

Chen Zhiqiang

School of History, Nankai University, Tianjin

Abstract: Professor Wu Yujin has made a major contribution to the macro world history theory by proposing a total view of world history, trying to use his concept of vertical and horizontal development to account for the whole human past. Wu's theory is by far the most reasonable, systematic and complete in explicating the patterns of world history, especially the pre-capitalistic patterns of continuity and growth, defining the nature of the genesis and development of the modern industrial civilization and its later global expansion, clarifying the larger trends of contemporary world history, resolving widespread academic puzzles, and anticipating the future prospects of world history development. The theory is based on the solid foundation of Marxist materialism and condenses the achievements of several generations of China's world historians' research, epitomizing the collective wisdom of Chinese scholars, especially those scholars that have emerged after China's implementation of its reform and opening up. Therefore, Wu's theory can be said to have started a genuine and significant world history theory with Chinese characteristics.

Keywords: Wu Yujin; Total View of World History; Vertical and Horizontal Development; Theory

《全球史评论》约稿及体例要求

《全球史评论》由首都师范大学全球史研究中心主办，刘新成主办，创办于2008年，是每年出版一辑的连续性学术辑刊，致力于在中国历史学界推进全球史研究的视野与方法，欢迎国内外同行学者赐稿，论题不分中外，视野理应开阔。

《全球史评论》现由中国社会科学出版社出版，每年暑期截稿，年底出版。来稿具体要求如下：

一 栏目设置

本刊主要内容分为“论文”和“书评”两类。此外，附录“学术信息”，介绍国内外学术动态。“论文”要求应为原创性的专题研讨，字数一般以一万至两万字为宜，正文之外还请提供：两百字内容提要、关键词、作者供职机构及职称（以上均为中英文对照）。“书评”要求评论近年出版的国内外学术著作，字数以三千至五千字为宜，标题即所评书，不必另拟标题。

二 格式规范

1. 来稿应达到齐、清、定，内容完整，注释合乎规范。

2. 来稿请提交 word 文件。字体要求如下：正文使用宋体五号字；独立成段引文使用仿宋体五号字；数字、外文，一律采用 Times New Roman 字体。

3. 数字使用要求。（1）世纪、年代一律用阿拉伯数字，如“20 世纪 80 年代”或“1980 年代”均可，而不用“二十世纪八十年代”。（2）约数、十以内数字，一般不用阿拉伯数字，如“三本书”，不用“3 本书”；“一百多人”，不用“100 多人”。

4. 正文中提到外文专名，应先写中译名，再括注原文，不能照录而不翻译。

5. 译名规范。凡外文专名，应采用规范译法，参考《世界人名翻译大辞典》、《简明不列颠百科全书》、《近代中国专名翻译词典》等常用工具书，不能自行拟定。

6. 注释规范。（1）注释一律采用脚注形式，用① ②……符号，每页单独排号。（2）引用中文文献，参照《历史研究》、《中国社会科学》杂志的注释体例。（3）引用外文文献，原则上应使用该文种通行的引证标注方式。（4）引用英文文献，参照芝加哥格式（Chicago Manual of Style，CMS）。

三　注释示例

1. 中文文献

（1）一般著作、译作

赵景深：《文坛忆旧》，北新书局 1948 年版，第 43 页。

实藤惠秀：《中国人留学日本史》，谭汝谦、林启彦译，香港中文大学出版社 1982 年版，第 11—12 页。

（2）文集

杜威·佛克马：《走向新世界主义》，王宁、薛晓源编：《全球化与后殖民批评》，中央编译出版社 1999 年版，第 247—266 页。

鲁迅：《中国小说的历史的变迁》，《鲁迅全集》第 9 册，人民文学出版社 1981 年版，第 325 页。

（3）期刊

董一沙：《回忆父亲董希文》，《传记文学》（北京）2001 年第 3 期。

李济：《创办史语所与支持安阳考古工作的贡献》，《传记文学》（台北）第 28 卷第 1 期，1976 年 1 月。

（4）夹注出处

见戴逸为北京市宣武区档案馆编、王灿炽纂《北京安徽会馆志稿》（北京燕山出版社 2001 年版）所作的序，第 2 页。

参见黄仁宇《中国大历史》（三联书店 1997 年版）中文版自序《为什么称为“中国大历史”?》，第 2 页。

（5）未刊学位论文或会议论文

方明东：《罗隆基政治思想研究（1913—1949）》，博士学位论文，北京师范大学历史系，2000 年，第 67 页。

任东来：《对国际体制和国际制度的理解和翻译》，全球化与亚太区域化国际研讨会论文，天津，2000 年 6 月，第 9 页。

2. 英文文献

采用芝加哥格式，请参考 The Chicago Manual of Style Online 网站（www. chicagomanualofstyle. org）。

应注意正斜体、大小写的基本书写规则。

（1）专书

Michael Pollan, *The Omnivore's Dilemma*: *A Natural History of Four Meals* (New York: Penguin, 2006), 99 - 100.

（2）章节或文集

John D. Kelly, “Seeing Red: Mao Fetishism, Pax Americana, and the Moral Economy of War,” in *Anthropology and Global Counterinsurgency*, eds. John D. Kelly et al. (Chicago: University of Chicago Press, 2010), 77.

（3）期刊论文

Joshua I. Weinstein, “The Market in Plato's*Republic*,” *Classical Philology* 104 (2009): 440.

（4）网络版电子图书

Philip B. Kurland and Ralph Lerner, eds., *The Founders' Constitution* (Chicago: University of Chicago Press, 1987), accessed February 28, 2010, http://press-pubs. uchicago. edu/founders/.